Betreuungskonzepte beim Blended Learning

Waxmann Verlag GmbH
Steinfurter Straße 555, 48159 Münster
info@waxmann.com

Nadine Ojstersek

Betreuungskonzepte beim Blended Learning

Gestaltung und Organisation tutorieller Betreuung

Waxmann
Münster / New York / München / Berlin

Bibliografische Informationen der Deutschen Nationalbibliothek
Die Deutsche Nationalbibliothek verzeichnet diese Publikation in der
Deutschen Nationalbibliografie; detaillierte bibliografische Daten sind
im Internet über http://dnb.d-nb.de abrufbar.

Diese Arbeit wurde vom Fachbereich Bildungswissenschaften
der Universität Duisburg-Essen als Dissertation angenommen.
Referent: Prof. Dr. Michael Kerres
Korreferent: Prof. Dr. Claudia de Witt
Tag der mündlichen Prüfung: 22.09.2006

Medien in der Wissenschaft; Band 41
Gesellschaft für Medien in der Wissenschaft e.V.

ISSN 1434-3436
ISBN 978-3-8309-2258-2

2., aktualisierte Auflage 2009

© Waxmann Verlag GmbH, Münster 2007

www.waxmann.com
info@waxmann.com

Umschlagentwurf: Pleßmann Kommunikationsdesign, Ascheberg
Gedruckt auf alterungsbeständigem Papier,
säurefrei gemäß ISO 9706

Vorbemerkungen zur zweiten Auflage

Die Entwicklung von digitalen Werkzeugen für das Lernen geht – mit einem erstaunlichen Tempo – ständig weiter: von Computer Based Trainings und Lernplattformen geht es zu Wikis, Blogs und Social Software, virtuellen Klassenzimmern, Microblogs und 3D-Welten. In den vielen Applikationen, die unter dem Label Web 2.0 Aufmerksamkeit finden, stehen weniger softwaretechnische Neuerungen im Vordergrund. Vielmehr ist mit ihnen eine neue Art der Wahrnehmung und Nutzung des Internet verbunden, Lernende werden dabei zu Autoren und Autorinnen, Lernprozesse werden zunehmend öffentlich. Durch Web-2.0-Anwendungen stehen Lernenden heute unzählige Austauschmöglichkeiten im Netz zur Verfügung, sei es für die Kommunikation untereinander oder mit Expert/inn/en.

Seit der ersten Veröffentlichung des vorliegenden Bandes hat sich die Vielfalt digitaler Werkzeuge und Funktionalitäten bereits weiter entwickelt und ihre Möglichkeiten und Grenzen für das Lehren und Lernen werden in Projekten erprobt. Vor einigen Jahren wurden vor allem in Lernplattformen integrierte Diskussionsforen und Textchats als Lernwerkzeuge genutzt. Nun verfassen Lernende gemeinsam Beiträge in Wikis und nutzen Twitter, Blogs und andere soziale Plattformen zum Erfahrungs- und Gedankenaustausch. Diese Werkzeuge werden zunehmend als Bestandteil der persönlichen Lernumgebung von den Lernenden eingerichtet und konfiguriert.

Vor dem Hintergrund dieser Entwicklungen wird – erneut – die Frage laut, welche Konsequenzen sich hieraus für die tutorielle Betreuung von Online-Lernenden ergeben: Braucht es da überhaupt noch Tutor/inn/en, oder können Lernende künftig in Foren und Blogs, in Microblogs und open educational resources nicht auch ohne eine/n Tutor/in lernen?

Dabei ist zu bedenken: Auch Web-2.0-Anwendungen und Soziale Plattformen an sich – wie zuvor bereits andere mediale Lernangebote und -umgebungen – bieten keine Garantie für Lernerfolg. Der Erfolg eines solchen Angebotes beruht letztlich darauf, das „richtige" Arrangement zu finden zwischen selbstgesteuerten und kooperativen, zwischen unbetreuten Lernformen, informellen („peer-to-peer") Aktivitäten und betreuten Lernangeboten. Das vorliegende Buch zeigt auf, dass die personelle Betreuung eine wesentliche Rolle für erfolgreiches Lernen mit Medien spielt und worauf es dabei ankommt.

Der Band erläutert die grundlegenden Betreuungsaufgaben, die sich unabhängig von Anforderungen spezifischer digitaler Werkzeuge ergeben (vgl. Kapitel 4). Es ist erforderlich, die Lernenden entsprechend ihrer Erwartungen zu unterstützen und zugleich den „richtigen" Betreuungsaufwand zu gewährleisten. Im Kontext von Web 2.0 wird es zunehmend wichtiger, im Internet Informationen selbstständig und aktiv zu suchen, zu selektieren, zu organisieren, zu bewerten sowie gemeinsam, etwa im Rahmen einer Lerngruppe, Wissen zu konstruieren (vgl. Kapitel 3). Online-Tutor/inn/en können die Lernenden bei diesen Prozessen unterstützen, u.a. um Wissen untereinander sowie mit Expert/inn/en auszutauschen.

Die Befragungsergebnisse der vorliegenden Studie zeigen (vgl. Kapitel 7), dass die Erwartungen der Lernenden an die Online-Tutor/inn/en in allen Betreuungsbereichen sehr hoch sind. Insbesondere zu Beginn eines Lernangebotes benötigen die Lernenden eine besonders intensive Unterstützung vor allem im technischen und im sozialen sowie im didaktisch-methodischen Bereich, da in dieser Anfangsphase nicht alle Lernenden über die notwendigen Kompetenzen verfügen, mediengestützt und selbstgesteuert zu lernen.

Die Rolle der Online-Tutor/inn/en kann und sollte sich im Verlauf des Lernprozesses zu einer eher distanzierten Position entwickeln. Sie greifen nicht mehr unmittelbar in Lern- und Gruppenprozesse ein, sondern beobachten diese, um die Lernenden vor allem bei auftretenden Schwierigkeiten zu unterstützen. Die Balance zwischen Intervention und Autonomie zu finden, ist und bleibt eine wesentliche Herausforderung für Online-Tutor/inn/en.

Nicht unberücksichtigt werden sollte auch, dass Online-Tutor/inn/en eine Vorbildfunktion innehaben: Sie müssen selbst aktiv die Werkzeuge nutzen und im Internet präsent sein. Dabei ist zu erkennen, dass das Bedürfnis nach Selbstbestimmung der Lernenden im Lernprozess (vgl. Kapitel 3) in vielen Kontexten zunehmen wird. Das betrifft etwa die Nutzung von digitalen Werkzeugen. Lernende, die ganz selbstverständlich mit bestimmten Werkzeugen, wie etwa Twitter oder Second Life, umgehen, erleben es als wenig angemessen, ihnen die Nutzung bestimmter digitaler Werkzeuge zur Bearbeitung einer Lernaufgabe vorzugeben. Stattdessen sollten sie bei der Wahl der Werkzeuge Unterstützung erfahren und ermutigt werden, ihre Lernaktivitäten zu reflektieren. Hierzu stehen vielfältige Werkzeuge zur Verfügung, um die Kommunikation und den Austausch untereinander noch besser und einfacher zu unterstützen. Online-Betreuung bedeutet Initiierung, Beobachtung, Unterstützung, aktive Einbeziehung und Rückmeldung der individuellen und sozialen Lernaktivitäten.

Gerade wegen der Vielfalt an Informationen und Werkzeugen benötigen – vor allem unerfahrene Lernende – Unterstützung bei der Suche und Auswahl der Materialien sowie im reflektierten Einsatz und Umgang mit Werkzeugen. Auch wenn sich spezifische Anforderungen an die Betreuung verändern, bleibt das Grundbedürfnis nach „Lernbegleitung" bestehen.

Dabei kann sich die Anlage von Betreuung künftig möglicherweise auch weiterentwickeln: Veranstaltungen werden etwa noch stärker geöffnet, um beispielsweise vorliegende Materialien und Inhalte im Netz einzubeziehen und verschiedene externe Expert/inn/en zu integrieren, z.B. um gemeinsam mit Lernenden an einem Beitrag zu arbeiten und fachlich zu diskutieren. Veranstaltungen werden aufgezeichnet, auf Plattformen zur Verfügung gestellt und öffentlich diskutiert. Lernende können alleine oder gemeinsam in Lerngruppen an Materialien arbeiten und Inhalte produzieren.

Für Online-Tutor/inn/en besteht damit auch die Herausforderung, Lernende dabei zu unterstützen, neue Methoden des Lernens und Arbeitens in neuen medialen Arrangements zu erproben und bei der Organisation ihrer Kommunikations- und Kooperationsaktivitäten zu begleiten. Die traditionelle Rollenverteilung greift vielfach nicht mehr: Lernende gestalten ihre eigenen Lernwelten und bauen eigene soziale Netzwerke im Netz auf. Web 2.0 bedeutet Kommunikation und Kollaboration, Partizipation und Vernetzung. Online-Tutor/inn/en können jedoch einen wesentlichen Betrag dazu leisten, die dabei erforderlichen Lernprozesse zu initiieren und Kompetenzentwicklung sicherzustellen.

In diesem Buch wird aufgezeigt, dass die Lernenden nicht in erster Linie eine Inhaltsvermittlung und hohe fachliche Kompetenzen von Online-Tutor/inn/en erwarten. Informationsquellen und Experteneinschätzungen stehen im Internet hinreichend zur Verfügung. Doch die personelle Betreuung bietet die erforderliche Unterstützung des selbstorganisierten Lernens und der Anwendung des Wissens: Statt Wissensvermittlung steht die Förderung von „Kompetenzentwicklung" im Vordergrund.

Dazu sind bei der Mitgestaltung des Lernangebotes Interessen und Bedürfnisse der Lernenden zu berücksichtigen. Bezugnehmend auf das Modell von Gilly Salmon (vgl. Kapitel 4) zeigt die vorliegende Studie die Bedeutung aller fünf Stufen mit den jeweiligen Anforderungen an die tutorielle Betreuung auf. Sowohl die technische Unterstützung, als auch die Motivation der Lernenden ist in diesem Prozess ebenso wichtig, wie die Initiierung und Unterstützung von Lernprozessen. Die Ergebnisse der Untersuchung zeigen (vgl. Kapitel 9), dass gerade die persönliche Beziehung zwischen Online-Tutor/inn/en und Lernenden von hoher Bedeutung für das Durchhalten und einen Lernerfolg ist.

Duisburg, 5. Oktober 2009

Prof. Dr. Michael Kerres
Universität Duisburg-Essen
Duisburg Learning Lab

Vorwort

An erster Stelle möchte ich mich bei Hans-Georg und Ruth Ojstersek sowie Frank Becker für ihre Unterstützung und ihren Zuspruch, diese Arbeit zu verfassen, bedanken. Sie haben mich stets in meinem Vorhaben und während der gesamten Zeit tatkräftig unterstützt. Darüber hinaus bedanke ich mich bei Chantal Ojstersek und Dr. Anke Petschenka für ihre konstruktiven Feedbacks. Julia Ciesla, Dr. Ilke Heller sowie Britta Voß, Jörg Stratmann und Axel Nattland danke ich für viele anregende Gespräche.

Besonders bedanken möchte ich mich bei Prof. Dr. Michael Kerres, der schon während meines Studiums meine Aufmerksamkeit und mein Interesse für die Mediendidaktik geweckt hat und mir mit seinem fachlichen Rat unterstützend zur Seite stand. Ebenso danke ich Prof. Dr. Claudia de Witt für ihre konstruktiven Anregungen.

Dank gebührt insbesondere auch den Studierenden und Absolvent/inn/en des Studienprogramms und Zertifikatkurses *Educational Media*, die mir durch ihre Teilnahme an den Befragungen meine empirische Untersuchung ermöglicht haben.

Duisburg, 3. Mai 2006 Nadine Ojstersek

Inhalt

1 Einleitung

1.1 Problemstellung und Zielsetzung

Klassische Lernangebote in der (außer-)betrieblichen (Weiter-)Bildung sowie an Hochschulen werden immer stärker durch mediengestütztes Lernen ergänzt, wodurch an das Bildungspersonal neue und spezifische Anforderungen in einem neuen professionellen pädagogischen Feld ‚Lernen und Lehren im Internet‘, gestellt werden (vgl. Haussner, Metz & Wippermann 2002; Rautenstrauch 2001). Unbetreute Formen des E-Learning werden von den Lernenden nicht in dem Maße angenommen, wie ursprünglich erhofft. Der Betreuung von Lernenden kommt daher auch beim Online-Lernen eine wichtige Rolle zu. Die tutorielle Betreuung gilt nach Bremer (2004b) als Schlüssel zum Lernerfolg. Obwohl in der aktuellen Forschung die Frage nach den Möglichkeiten tutorieller Betreuung zunehmend an Bedeutung gewinnt (vgl. Schlottau 2004), kann erst in Ansätzen beantwortet werden, was eine gute Betreuung ausmacht. In der vorliegenden Arbeit soll daher der Frage nachgegangen werden, inwiefern die tutorielle Unterstützung ein Erfolgsfaktor für das E-Learning bzw. Blended Learning darstellt, mit welchen Aufgaben die Betreuenden konfrontiert werden und welche Möglichkeiten sich zur Gestaltung und Organisation tutorieller Betreuung anbieten. Ein weiteres Ziel besteht darin, die Aufgaben von Online-Tutor/inn/en unter Berücksichtigung verschiedener Betreuungsphasen aufzuzeigen.

Im Mittelpunkt der empirischen Untersuchung steht die Frage, ob sich die Erwartungen an die Betreuenden im Verlauf des Lernangebotes ändern und welche Konsequenzen sich hieraus für die tutorielle Unterstützung ergeben können. Bei der Gestaltung und Organisation von Betreuung sind insbesondere die Erwartungen der Lernenden zu berücksichtigen. Seit Mitte der 1980er und vor allem in den 1990er Jahren wird die Bedeutung einer bedarfsgerechten, kundenorientierten Weiterbildung postuliert. Die Forschungen zu Fragen bezüglich der Zielgruppen- und Teilnehmerorientierung haben die Theorieentwicklung in Bezug auf die Weiterbildung geprägt. In diesem Kontext befasst sich die lernpsychologische Forschung mit Fragestellungen hinsichtlich des Erwachsenenlernens, beispielsweise wie Weiterbildung Lernprozesse stimulieren und zur Motivation der Lernenden beitragen kann. Bei der bildungspolitischen Perspektive werden u.a. folgende Fragen fokussiert: Welche Zielgruppen können auf welche Weise gefördert werden? Welche Steuerungsinstrumente stehen zur Verfügung und wie lassen sich Bildungsdefizite kompensieren? Bei der organisationstheoretischen Perspektive steht u.a. die Frage im Vordergrund, wie Weiterbildung zu planen, zu organisieren und durchzuführen ist, damit spezifische Zielgruppen angesprochen werden können (vgl. Weisser 2002).

In der vorliegenden Arbeit wird vor allem die lernpsychologische und die lernorganisatorische Perspektive betrachtet, indem der Frage nachgegangen wird, wie Blended Learning lernerorientiert und erwachsenengerecht gestaltet und organisiert werden kann. Um die Lernenden optimal unterstützen und zugleich einen angemessenen Arbeitsaufwand der Betreuenden gewährleisten zu können, ist eine sorgfältige Konzeption der Betreuungskomponente im Rahmen des gesamten didaktischen Konzeptes eines Blended Learning-Arrangements unerlässlich und somit die Berücksichtigung weiterer Einflussfaktoren (beispielsweise die Rahmenbedingungen der Bildungsinstitution) bei der Entwicklung eines Betreuungskonzeptes.

Derzeit erfüllen Betreuende und Lernende häufig mit hohem Engagement und großem Verständnis für unerwartet auftretende (z.B. technische) Schwierigkeiten eine Pionierrolle. Jedoch wird durch die zunehmende Verbreitung von Blended Learning-Angeboten die Entwicklung langfristig tragfähiger Betreuungskonzepte erforderlich, die auch ohne den Bonus des ‚Pioniergeistes' funktionieren (vgl. Arnold, Kilian & Thillosen 2002a; Arnold et al. 2004). Trotz des mittlerweile vorhandenen Verständnisses von Betreuung als ein wichtiger Erfolgsfaktor für das Blended Learning existieren Beiträge zu Betreuungskonzepten in der aktuellen Forschungsliteratur bisher nur vereinzelt und zumeist nur als untergeordnete Punkte im Rahmen von Projektbeschreibungen. Vor diesem Hintergrund ist die vorliegende Arbeit als ein Beitrag zur Entwicklung von Anhaltspunkten für die Gestaltung und Organisation tutorieller Betreuung zu verstehen. Durch die Darstellung von Praxiserfahrungen und deren wissenschaftliche Reflexion entsteht eine Brücke zwischen Theorie und Praxis. Auf diese Weise wird der Forderung von Elsener (2002) und Salmon (2004) nachgekommen, unreflektiert weitergegebene ‚Rezepte' und Empfehlungen für eine wirksame Lernbegleitung durch reflektierte und empirisch fundierten Ergebnisse abzulösen.

1.2 Aufbau und Struktur der Arbeit

Die Arbeit ist in zwei Abschnitte gegliedert: Im ersten Teil (Teil A) wird der Stand der bisherigen Forschung aufgearbeitet und auf diese Weise ein theoretischer Bezugsrahmen geschaffen, welcher der empirischen Untersuchung im zweiten Teil (Teil B) zu Grunde gelegt wird.

Nach der Einführung in die Problemstellung, Zielsetzung und den Aufbau der Arbeit im Rahmen des ersten Kapitels, wird in Kapitel 2 die Bedeutung und Notwendigkeit tutorieller Betreuung aufgezeigt.

In Kapitel 3 wird in einem ersten Schritt ein Versuch der Klärung sowie Vereinheitlichung der Terminologien zur Beschreibung der Aufgabenbereiche bzw. Tätigkeitsprofile von Betreuungspersonen vorgenommen und es werden die Begriffe Distance Learning, E-Learning und Blended Learning voneinander abgegrenzt (Kapitel 3.1). Im Anschluss an die Begriffsklärungen werden verschiedene E-Learning und Blended Learning-Szenarien dargestellt und ihre Kategorisierungen systematisiert (Kapitel 3.2). Anschließend erfolgt die multiperspektivische Fokussierung der Erwartungen von Lernenden an den Intensitätsgrad der Betreuung (Kapitel 3.3).

Im vierten Kapitel werden Möglichkeiten der Organisation tutorieller Betreuung dargestellt. In Kapitel 4.1 werden die Aufgaben von Betreuenden anhand eines Phasenmodells veranschaulicht. Anschließend werden in Kapitel 4.2 die veränderten Rollen und Aufgaben von Lehrenden aufgezeigt. Anhand des Level Support-Konzeptes werden in Kapitel 4.3 verschiedene Betreuungskonzepte und deren Organisationsmöglichkeiten vorgestellt.

Kapitel 5 zeigt im Rahmen von Praxisbeispielen verschiedene Betreuungskonzepte auf.

Im Anschluss an die Hinführung zur empirischen Untersuchung in Kapitel 6, werden in Kapitel 7 die bislang diskutierten theoretischen Erkenntnisse in konkrete Forschungsfragen überführt. Im Mittelpunkt der vorliegenden Untersuchung steht die Frage nach den Erwartungen von Lernenden an die Betreuung und deren mögliche Veränderung im Verlauf des Lernangebotes, mit dem Ziel, Konsequenzen für die Gestaltung und Organisation tutorieller Betreuung ableiten zu können.

Nach der Vorstellung des Untersuchungsdesigns in Kapitel 8, werden in Kapitel 9 die Forschungsfragen überprüft und die Ergebnisse dargestellt. In Kapitel 10 werden die zentralen Ergebnisse der empirischen Untersuchung zusammengefasst.

In Kapitel 11 werden abschließend die theoretischen Erkenntnisse und die Ergebnisse der empirischen Untersuchung gegenübergestellt und diskutiert sowie weitere Forschungsnotwendigkeiten aufgezeigt.

Teil A: Betreuung beim Blended Learning –
Theoretische Grundlagen und Stand der Forschung

Im ersten Teil der vorliegenden Arbeit erfolgt die Aufarbeitung der theoretischen Grundlagen durch die Darstellung des aktuellen Standes der Forschung hinsichtlich der Gestaltung und Organisation tutorieller Betreuung beim Blended Learning.

Im folgenden Kapitel wird die Bedeutung tutorieller Betreuung aufgezeigt.

2 Erfolgsfaktor Betreuung?! Bedeutung und Notwendigkeit tutorieller Betreuung

Die Bedeutung der Betreuung von Lernenden beim E-Learning (vgl. Kapitel 3.1) wurde lange Zeit unterschätzt (vgl. Herrmann & Barz 2002). Das Interesse der Bildungsanbieter sowie der Mediendidaktik (vgl. Kapitel 3) konzentrierte sich vielmehr auf die didaktische Gestaltung multimedialer Lernmaterialien und technischer Lernumgebungen als auf die Möglichkeiten der Unterstützung von Lernenden.

> „Millions of words have been written about the technology and its potential, but not much about what the teachers and learners actually do online." (Salmon 2000, S. 11)

Auch heute noch werden die technischen Möglichkeiten des E-Learning diskutiert, jedoch setzt sich zunehmend die Einsicht durch, dass nicht in erster Linie das technisch Machbare entscheidend ist, sondern das pädagogisch bzw. fachinhaltlich und -didaktisch Wünschbare. Aus diesem Grund gewinnt in der aktuellen Forschung die Frage nach den Möglichkeiten tutorieller Betreuung zunehmend an Bedeutung. Es wurde erkannt, dass Medien zwar eine unterstützende Funktion beim Lernen übernehmen (vgl. Schlottau 2004), jedoch didaktisch aufbereitetes und in technischen Medien zur Verfügung gestelltes Wissen alleine keine Garantie für den Erfolg von E-Learning-Angeboten bietet (vgl. Rautenstrauch 2001) und E-Learning ohne Betreuung nicht so gut funktioniert, wie ursprünglich erwartet wurde (vgl. Herrmann & Barz 2002).
Geyken, Mandl und Reiter (1998) haben als eine der Ersten in Deutschland auf die Bedeutung tutorieller Betreuung zur Steigerung der Lernmotivation und Erhöhung des Wissenstransfers hingewiesen (vgl. Rautenstrauch 2003).

Auch Salmon (2000) macht auf die Bedeutung von personaler Unterstützung der Lernenden aufmerksam:

> „Many change and grow with very little structure and no one person providing direction. Networked computers can provide vehicles for learning materials and interaction but students still need the 'champions' who make the learning come alive – the e-moderators." (S. 11)

Eine Studie des Bundesinstitutes für Berufsbildung bestätigt die zentrale Bedeutung der intensiven Unterstützung von Lernenden für den Erfolg netzbasierten Lernens (vgl. Behrendt, Ulmer & Müller-Tamke 2004) ebenso wie das Ergebnis der Online-Trendumfrage der Unternehmensberatung Mummert und Partner (2002[1]). Obwohl fast 80 Prozent der befragten Internet-Anwender/innen E-Learning-Angebote nutzen würden, bleiben viele virtuelle Klassenzimmer leer. Dieser Umstand hängt mit der mangelnden Betreuung der Lernenden zusammen: jede zweite befragte Person fühlt sich unzureichend betreut (vgl. Abbildung 1).

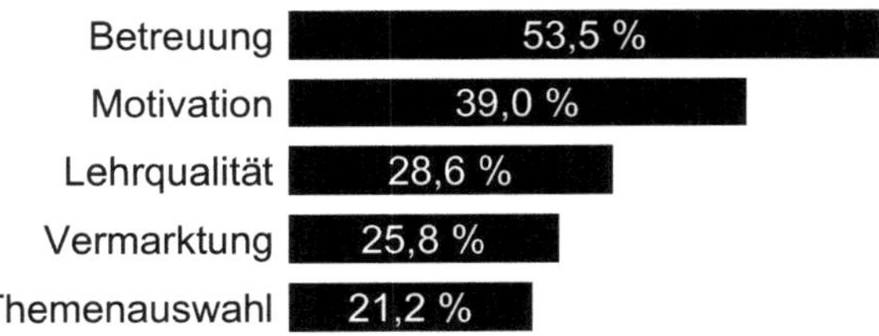

Abbildung 1: Nachteile des E-Learning (vgl. Mummert & Partner 2002[2])

Geyken, Mandl und Reiter (1998) stellen anhand ihrer Evaluationsergebnisse aus dem Bereich der betrieblichen Weiterbildung fest, dass u.a. die Akzeptanz der Lernsituation und der Transfer des Lernstoffes höher ist (vor allem bei späteren Praxisaufgaben) sowie die Motivation besser aufrecht erhalten werden kann, wenn die Lernenden an einem betreuten E-Learning-Angebot teilnehmen. Durch die Betreuung können die Lernenden beispielsweise dabei unterstützt werden, ihre Lernmöglichkeiten vielfältiger zu gestalten.

Da die Bedeutung und Notwendigkeit der Betreuung von Lernenden zunehmend erkannt wird, soll im Folgenden die tutorielle Betreuung als Gestaltungsbereich des Didaktischen Designs näher betrachtet werden. Im folgenden Kapitel wird aufgezeigt, welche Faktoren die Gestaltung und Organisation tutorieller Betreuung beeinflussen und welche Konsequenzen sich hieraus ableiten lassen.

---

1 http://www.mummert.de/deutsch/press/a_press_info/022506.html (Stand 19.01.2004)
2 ebd.

3 Betreuung als Gestaltungsbereich des Didaktischen Designs

In Anlehnung an die Bezeichnung Instructional Design[3] wurde der Begriff Didaktisches Design 1987 vom Göttinger Erziehungswissenschaftler Karl-Heinz Flechsig im deutschsprachigen Raum eingeführt und umfasst als pädagogische Gestaltungsaufgabe u.a. den Lernprozess, die Lernmaterialien, -medien und -methoden, mit dem Ziel, der Optimierung des Lehrens und Lernens.

Die Notwendigkeit des Didaktischen Designs sieht Kerres (2005) darin begründet, dass in der Praxis des E-Learning die Bedeutung von Didaktik kaum in Frage gestellt wird, jedoch Prinzipien des Didaktischen Designs, auf Grund des hohen Aufwandes, vergleichsweise selten Anwendung finden. Doch durch die Reduzierung von E-Learning auf ein technisches Umsetzungsproblem und ohne eine umfassende und strukturierte Konzeption anhand didaktischer Richtlinien sind Lernangebote häufig zum Scheitern verurteilt (vgl. Kerres 2001a; Niegemann et al. 2004; Kapitel 2). Mediendidaktische Entscheidungen hängen von bestimmten Implikationszusammenhängen ab, die sich aus der Analyse des didaktischen Feldes (z.B. Merkmale der Zielgruppe), der Festlegung von Zielen und der Strukturierung von Inhalten ergeben. Planungsmodelle[4], die aus Analysen des didaktischen Feldes abgeleitet werden können, sollen unter Berücksichtigung der jeweils einzigartigen Ausgangslage eines Lernangebotes dazu beitragen, didaktische Entscheidungen systematisch und begründet zu treffen (vgl. Kerres 2001a; 2005). Da die Gestaltung von E-Learning-Szenarien einen dynamischen, dialogischen und jeweils einzigartigen Prozess implementiert (vgl. Reinmann-Rothmeier 2003b), ist nach Albrecht (2003) für jede Lehr- und Lernsituation eine konkrete Methode zu bestimmen, die den jeweiligen Faktoren und Bedingungen des didaktischen Feldes am Besten entspricht. Kerres (2005) macht jedoch darauf aufmerksam, dass die eigentliche Herausforderung nicht beispielsweise in der Wahl und Anwendung der ‚besten‘ didaktischen Methode besteht, sondern darin, die Konzeption und Entwicklung von Bildungsmedien als ein vielschichtiges Entscheidungsproblem zu verstehen. Dementsprechend ist auch kein rezepthaftes Anwenden von didaktischen Modellen und Empfehlungen für wirksame tutorielle Betreuung möglich (vgl. Elsener 2002 & Salmon 2004). Die Grundannahme des Didaktischen Designs besteht darin, dass der Lernprozess nur indirekt, beispielsweise durch die Gestaltung der Lernumge-

---

3 Der amerikanische Begriff des Instructional Design (ID) wurde namentlich von Robert Gagné geprägt und wird teilweise auch als Instructional Systems Development (ISD) (u.a. Jonassen & Grabinger 1990), Instructional Design and Development (IDD) (u.a. Braden 1996), Instructional Systems Technology (IST) (u.a. Merill 1992) oder im Deutschen auch als Systematisches Instruktionsdesign (u.a. Issing 1997) bezeichnet. http://dsor.uni-paderborn.de/de/forschung/publikationen/blumstengel-diss/Instructional-Design.html (Stand 04.04.2006)

4 Braden (1996) gibt einen Überblick über relevante Modelle und nimmt eine Kategorisierung vor. http://dsor.uni-paderborn.de/de/forschung/publikationen/blumstengel-diss/Instructional-design.ht ml (Stand 04.04.2006)

bung und die Moderation des Lernangebotes, beeinflusst werden kann (vgl. Kapitel 3.1.1 und Kapitel 3.3.1).

Im Anschluss an die nun folgende Klärung der Begriffe Online-Tutor/in, Distance Learning, E-Learning und Blended Learning in Kapitel 3.1 wird ein Überblick über Systematisierungs- und Kategorisierungsmöglichkeiten des E-Learning und Blended Learning gegeben. Diese bieten vor allem eine Orientierung hinsichtlich der Gestaltungsmöglichkeiten von Blended Learning-Szenarien (vgl. Kapitel 3.2). Bezug nehmend auf die Grundannahmen des Didaktischen Designs erfolgt die Darstellung lerntheoretischer, führungspsychologischer und subjektorientierter Zugänge zur Klärung der Frage, wie die Ausrichtung und der Intensitätsgrad tutorieller Betreuung gestaltet werden kann (vgl. Kapitel 3.3).

3.1 Begriffsabgrenzungen

In diesem Kapitel erfolgt die Klärung der Bezeichnung Online-Tutor/in und die Abgrenzung der Begriffe Distance Learning, E-Learning und Blended Learning. Anschließend wird ein Überblick über Systematisierungs- und Kategorisierungsmöglichkeiten des E-Learning und Blended Learning gegeben.

3.1.1 Begriffsklärung Online-Tutor/in

Derzeit gibt es zahlreiche, jedoch keine einheitlichen Begriffe sowie Rollen- oder Tätigkeitsbeschreibungen für die Betreuenden mediengestützter Lernangebote. In der aktuellen deutschen Fachliteratur sind – im Gegensatz zum angelsächsischen Raum – Begriffsbildungen mit dem Kürzel ‚Tele‘ üblich (vgl. Salmon 2000). Rautenstrauch (2001) favorisiert die Bezeichnung Tele-Tutor/inn/en, da sich diese in der Regel in einem telemedialen Kontakt mit den Lernenden befinden. Alternative Bezeichnungen sind, je nach Schwerpunkt der Aufgaben bzw. Tätigkeiten, beispielsweise Tele-Teacher, Online-Facilitator, Tele-Trainer sowie Tele- oder Online-Coach. Es gibt jedoch keine deutliche Präferenz für die Bezeichnung Tutor/in oder Moderator/in, auch nicht im angelsächsischen Raum (vgl. Wilbers 2001).

Die fehlende Einheitlichkeit der Begrifflichkeiten sowie Rollen- oder Tätigkeitsbeschreibungen resultiert u.a. aus der Vielfalt von E-Learning-Szenarien (vgl. Kapitel 3.2) und der bisher begrenzten Anzahl an Untersuchungen zu den Aufgaben und Rollen des Bildungspersonals im Zusammenhang mit verschiedenen mediengestützten Lernangeboten (vgl. Behrendt, Ulmer & Müller-Tamke 2004).

Den E-Learning-Szenarien liegen multiperspektivische Ansätze zu Grunde (vgl. Kapitel 3.3), die zu verschiedenen Ausrichtungen der Betreuung (vgl. Kapitel 3.2.4) und infolgedessen zu unterschiedlichen Rollen und Aufgabenbereichen der

Betreuenden führen können. Darüber hinaus beeinflusst die Organisation der Betreuung die Aufgabenbereiche und Verantwortlichkeiten innerhalb eines Betreuungsteams (vgl. Kapitel 4).

Durch die Zuordnung von Tätigkeiten und Rollenbezeichnungen zu verschiedenen Begrifflichkeiten kann eine gewisse Klarheit, Vergleichbarkeit und Orientierung über die Qualifikationsprofile, Aufgabenbereiche und Verantwortlichkeiten der Betreuenden, sowohl innerhalb eines Betreuungsteams als auch aus der Lernendenperspektive, erreicht werden. In der folgenden Tabelle 1 wird der Versuch einer Zuordnung verschiedener Tätigkeiten zu entsprechenden Rollenbezeichnungen vorgenommen.

Tabelle 1: Aufgabendefinition und Bezeichnung für Betreuer/innen (Zusammenstellung aus Arnold et al. 2004, S. 141 und Busch & Mayer 2002, S. 60)

Tätigkeit	Rollenbezeichnung
Kurse einrichten und administrieren	Kursbetreuer/in, Online-/Tele-Tutor/in, Tele-/Online-Coach
Lerninhalte vermitteln	E-Trainer/in, Tele-/Online-Coach
Technischer Support	Online-/Tele-Tutor/in, Tele-/Online-Coach, E-Facilitator, Online-Support
Lerninhalte entwickeln und bereit stellen	E-Manager/in, Kursentwickler/in
Lernen planen	E-Manager/in, Kursentwickler/in
Lernende betreuen (tutoring)	E-Moderator/in, Online-/Tele-Tutor/in, Online-Coach, E-Facilitator

Die Grenzen zwischen den Tätigkeitsfeldern und Aufgaben in Tabelle 1 sind fließend. Online-Tutor/inn/en können beispielsweise neben der Kursadministration durchaus auch für die Entwicklung von Lernmaterialien verantwortlich sein. Daher besteht für Bildungsanbieter die Herausforderung vor allem darin, schon bei der Konzeption des Lernangebotes die Aufgaben- und Rollenprofile aller Beteiligten genau zu definieren.
Im Vordergrund der vorliegenden Arbeit stehen nicht die traditionellen Aufgaben und Kompetenzen des Bildungspersonals, sondern die veränderten, neuen Aufgaben mit denen das Bildungspersonal auf Grund des Einsatzes von Onlineelementen und somit neuen Informations- und Kommunikationsmöglichkeiten in Kombination mit Präsenzveranstaltungen konfrontiert wird (vgl. Kapitel 3.2). Um diesen Schwerpunkt zu verdeutlichen, wird im Folgenden die Begrifflichkeit bzw. Rollenbezeichnung *Online*-Tutor/in verwendet, die sich nicht auf den Status[5] einer

---

5   z.B. Professor/inn/en, wiss. Mitarbeiter/innen, Studierende, Expert/inn/en

Person bezieht, sondern ganz allgemein auf das Betreuungspersonal. Die Bezeichnung *Tutor/in* erscheint angemessen, um den Wandel des Bildungspersonals von Wissensvermittler/inne/n zu Lernbegleiter/inne/n zu unterstreichen, da mediengestützte Lernarrangements von den Lernenden ein hohes Maß an Eigeninitiative, Eigenverantwortung, Selbstmotivation, Steuerung des eigenen Lernprozesses sowie ein effektives Zeitmanagement fordern (vgl. Kapitel 3.3.1). Online-Tutor/inn/en können grundsätzlich für *alle* in Tabelle 1 dargestellten Tätigkeitsbereiche verantwortlich sein, im Vordergrund steht jedoch im Rahmen dieser Arbeit insbesondere die unmittelbare und direkte Unterstützung der Lernenden (tutoring) (vgl. Kapitel 4.1.2).

3.1.2 Begriffsklärung Distance Learning und E-Learning

Es besteht ein enger Zusammenhang zwischen den Bezeichnungen Distance Learning (Fernstudium) und E-Learning. Der Begriff E-Learning ist jedoch enger definiert (vgl. Zawacki-Richter 2005) und bezeichnet nach Baumgartner, Häfele und Maier-Häfele (2002) alle Formen des softwareunterstützten und nicht nur computerunterstützten Lehrens und Lernens, da zukünftig nicht alleine der Computer und internetbasierte Kommunikationsformen im Mittelpunkt dieser Lernform stehen, sondern auch mobile Endgeräte wichtige Funktionen übernehmen werden. Im Gegensatz zu vielen anderen verwandten Begriffen[6] steht bei der Bezeichnung E-Learning der Prozess des Lernens im Vordergrund und durch das vorangestellte ‚E' wird deutlich, dass es sich um eine spezifische Art und Weise des Lernens handelt, bei der moderne Informations- und Kommunikationstechnologien eine essentielle Rolle spielen (vgl. Albrecht 2003). Unklarheiten und unterschiedliche Vorstellungen, was genau mit dem Begriff E-Learning bezeichnet wird, resultieren vor allem daraus, dass es sich um eine relativ neue Lernform handelt (vgl. Schüpbach et al. 2003).

Nach Zawacki (2002) ist das E-Learning eine logische Folge in der Entwicklung des Fernstudiums.[7] Die Bezeichnung Distance Learning kann als Oberbegriff für medienvermitteltes Lernen verstanden werden (vgl. Zawacki-Richter 2005). Laut Fernunterrichtsschutzgesetz handelt es sich beim Fernunterricht um die

> „Vermittlung von Kenntnissen und Fähigkeiten, bei der der Lehrende und der Lernende ausschließlich oder überwiegend räumlich getrennt sind, und der Lehrende oder sein Beauftragter den Lernerfolg überwachen."[8]

---

6   z.B. telemediale Lernumgebungen, virtueller Campus

7   Garrison (1985) unterscheidet drei Generationen (Printmedien, Telekommunikationsmedien und Personalcomputer) technologischer Innovation. Garrisons Generationenkonzept wurde von vielen Autor/inn/en übernommen und weiterentwickelt, z.B. von Nipper (1989) und Taylor (1995) (vgl. Zawacki 2002).

8   FernUSG § 1 Abs. 1: http://de.wikipedia.org/wiki/Fernunterricht (Stand 02.03.2006)

Im Gegensatz zum Präsenzunterricht wird der überwiegende Teil der – schwerpunktmäßig print-basierten – Studienmaterialien räumlich getrennt von den Lehrenden, individuell und unter freier Zeiteinteilung bearbeitet, wobei die pädagogische Begleitung und Lernerfolgskontrolle den Fernunterricht vom Selbststudium abgrenzt. In der Vergangenheit wurden beim Fernstudium vor allem Studienbriefe und postalischer Schriftverkehr (Korrespondenzstudium) eingesetzt. Doch Fernstudieninstitutionen haben schon immer eine führende Position eingenommen, wenn es um die Adaption neuer Technologien für das Lernen und Lehren ging und infolgedessen werden zunehmend elektronisch vermittelte Lehr-/Lerninhalte eingesetzt und mediengestützte Kommunikationsbeziehungen hergestellt (vgl. Bernath 2003).

Ebenso wie beim E-Learning ist für das Fernstudium charakteristisch, dass die Lernenden und Lehrenden räumlich und zeitlich voneinander getrennt sind und die Lehre medien- oder technologievermittelt stattfindet. Daraus kann die didaktische Frage abgeleitet werden, welche Möglichkeiten bestehen, die räumliche Distanz zu mildern, zu reduzieren oder sogar aufzuheben (vgl. Peters 1997 nach Zawacki 2002).

Nach Zawacki (2002) verschwimmen mit dem vermehrten Einsatz von Informations- und Kommunikationstechnologien die Grenzen zwischen Fern- und Präsenzstudium. Jedoch bleibt die Fernstudiendidaktik weiterhin von Bedeutung, insbesondere hinsichtlich der Erfahrungen bei der Betreuung der Lernenden (vgl. Thompson 1998 nach Zawacki 2002). Kerres, Nübel und Grabe (2004) weisen darauf hin, dass die Nutzung des Internets für die Betreuung von Studierenden im Kontext eines Präsenz-Studiengangs andere Fragen aufwirft als in einem Fern-Studiengang, da sich in beiden Kontexten für die Gestaltung der Betreuung eine andere Ausgangssituation ergibt und daher spezifische Betreuungskonzepte entwickelt werden müssen (vgl. Kapitel 5.1). Hieraus resultieren unterschiedliche Anforderungen an die Gestaltung der Betreuung (vgl. Kapitel 3) und deren Organisation (vgl. Kapitel 4).

3.1.3 Begriffsklärung E-Learning und Blended Learning

Mit einem ausschließlich softwareunterstützten Lernangebot (vgl. Kapitel 3.1.2) sind zumeist hohe Erwartungen verbunden.

> „E-Learning soll ein zeit- und ortsunabhängiges, individuelles, bedarfsgerechtes sowie effektives und effizientes Lernen ermöglichen, das zugleich das Bildungspersonal entlastet und Kosten einspart, aber dennoch eine höhere Qualität erbringt als traditionell organisiertes Lernen in Präsenzveranstaltungen." (Zimmer 2002, S. 5)

Diese hohen Erwartungen an ein Lernangebot, ohne Kombination mit Präsenzphasen, werden jedoch häufig nicht erfüllt und das E-Learning-Angebot führt nicht zu dem erhofften Erfolg (vgl. Schlottau 2004; Kapitel 2).

Die Kombination von softwareunterstütztem Lernen und Präsenzphasen zu einem Blended Learning-Angebot kann als eine eigenständige Form des E-Learning betrachtet werden und ist mit der Hoffnung verbunden, den hohen Erwartungen gerecht zu werden (vgl. Clark 2003). Clark (2003) und Euler (2005) zeigen auf, dass der Gedanke der Vermischung verschiedener Medien und/oder Methoden in der Didaktik nicht neu ist und sich Blended Learning nicht wesentlich von dem unterscheidet, was bisher praktiziert wurde.

> „So werden im Rahmen eines Methodenmixes schon immer unterschiedliche Lehrsequenzen miteinander verbunden, sowohl auf der Ebene des Medieneinsatzes als auch bei der Gestaltung von komplexen Lernumgebungen." (Euler 2005, S. 237 f.)

Die Einbeziehung softwareunterstützter Elemente wird jedoch als eine Erweiterung dieser Möglichkeiten betrachtet. Euler (2005) weist in diesem Zusammenhang darauf hin, dass eine größere Anzahl von Komponenten miteinander kombiniert werden kann. Neben traditionellen Medien können beim Blended Learning vor allem moderne Informations- und Kommunikationstechnologien mit Präsenzelementen kombiniert werden.[9] Auch nach Kerres (2001a) wird mit dem Begriff Blended Learning insbesondere die Kombination von Präsenzelementen und medienbasierten Elementen in den Vordergrund gestellt, wobei nicht festgelegt ist, wie eine solche Auswahl und Kombination von Elementen aussieht und wie diese theoretisch begründbar sein könnte. Die Qualität und Effizienz eines hybriden Lernangebotes zeichnet sich durch die Kombination von Elementen unterschiedlicher methodischer und medialer Aufbereitung aus, wobei traditionelle Elemente einen gleichberechtigten Status behalten (vgl. Kerres 2001a). Die Einführung von E-Learning macht es nicht erforderlich, traditionelle Lehr-/Lernmethoden aufzugeben (vgl. Euler 2005) und in der Bildungspraxis wird medienunterstütztes Lernen heute kaum noch als grund-sätzliche Alternative zu konventionellem Unterricht aufgefasst.

> „Es geht nicht mehr um die Überlegenheit bestimmter Medien und didaktischer Methoden, sondern um deren Kombination. Es geht also letztlich darum, die Vorteile möglicher Varianten so zu verknüpfen, dass pädagogische Zielvorstellungen ebenso wie Effizienzkriterien so weit wie möglich erreicht werden können. Die Praxis hat gezeigt, dass solche Optimierungen – aus pädagogischer wie ökonomischer Sicht gleichermaßen – nur möglich werden, wenn eine flexible Kombination von Varianten gefunden wird." (Kerres 2001a, S. 278 f.)

Clark (2003) weist in diesem Zusammenhang auf die unterschiedlichen Auffassungen und Konzepte hin, die mit dem Begriff Blended Learning verbunden

---

9 Um dies zu fokussieren, verwenden einige aktuelle Versuche, die Bestandteile des gemischten Lernens zu identifizieren die Bezeichnung ‚Blended elearning' (vgl. Clark 2003).

werden. Zur Unterscheidung können verschiedene Kriterien herangezogen werden, z.B. das Verhältnis zwischen Online- und Präsenzanteilen, Verbindung von Off-line- und Online-Lernen sowie die Unterscheidung nach Lehr-/Lernformen und -methoden. Durch die Identifizierungen und Kategorisierungen von Elementen, Kriterien, Modellen und Werkzeugen des E-Learning und Blended Learning sollen mehr oder weniger willkürliche Kombinationen und ein Vorgehen im Sinne eines ‚pick and mix‘ (Clark 2003, S. 4) verhindert werden und dadurch die Qualität und der Erfolg eines Lernangebotes sichergestellt werden (vgl. Hasanbegovic 2005; Wilbers 2001).

Im folgenden Kapitel 3.2 erfolgt die Systematisierung von Klassifikationssystemen anhand konkreter Lehr- und Lernsituationen auf mikrodidaktischer Ebene. [10]

3.2 Kategorisierungen von E-Learning- und Blended Learning-Szenarien

In diesem Kapitel wird eine Systematisierung von Kategorisierungen verschiedener E-Learning- und Blended Learning-Szenarien vorgenommen.

Eine solche Systematisierung kann als Evaluationsgrundlage herangezogen werden, eignet sich zur Transparenzschaffung und kann als Entscheidungsgrundlage für die Gestaltung mediengestützter Lernangebote nutzbar gemacht werden (vgl. Hasanbegovic 2005). Eine der häufigsten Kategorisierungen von E-Learning-Szenarien erfolgt nach deren *Virtualisierungsgrad* (vgl. Kapitel 3.2.1). Hierbei kann der Einsatz neuer Medien von der Unterstützung traditioneller Präsenzlernangebote bis hin zur vollständigen Virtualisierung von Lernangeboten reichen. Mit Kategorisierungen anhand von *(mehreren) Merkmalsdimensionen* wird das Ziel verfolgt, den Gestaltungsraum zu präzisieren und eine Einordnung nach Klassen und Gruppen vorzunehmen (vgl. Kapitel 3.2.2 und Kapitel 3.2.3).

3.2.1 Kategorisierung nach dem Virtualisierungsgrad

Bei Kategorisierungen von E-Learning- und Blended Learning-Szenarien anhand des Virtualisierungsgrades, werden die Präsenzanteile und mediengestützten bzw. virtuellen Anteile eines Lernangebotes berücksichtigt. Im Folgenden werden Kombinationsmöglichkeiten von Präsenz- und Onlinephasen im Rahmen eines zeitlich länger angelegten Blended Learning-Angebotes veranschaulicht. Beispiels-weise können sich die Lernenden untereinander und die Online-Tutor/inn/en in einer ein- oder zweitägigen (Kick Off-)Präsenzveranstaltung (PV) persönlich

---

10 Bei *makro*didaktischen Perspektiven würde eine Erweiterung der Betrachtung auf strategische Ziele der Bildungsinstitution und organisatorische Rahmenbedingungen von Lehr-/Lern-situationen erfolgen (vgl. Flechsig 1996 [http://www.ikud.de/edhplan.htm (Stand 03.09.2004)]).

kennen lernen und Lerngruppen bilden, um anschließend gemeinsam in eine Online-Lernphase einzusteigen (vgl. Abbildung 2).

Abbildung 2: Kick Off-Präsenzveranstaltung

Nach einer oder mehreren Onlinephase/n können im Rahmen einer abschließenden Präsenzveranstaltung (die i.d.R. zusätzlich zu der Kick Off-Präsenzveranstaltung stattfindet) beispielsweise die Ergebnisse virtueller Projektarbeiten präsentiert und Prüfungen absolviert werden (vgl. Abbildung 3).

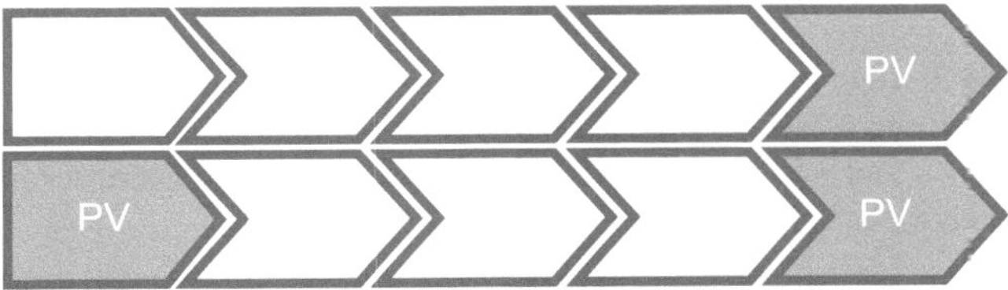

Abbildung 3: Abschließende Präsenzveranstaltung

Bei einem weiteren möglichen Szenario startet das Lernangebot mit einer Präsenzveranstaltung und wird im Anschluss daran mit beispielsweise der Bearbeitung eines Web Based Training (WBT) fortgesetzt. Zusätzlich zu der Kick Off- und Abschlusspräsenzveranstaltung können zusätzliche Präsenzphasen in das Lernangebot integriert werden (z.B. um Zwischenergebnisse virtueller Projektarbeiten zu besprechen und um einen Austausch mit anderen Lernenden und Lehrenden zu ermöglichen) (vgl. Abbildung 4).

Abbildung 4: Wechsel zwischen Präsenz- und Onlinephasen

Der Wunsch von Lernenden nach (mehr) Präsenzveranstaltungen, um sich mit Betreuenden und anderen Lernenden auszutauschen, ist i.d.R. groß.

„Es zeigte sich, dass Kombinationen, in denen ca. 40–50 Prozent der bisherigen Stunden in Präsenzform stattfanden, einen höheren Zufriedenheitsgrad erzeugten, als die Angebote mit geringen Präsenzanteilen." (Sauter & Sauter 2004, S. 234 f.)

Daher ist eine ausgewogene Kombination von Präsenzphasen und virtuellen Phasen über den gesamten Zeitverlauf sinnvoll (vgl. Zawacki-Richter 2004[11]).

Bei der didaktischen Konzeption eines Lernangebotes ist die Entscheidung zu treffen, ob die Medien unterstützend zur Präsenzlehre, als netzbasierte Veranstaltung im Wechsel mit Präsenzphasen oder substituierend zu Präsenzveranstaltungen (als virtuelle Veranstaltung) eingesetzt werden (vgl. Bremer 2002). In diesem Zusammenhang wird häufig zwischen dem *Anreicherungskonzept*, dem *integrativen Konzept* und dem *virtuellen Konzept* unterschieden (vgl. Dittler & Bachmann 2005; Hasanbegovic 2005).

3.2.1.1 Basler E-Learning-Szenarien

Dittler und Bachmann (2005) unterscheiden zwischen dem *Anreicherungskonzept*, dem *integrativen Konzept* und dem *virtuellen Konzept*. Die folgende Abbildung 5 veranschaulicht diese verschiedenen Konzepte.

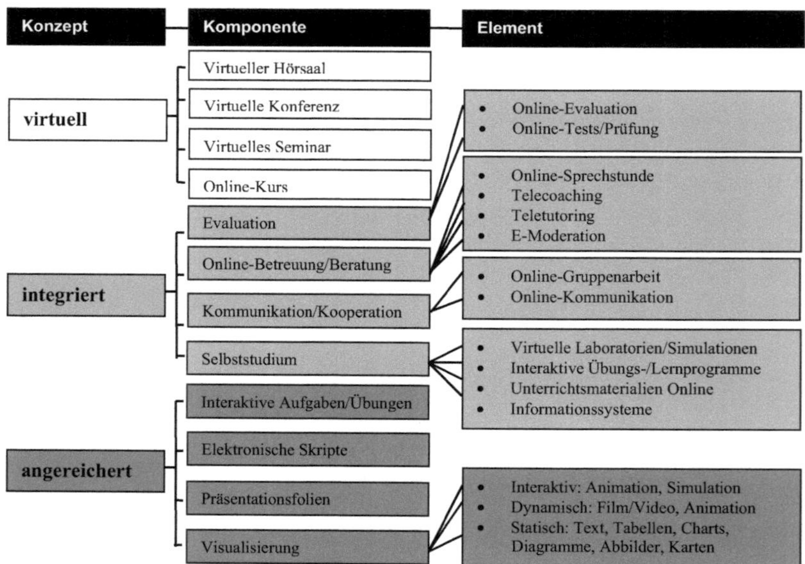

Abbildung 5: Basler E-Learning Szenarien (Dittler & Bachmann 2005, S. 192)

---

11 http://www.ihk-e-learning.de/relaunch/downloads/fachwissen/3_nordmedia_brosch2_Online-Tutorien.pdf (Stand 02.02.2006)

Das *Anreicherungskonzept* bezieht sich auf die didaktische Mikroebene und somit auf die konkrete Gestaltung von E-Learning-Elementen, durch die ein Präsenzlernangebot angereichert wird. Das *integrative Konzept*[12] fokussiert Lernszenarien, in denen Online- und Präsenzelemente als gleichwertig betrachtet werden und sowohl inhaltlich als auch didaktisch miteinander verzahnt sind. Es erfolgt eine spezifische, aufeinander abgestimmte Strukturierung und Sequenzierung von Präsenz- und Onlinephasen, wodurch ein optimales Lernergebnis erreicht werden soll (vgl. Dittler & Bachmann 2005; Hasanbegovic 2005). Um ein neues, stimmiges Gesamtkonzept erstellen zu können, ist daher sowohl die Veränderung der Online- als auch der Präsenzelemente erforderlich (vgl. Dittler & Bachmann 2005; Hasanbegovic 2005; Kerres 2001a; Kapitel 3.2.3.2). Im Mittelpunkt des *Konzeptes der virtuellen Lehre* stehen vollständig virtuelle Lernangebote, jedoch können auch Szenarien hinzugezählt werden, bei denen vereinzelte Präsenzveranstaltungen stattfinden, beispielsweise zu Beginn und am Ende des Lernangebotes (vgl. Dittler & Bachmann 2005). Die Integration von Präsenzveranstaltungen im Rahmen dieses Konzeptes erschwert jedoch eine klare Abgrenzung zum Integrationskonzept, wie Euler (2005) sie vornimmt, indem er im Rahmen des *Virtuellen Konzeptes* Präsenzphasen vollständig ausschließt (vgl. Kapitel 3.2.1.2).

3.2.1.2 Virtualisierungsspektrum

Euler (2005) unterteilt das *Spektrum einer niedrigen bis hohen Virtualisierung* von Lehre in vier Konzepte. Bei dem Konzept der *Anreicherung der Lehre* wird nach Euler (2005) ebenso wie bei Dittler und Bachmann (2005) sowie bei Schulmeister (2001) ein Präsenzlernangebot durch einen zeitlich begrenzten Einsatz von E-Learning-Elementen ergänzt. Das *Integrationskonzept* (vgl. Dittler & Bachmann 2005; Schulmeister 2001; Kapitel 3.2.1.1) differenziert Euler (2005) in die Konzepte *Erweiterung der Lehre* und *Ersatz von Teilen der Lehre*. Bei dem ersten Konzept steht die *Erweiterung der Lehre* um Formen der E-Kommunikation oder E-Medien im Vordergrund, im zweiten Konzept erfolgt der *Ersatz von Teilen der Lehre* durch E-Medien oder Formen der E-Kommunikation, beispielsweise indem Präsenzphasen ein E-Learning-Angebot umrahmen, jedoch den geringeren Teil der Veranstaltung bilden. Bei dem Konzept der *Vollständigen Durchführung der Lehre* wird der Kurs ausschließlich virtuell durchgeführt. Mit dieser differenzierten Aufteilung umgeht Euler (2005) das Problem der Abgrenzung des Integrativen Konzeptes zum Virtuellen Konzept von Dittler und Bachmann (2005) sowie Schulmeister (2001) (vgl. Kapitel 3.2.1.1).

---

12 Die Integration virtueller Elemente in Präsenzlernangebote verlangt zusätzlich zur Betrachtung der Mikroebene nach Hasanbegovic (2005) „[...] die Involvierung der Meso- und Makroebene in Form von einer gesamtsystematischen Betrachtungsweise der jeweiligen Lernumgebung und deren Veranstaltungsablauf und curriculare Einbindung." (S. 251)

Nach Hasanbegovic (2005) ist die Kategorisierung nach dem Virtualisierungsgrad auf Grund mangelnder Trennschärfe für Forschungs- und Evaluationszwecke als Differenzierungskriterium zu vage und ist somit ungeeignet für die Vergleichbarkeit von Lernangeboten. Diese Kategorisierung kann jedoch zur Orientierung bei der strategischen Ausrichtung und zur Veranschaulichung der Gestaltungsmöglichkeiten von Lernangeboten dienen. Zur konkreten Ausarbeitung der strategischen Ausrichtung und zur kreativen Konzeption des Lernangebotes ist jedoch eine Erweiterung dieses Kriterienkataloges erforderlich.

Im folgenden Kapitel 3.2.3 wird sowohl eine Unterscheidung des quantitativen und qualitativen Verhältnisses von Präsenz- und Onlinephasen als auch eine Unterscheidung anhand *mehrerer* Merkmalsdimensionen vorgenommen, um den Gestaltungsraum zu präzisieren (vgl. Hasanbegovic 2005).

3.2.2 Kategorisierung nach Merkmalsdimensionen

Durch Kategorisierungen nach Merkmalsdimensionen wird der Versuch unternommen, unter Berücksichtigung unterschiedlicher Merkmalsdimensionen eine präzise Kategorisierung und Einordnung nach Klassen und Gruppen vorzunehmen (vgl. Hasanbegovic 2005).

3.2.2.1 Kriterien zur Klassifikation virtuellen Lernens

Die Klassifizierung nach Schulmeister (2003) erfolgt anhand von drei qualitativen Kriterien.

> „Das qualitative Merkmal *Form* bezeichnet dabei die Organisationsform virtueller Lehre und ihre organisatorische Einbettung in die institutionelle Umgebung. Während sich das qualitative Merkmal *Funktion* auf einer Skala von der Information zur Kooperation abbildet, [...] [umfasst] das Model *Methode* lerntheoretisch unterschiedlich konstruierbare Lehrmethoden und Lernmethoden bzw. Modelle oder Konzepte von Lernarragements." (Hasanbegovic 2005, S. 253)

Anhand des Ordnungskriteriums ‚erreichter Grad der Interaktion zwischen den Lernenden‘ wird eine Typologie aufgezeigt. Breuer (2006) bezieht sich auf diesen Systematisierungsansatz und nimmt eine Zusammenführung der Kriterien zur Klassifikation virtuellen Lernens vor (vgl. Abbildung 6).

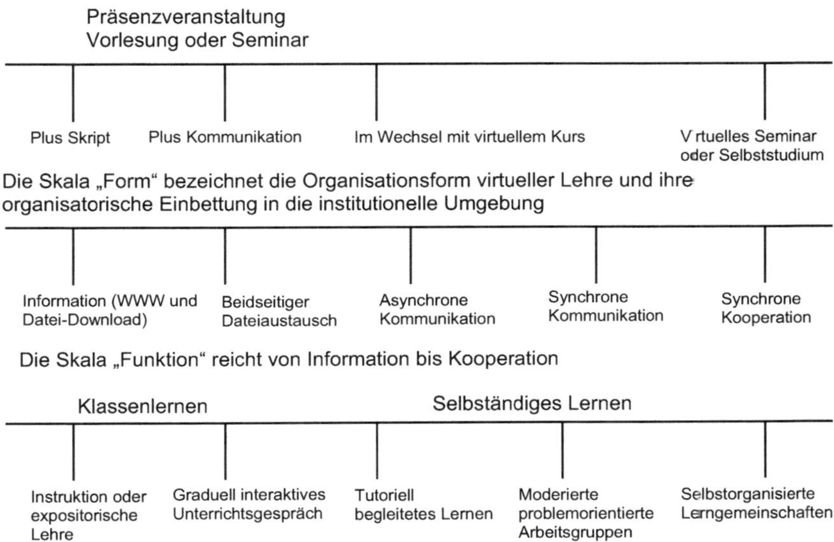

Abbildung 6: Kriterien zur Klassifikation virtuellen Lernens (Schulmeister 2003, S. 175 ff. nach Breuer 2006, S. 27)

Schulmeister (2003) greift für seine Klassifizierung auf drei Kriterien zurück: Formen, Funktionen und Methoden. Für diese spannt er jeweils eine Skala auf. Nach Hasanbegovic (2005) weisen die beschriebenen *Organisationsformen* der Lehre eine Reihe von Mischformen auf, die sich nach dem Anteil der virtuellen Komponente konkretisieren lassen. Die Betrachtung der *Funktionen virtueller Lehre* erfolgt nach dem aktiven Anteil kommunikativer Interaktion. Die Funktionen stehen in enger Beziehung zu den entsprechenden *Methoden* und *Werkzeugen*. Eine zentrale Bedeutung für die Einordnung der methodisch-didaktischen Konzeption nimmt die Dimension *Methoden* ein, die, in Abhängigkeit von dem Anteil der Lernfreiheit für die Lernenden, Methoden bzw. Modelle von Lernarrangements unterscheidet.

„Diese den Paradigmawechsel der Lernerzentriertheit widerspiegelnde Skala verdeutlicht die Virtuelle Lehre als Motor selbstorganisierten Lernens." (Hasanbegovic 2005, S. 253)

Im folgenden Kapitel 3.2.2.2 wird dargestellt, wie aus den Kriterien Formen, Funktionen und Methoden vier *Szenarien virtuellen Lernens* generiert werden.

3.2.2.2 Szenarien virtuellen Lehrens und Lernens

Schulmeister (2001) unterscheidet vier Szenarien virtuellen Lehrens und Lernens. Im ersten Szenario werden die Präsenzveranstaltungen durch den Netzeinsatz begleitet und das Ziel der Instruktion verfolgt. Im zweiten Szenario steht die Gleichrangigkeit der Präsenz- und Netzkomponente mit prozessbezogener Kommunikation im Vordergrund. Der integrierte Einsatz von Präsenz- und Netzkomponenten mit moderierten Arbeitsgruppen erfolgt im dritten Szenario. Das vierte Szenario fokussiert virtuelle Seminare und Lerngemeinschaften sowie das Selbststudium mit kooperativen Zielen (vgl. Abbildung 7).

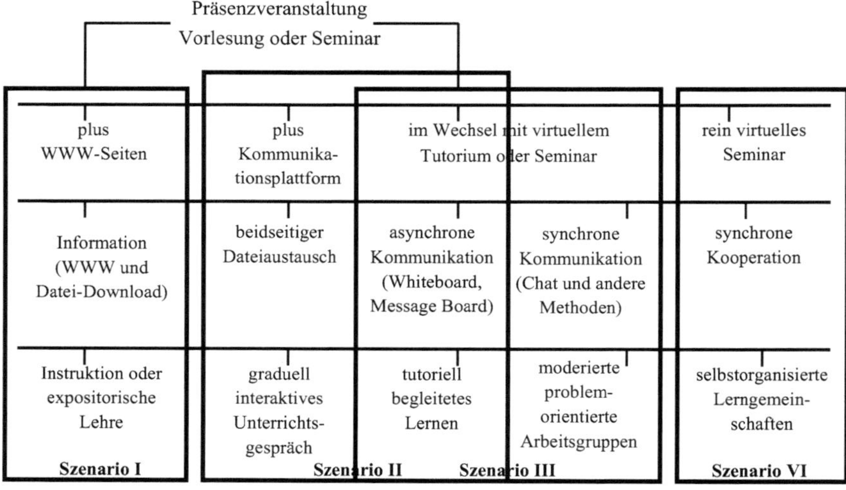

Abbildung 7: Szenarien netzbasierten Lernens (Schulmeister 2001, S. 29)

Im Folgenden wird für verschiedene Elemente und Szenarien eine gemeinsame Kategorisierung anhand des *Anreicherungs-, Integrations-* und *Virtualisierungskonzept*es vorgenommen, die nach Euler (2005), Dittler und Bachmann (2005) bereits im Kapitel 3.2.1 diskutiert wurde und nachfolgend weiter ausdifferenziert wird.

Bei dem *Anreicherungskonzept* werden Medien zur Unterstützung der Präsenzlehre eingesetzt, z.B. zur Vor- und Nachbereitung eines Präsenzseminars. Dies kann beispielsweise durch die Visualisierung komplexer Sachverhalte oder durch eine animierte Darstellung von Prozessen erfolgen (vgl. Bremer 2004b). Der Medieneinsatz hat jedoch keinen Einfluss auf den Ablauf der Präsenzveranstaltung (vgl. Büchler 2004).

> „Kennzeichnend für das Anreicherungskonzept ist, dass sich die Präsenzlehre nach wie vor in regelmäßigen Sitzungen vollzieht und keine wesentliche Veränderung durch Online-Phasen erfährt." (Bremer 2004b, S. 50)

So werden beispielsweise Videoaufnahmen von Vorträgen, vertiefende Texte, Seminarpläne oder Folien, die im Präsenzseminar eingesetzt werden, zur Vor- und Nachbereitung der Veranstaltung zum Download im Netz zur Verfügung gestellt (vgl. Bremer 2004b).

Ein Vorteil dieses Konzeptes besteht darin, dass in den Präsenzveranstaltungen eine direkte Interaktion zwischen den Lernenden existiert. Die Möglichkeiten des mediengestützten Lernens bleiben jedoch weitestgehend ungenutzt (vgl. Büchler 2004), denn die Online-Komponenten fungieren nur als Speicherplatz für Lernmaterialien bzw. als Informationsquelle und zum Datenaustausch (vgl. Schulmeister 2001).

Tabelle 2: Szenarien virtuellen Lernens I: Präsenzveranstaltung begleitet durch Netz-Einsatz (Schulmeister 2001, S. 29)

Szenarien virtuellen Lernens I:		
Präsenzveranstaltung begleitet durch Netz-Einsatz		
	Präsenzkomponente	**Virtuelle Komponente**
Form	Priorität liegt bei der Präsenzveranstaltung	Web-Site wird zusätzlich eingesetzt
Funktion	unterschiedlich	Information
Methode	unterschiedlich	Instruktion

Die Durchführung eines solchen Szenarios entspricht der Methode des Tele-Teachings bzw. -Lernens (vgl. Kapitel 3.2.4.1). Die Präsenzveranstaltung kann hierbei jedes beliebige didaktische Modell verfolgen (z.B. eine klassische Vorlesung, ein offenes Projektseminar). Kennzeichnend ist, dass die inhaltlichen Lernprozesse im Rahmen der Präsenzveranstaltung stattfinden und keine virtuelle Kommunikation erfolgt oder Lerngruppen gebildet werden (vgl. ebd.).

Nach Bremer (2004b) ist der Übergang zum nächsten Szenario – dem *Integrationskonzept* – fließend. Kennzeichnend für dieses Konzept ist, dass der Medieneinsatz als Ergänzung zur Präsenzlehre erfolgt und somit ein wesentlicher Anteil des Lernangebotes virtuell stattfindet (vgl. Kapitel 3.2.1). Online- und Präsenzphasen werden kombiniert und durch Kommunikationsmöglichkeiten (z.T. im Netz) ergänzt. Der Medieneinsatz führt zu einem veränderten Ablauf des Lernangebotes (vgl. ebd.). Die Lernenden verbringen einen großen Teil ihrer Lernzeit am Computer, um z.B. Lernmaterial durchzuarbeiten, Lernaufgaben zu lösen, Übungen durchzuführen oder mit anderen Lernenden zu kommunizieren. Schulmeister (2001) unterscheidet zwei Szenarien:

- Gleichrangigkeit von Präsenz- und Netzkomponente
- Integrierter Einsatz von Präsenz- und virtueller Komponente

Bei dem Szenario der *Gleichrangigkeit von Präsenz- und Netzkomponente* (vgl. Tabelle 3) wird das Lernmaterial innerhalb einer Plattform angeboten. Den Lernenden bietet sich die Möglichkeit, sich mit anderen Lernenden gemeinsam im Netz zu treffen und zu diskutieren.

Die Inhalte der Präsenzveranstaltung und die Kommunikation der Lernenden über diese Inhalte sind in diesem Szenario noch getrennt voneinander. Zwar erfolgt ein Informations- und Meinungsaustausch zwischen den Online-Tutor/inn/en und den Lernenden sowie zwischen den Lernenden, jedoch findet keine direkte Kommunikation über die Lerninhalte statt (vgl. Schulmeister 2001).

Durch die netzgestützte Kommunikation in Arbeitsgruppen werden neue Anforderungen an die Online-Tutor/inn/en gestellt. Es ist nun nicht mehr ausschließlich darauf zu achten, dass sich alle erforderlichen Lernmaterialien im Netz befinden, sondern auch darauf, welche Prozesse (Kommunikations- und Lernprozesse) im Netz stattfinden, um diese ggf. auch im Rahmen der Präsenzveranstaltung zu thematisieren (vgl. ebd.).

Tabelle 3: Szenarien virtuellen Lernens II: Gleichrangigkeit von Präsenz- und Netzkomponente (Schulmeister 2001, S. 31)

Szenarien virtuellen Lernens II:		
Gleichrangigkeit von Präsenz- und Netzkomponente		
	Präsenzkomponente	**Virtuelle Komponente**
Form	Präsenzveranstaltung gleichrangig	Web-Site & Plattform gleichrangig
Funktion	unterschiedlich	Information & Kommunikation
Methode	unterschiedlich	Instruktion, tutorielle Beratung

Die besondere Herausforderung besteht darin, die Onlinephasen mit den Präsenzveranstaltungen didaktisch so zu verknüpfen, dass die Lernenden motiviert werden, die online verfügbaren Angebote und Kommunikationsmöglichkeiten auch tatsächlich zu nutzen (vgl. ebd.).

In dem Szenario des *integrierten Einsatzes von Präsenz- und virtueller Komponente* sind virtuelle Anteile bereits ein substantieller Teil des Lernangebotes. Es findet eine Verzahnung der Präsenz- und Onlinephasen statt. Im Rahmen der Präsenzveranstaltungen wird auf Prozesse aus den Onlinephasen zurückgegriffen. In den Onlinephasen werden z.B. netzbasierte Diskussionen durchgeführt, für die im Rahmen der Präsenzveranstaltung keine Zeit gefunden wurde (vgl. Bremer 2004b).

Tabelle 4: Szenarien virtuellen Lernens III: Integrierter Einsatz von Präsenz- und virtueller Komponente (Schulmeister 2001, S. 33)

Szenarien virtuellen Lernens III: **Integrierter Einsatz von Präsenz- und virtueller Komponente**		
	Präsenzkomponente	**Virtuelle Komponente**
Form	Präsenzveranstaltung integriert	Web-Site & Plattform
Funktion	unterschiedlich	Kommunikation & Kooperation
Methode	unterschiedlich	moderierte Arbeitsgruppen

Bei diesem Vorgehen wird der Anspruch an ein Blended Learning-Angebot erfüllt, die Vorteile von Präsenzphasen (z.B. Übungsmöglichkeiten im Rahmen von face-to-face-Interaktion, weniger Stoffvermittlung im Rahmen der Präsenzveranstaltungen, mehr Zeit für persönlichen Austausch bzw. Übungen) mit den Vorteilen virtuellen Lernens zu kombinieren (vgl. Büchler 2004) (z.B. zeit- und ortsunabhängiges Lernen, zusätzliche Kommunikationsmöglichkeiten wie E-Mail, Chat, Forum, Weblog etc.).

Beim *Virtualisierungskonzept* ersetzt das virtuelle Lernen vollständig die Präsenzveranstaltungen. Da die anfängliche Euphorie für dieses Szenario inzwischen weitestgehend nachgelassen hat, sind rein netzbasierte Veranstaltungen fast nur dort vorzufinden, wo die Dezentralisierung der Zielgruppe dies unumgänglich macht. Falls umsetzbar, werden Präsenzveranstaltungen zumindest als Kick Off- und Abschlussveranstaltung integriert (vgl. Bremer 2004b; Kapitel 3.2.1).

Dieses Konzept umfasst nach Büchler (2004) die Vorteile der Zeit- und Ortsunabhängkeit, jedoch können sich Schwierigkeiten dadurch ergeben, dass die direkte soziale Interaktion beim Lernen (fast) vollständig ausgeklammert wird.

Die Motivation der Lernenden kann oftmals nur mit einem erheblichen Betreuungs- und Moderationsaufwand aufrechterhalten werden. Virtuelle Szenarien sind daher mit einem nicht zu unterschätzenden personellen und technischen Aufwand verbunden. Die Betreuung eines solchen Lernangebotes ist daher nicht weniger (zeit-)aufwändig als die Betreuung einer Präsenzveranstaltung.

Bei Schulmeister (2001) findet sich dieses Konzept in dem Szenario *Virtuelle Seminare und Lerngemeinschaften* wieder. Wie bei traditionellen Seminaren ist die didaktische Struktur sehr variabel gestaltbar und es sind viele didaktische Konzepte möglich. Je nach Aufgabenstellung, Strukturierung und Moderation können Online-Lernangebote wie eine klassische Instruktion (ähnlich Referat-Seminare) oder auch wie beispielsweise selbst organisierte Formen des Lernens durchgeführt werden. Den Lernenden und Online-Tutor/inn/en stehen hierbei vielfältige Kommunikationsmöglichkeiten zur Verfügung.

Tabelle 5: Szenarien virtuellen Lernens IV: Virtuelle Seminare und Lerngemeinschaften (Schulmeister 2001, S. 34)

Szenarien virtuellen Lernens IV: Virtuelle Seminare und Lerngemeinschaften		
	Präsenzkomponente	**Virtuelle Komponente**
Form	keine Präsenzveranstaltung	Lernplattform, kooperative Werkzeuge
Funktion	entfällt	Kommunikation & Kooperation
Methode	entfällt	Arbeitsgruppen & Lerngemeinschaften

Die formale Kategorisierung von Szenarien virtuellen Lernens kann nach Hasanbegovic (2005) als Evaluationsgrundlage für E-Learning-Szenarien herangezogen werden. Sie eignet sich allerdings nicht für die Transparenzschaffung bzgl. der Kursankündigungen von Bildungsanbietern, da die Einteilung in die vier Szenarien als Qualitätskriterium die Entscheidungsfähigkeit der Lernenden und Lehrenden nicht ausreichend unterstützen kann. Ebenso wenig geeignet ist die vorliegende Klassifizierung als Entscheidungsgrundlage für Gestaltungsmerkmale virtueller Lernangebote seitens der Betreuenden, da die methodische Konzeption unzureichend behandelt wird.

Darüber hinaus weisen die angewendeten formalen Merkmalskriterien eine mangelnde Trennschärfe auf, so dass die Lernszenarien nicht exakt differenziert werden können.

> „Die vorgestellten Lernszenarien assoziieren einen Determinismus, der gerade im Hinblick auf didaktische Innovationen überholt scheint. Gleichfalls erfüllen die Funktionen der qualitativen Merkmale nicht den vordefinierten Zweck. So selektiert das Merkmal Methode fünf unterschiedlich konstruierbare Lehr- und Lernmethoden, die jedoch durch eine Vielzahl weiterer Methoden ergänzt werden können. Das Merkmal Form beschreibt nicht ausreichend die strukturellen Dimensionen für die organisatorische Implementierung einer E-Learning-Innovation." (Hasanbegovic 2005, S. 243 f.)

Durch mehrdimensionale Kategorisierungen werden im Gegensatz zu der vorgestellten Kategorisierung konkrete Gestaltungsempfehlungen und Umsetzungshinweise gegeben. Im folgenden Kapitel 3.2.3 werden Kategorisierungen vorgestellt, die anhand verschiedener Merkmale, Kriterien und Elemente Hinweise für die Gestaltung von Blended Learning-Angeboten geben, ohne dabei den Gestaltungsfreiraum einzuschränken (vgl. Hasanbegovic 2005).[13]

---

13 Weitere Klassifizierungen verzichten gänzlich auf eine Auswahl von Kategorien (vgl. Minass 2002).

3.2.3 Multidimensionale Kategorisierungen nach Bausteinen und Elementen

Multidimensionale Ansätze berücksichtigen vielfältige Merkmale, Kriterien und Elemente und können konkretere Gestaltungsempfehlungen und Umsetzungshinweise geben als Kategorisierungen, die sich ausschließlich an dem Virtualisierungsgrad orientieren (vgl. Hasanbegovic 2005).

3.2.3.1 Baukastensystem als Synthese von Merkmalsdimensionen

Auf die Gefahr der Determinierung und Einschränkung durch eine Kategorisierung antwortet das ‚Baukastensystem' (vgl. Euler 2005) mit einem offenen Gestaltungsraum. Gerade dieser freie Gestaltungsraum erfordert jedoch eine intensive Auseinandersetzung mit der methodisch-didaktischen Konzeption des Szenarios. Verschiedene Bausteine und klassische Gestaltungselemente der Didaktik können mit neuen Elementen des E-Learning zu Blended Learning-Angeboten kombiniert werden (vgl. Hasanbegovic 2005). Euler (2005) konstruiert folgenden Baukasten zur Entwicklung von mediengestützten Lernumgebungen (vgl. Abbildung 8):

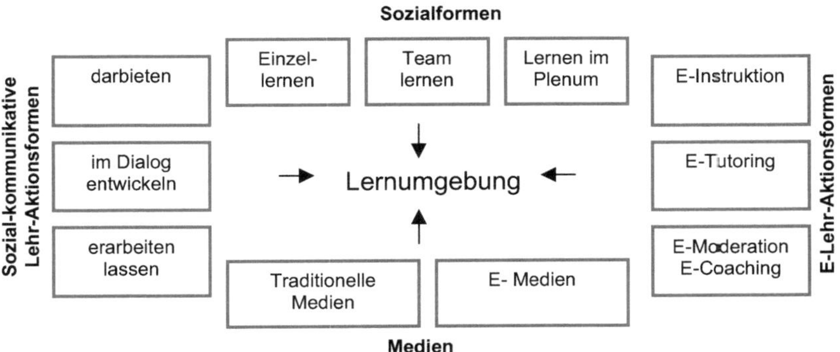

Abbildung 8: Bausteine zur Entwicklung von mediengestützten Lernumgebungen (Euler 2005, S. 231)

Nach Euler (2005) legt sich das Baukastensystem nicht auf E-Learning fest, sondern verbindet Elemente des traditionellen Präsenzunterrichts mit Möglichkeiten des E-Learning. Mediengestützte Methoden werden nicht völlig losgelöst von dem bestehenden Methodenrepertoire gedacht, sondern sollen anschlussfähig an bestehende methodische Kenntnisse und Fertigkeiten der Betreuerden sein und als eine Erweiterung bereits vorhandener Lehr-/Lernmethoden wahrgenommen werden. Da zumeist in der Didaktik Lernumgebungen über die Grundbausteine Aktions- und Sozialformen sowie Medien arrangiert werden, kann der Einsatz von E-Learning-Elementen als neue Möglichkeit der Veranschaulichung sowie der aktivierenden Auseinandersetzung der Lernenden mit den Lerninhalten betrachtet werden. Diese Einbeziehung ermöglicht es, räumlich entfernte Personen in den Lernprozess miteinzubeziehen. Die Lernenden sind in unterschiedliche Sozialformen einzubetten und zu unterstützen (vor Ort oder über das Internet) (vgl. Hasanbegovic 2005; Kapitel 3.2.4; Kapitel 3.3 und Kapitel 4.1).

Diese Kategorisierung legt nur das Grundmuster des zu gestaltenden E-Learning-Szenarios fest. Insbesondere die kreative Anwendung didaktischer E-Learning-Szenarien stellt hohe Anforderungen an die didaktische Kompetenz der Betreuenden (vgl. Reinmann-Rothmeier 2003b).

Auf Grund der Verzahnung von Theorieentwicklung und -anwendung, der Flexibilität und der Beschreibung von Lernumgebungen nach verschiedenen Kriterien und Elementen, die noch weiter ausdifferenziert werden können, ermöglicht das Baukastensystem nach Wilbers (2001) eine Orientierung für die Gestaltung eines Blended Learning-Angebotes und kann als Implementierungswerkzeug verwendet werden. Im Folgenden wird eine weitere multidimensionale Kategorisierung dargestellt.

3.2.3.2 Grundformen und Elemente des Blended Learning

Beim Blended Learning können verschiedene Varianten des E-Learning bzw. Blended Learning unterschieden werden. In Tabelle 6 erfolgt zunächst die Unterscheidung zwischen *synchronen* und *asynchronen* Varianten, die zu *hybriden Formen* kombiniert werden können.

Tabelle 6: Grundformen des Tele-Lernens (vgl. Jechle & Kerres 2000)

	Synchrones Tele-Lernen	**Hybride Formen des Tele-Lernens**	**Asynchrones Tele-Lernen**
Varianten	*Tele-Teaching* • point-to-point; multipont; Broadcasting • Präsentations- vs. Seminarstil	• Leitmedium synchrones Tele-Lernen • Leitmedium asynchrones Tele-Lernen	*Tele-Learning* • mit/ohne Betreuung • mit/ohne Kommunikations-komponente • mit/ohne Kooperations-komponente

Zwei wichtige Entscheidungen im Vorfeld der Konzeption eines Blended Learning-Angebotes bestehen in der Wahl einer Variante und in der Entscheidung für die Form der Betreuung und Interaktion zwischen den Lernenden und den Online-Tutor/inn/en. Es lassen sich Varianten mit und ohne Betreuung bzw. Kooperation sowie unterschiedliche Formen der Interaktion zwischen den Lernenden und den Online-Tutor/inn/en unterscheiden (vgl. Tabelle 7).

Tabelle 7: Systematik telemedialer Lernszenarien (Kerres 2001a, S. 290)

Varianten	**Interaktion**	**kooperativ**	**betreut**	**synchron-asynchron ***
offenes Tele-Lernen	L	-	-	as
Tandem-Lernen	L – L	+	-	as
(unbetreute) Lerngemeinschaften	L – L – L	+	-	as
Tele-Coaching	L – T	-	+	s
Tele-Teaching	T – L, L, L	-	+	s
betreutes Tele-Lernen	T – L (L)	-	+	as
verteiltes, kooperatives Lernen	L – L – T	+	+	as
E-Mail-Partnerschaft	T L – L (T)	+	+ (lokal)	a
virtuelles Klassenzimmer	T L L – L L (T)	+ (lokal)	+ (lokal)	s + as

(Anmerkung: L=Learner, T=Tutor/in; *vorrangige Kommunikationsform: s=synchron, as=asynchron)

Die Praxis hat gezeigt, dass sich die Nutzung eines Mediums als Kooperations- und Kommunikationsmittel in Verbindung mit verschiedenen Formen der Betreuung positiv auf das Lernverhalten und die Wissensvermittlung der Gruppe und des einzelnen Lernenden auswirkt. Die eingesetzten Kommunikationsmittel können spezifisch auf den jeweiligen Lerninhalt und die Betreuungssituation abgestimmt werden (vgl. Kerres 2001a).

Die mit Blended Learning verbundene Vorstellung, dass Teile eines konventionellen Lernangebotes durch mediengestützte Verfahren ersetzt werden können und der Rest des Lernangebotes wie bisher stattfinden kann, vernachlässigt nach Kerres (2005) den Aspekt, dass hierbei ein ganz neues Lernangebot entsteht, das auch Rückwirkungen auf das konventionelle Lernangebot hat und dadurch ein völlig neues ‚Produkt' einsteht. Kerres (2005) geht daher davon aus, dass durch diese Kombination der Elemente eine (Neu-)Konzeption des Lernangebotes erforderlich wird.

Bei der Kombination unterschiedlicher didaktischer Methoden und medialer Präsentations- und Kommunikationsformate ist zu berücksichtigen, dass die Entscheidungen über didaktische Methoden unabhängig von den Entscheidungen der Präsentations- oder Kommunikationsentscheidungen sind. So kann beispielsweise der Vortrag von Dozierenden sowohl face-to-face stattfinden als auch über das Internet übertragen werden, jedoch müssen die spezifischen Vorteile der Elemente herausgestellt werden. Um dies zu gewährleisten, sollte beispielsweise eine Präsenzveranstaltung auf eine andere Weise genutzt werden als im Rahmen traditioneller Angebote (z.B. Gruppenarbeiten statt Vorträge). Darüber hinaus ist der jeweilige Kontext zu berücksichtigen. Unter anderem ist es von diesem abhängig, ob ein Blended Learning-Angebot mit einer Präsenzphase beginnen sollte, um beispielsweise die Eindrucksbildung zu unterstützen (vgl. Kapitel 3.2.1). Die Eindrucksbildung kann dazu beitragen, dass sich Vertrauen aufbaut und intensive Beziehungen und zwischen den Mitgliedern einer Lerngruppe entstehen, insbesondere wenn diese über einen längeren Zeitraum gemeinsam an einem Lernangebot teilnehmen. Salmon (2004) spricht sich jedoch gegen eine Kick Off-Präsenzveranstaltung aus, da sich in einer face-to-face-Situation Hierarchien und Antipathien entwickeln sowie Stereotype entstehen, die sich hinderlich auf den Lernprozess auswirken können.

Bei der Konzeption eines Blended Learning-Angebotes muss daher vor allem eine Entscheidung darüber getroffen werden, wie die Elemente des Präsenzlernens mit softwareunterstützten Elementen kombiniert und miteinander verzahnt werden können, so dass ein Mehrwert und nicht nur eine additive Abfolge dieser Elemente entsteht (vgl. Kerres 2001a; Kerres 2005).

In der folgenden Tabelle 8 sind verschiedene Elemente – jeweils mit Beispielen für deren didaktisch-methodische Organisation sowie für mögliche telemediale Varianten – aufgeführt, die zu Blended Learning-Arrangements kombiniert werden können.

Tabelle 8: Elemente hybrider Lernarrangements (Kerres 2001a, S. 279)

Elemente	Beispiele für die konventionelle Organisation	Telemediale Variante
(1) Vortrag mit Gespräch	Frontalunterricht in Seminarraum, Hörsaal	Rundfunk, Video auf Abruf (digitales Fernsehen, Internet etc.), Videokonferenz
(2) Selbstlernen	Print-, AV-Medien (Kassette), Multimedia (CD-ROM, DVD) am Arbeitsplatz, im Selbstlernzentrum oder zu Hause	Rundfunk, WWW-Seiten
(3) kooperatives Lernen	Partner- und Gruppenarbeit (inhaltsbezogen)	Computer mediated communication/conferencing (CMC), groupwarebasierte Kooperation
(4) tutoriell betreutes Lernen	Mentoren-Modelle (auch: Peer-Tutoren)	Tele-Coaching, Tele-Tutoring
(5) kommunikatives/ soziales Lernen	Gruppenansätze (Team-Building, Gruppenfeedback, Metakommunikation etc.)	Internet-Café, Chat-Räume, Diskussionsforen
(6) Beratung	Einzelgespräche, Informationsveranstaltungen	E-Mail, Schwarze Bretter im WWW, Newsgroups
(7) Test, Zertifizierung	Klausur, Prüfung, computerbasiertes (adaptives) Testen	Internetbasierte Tests, Video-konferenz

Das *Referieren, Vortragen oder Präsentieren* (1) nimmt sowohl in der (Hoch-) Schule als auch in der betrieblichen Bildungsarbeit weiterhin einen wesentlichen Stellenwert ein. In der konventionellen Form wird dies als Präsenzmaßnahme in Unterrichtsräumen etc. organisiert. Lernort, -zeit und auch zumeist die Lerngeschwindigkeit sind dabei extern vorgegeben. Anders als bei der Ausstrahlung im Rundfunk, Fernsehen oder der Live-Übertragung im Internet ist bei der Distribution von Vorträgen (z.B. über CDs, DVDs oder das Internet) der Zeitpunkt des Abrufes für die Lernenden frei wählbar (vgl. Kapitel 3.2.4.1).

Da die zwischenmenschliche Kommunikation der eigentliche Grund für das Zusammenkommen von Menschen an einem Ort und Raum darstellt, diese jedoch gerade bei der Vortragsform in vielen Fällen äußerst rudimentär stattfindet, verfolgt Kerres (2001a) in einem hybriden Lernarrangement andere Ziele als die reine Wissensvermittlung in Vortragsform. Statt reiner Inhaltsvermittlung stehen vielfältige, strukturierte und betreute Kommunikationsaktivitäten im Vordergrund, beispielsweise indem eine Einführung und ein Überblick über die Themen gegeben wird (vgl. Kapitel 3.3).

Selbstlernaktivitäten (2) bieten gegenüber Präsenzmaßnahmen eine höhere zeitliche und räumliche Flexibilität. Darüber hinaus besteht für die Lernenden die Möglichkeit, die Geschwindigkeit und Intensität der Bearbeitung von Inhalten selbst zu steuern.

> „Gerade in einem hybriden Lernarrangement wird es nicht mehr zwingend nötig, alle kommunikativen und interaktiven Elemente eines Lernangebotes ‚in‘ ein Medium (z.B. ein CBT-Programm) zu implementieren, da diese durch verschiedene Elemente des Lernarrangements abgedeckt werden können." (Kerres 2001a, S. 280)

Beispielsweise besteht, statt der aufwändigen Erstellung eines hochwertigen und hochgradig interaktiven WBTs, die Möglichkeit der Kombination eines einfacheren Mediums mit einer personalen Betreuung.

Da die Zusammenarbeit und der Austausch in Gruppen soziale Schlüsselqualifikationen (z.B. Gruppenorganisation, Teamfähigkeit) und das Einnehmen unterschiedlicher Perspektiven fördert, wird *kooperatives Lernen* (3) als wesentliches Element für den Aufbau kommunikativer und kognitiver Kompetenzen aufgefasst.

> „Schließlich zeigen sich deutlich positive motivationale Effekte, die – über eine erhöhte Identifikation mit dem Lernangebot – mit einer erhöhten Lernintensität und Persistenz sowie geringerer Abbruchquote einhergehen. Die Gestaltung solcher kooperativer Lernvarianten ist didaktisch anspruchsvoll, da ‚Kooperation‘ nicht einfach dadurch eintritt, dass sich Menschen zusammenfinden." (Kerres 2001a, S. 281)

Zur Unterstützung internetbasierter Gruppenarbeit können von den Online-Tutor/inn/en verschiedene Kommunikations- und Kooperationswerkzeuge eingesetzt werden (vgl. Kapitel 4.1.2). Die Lerngruppenbildung – als Vorraussetzung für das kooperative Lernen – kann virtuell oder im Rahmen der Präsenzveranstaltungen erfolgen. Es lassen sich zwei Szenarien unterscheiden:

1. Die Lernenden bilden im Rahmen einer Kick Off-Veranstaltung oder virtuell Lerngruppen von i.d.R. 4–8 Personen.[14] Eine Lerngruppe durchläuft entweder a) als *geschlossene* Lerngruppe ein Lernangebot über den *gesamten* Zeitraum oder b) als *variable* Lerngruppe jeweils einen Kurs, ein Semester oder auch nur eine gemeinsame Gruppenaufgabe. Anschließend finden sich – je nach z.B. Kurs- oder Aufgabenwahl – immer wieder neue Lerngruppen zusammen.

Beide Varianten haben sowohl Vor- als auch Nachteile. So bietet eine beständige Gruppe Vertrautheit, Halt und Geborgenheit. Eine variable Gruppe ermöglicht hingegen das Kennenlernen vieler verschiedener Berufs- und Lernbiografien sowie eine Vielzahl an interessanten und wertvollen Perspektiven (vgl. Kapitel 3.3.1). Darüber hinaus können sich die Lernenden, entsprechend ihrer gemeinsamen Interessensschwerpunkte, immer wieder neu zusammenfinden.

2. Unterschiedliche Ortswahl: Verschiedene Lerngruppen treffen sich an a) *einem* oder b) *unterschiedlichen* Orten zu Präsenzveranstaltungen, um sich dann wieder zu einer großen Gruppe in der internetbasierten Lernumgebung zusammenzufinden. An verschiedenen Standorten werden (z.B. im Rahmen von Präsenzveranstaltungen) regionale bzw. firmenspezifische Besonderheiten diskutiert und Vorhaben lokal umgesetzt. Allgemeine (z.B. firmenübergreifende) Grundlagen und Strategien des entsprechenden Themas werden in der Onlinephase zusammen mit allen Lernenden behandelt (vgl. Zawacki-Richter 2004[15]).

Ein weiteres Element stellt die *Betreuung* (4) von Einzelnen oder Gruppen durch Online-Tutor/inn/en dar, die als Ansprechpartner/innen zur Verfügung stehen. Lernende bzw. Lerngruppen bearbeiten Aufgaben und Übungen und erhalten eine Rückmeldung zu ihrer Lösung. Beim Lernen mit CBTs oder WBTs erfolgt i.d.R. lediglich eine automatisierte Rückmeldung auf relativ einfache Aufgabentypen (z.B. *multiple choice*) durch das System. Beim Blended Learning spielt die personale Betreuung und individuelle Rückmeldung eine besondere Rolle, womit

---

14 z.B. weisen Uribe, Klein und Sullivan (2003) auf die Eignung kleiner Gruppen hin.
15 http://www.ihk-e-learning.de/relaunch/downloads/fachwissen/3_nordmedia_brosch2_Online-Tutorien.pdf (Stand 02.02.2006)

ein höherer Grad an Verbindlichkeit und Individualität erzielt werden kann (vgl. Kapitel 4.1.2). Darüber hinaus können auch komplexere Aktivitätsformen, wie beispielsweise der Praxistransfer, begleitet werden (vgl. Kerres 2001a).

Die Vorteile des Blended Learning kommen insbesondere dann zum Tragen, wenn, sowohl im Rahmen der Präsenzveranstaltungen als auch in den virtuellen Phasen, eine Beratung und Betreuung der Lernenden stattfindet. Jedoch gibt es kein allgemein gültiges Konzept, wie Lernende betreut werden sollten, auf Grund dessen die Lernbegleitung sehr unterschiedlich durchgeführt wird (vgl. Kapitel 4).

In konventionellen Präsenzveranstaltungen finden *soziale Lernprozesse* (5) statt, indem die Lernenden andere Personen wahrnehmen, beobachten und sich miteinander vergleichen. Durch verschiedene Formen von Rückmeldungen und sozialer Sanktionierung werden Verhaltensweisen auf- oder abgebaut. Bei einer Präsenzveranstaltung sollten die Lernenden nicht den Eindruck gewinnen, dass es bei den Treffen nur um das gegenseitige Kennenlernen und den Austausch geht, sondern es sollte eine Lernsituation geschaffen werden, in der inhaltliches Lernen mit kommunikativen Aktivitäten kombiniert wird (vgl. ebd.).

Idealerweise finden bei der Kommunikation über das Netz die gleichen sozialen Lernprozesse wie in Präsenzveranstaltungen statt. Soziale Lernprozesse können beim Blended Learning durch Begegnungen in Bildungs- oder Studienzentren sowie durch zusätzliche virtuelle Treffen initiiert werden. Dies ist beispielsweise dann sinnvoll, wenn die Präsenzmaßnahmen zeitlich weit auseinander liegen (z.B. bei einem zweijährigen Online-Studium nur einmal im Semester) und in den Onlinephasen durch zusätzliche virtuelle Treffen (z.B. alle drei Wochen) ergänzt werden, bei denen die Kommunikation kurzfristig und mit wenig Aufwand erfolgen kann.

Eine weitere Form der Betreuung kann durch die *Lernberatung* (6) erfolgen, die in erster Linie das Kursmanagement (Ort und Zeitpunkt des Kurses, Anmeldungen etc.) umfasst. Bei konventionellen Lernangeboten übernimmt der/die Dozent/in diese Funktionen (z.B. durch das Geben von Hinweisen auf leichtere oder fortführende Kurse oder durch Rückmeldungen zum Lernfortschritt). Da beim ‚einsamen‘ Lernen mit Medien häufig vor allem Hinweise zur Angemessenheit der investierten Zeit bzw. Anstrengung und zum relativen Lernfortschritt fehlen und insbesondere bei größeren thematischen Lerneinheiten die Gefahr reduzierter Lernmotivation besteht, kann die individuelle Verbindlichkeit für das Lernen durch den Abschluss einer Vereinbarung (eines ‚Kontrakts‘) mit dem/der Lernberater/in unterstützt werden, in der definiert wird, welche Lernleistung von einer Person in welchem Zeitraum erwartet bzw. zugesagt wird (vgl. Kerres 2001a).

Für alle Beteiligten ist die *Qualitätskontrolle und -sicherung* (7) der Lernprozesse und -ergebnisse von Bedeutung. Neben der Erlangung eines beispielsweise formellen Studienabschlusses ist für die Lernenden auch das Gefühl wichtig, ein definiertes Pensum bewältigt zu haben. Statt der Anwesenheitskontrolle stehen bei der mediengestützten Weiterbildung Informationen über erzielte Lernfortschritte sowie die Lernqualität und -ergebnisse im Vordergrund (vgl. Kerres 2001a).

Die Kategorisierungen nach Kerres (2001a) sind sehr flexibel und offen ausgerichtet und auf Grund der ausführlichen Beschreibung der Elemente können diese eine gute Orientierung für die Gestaltung eines Blended Learning-Angebotes bieten. Ebenso wie die vorgestellten Kategorisierungen können weitere sehr mannigfaltige Kategorisierungen[16] von E-Learning und Blended Learning-Szenarien unterschieden werden, die nicht 1 zu 1 in die Realität übertragen werden können. Stattdessen muss immer eine Anpassung an den jeweiligen Kontext vorgenommen werden (vgl. Hasanbegovic 2005; Kerres 2001a; Kapitel 3). Auch Reinmann-Rothmeier (2003b) betont, dass die Gestaltung von E-Learning-Szenarien einen dynamischen, dialogischen und jeweils einzigartigen Prozess implementiert.

3.2.4 Ausrichtung verschiedener Lehr-/Lernformen und -methoden

Unter Berücksichtigung der bereits dargestellten Kategorisierungen von E-Learning und Blended Learning-Szenarien sollen im Folgenden Orientierungsmodelle vorgestellt werden, die entweder die direkte aktive Prozessbegleitung des Selbstlernens, die indirekt betreute, autodidaktische Wissensaneignung oder die lehrerzentrierte Vermittlung von Lerninhalten fokussieren.

Für die methodisch-didaktische Ausrichtung eines Blended Learning-Angebotes können drei grundlegende Lehr-/Lernstrategien bzw. Lehr-/Lernmethoden hinsichtlich der Aktivität der Lernenden und der Online-Tutor/inn/en unterschieden werden (vgl. Gierke, Schlieszeit & Windschiegl 2003; Seufert, Back & Häusler 2001):

- Tutor- bzw. Lehrerzentrierte Lehr-/Lernformen und -methoden
- Lernerzentrierte Lehr-/Lernformen und -methoden
- Teamzentrierte Lehr-/Lernformen und -methoden

Gierke, Schlieszeit und Windschiegl (2003) geben einen Überblick über die verschiedenen Lehr-/Lernformen und -methoden im E-Learning (Tabelle 9).

---

16 Neben den im Folgenden diskutierten, können noch weitere Kategorisierungen unterschieden werden, z.B. nimmt Albrecht (2003) eine Einteilung bezüglich der Variablen Raum und Zeit vor. Reinmann-Rothmeier (2003a) unterscheidet in Anlehnung an Back, Seufert & Kramhöller (1998) drei Leitfunktionen der neuen Medien im Hinblick auf das Lernen und Lehren: E-Learning by distributing, E-Learning by interacting, E-Learning by collaborating. Seufert, Back und Häusler (2001) unterteilen ‚online-basierte Lernformen' in vier ‚Methodenbereiche' (Online-Teaching, Online-Tutoriels, Online Assignments und Online Discussions). Euler (2001) differenziert vier Grundtypen (Tele-Teaching, Tele-Tutoring, Tele-Kooperation, mediengestütztes Selbstlernen).

Tabelle 9: Lehr- und Lernmethoden im E-Learning (Gierke, Schlieszeit & Windschiegl 2003, S. 26 f.)

	gelenktes Lernen	**selbst gesteuertes Lernen**	**Gruppenlernen**
Ausrichtung	lehrerzentriert	lernerzentriert	teamzentriert
Art des Lernens	Lernen von Grundwissen durch Lehrende	Lernen durch eigenes Tun	Lernen durch Reflexion und Diskussion
Lernsituation, Lernmethode	Alle Informationen werden vom Trainer durch Vortrag, Demonstration oder mittels Frage-Antwort-Dialog zur Verfügung gestellt	Die Informationen werden durch Problemstellungen und bereitgestellte Materialien vom Lerner selbständig erarbeitet	Das Lernen erfolgt über Interaktion der Gruppenmitglieder und Reflexion von vorhandenen Erfahrungen
Rolle des Trainers	sehr aktiv, bestimmend, dozentenzentriert	bereitstellend, begleitend, motivierend, Initiator und Begleiter	anregend, reflektierend, moderierend, begleitend
Rolle des Lerners	passiv, entgegennehmend	aktiv, gestaltend	aktiv, reflektieren
Implementierung von E-Learning-Elementen	Tutorials, CBT, WBT	Lernmaterial (z.B. in Form von WBTs sowie intensive Kommunikation mit dem E-Trainer)	Inhalte werden in Lerngruppen unter zu Hilfenahme internetgestützter Kommunikation bearbeitet

Wie stark die Zentriertheit in eine dieser Richtungen gehen sollte, ist ein wichtiges Entscheidungskriterium bei der Konzeption eines Blended Learning-Angebotes (vgl. Zimmer 2002) und wirkt sich auf das Betreuungskonzept aus. Diese Entscheidung ist jedoch unabhängig von der jeweiligen technologischen Realisierung.

> „e-Learning is often presented as learner-centred, while traditional education and training is seen as tutor-centred." (Clarke 2004, S. 17)

Eine solche Zuordnung der *tutorzentrierten Rolle* zu traditionellen Lernangeboten und der *lernerzentrierten Rolle* zu internetbasierten Lehr-/Lernformen wie Clarke (2004) sie vornimmt, ist nicht gerechtfertigt, denn diese Unterscheidung ist nicht prinzipiell davon abhängig, ob es sich um Präsenzlernen oder internetbasierte Lehr-/Lernformen handelt. Bei beiden Varianten sind sowohl tutor- als auch lernerzentrierte Lehr-/Lernformen möglich und die Entscheidung für oder gegen eine dieser Lehr-/Lernformen ist nicht alleine vom Selbstverständnis der Online-Tutor-/inn/en abhängig, sondern darüber hinaus von beispielsweise didaktischen und ökonomischen Gesichtspunkten (vgl. Zimmer 2002).

Da nicht eine dieser drei Lehr-/Lernformen und -methoden prinzipiell als gut oder schlecht bezeichnet werden kann, sondern diese Wertung abhängig von verschiedenen Rahmenbedingungen und vom Didaktischen Design ist, kommt es zu einer Vermischung traditioneller und moderner Lehr-/Lernformen und -methoden. Zimmer (2002) macht darauf aufmerksam, dass die Übergänge in der Regel fließend sind und Blended Learning letztendlich die Fortführung traditioneller Lernprozesse darstellt. So kann im Rahmen eines Blended Learning-Angebotes beispielsweise die Kick off-Präsenzveranstaltung tutorzentriert ausgerichtet sein und in der sich daran anschließenden Onlinephase können lerner- und teamzentrierte Methoden miteinander kombiniert werden. Die zweite Präsenzveranstaltung könnte lernerzentrierte und die nächste Onlinephase tutorzentrierte Lehr-/Lernformen in den Vordergrund stellen. In der Abschlusspräsenzveranstaltung können beispielsweise erneut teamzentrierte Lehr-/Lernformen und -methoden fokussiert werden (vgl. Abbildung 9).

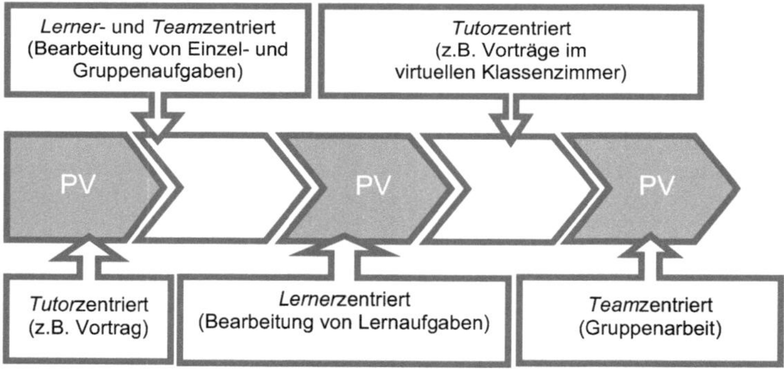

Abbildung 9: Blended Learning-Szenario mit einem Mix aus Lehr-/Lernformen und -methoden

Wie dieses Beispiel zeigt, steht beim Blended Learning eine Bandbreite an Auswahl- und Kombinationsmöglichkeiten von Präsenz- und internetgestützten Elementen sowie Lehr-/Lernformen und -methoden zur Verfügung. Um die verschiedenen Varianten des Blended Learning sowie der Lehr-/Lernformen und -methoden näher betrachten zu können, werden die vorgestellten Orientierungsmodelle mit ihren unterschiedlichen Begrifflichkeiten in vier Bereiche klassifiziert und in den folgenden Kapiteln näher betrachtet:

- Tutorzentrierte Lehr-/Lernformen und -methoden
- Lernerzentrierte Lehr-/Lernformen und -methoden
- Teamzentrierte Lehr-/Lernformen und -methoden
- Selbstgesteuerte Lehr-/Lernformen und -methoden

3.2.4.1 Tutorenzentrierte Lehr-/Lernformen und -methoden

Tutorzentrierte Lehr-/Lernformen und -methoden im Blended Learning sind dem traditionellen, fremd gesteuerten Unterricht nachempfunden. Sie bilden insbesondere die klassische Rollenverteilung zwischen Lehrenden und Lernenden ab (vgl. Lang & Pätzold 2002) und entsprechen in erster Linie dem behavioristischen und kognitivistischen Lernparadigma (vgl. Kapitel 3.3.1). Diese Lehr-/Lernformen und -methoden eignen sich insbesondere für die Vermittlung von Faktenwissen und somit für kognitive Lehr-/Lernziele. Sie sind weniger zur Förderung von Schlüsselqualifikationen geeignet (vgl. Schüpbach et al. 2003).

Tele-Teaching ist eine tutorzentrierte Lehr-/Lernmethode bei der ein/e aktive/r Online-Tutor/in im Mittelpunkt steht, der bzw. die leitend tätig ist und beispielsweise den Umfang und die Art der Lernmaterialien festlegt. Es ist relativ leicht möglich, gut strukturierte Lerninhalte in CBTs und WBTs zu implementieren, welche die Tutor/inn/enrolle übernehmen (vgl. Gierke, Schlieszeit & Windschiegl 2003; Schüpbach et al. 2003; Seufert, Back & Häusler 2001).
Nach dem Schema der darbietenden Lehre übermittelt der bzw. die Online-Tutor/in mehreren Lernenden Informationen (vgl. Abbildung 10).

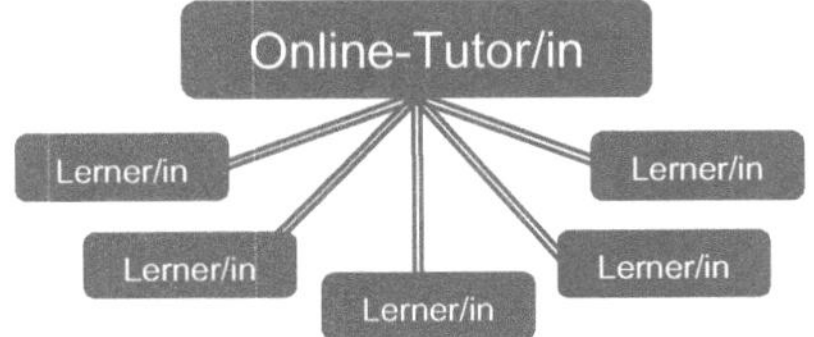

Abbildung 10: Beziehung zwischen Online-Tutor/in und Lernenden bei tutorzentrierten Lehr-/Lernformen (vgl. Gierke, Schlieszeit & Windschiegl 2003, S. 28)

Das Computersystem stellt in diesem Szenario lediglich das Transportmittel dar. Die Lernenden sind überwiegend passiv und konsumieren die Informationen. Die Übermittlung kann entweder synchron (Live-Übertragung) oder asynchron (Aufzeichnung des Vortrags) erfolgen (vgl. Seufert, Back & Häusler 2001). Das Tele-Teaching entbindet die Lehrenden und Lernenden auf diese Weise von der Verpflichtung, gemeinsam an einem Ort präsent zu sein (vgl. Abbildung 11).

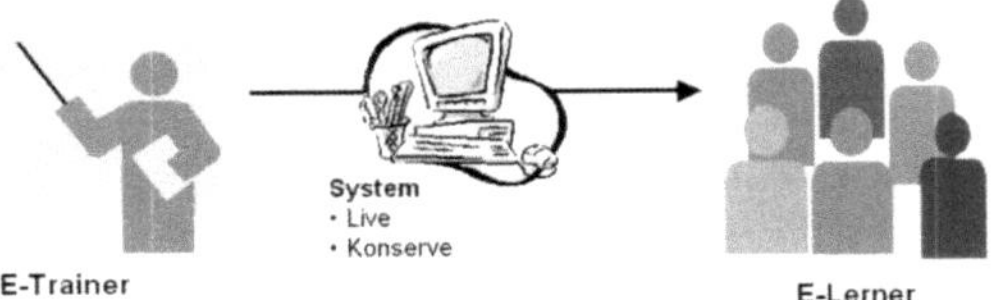

Abbildung 11: Online-Teaching (Gierke, Schlieszeit & Weindschiegl 2003, S. 46)

Beispielsweise werden die Vorträge von Dozent/inn/en an einer lokalen Bildungseinrichtung sowie die Dialoge mit den lokal anwesenden Lernenden aufgenommen und live in das Internet eingespeist. Räumlich entfernte Lernende haben dadurch die Möglichkeit, zeitgleich an der Veranstaltung über das Internet – rezeptiv – teilzunehmen. Abhängig vom technischen Arrangement ist ggf. auch eine aktive Beteiligung an einer Diskussion möglich. Das Konzept des virtuellen Klassenzimmers ermöglicht synchrones und asynchrones Lernen. Eine komfortable Plattform erlaubt den durch das Internet verbundenen Lernenden eine Sicht-, Hör- und Sprechverbindung mittels Webcam und/oder Internettelefonie herzustellen. Im virtuellen Klassenzimmer können Vorträge gehalten und Videobeispiele eingeblendet werden. Der/Die Dozent/in kann nach Beendigung des Vortrags, diesen in aufgezeichneter Form den Lernenden zur Verfügung stellen und die Aufzeichnung für die Individualbetreuung sowie für zukünftige Lernschritte nutzen. Neben traditionellen Aufgaben und Kompetenzen einer Lehrperson benötigen Online-Tutor/innen bei tutorzentrierten Lehr-/Lernmethoden vor allem auch gute Kenntnisse und Fähigkeiten im Umgang mit den eingesetzten Informations- und Kommunikationswerkzeugen. Bei der Durchführung von virtuellen Veranstaltungen sind somit neben (netzgestützten) Moderationskompetenzen zusätzlich auch (programm-) technische Kenntnisse erforderlich (vgl. Kapitel 4.1.2).

3.2.4.2 Lernerzentrierte Lehr-/Lernformen und -methoden

Bei *lernerzentrierten Lehr-/Lernformen* stehen die Lernenden und ihre Aktivierung im Mittelpunkt. Die Lernenden kontrollieren ihre Lernaktivitäten weitgehend selbstständig. Online-Tutor/inn/en führen lediglich in den Lernprozess ein, fungieren während der Lernphasen als Begleiter/innen und unterstützen die Lernenden bei Fragen und Problemen (vgl. Clarke 2004; Gierke, Schlieszeit & Windschiegl 2003). Diese Lehr-/Lernformen sind insbesondere für höhere kognitive Lehr-/Lernziele sowie für Schlüsselqualifikationen geeignet (vgl. Gierke, Schlieszeit & Windschiegl 2003). Gerade telematisch gestützte Lernprozesse sind nach Zimmer (2002) stark lernerzentriert.

> „Telematisches Lehren und Lernen erfolgt nicht mehr in der Perspektive des Transports von Wissen vom Lehrenden zum Lernenden, sondern erfolgt in der Perspektive der Ermöglichung des kommunikativen und kooperativen Erwerbs von Wissen durch die Lernenden, die sich selbstbestimmt individuell und gesellschaftlich für die unterschiedlichsten Aufgaben handlungskompetent machen wollen." (Zimmer 2002, S. 10)

Grundlage lernerzentrierter Methoden bildet daher insbesondere das kognitivistische und konstruktivistische Lernparadigma (vgl. Kapitel 3.3.1). Gerade die Eigenschaften neuer Medien unterstützen lernerzentrierte Formen, da insbesondere auch aktives Lernen durch die Möglichkeit der Nutzung verschiedener Kommunikationswerkzeuge sehr gut umsetzbar ist. Beispielsweise können die Lernenden bei den Betreuenden ein Feedback einholen oder sich auch mit anderen Lernenden austauschen (vgl. Clarke 2004).

Beim *Tele-Tutoring* findet selbst gesteuertes Lernen und Kommunikation sowie u.U. Kooperation mit einer Betreuungsperson und ggf. auch andern Lernenden statt (vgl. Kapitel 3.2.4.3). Den Lernenden wird beispielsweise auf einer Lernplattform Lernmaterial zur Verfügung gestellt. Jedoch steht nicht das Lernmaterial im Mittelpunkt des Lernprozesses, sondern die Kommunikation zwischen den Online-Tutor/inn/en und den Lernenden (vgl. Gierke, Schlieszeit & Windschiegl 2003). Abbildung 12 veranschaulicht die Beziehung zwischen einem Online-Tutor bzw. einer Online-Tutorin und den Lernenden bei lernerzentrierten Lehr-/Lernformen.

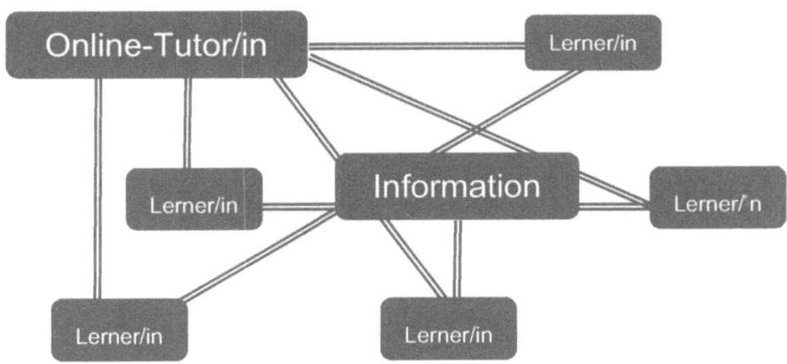

Abbildung 12: Beziehung zwischen Online-Tutor/in und Lernenden bei lerner-zentrierten Lehr-/Lernformen (vgl. Gierke, Schlieszeit & Wind-schiegl 2003, S. 29)

Durch die Bearbeitung von Lernaufgaben wird die intensive Auseinandersetzung mit den Lernmaterialien gefördert. Lernaufgaben sind daher der Art der ange-strebten Bearbeitung anzupassen und die Lernenden entsprechend zu unterstützen (vgl. Kerres 2001a).

> „Diese Lernsituation lässt die Bearbeitung komplexer Problemstellungen zu, für welche die Lernenden mithilfe von bereitgestellten bzw. eigenen Infor-mationen Lösungsvorschläge erarbeiten. Ziel ist es, den Lernenden sein Wissen aktiv erwerben und konstruieren zu lassen. Besonders motivierend sind Auf-gabenstellungen aus dem unmittelbaren Arbeits- bzw. Aufgabenumfeld der Kursteilnehmer (‚Learning by Doing‘)." (Gierke, Schlieszeit & Windschiegl 2003, S. 28)

Dies ist eine verbreitete Methode beim Blended Learning, um während der Onlinephasen von den Lernenden Leistungen einzufordern. Meist erfolgt eine Kombination aus Einzel- und Gruppenaufgaben. In Abhängigkeit von den Lern-inhalten und Lehr-/Lernzielen ist zu entscheiden, ob bei der Bearbeitung einer

Lernaufgabe die Kommunikation eher zwischen Einzelnen (Lernende/r – Tutor/in) oder in (Lern-)Gruppen angestrebt und unterstützt wird (vgl. Kerres 2001a). Die Lernaufgaben werden gelöst und anschließend beispielsweise in Form einer Einsendeaufgabe per E-Mail an den/die Online-Tutor/in geschickt, woraufhin der/die Lernende eine individuelle Rückmeldung erhält.

Die Lernenden sind i.d.R. verpflichtet, die Lernaufgaben innerhalb einer vorgegebenen Frist zu bearbeiten. Nach Schlottau (2004) begünstigt eine zeitliche Strukturierung des Lernmaterials, die Herausbildung virtueller Lerngemeinschaften durch einen annähernd gleichen Wissensstand in der Lernergruppe, wodurch der aktive Erfahrungsaustausch unterstützt wird.

> „Durch eine zeitliche Taktung der Mediendistribution kann die Synchronisierung aller am Lernprozess beteiligten Personen und somit eine effektive Betreuung gewährleistet werden." (Kerres 2001a, S. 301)

In erster Linie dient die zeitliche Taktung – gerade zu Beginn des Lernangebotes – als Orientierung, wann welches Lernmaterial zu bearbeiten ist, um das Lernangebot erfolgreich abzuschließen. Der Hauptnachteil liegt in der geringen Flexibilität für die Lernenden (vgl. Schlottau 2004). Das Ausmaß an Flexibilität kann allerdings durch das Betreuungskonzept beeinflusst werden. Beispielsweise können sich Online-Tutor/inn/en sehr starr an der vorgegeben Taktung orientieren und bei der Einhaltung der Abgabefristen konsequent sein oder flexibel mit der Handhabung von Fristen umgehen. Die zeitliche Taktung des Lernmaterials sollte gerade bei erwachsenen Lernenden nicht als unflexibler Rahmen empfunden werden und ihre Bedürfnisse berücksichtigen (vgl. Kapitel 3.3.2).

Die Verantwortung für den Lernprozess geht auf die Lernenden über und die Lernaktivitäten werden überwiegend von den Lernenden selbst kontrolliert. Aus diesem Grund sind die möglichen Methoden sehr anspruchsvoll und erfordern eine systematische Einführung und Begleitung durch die Online-Tutor/inn/en (vgl. Seufert, Back & Häusler 2001).

Zu den lernerzentrierten Methoden zählen beispielsweise Leittextmethoden, WebQuests[17], Lernen mit Materialien für das Selbststudium oder Tutorials, die gewisse Freiräume, Interaktionen und Feedbacks erlauben. Die Lernenden erhalten die Möglichkeit zum intensiven Selbststudium, beispielsweise indem sie anhand entsprechender Lernmaterialien, komplexe Aufgabenstellungen lösen. Online-

---

17 Bei diesem Verfahren steht die intensive Suche und Auseinandersetzung mit Informationsressourcen aus dem Internet im Vordergrund, die nicht lernzielgerecht aufbereitet wurden. „Ziel ist es, neben der möglichst mehrperspektivischen Bearbeitung eines Themas bzw. Falls, die gezielte Entwicklung von Methodenkompetenz im Umgang mit Informationsressourcen des Internet- also insbesondere deren Recherche, Bewertung und Aufbereitung bzw. Organisation zu fördern." (Albrecht 2003, S. 58)

Tutor/inn/en rücken hierbei in den Hintergrund und werden nur bei Bedarf aktiv (vgl. Kapitel 3.3.3.1).

Online-Tutor/inn/en bedienen sich verschiedener Werkzeuge, wie z.B. webbasierter Kursautorensysteme.

> „Das Feedback, das hier die Lernenden erhalten, ist somit nicht fix ins System gegossen, denn ein menschlicher Betreuer kann individuelles Feedback und problemspezifische Hilfestellung geben." (Seufert, Back & Häusler 2001, S. 58)

Eine lernerzentrierte Methode stellt die *Fallbearbeitung* dar. Diese Methode kann in die Bearbeitung von Fallstudien/Case Studies[18] und andererseits in Korrespondenzstudien[19] eingeteilt werden (vgl. Abbildung 13).

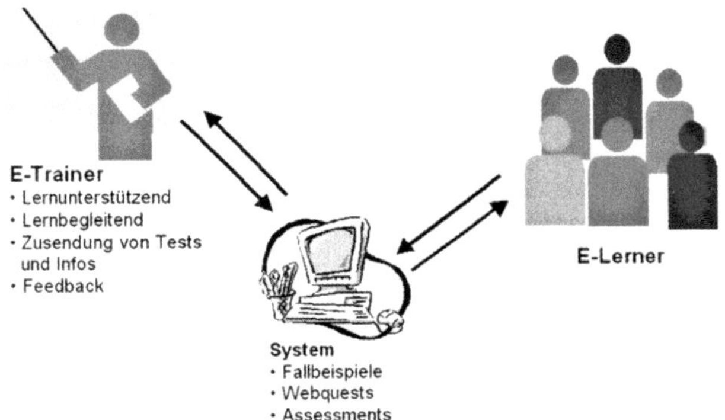

Abbildung 13: Online-Assignment (Gierke, Schlieszeit & Windschiegl 2003, S. 55)

Online-Tutor/inn/en bereiten die zu bearbeitenden Fälle lernzielgerecht auf, betreuen die Lernenden bei individuellen Problemen und geben ein Feedback zu den Lernergebnissen. Die Lernmethode Fallbearbeitung ist besonders geeignet für Lernsituationen mit kognitiver Zielsetzung, da es insbesondere um die Anwendung von Wissen und Können auf bestimmte Fallsituationen geht. Die Lernenden erhalten die Aufgabe, Entscheidungen und Lösungen für den jeweiligen Fall zu finden, zu begründen, zu präsentieren und mit den tatsächlich in der Realsituation gefundenen Lösungen bzw. getroffenen Entscheidungen zu vergleichen. Die dafür benötigten Informationen werden in einem gewissen Rahmen vorgegeben (vgl. Seufert, Back & Häusler 2001) (vgl. Abbildung 14).

---

18 zeitlich und räumlich abgrenzbare Ereigniskomplexe
19 zur Unterstützung von Fremdsprachenunterricht

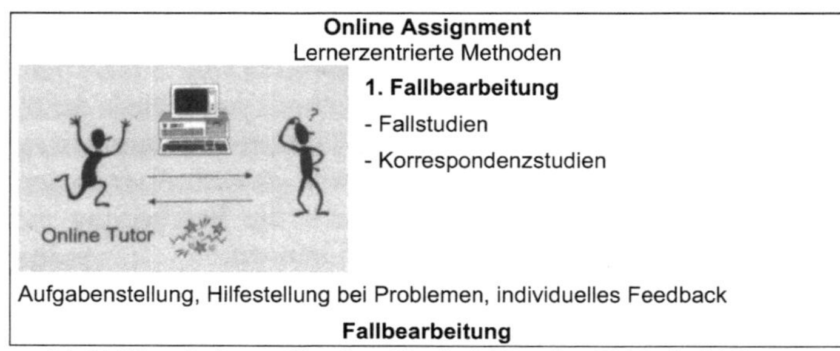

Abbildung 14: Fallbearbeitung (Seufert, Back & Häusler 2001, S. 115)

Diese Methode bietet sich besonders für den Einsatz im Rahmen von Blended Learning-Szenarien an (vgl. Albrecht 2003).

„Die Transferfähigkeit auf unterschiedliche Sachverhalte und konkrete, praxis-orientierte sowie realitätsnahe Fragestellungen wird dadurch gefördert. Fall-studien sind besonders geeignet, Handlungs- und Entscheidungskompetenz zu vermitteln, insbesondere in juristischen, ökonomischen, wirtschaftswis-senschaftlichen, politischen, klinischen, administrativen und technischen Praxisfeldern. Die Korrespondenzstudien im engeren Sinne sind besonders für den Fremdsprachenunterricht geeignet, um die Ausdrucksfähigkeit und Sprachfertigkeiten des Lernenden zu trainieren und zu fördern." (Seufert, Back & Häusler 2001, S. 115)

Eine noch intensivere Form der Betreuung stellt das *Online Coaching* dar (vgl. Kapitel 4.1.3). Die aktive Aneignung der Lerninhalte erfolgt über einen an dem bzw. der einzelnen Lernenden orientierten Dialog mit einem bzw. einer Berater/in. Diese bzw. dieser gibt individuelles Feedback und/oder problemspezifische Hilfestellungen (vgl. Seufert 2001 nach Albrecht 2003).

„Bei dieser Methode steht eine inhaltskompetente Person, einer anderen Person unterstützend zur Seite, die sich mit den entsprechenden Inhalten nicht auskennen, um deren Lernprozess bei der Einführung in die Thematik zu unterstützen (1:1 Kommunikation). Der Experte kann hier auf gleicher Stufe mit Lernenden stehen oder als ‚Vorgesetzter', also Mentor mit entsprechender Verantwortlichkeit." (Seufert, Back & Häusler 2001, S. 83)

Durch lernerzentrierte Lehr-/Lernformen haben die Lernenden einen größeren Gestaltungsspielraum in Bezug auf ihren Lernprozess und daher auch größere Verantwortung für das Gelingen des Lernens. Damit die Lernenden mit dieser großen Verantwortung nicht überfordert sind, sollten sie schrittweise an das selbst gesteuerte Lernen herangeführt und umfangreich unterstützt werden (vgl. Kapitel 3.3).

3.2.4.3 Teamzentrierte Lehr-/Lernformen und -methoden

Bei *teamzentrierten Methoden* stehen die Kooperation und Kommunikation bzw. die Interaktion und der aktive Wissensaustausch mit anderen Lernenden über die Lerninhalte im Vordergrund.

> „Die Mitglieder einer Gruppe bauen gemeinsam Wissen und Fertigkeiten auf, verfestigen es und kommunizieren miteinander bzw. untereinander." (Gierke, Schlieszeit & Windschiegl 2003, S. 32)

Grundlage dieser Lehr-/Lernmethoden bildet daher vor allem das konstruktivistische Lernparadigma (vgl. Kapitel 3.3.1). Teamzentrierte Methoden sind besonders für hierarchisch höhere kognitive Lehr-/Lernziele und Schlüsselqualifikationen geeignet. Nach Gierke, Schlieszeit & Windschiegl (2003) ermöglicht das Lernen mit den neuen Medien vor allem das teamzentrierte Lernen. Das *verteilte, kooperative Lernen* in Gruppen ist eine Erweiterung der lernerzentrierten Lehr-/Lernformen. Eine Besonderheit des Szenarios stellt die internetbasierte Gruppenarbeit von geografisch verteilten Lernenden dar.

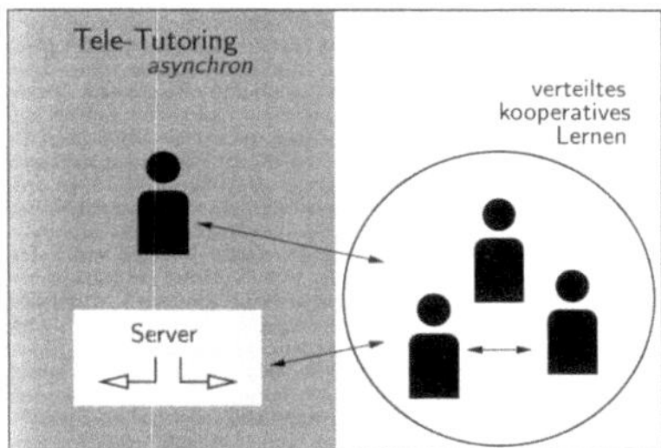

Abbildung 15: Verteiltes, kooperatives Lernen beim betreuten Tele-Lernen (Kerres & Petschenka 2002, S. 250)

Kriterien für die Gruppenbildung können z.B. ein ähnlicher beruflicher Hintergrund oder private Interessen sein, um ‚gleichgesinnte‘ Lernende zu motivieren und gemeinsame Lernprozesse zu initiieren. Die Gruppenbildung erfolgt idealerweise im Rahmen einer (Kick Off-)Präsenzveranstaltung, die zu Beginn des Lernangebotes stattfindet (vgl. Kapitel 3.2).
Die Betreuung der Lernenden erfolgt nicht, wie beim Online-Coaching (vgl. Kapitel 4.1.3), auf einer 1:1 Basis, sondern ein/e Online-Tutor/in betreut eine Gruppe von Lernenden. Die Online-Tutor/inn/en unterstützen die Lernprozesse und -aktivitäten der Gruppe und sorgen für die metakognitive Entwicklung der Lernenden, indem sie gemeinsam mit den Lernenden deren Lernstrategien und Gruppenprozesse reflektieren.

> „Die Lernenden übernehmen wie beim selbstgesteuerten Lernen eine sehr aktive Rolle, allerdings ist zusätzlich die Interaktion der Gruppenmitglieder wichtig." (Seufert, Back & Häusler 2001, S. 58)

Die Betreuung von Lernenden kann unterschiedlich gestaltet werden: Online-Tutor/inn/en können auf Abruf bereit stehen und bei technischen Schwierigkeiten eingreifen oder sie können fachlich steuern und korrigieren (vgl. Geyken, Mandl & Reiter 1998; Kapitel 4.1).

Das Lernen in Gruppen wird von Online-Tutor/inn/en angeleitet und unterstützt. Diese sind keine Dozent/inn/en im klassischen Sinne, sondern Moderator/inn/en, welche die Lernenden motivieren sowie bei Lernproblemen und bei der Kommunikation über das Netz Unterstützung anbieten.

Die Lerngruppen erhalten i.d.R. Lernaufgaben zur gemeinsamen Bearbeitung. Ein wesentliches Ziel der Bearbeitung von Lernaufgaben besteht in den kommunikativen Aktivitäten selbst, d.h. indem die Lernenden beispielsweise die Positionen anderer wahrnehmen, ihre speziellen Fähigkeiten und Kompetenzen einbringen und diese durch die gemeinsame Arbeit erweitern (vgl. Kerres & Petschenka 2002). Die didaktische Aufgabe von Online-Tutor/inn/en besteht darin, die Lernaufgaben so zu konstruieren, dass sie wirklich einer Bearbeitung durch eine Gruppe bedürfen; ein bloßes Aufteilen von Teilaufgaben ist zu vermeiden. Die Lernenden werden bei der Koordination dieser Gruppenaufgaben von den Online-Tutor/inn/en unterstützt (vgl. Busch & Mayer 2002). Hierbei sind klare Gruppenregeln von Vorteil, beispielsweise indem der bzw. die Lerngruppen-Moderator/in nach dem Rotationsprinzip bei jeder Gruppenaufgabe wechselt und so jede/r Lernende einmal diese Rolle übernimmt. Auf diese Weise erwirbt der bzw. die Moderator/in zusätzlich Moderationskompetenzen. Für Online-Tutor/inn/en ist die Betreuung von Gruppenaufgaben sehr zeitaufwändig, da der Bearbeitungsprozess genau zu beobachten ist und anschließend eine Rückmeldung zu der gemeinsamen Lösung erfolgen sollte (vgl. Kapitel 4.1.2).

Online-Tutor/inn/en starten den Lernprozess und sorgen für ein zielgerichtetes Vorgehen (z.B. durch Reflexion, Einordnung und Zusammenfassung der (Zwischen-)Ergebnisse) (vgl. Gierke, Schlieszeit & Windschiegl 2003) (vgl. Abbildung 16).

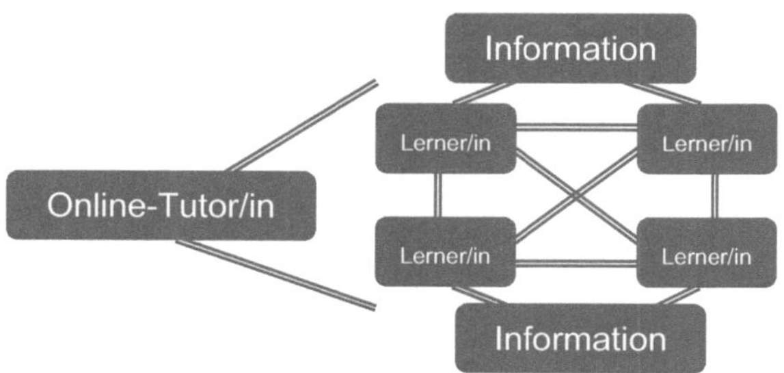

Abbildung 16: Beziehung zwischen Online-Tutor/in und Lernenden bei teamzentrierten Lehr-/Lernformen (vgl. Gierke, Schlieszeit & Windschiegl 2003, S. 29)

Ebenso wie bei den lernerzentrierten Lehr-/Lernformen, eignen sich Gruppenprojekte, Fallstudien oder Rollenspiele als teamzentrierte Methoden. Im Rahmen von Gruppenarbeiten können WebQuests (z.B. in Kombination mit Rollenspielen[20]) durchgeführt werden. Auch hier beziehen sich die Lernsituationen auf berufs- und lebensnahe Problemstellungen mit hoher Komplexität. Neben produktorientiertem Wissen steht bei dieser Lehr-/Lernstrategie vor allem auch die Entwicklung prozessorientierten Wissens im Vordergrund (vgl. Kapitel 3.2.4.2).

Teamzentrierte Methoden reichen von einfachen Online-Umfragen, über freie oder geschlossene Diskussion bis zu projektbegleitenden Learning Cycles (vgl. Seufert, Back & Häusler 2001). Bei der Methode *Freie Diskussion* handelt es sich um eine teamzentrierte Methode, bei der die Lernenden eine sehr aktive Rolle einnehmen. Sie bestimmen sowohl das Thema als auch den Verlauf und die Struktur der Diskussion. Online-Tutor/inn/en stehen beim Start und für gewisse koordinative Aufgaben zur Verfügung, greifen jedoch nur bei Problemen ein. Zudem sollten sie den Prozess unterstützen und den Lernenden motivierend zur Seite stehen (vgl. Abbildung 17).

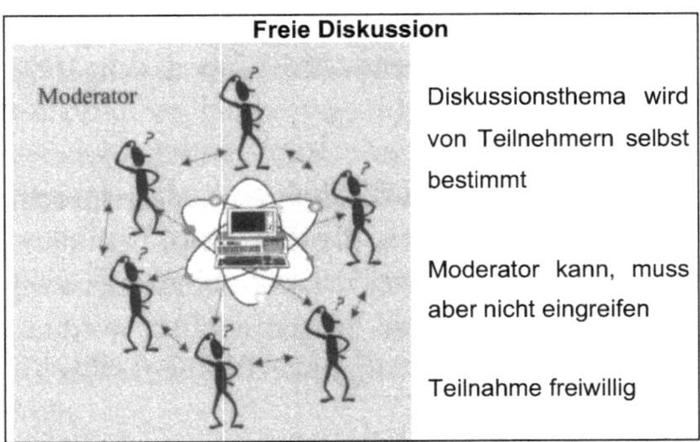

Abbildung 17: Freie Diskussion (Seufert, Back & Häusler 2001, S. 154)

Bei diesen Lehr-/Lernmethoden ist von den Lernenden ein Höchstmaß an Selbstdisziplin, Eigenmotivation und Aktivität erforderlich, was jedoch nicht alle im erforderlichen Ausmaß aufbringen können. Gierke, Schlieszeit und Windschiegl

---

20 „Durch das spielerische Einnehmen von Rollen soll die Wahrnehmung der Teilnehmer für ein bestimmtes Problem geschärft werden. Kernpunkt ist dabei die Reflexion über die den Rollen entsprechenden unterschiedlichen Perspektiven bei der Analyse und Bewertung eines bestimmten Problems. Ein Rollenspiel im Rahmen von E-Learning-Szenarien kann synchron (online, z.B. per Chat oder Konferenztools) oder asynchron (offline, z.B. per Mailingliste oder Diskussionsforum) durchgeführt werden. Dem Moderator kommt dabei die Aufgabe zu, die Rollen zuzuordnen und exakt zu beschreiben sowie den gesamten Ablauf zu koordinieren: Hinführung zum Thema, Ideensammlung, Rollenverteilung, Durchführung des Rollenspiels, Beurteilung und Reflexion." (Albrecht 2003, S. 59)

(2003) sehen daher die Aufgabe der Online-Tutor/inn/en ebenfalls darin, unterstützend und beratend zur Seite zu stehen und den Lernenden methodische Hilfestellung zu geben.

3.2.4.4 Selbst gesteuerte Lehr-/Lernformen und -methoden

Lernende kritisieren häufig die mangelnde zeitliche und inhaltliche Flexibilität von Seiten der Bildungsinstitution, beispielsweise bei der Taktung und Kombination der Lernmaterialien. Diese Kritikpunkte werden durch das Angebot des *offenen Tele-Lernens* vermieden. Bei diesem Konzept steht das selbst gesteuerte Lernen besonders stark im Vordergrund. Die Lerninhalte stehen den Lernenden zum individuellen Abruf in einer modularen Datenbank zur Verfügung. Dabei werden Inhalte, Bearbeitungstiefe und -tempo selbst ausgewählt. Diese Vorgehensweise wird auch als ‚learning on demand‘ bezeichnet, bei dem die Lernenden nicht mehr an Kursstrukturen und -termine gebunden sind. Sie können die Lernmaterialien wahlfrei, entsprechend ihrer Lernbedürfnisse, abrufen (vgl. Kerres 2001a). Offenes Tele-Lernen berücksichtigt daher in besonderer Weise die individuellen Bedürfnisse erwachsener, berufstätiger Lernender. Die Lernenden können auf viel kleinere Lerneinheiten zugreifen als sie etwa in den üblichen Kursprogrammen vorgesehen sind. Diese Lerneinheiten sind Bestandteile eines größeren systematisch angelegten Lern- und Informationspools und gliedern sich in kleinste Einheiten (z.B. Lerntexte, Videosequenzen).

Diese Lehr-/Lernform setzt neben Selbstmotivation und -verantwortung auch die Fähigkeit voraus, Lernmodule selbständig zu kombinieren, birgt jedoch das Risiko sozialer Isolation. Das Lernangebot ist auf die individuelle Auseinandersetzung des bzw. der Einzelnen mit den Lernmaterialien ausgerichtet. Die Initiative und die Organisation des eigenen Lernens müssen bei dieser Variante von den Lernenden ausgehen. Auf eine zeitliche Taktung der Lernmaterialien und soziale Lernformen (Lerngruppe) wird i.d.R. verzichtet, da auf Grund der nicht planbaren Kommunikation auch keine Lerngruppenarbeit möglich ist. Daher ist dieses Szenario vor allem für fortgeschrittene Lernende geeignet (vgl. Schlottau 2004).

Es findet i.d.R. keine direkte Betreuung statt. Sie kann jedoch als optionale Dienstleistung angeboten werden (vgl. Kerres 2001a; Kapitel 3.3.3.1). Als Ersatz einer personalen Betreuung kann das Lernmaterial für autodidaktisches Lernen besonders aufbereitet werden, denn auch die didaktische Vorstrukturierung eines Lernangebotes bzw. die Auswahl des zur Verfügung gestellten Lernmaterials kann als eine indirekte Form der Betreuung betrachtet werden (vgl. Kapitel 3.3.3.1). Die kognitionspsychologische Forschung gibt beispielsweise Hinweise darauf, wie besonders lesefreundliche Lernmaterialen zu gestalten sind. Im Medium implizierte Formen der Betreuung sind beispielsweise Lernwegvorgaben bzw. -empfehlungen. Letztlich bleibt es bei dieser Lernform nach Kerres (2001a) jedoch bei einem autodidaktischen Lernen im Netz, das gegenüber dem Lernen mit einem Buch wenig Vorteile bietet. Nach Garrison (1988) sollte ein ausgeglichenes Verhältnisses zwischen tutor-, lerner-, gruppenzentrierten und selbst gesteuerten Lehr-/Lernformen geschaffen werden.

Die in diesem Kapitel systematisierten Kategorisierungen berücksichtigen in unterschiedlichem Ausmaß die Betreuungskomponente. Es wurden Möglichkeiten der Ausrichtung und Intensität tutorieller Betreuung im Rahmen lerner-, tutor-, gruppenzentrierter und selbst gesteuerter Lehr-/Lernformen und -methoden und deren Ausgestaltung aufgezeigt. Im folgenden Kapitel 3.3 sollen die unterschiedlichen Ausrichtungen und Intensitätsgrade von Betreuung unter Berücksichtigung lerntheoretischer, führungspsychologischer und subjektorientierter Perspektiven betrachtet werden.

3.3 Multiperspektivische Betrachtung der Ausrichtung und des Intensitätsgrades tutorieller Betreuung

In diesem Kapitel erfolgt die Darstellung lerntheoretischer, führungspsychologischer und subjektorientierter Zugänge zur Klärung der Frage, wie die Ausrichtung und der Intensitätsgrad tutorieller Betreuung gestaltet werden kann.

3.3.1 Lerntheoretischer Zugang

Neben den Kombinationsmöglichkeiten von Präsenz- und Onlinephasen – unter Einbeziehung verschiedener Medien (vgl. Kapitel 3.2) – können beim Blended Learning verschiedene Lerntheorien Berücksichtigung finden. Prinzipiell kann jede Theorie des Lernens zur Anwendung kommen und darüber hinaus kann die einem Blended Learning-Arrangement zu Grunde liegende lerntheoretische Auffassung meist nicht einem einzigen (erkenntnis-)theoretischen ‚Lager' zugeordnet werden. Die Bezugnahme auf Lerntheorien für die Konzeption von Blended Learning-Arrangements wird oft in ihrer Bedeutung unterschätzt (vgl. Reinmann-Rothmeier 2003a). Lerntheorien beeinflussen jedoch auf unterschiedliche Weise den Fokus eines Lernarrangements, beispielsweise hinsichtlich der Betreuung sowie der Auswahl und Zusammenstellung von Medien und Methoden (vgl. Kapitel 3.2 und Kapitel 3.2.4). Nach Schlottau (2004) unterscheidet sich die Funktion von Online-Tutor/inn/en grundsätzlich danach, welcher lerntheoretische Ansatz dem Lernarrangement zu Grunde liegt, beispielsweise ob die Online-Tutor/inn/en eher passiv-rezipierend (vgl. Kapitel 3.3.1.1) oder aktiv-erarbeitend (vgl. Kapitel 3.3.1.3) ausgerichtet sind.

Ausgehend von dieser eher abstrakten Betrachtung können Konsequenzen für das Betreuungskonzept abgeleitet werden (Soll das Lernangebot eher lehrer- oder lernerzentriert ausgerichtet sein? Welche Methoden eignen sich? Wie aktiv sollen sich die Online-Tutor/inn/en verhalten?) (vgl. Kapitel 3.2.4).

Im Folgenden soll über die verschiedenen lerntheoretischen Ansätze lediglich ein kurzer Überblick gegeben werden, da diese in der aktuellen Literatur hinreichend erläutert und diskutiert werden. Ziel dieses Kapitels ist die Darstellung zentraler Begriffe und ihrer Kontexte, um die Bandbreite didaktischer Ansätze beim Blended Learning aufzuzeigen.

Hinsichtlich der Erforschung der Bedingungen erfolgreichen Lernens werden in der Regel drei Lerntheorien unterschieden, die auch für das Blended Learning von Bedeutung sind: der *Behaviorismus*, der *Kognitivismus* und der *Konstruktivismus*. Die angegebene Reihenfolge spiegelt auch die Chronologie der Entwicklung dieser Theorien wieder, ohne dass sich diese gegenseitig ablösen oder widerlegen. Sie nehmen lediglich unterschiedliche Beobachterperspektiven ein und erweitern so das Spektrum der Erkenntnismöglichkeiten, da sich zur theoretischen Erklärung unterschiedlicher Lernprozesse – je nach konkretem Einzelfall – behavioristische, kognitivistische oder konstruktivistische Ansätze eignen (vgl. Reinmann-Rothmeier 2003a). Darüber hinaus erfolgt eine kurze Darstellung des *pragmatischen Ansatzes*.

3.3.1.1 Behavioristisches Lern- und Instruktionsparadigma

Die Grundannahme des Behaviorismus besteht darin, dass Lernen dann erfolgreich ist, wenn bei der Durchführung einer Lernaktivität Erfolg erlebt wird. Das Gelernte und die Aktivitäten selber werden verstärkt. Das Gelernte kann leichter erinnert und reproduziert werden (vgl. Skinner 1974; Thorndike 1922).

Der Behaviorismus fokussiert das beobachtbare Verhalten, jedoch bleiben die psychischen, kognitiven Prozesse im Innern des Menschen unberücksichtigt. Da das beobachtbare Verhalten durch die Reaktionen der Umwelt gesteuert wird, die auf ein Verhalten erfolgen, kann dieses gezielt beeinflusst werden:

> „Durch positive Konsequenzen (Belohnung) kommt es zur Verstärkung, d.h. die Wahrscheinlichkeit, dass ein bestimmtes (erwünschtes) Verhalten gezeigt wird, steigt an. Negative Konsequenzen (Bestrafung) führen dazu, dass ein Verhalten weniger oft gezeigt wird. Außerdem existiert die Möglichkeit, ein bestimmtes Verhalten gezielt zu ignorieren (Löschung), wodurch es allmählich verschwindet. Diese Mechanismen können allerdings nur dann wirksam werden, wenn die Reaktionen auf ein gezeigtes Verhalten in unmittelbarer zeitlicher Nähe erfolgen." (Albrecht 2003, S. 46)

Eine starke Führung durch eine regelmäßige Überprüfung des Lernfortschritts, die dem Reiz-Reaktions-Schema folgt, wirkt sich förderlich auf den Lernerfolg aus. Umgesetzt werden kann dies, indem eine Frage angeboten wird (Reiz), auf deren richtige Beantwortung (Reaktion) eine positive Rückmeldung (Verstärkung durch ein Feedback) erfolgt (vgl. Kerres 2001a) (vgl. Kapitel 3.3.2 und Kapitel 4.1.2). Zur Erklärung von Lernprozessen hat sich diese Auffassung von Lernen (mit Einschränkung) besonders für das Training von körperlichen, zum Teil auch kognitiven Fertigkeiten bewährt, jedoch nicht für höhere Lernprozesse (vgl. Reinmann-Rothmeier 2003a). Die Gültigkeit des behavioristischen Lernparadigmas bleibt auf einfache kognitive und psychomotorische Fertigkeiten und deren Behalten, Einübung und korrekte Reproduktion beschränkt. Darüber hinaus wird kein auf Verstehen begründendes, selbst gesteuertes Lernen berücksichtigt (vgl. Tergan 2004).

3.3.1.2 Kognitivistisches Lern- und Instruktionsparadigma

Im Gegensatz zu den behavioristischen Ansätzen (vgl. Kapitel 3.3.1.1), bei denen die internen Prozesse der Wissensverarbeitung und Aneignung beim Lernen ausgeklammert werden, stehen diese bei den vornehmlich im Laufe der 1970er und 1980er Jahre entwickelten kognitivistischen Ansätzen im Vordergrund. Die sichtbare und überprüfbare Änderung des Verhaltens wird im Gegensatz zu den behavioristischen Ansätzen als Folgeerscheinung *interner* Verarbeitungsprozesse angesehen. Die kognitivistischen Ansätze kommen daher der Komplexität des menschlichen Lernens näher als die behavioristischen Ansätze (vgl. Kerres 2001a). Erfolgreiches Lernen besteht in optimalen kognitiven Prozessen der Informationsverarbeitung. Neue Informationen treffen auf bereits entwickelte Strukturen, welche die Wahrnehmung und damit auch die Verarbeitung und Speicherung von Informationen beeinflussen. Ein erfolgreicher Lernprozess ist somit einerseits abhängig von der Aufbereitung und Darbietung von Informationen und andererseits von den kognitiven Strukturen und Aktivitäten des Individuums selbst (vgl. ebd.). Die menschliche Wahrnehmung wird als eine aktive Konstruktionsleistung des jeweiligen Individuums angesehen. Die Lernenden werden nicht mehr nur als passive Rezipient/inn/en betrachtet, sondern ihnen wird ein höheres Maß an Aktivität beim Lernen zugesprochen und somit die Fähigkeit zur aktiven und eigenständigen Aufnahme und Verarbeitung von Informationen sowie zum Lösen von didaktisch aufbereiteten Problemen (vgl. Reinmann-Rothmeier 2003a). Kognitiv orientierte Instruktionsdesign-Ansätze[21] orientieren sich streng an vorgegebenen Lehr-/Lernzielen. Grundlage bildet hier das Prinzip der Förderung des Lernens, des Verstehens vorgegebener Sachverhalte und des Wissenserwerbs.

> „Lernförderung erfolgt, indem versucht wird, Lernangebote so zu gestalten, dass Lernen optimal erleichtert wird, z.B. durch Angabe präziser Lernziele, Bereitstellung von Hilfen, die Gestaltung von Aufgaben usw." (Tergan 2004, S. 22)

Auch das kognitive Paradigma des Lernens sieht sich mit Kritikpunkten konfrontiert, insbesondere hinsichtlich der starken Orientierung an traditionellen schulischen Lernsituationen, wie beispielsweise durch die Vorgabe und Vor-

---

21 Z.B. (Intelligente) Tutorielle Systeme und didaktische Simulationen, die auf dem Prinzip des (vorwiegend angeleiteten mit didaktischer Unterstützung) entdeckenden Lernens basieren.

strukturierung von (vorwiegend abstraktem und wenig an praktischen Anwendungssituationen orientiertem) Lernmaterial und die strenge Lehr-/Lernzielorientierung, wodurch die Selbststeuerung des Lernens kaum Berücksichtigung findet. Erworbenes Wissen bleibt vielfach implizit und der Wissenstransfer in praktische Anwendungssituationen scheitert, wenn nur mit einem eng umgrenzten, stark strukturierten und didaktisch gestalteten Lernmaterial gelernt wird und kein Bezug des Wissens zu entsprechenden Praxissituationen und -kontexten erfolgt, denn Lerngegenstände in der Realität sind im Gegensatz dazu offen, schlecht strukturiert und müssen durch die Lernenden selbst gesteuert erschlossen werden (vgl. Tergan 2004).

3.3.1.3 Konstruktivistisches Lern- und Instruktionsparadigma und situiertes Lernen

Gegen Ende der 1980er Jahre sind die kognitiven Ansätze immer stärker in die Kritik geraten, u.a. da diese weitgehend die Situiertheit des Handelns in der Lebenswelt ausblenden, wonach die Wahrnehmung und das Handeln nicht objektivierbar, sondern grundsätzlich in einen bedeutungsschaffenden, sozialen Kontext eingebettet sind. Dies führte zu der Entwicklung konstruktivistischer bzw. situierter Ansätze, bei denen in Lehr-/Lernsituationen nicht das Lösen didaktisch aufbereiteter Probleme, sondern das eigenständige Auffinden und Konstruieren von Problemen sowie der Umgang mit authentischen Situationen von besonderer Bedeutung sind. Es lassen sich verschiedene konstruktivistische Strömungen unterscheiden,[22] wobei sich für die Pädagogik der neue bzw. gemäßigte Konstruktivismus als besonders einflussreich erwiesen hat. Bei diesem Ansatz steht die Annahme im Vordergrund, dass Wissen keine Kopie der Wirklichkeit, sondern eine Konstruktion von Menschen ist (vgl. Reinmann-Rothmeier 2003a). Lernen wird nicht als ein individueller Aneignungsprozess kognitiver Elemente (Wissensbestände) angesehen, sondern als ein aktiver Vorgang in einem sozialen Kontext. Wissen wird nicht als ‚in der Personen gespeichert' betrachtet, sondern wird in jeder Situation aktiv neu konstruiert.

> „Eine damit in Verbindung stehende nahe liegende Grundüberlegung ist, dass Wissen nicht ‚einfach' übergeben (z.B. durch sprachliche oder schriftliche Übermittlung ‚gelehrt') werden kann, sondern Kompetenzen jeweils durch Interaktion (z.B. mit Experten oder im Rahmen möglichst authentischer und komplexer Situationen) entwickelt werden müssen." (Albrecht 2003, S. 50)

---

22 Z.B. radikaler Konstruktivismus: Wissenschafts- und Erkenntnistheorie; alles, was der Mensch wahrnimmt, ist auf subjektive Konstruktion und Interpretation zurückzuführen (vgl. Glasersfeld 1987). Daneben gibt es auch konstruktivistische Strömungen in Disziplinen wie Biologie, Soziologie und Psychologie.

Der Prozess der eigenen aktiven Wissenskonstruktion kann daher lediglich von außen angeregt und unterstützt, aber nicht gesteuert oder kontrolliert werden. Eine Unterstützung selbständiger, aktiver und konstruktiver Lernaktivitäten und Lernprozesse kann nach Reinmann-Rothmeier und Mandl (1998) beispielsweise durch die Bereitstellung vielfältiger Informationen und durch die Schaffung authentischer Anforderungssituationen ermöglicht werden.

> „Im situierten bzw. konstruktivistischen Ansatz wandelt sich das Rollenverständnis des Lehrenden vom *Dozenten* zum Lernberater, vom *Vorlesenden* zum *Gestalter lernförderlicher Lernumgebungen*." (Albrecht 2003, S. 50)

Online-Tutor/inn/en sollten insbesondere das selbst gesteuerte Lernen, möglichst im sozialen Kontext von Lerngruppen, unterstützen und fördern (vgl. Tergan 2004), beispielsweise indem sie Lernaufgaben anbieten, zu deren Lösung sich die Lernenden die benötigten Informationen selbst beschaffen und einen eigenen bzw. gemeinsamen Lösungsweg entwickeln (vgl. Schlottau 2004).

Reinmann-Rothmeier (2003a) wirft die Frage auf, ob sich Online-Tutor/inn/en darüber klar sein sollten, zu welchem ‚Typ Tutor/in' sie gehören, d.h. ob sie eher Konstruktivist/inn/en oder Kognitivist/inn/en sind bzw. ob ein ‚Bekenntnis' zu *einer* Seite notwendig ist. Einerseits erleichtert eine eindeutige theoretische Positionierung die wissenschaftliche Argumentation, andererseits ist eine klare Zuordnung und theoretische Trennung in der Praxis kaum umsetzbar bzw. sinnvoll. Daher wird eine integrative Auffassung postuliert.

Die gemäßigt konstruktivistische Auffassung ist trotz aller ‚Mischungen' die Grundhaltung einer integrativen Position, wie sie im folgenden Kapitel dargestellt wird. Hier findet kein radikaler Funktionswandel von traditionellen Lehrenden zu Online-Tutor/inn/en statt, die Rollen und Funktionen werden als kontextabhängig aufgefasst.

3.3.1.4 Pragmatismus

Für die Entscheidung, welche lerntheoretischen Ansätze einem Blended Learning-Angebot zu Grunde gelegt werden, sind nach Kerres (2001a) die das didaktische Feld konstituierenden Faktoren zu berücksichtigen (Lehr-/Lernziele, Lerninhalte, Zielgruppe etc.). Kerres und de Witt (2004) vertreten einen pragmatischen Ansatz, der quer zu den lerntheoretischen Ansätzen liegt. Dieser Ansatz bewertet die verschiedenen lerntheoretischen Ansätze und somit auch unterschiedliche, auf den Lerntheorien basierende Lehr-/Lernkonzepte nicht per se als positiv oder negativ, sondern lediglich für eine bestimmte Situation als mehr oder weniger angemessen. Die Bewertung von und Entscheidung für oder gegen bestimmte Lehr-/Lernkonzepte sollte nicht von vornherein vorgenommen, sondern von der Situation abhängig gemacht werden und davon, welches Konzept welchen Beitrag zur Problemlösung liefern bzw. die Perspektive menschlichen Handelns und die Handlungsfähigkeit von Menschen erweitern kann.

> „In diesem Licht gesehen eröffnen die unterschiedlichen Lerntheorien einen mehrperspektivischen Blick auf die komplexen Zusammenhänge des Lehrens und Lernens mit Medien und machen damit auch die mögliche Bandbreite der methodischen Vielfalt im E-Learning Bereich deutlich. M.E. hat dabei jede methodische Variante ihre Berechtigung, soweit sie durch das spezifische Bedingungs- und Entscheidungsgefüge im didaktischen Feld vernünftig begründet werden kann." (Albrecht 2003, S. 53)

Der pragmatische Ansatz stellt die Lernenden in das Zentrum der Betrachtung und berücksichtigt ihre Situationen und Erfahrungen.

> „Es geht darum, mediengestützte Lernarrangements zu entwickeln, die der jeweiligen Situation, der lernbiografischen Vorerfahrung, der Lernkompetenz und dem Vorwissen der Lernenden entsprechen." (Ehlers 2004a, S. 47)

Da es keine richtige oder falsche Lerntheorie gibt, sondern dies von situativen und zielgruppenspezifischen Bedingungen abhängig ist (vgl. Kerres & de Witt 2004), kann ein Blended Learning-Angebot durch eine mögliche Kombination von Lerntheorien und den sich daraus abzuleitenden Lehr-/Lernformen und -methoden, ein an die Bedürfnisse und Erwartungen der Lernenden orientiertes Lernangebot ermöglichen.

Im Folgenden wird die lerntheoretische Betrachtungsperspektive durch Erkenntnisse der Führungspsychologie erweitert, um weitere Hinweise für die Gestaltung der Betreuung beim Blended Learning zu erhalten.

3.3.2 Führungspsychologischer Zugang

Neben dem lerntheoretischen Zugang können Ergebnisse der Führungspsychologie einen Beitrag zur Klärung der Frage nach dem angemessenen Intensitätsgrad der Betreuung leisten. Dies erfordert jedoch eine Loslösung von negativen Assoziationen der Begriffe ‚Führung' und ‚Kontrolle' im Sinne von polizeilicher Kontrolle, lückenloser Überwachung und Autorität (vgl. Gloger 2005). Die kritische Betrachtung des Begriffes ‚Führung' ist darauf zurückzuführen, dass dieser den pädagogischen Intentionen zu widersprechen scheint und zwischen der Praxis ‚Führen' und dem Ziel ‚Selbstbestimmung' ein unüberbrückbarer Gegensatz zu bestehen scheint. Aus diesem Grund wird statt des Begriffes ‚Führung' häufig der alternative Begriff ‚Unterstützung' verwendet, wenn von tutorieller Betreuung die Rede ist. Im Folgenden wird jedoch deutlich, dass mit diesen beiden Begriffen identische Zielsetzungen und Handlungen verbunden sein können. Nach Kiper und Mischke (2004) wird unter ‚Führen':

> „[...] die persönliche Einflussnahme auf das Verhalten anderer zur Realisierung von Zielen verstanden. Ziele können z.B. das gemeinsame Arbeiten, das Treffen von Entscheidungen oder das Finden von Regeln des Umgangs sein." (S. 149)

Die Aufgabe, die der führenden Person zukommt besteht darin, die Geführten auf ihre Zielerreichung auszurichten und den Zusammenhalt in der Gruppe zu stützen.[23]

3.3.2.1 Pädagogische und didaktische Führung

‚Pädagogische Führung' ist im Gegensatz zu ‚Führung' in anderen gesellschaftlichen Bereichen grundsätzlich darauf ausgerichtet, Selbstbestimmung und Selbstdenken sowie Fragen und Widerspruch zuzulassen und zu provozieren. ‚Didaktische Führung' kann als soziales Handeln betrachtet werden, das mit dem Anspruch verbunden ist, die Entwicklung der Lernenden durch didaktische und organisatorische Vorgaben anzuregen und zu beeinflussen. Eine *direkte Führung* kann durch Anregung, Anleitung, Verpflichtung und Kontrolle; *indirekte Führung* durch Organisation, Begleitung sowie Lernhilfen bei der Erarbeitung eines Sachverhalts oder bei der Ausführung einer Aufgabe erfolgen (vgl. Apel 2002; Kapitel 3.3.3.1). Die Lernenden sollen befähigt werden, ihre Kompetenzen optimal einzusetzen. Dies kann durch das Geben von Vertrauen und das Anbieten von Unterstützung seitens der Online-Tutor/inn/en gelingen (vgl. Kapitel 3.3.2.2).
Im Unternehmenskontext bedeutet dies den Wandel von einer Führungskraft hin zu einem Teammitglied, der mit Gefühlen der Angst vor Machtverlust verbunden sein kann (vgl. Huber & Metzger 2005). Auch Online-Tutor/inn/en geraten in ähnliche Situationen, in denen sie selber etwas ausprobieren (z.B. eine neue Funktion in einem virtuellen Klassenzimmer) und u.U. scheitern. Dadurch, dass die Betreuenden selber zu Lernenden werden und die Rolle von angreifbaren Lernbegleiter/inne/n einnehmen, geben sie nach Müskens (2001) ihre Autorität und Unnahbarkeit auf. Jedoch behalten Online-Tutor/inn/en schon alleine auf Grund ihres Status, Kompetenzvorsprungs, der Steuerung der Interaktion und Leistungsbeurteilung eine gewisse Autorität bei.
Ackermann-Stommel (2005) beschreibt ihre Erfahrungen mit dem neuen Beziehungsmuster zwischen Lehrenden und Lernenden wie folgt:

---

23 In der Forschungsliteratur zur Gruppendynamik wird die Positionierung der Führungsperson in Bezug auf die Wahrnehmung dieser beiden Aufgaben und die Quellen der dafür notwendigen sozialen Macht thematisiert.

„Ich habe festgestellt, dass ich in jedem Training, das ich durchführe, selbst immer wieder etwas lerne von den Teilnehmern. Früher hat mich das irritiert und verunsichert, heute sehe ich es als Bereicherung an. Die Grenzen weichen auf: Der Lehrer ist nicht mehr der alles Wissende und der Lernende der Unwissende. Dadurch kann der Lehrer nicht mehr wie früher die Grenzen klar abstecken – das verunsichert erst einmal."[24]

Auf Grund dieses neuen Beziehungsmusters, ist eine angemessene Form der Kontrolle erforderlich, bei der eine Balance zwischen Intervention und Autonomie sowie Flexibilität und Selbstbestimmung, aber auch Struktur, Anleitung und Unterstützung gleichermaßen Berücksichtigung findet. Die Lernenden sollen sich auf Grund der Intention von Selbstorganisation und -steuerung nicht kontrolliert fühlen, jedoch ist ein gewisses Maß an Kontrolle notwendig, um Probleme zeitnah identifizieren und lösen zu können (vgl. Hinze & Blakowski 2002). Online-Tutor/inn/en können diese Balance herstellen, indem sie den Lernprozess der Lernenden genau beobachten, jedoch nur dann aktiv werden, wenn die Lernenden dies einfordern oder offensichtlich ist, dass ihre Zielerreichung in Gefahr ist, beispielsweise wenn Online-Tutor/inn/en einen verpassten Termin für eine Lernaufgabenlösung wahrnehmen und durch Nachfragen die Lernenden umgehend wieder ‚auf den richtigen Weg' gebracht werden können.

Im Folgenden wird eine Verknüpfung zwischen führungspsychologischen und erziehungswissenschaftlichen Erkenntnissen vorgenommen und die Frage nach einer angemessenen Form des Anleitens in pädagogischen Situationen fokussiert.

3.3.2.2 Typenkonzepte der Führung

Aufbauend auf den wissenschaftlichen Pionierleistungen des Psychologen Kurt Lewin (vgl. Lewin 1939) bildeten insbesondere in den 1960er und 1970er Jahren des 20. Jahrhunderts die Diskussionen über die angemessene Form des Anleitens in pädagogischen Situationen einen Schwerpunkt erziehungswissenschaftlicher Forschungen (vgl. Apel 2002). Tausch und Tausch (1998a) erlangten Aufmerksamkeit durch Untersuchungen zum Führungsverhalten von Lehrer/inne/n als sie aus ihren Ergebnissen folgerten, dass das Lehrverhalten sich in einer Demokratie von feststellbaren autokratischen Grundformen weg zu einer *demokratischen Form* entwickeln müsse. Im Rahmen ihrer Typenkonzepte der Führung bezeichnen sie die erwünschte Form als *sozialintegrativ*.

Insgesamt ließen sich, durch die Klassifizierung einer Vielfalt an Lehreräußerungen, drei charakteristische Interaktionstypen feststellen:

---

24 http://www.checkpoint-elearning.de/index.php?aID=1306 (Stand 02.02.2006)

1. **autokratischer** Führungsstil[25] (sog. autoritär[26], dominant) (hohe Lenkung/ Geringschätzung),
2. **laissez-faire**-Typ (fehlende Lenkung/Gleichgültigkeit),
3. **sozial-integrativer** Führungsstil (sog. demokratisch[27]) (mittlere Lenkung/ positive Wertschätzung/auf Lernerverhalten einzugehen, ohne den Anspruch der Führung aufzugeben)

Tausch und Tausch (1998) sehen in einer häufigen und starken Lenkung ein wenig förderliches Verhalten und vertreten die Auffassung, dass dadurch das Lernen von Selbstbestimmung, -verantwortung, sozialer Ordnung sowie sozial verantwortlichem Gebrauch der persönlichen Freiheit stark eingeschränkt wird. Eine starke und fortwährende Lenkung entspricht nicht den Grundwerten des sozialen Zusammenlebens, von Selbstbestimmung des Einzelnen und der Förderung der seelischen Leistungsfähigkeit. Darüber hinaus werden auch kognitive Leistungen hinsichtlich der Kreativität und Originalität beeinträchtigt. Es wird die Notwendigkeit aufgezeigt, dass Lehrer/innen Bedingungen schaffen, die das persönliche und fachliche Lernen auch bei geringer Lenkung deutlich erleichtern und fördern. Hierbei ist darauf zu achten, dass bestimmte soziale Formen des Zusammenlebens eingehalten und Grenzen beachtet werden, so dass persönliche Freiheit und Selbstbestimmung nicht zur Rücksichtslosigkeit und Schädigung anderer missbraucht werden. In Abbildung 18 wird der Unterschied des Ausmaßes an Dirigierung-Lenkung veranschaulicht.

Keine Dirigierung-Lenkung	**Starke Dirigierung-Lenkung**
• dem anderen Selbstbestimmung und persönliche Freiheit gewähren • dem anderen nicht befehlen-anordnen, ihn nicht kontrollieren, ihm nicht vorschreiben oder verbieten • ihn nicht belehren, nicht interpretieren, nicht manipulieren, nicht überreden, nicht ermahnen • ihn nicht ausfragen, nicht überprüfen • ihn nicht unterbrechen, nicht ausschließen • nur auf Wunsch des anderen selbst länger reden	• den anderen in seinem Verhalten und Denken bis in Einzelheiten hinein lenken entsprechend den eigenen Vorstellungen • dem anderen befehlen-anordnen, ihn kontrollieren, ihm vorschreiben, ihm verbieten • ihn belehren, ihn interpretieren, ihn manipulieren, ihn überreden, ihn ermahnen • ihn ausfragen, ihn überprüfen • ihn unterbrechen, ihn ausschließen • ohne von dem anderen gebeten worden zu sein, selbst viel reden (Monologe)

Abbildung 18: Dirigierung-Lenkung (Tausch & Tausch 1998, S. 333)

---

25 Autokratisch: „[…] Führungsstil, bei dem der Anführer/Firmenchef zwar die alleinige Entscheidung über das Wünschenswerte beansprucht, gleichzeitig aber aus Verantwortung für seine Leute handelt." (Apel 2002, S. 25)

26 Autoritär: „[…] Form der Führung, bei der das Ziel zum Vorteil des Führers, koste es, was es solle, erreicht werden soll. Ein wesentliches Merkmal dieser Umgangsform ist die Geringschätzung der Geführten. Sie gelten als Mittel zum Zweck." (ebd.)

27 „Von ‚demokratischer' Führung spricht man, wenn die Geführten über das Ziel mitbestimmen können und wenn der Umgang grundsätzlich reversibel erfolgt. Letzte Entscheidungen verbleiben jedoch auch hier den legitimierten Führern." (ebd.)

Eine starke Dirigierung-Lenkung drückt sich beispielsweise durch Äußerungen wie „Werden Sie konkreter!" aus. Formulierungen wie „Wie wollen wir das Problem lösen?"; „Möchte das jemand zusammenfassen?" oder „Bitte sagen Sie es, wenn Sie sich zu einem Punkt noch äußern möchten!" repräsentieren keine bzw. eine geringe Dirigierung-Lenkung (vgl. Tausch & Tausch 1998).

Übertragen auf die Aufgaben von Online-Tutor/inn/en lassen diese Ergebnisse darauf schließen, dass Lernende zwar durch eine geringe Dirigierung-Lenkung beeinflusst werden können, ihnen aber auch Selbstbestimmung ermöglicht werden sollte.

Tausch und Tausch (1998) beziehen sich auf Untersuchungen, in denen das Verhalten von Schüler/inne/n, Student/inn/en, Lehrer/inne/n und Dozent/inn/en beobachtet und wissenschaftlich registriert wurde. Diese Untersuchungen ergaben, dass bei Lehrer/inne/n und Dozent/inn/en, die deutlich einfühlsam, achtungsvoll-sorgend, echt-aufrichtig sowie nicht-dirigierend aktiv waren und so auch wahrgenommen wurden:

> „[...] Kinder, Schüler oder Studenten gemäß Beobachtungen und Tests persönlich und fachlich mehr [lernten], [...] größere Selbstachtung [hatten] und [...] sich sozialer [verhielten] [...]" (Tausch & Tausch 1998, S. 99)

Online-Tutor/inn/en mit hoher fachlicher Kompetenz sind diesen Ergebnissen zur Folge für Lernende weniger hilfreich als Online-Tutor/inn/en mit begrenztem Fachwissen, aber mit hohem Ausmaß an zwischenmenschlichen Kompetenzen.
Folgende Hinweise (vgl. Tausch & Tausch 1998) darauf, wie eine Gruppe gefördert werden kann, lassen sich auf das Blended Learning übertragen und verdeutlichen die Anforderungen, die an die Betreuung gestellt werden:

- Achtung, Wärme, Verständnis und Offenheit (zur Förderung des Gruppenklimas)
- geringe Dirigierung-Lenkung (ermöglicht selbst gesteuertes Gruppenlernen; Austausch unter den Lernenden)
- Mitgliedschaft der Lehrenden bzw. Betreuenden in der Gruppe (mit gleichen Rechten und Pflichten)
- persönliche Kontakte und Gespräche (gegenseitiges Kennenlernen)
- selbständiges Gruppenleben (Verantwortung für sich und die Gruppe übernehmen, z.B. Lerngruppentreffen ohne Online-Tutor/in)
- helfendes und förderndes Verhalten bei Gruppenproblemen (kein passives oder dirigierendes Eingreifen, sondern als helfendes und förderndes Gruppenmitglied intensiv um Alternativvorschläge bemüht sein und rechtzeitig Schwierigkeiten ansprechen)

- Transparenz (d.h. die Gruppe darf erfahren, dass auch Lehrer/innen bzw. die Betreuenden lernen, jedoch nicht indem die gleichen Aufgaben gelöst werden, sondern unterschiedliche Recherchen stattfinden und Ergebnisse zusammengetragen werden).

Durch die Berücksichtigung solcher Hinweise können Online-Tutor/inn/en negative Emotionen bei den Lernenden verringern. Beispielsweise können die Emotionen Angst und Ärger reduziert werden, indem Online-Tutor/inn/en den Lernenden bei virtuellen Moderationen bei Bedarf als Ansprechpartner/innen bzw. Co-Moderator/inn/en zur Verfügung stehen. Darüber hinaus können Online-Tutor/inn/en die Emotionen Sympathie und Vergnügen erzeugen, indem sie z.B. im Rahmen von virtuellen Treffen Erfolgserlebnisse ermöglichen und das Miteinander als bereicherndes und angenehmes Ereignis gestalten. Von Kort, Reilly und Picard (2001) wird allerdings der vollständige Ausschluss negativer Emotionen als nicht sinnvoll erachtet, denn zur Wissenskonstruktion ist es erforderlich, zu lernen, mit allen Emotionen an verschiedenen Stellen eines Lernzyklus adäquat umzugehen. In diesem Zusammenhang wird die Anforderung an die Online-Tutor/inn/en gestellt, Lernende dabei zu unterstützen, beispielsweise bei Unlust nicht gleich das Lernangebot abzubrechen.

Reinmann (2005) macht insbesondere auf die Bedeutung von Vertrauen auf der interpersonalen Ebene des Lernens als eine grundlegende Voraussetzung für den Lernerfolg aufmerksam und bezieht sich hierbei auf den Ansatz von Buskist und Saville (2001), wonach eine positive emotionale Beziehung und eine auf Vertrauen basierende harmonische Verbindung zwischen Lernenden, Lehrenden und Lerninhalten in der Praxis bekannte, aber wissenschaftlich wenig beachtete Notwendigkeiten für nachhaltiges Lernen sind. Durch das Vertrauen wird der Glauben an die Zuverlässigkeit, Integrität, Ehrlichkeit und Gerechtigkeit von Personen ermöglicht (vgl. Krystek 1995 nach Reinmann 2005).

> „Vertrauen dient der Komplexitäts- wie auch der Stressreduktion in komplexen Situationen und bildet damit die Basis für Wohlbefinden. Vertrauensvolle positive emotionale Lernkontexte sind für Buskist und Saville (2001) nicht durch bestimmte Handlungen herstellbar, sondern ein emergentes Ergebnis davon, dass man als Lehrender bzw. als Gestalter von Lernumgebungen viele Dinge *konsistent* tut." (Reinmann 2005, S. 361)

Im Rahmen eines Blended Learning-Angebotes haben Online-Tutor/inn/en die Möglichkeit, ein Vertrauensverhältnis zu den Lernenden und zwischen den Lernenden aufzubauen und Konsistenz herzustellen, indem sie Lerngruppen bilden, in denen sowohl die Gruppenmitglieder als auch die Betreuenden über den gesamten Zeitraum des Lernangebotes konstant zusammenbleiben. Andererseits soll an dieser Stelle darauf hingewiesen werden, dass auch ein Wechsel von Lerngruppenmitgliedern und Betreuenden vorteilhaft für den Lernprozess sein kann, da dies u.a. ein breiteres Spektrum an Perspektiven ermöglicht (vgl. Kapitel 3.2.3.2). Durch regelmäßige Lerngruppentreffen, Gruppenregeln und Vereinbarungen eines Zeitraums für die Beantwortung von E-Mails und Korrektur von Lernaufgabenlösungen kann eine Konsistenz aufgebaut werden. Da eine Vertrauensbeziehung aber stets mit dem Risiko der Verletzbarkeit verbunden ist (vgl. Reinmann 2005), ist von den Online-Tutor/inn/en das Einhalten dieser Regeln und Vereinbarungen seitens der Lernenden zu unterstützen (z.B. zuverlässige Teilnahme aller Lerngruppenmitglieder an den virtuellen Lerngruppentreffen).

Nachdem in diesem Kapitel vor allem die Betreuungsperson im Mittelpunkt der Betrachtung stand und aufgezeigt wurde, auf welche Weise und insbesondere wie intensiv die Unterstützung der Lernenden erfolgen kann, wird im nächsten Kapitel ein Perspektivenwechsel vorgenommen: Die Lernenden und ihre Erwartungen an die Betreuung rücken in den Vordergrund.

3.3.3 Subjektorientierter Zugang

In der Praxis der (beruflichen) Weiterbildung und der aktuellen Forschung gewinnt die Betrachtung der relativ großen, weit streuenden und leicht zu enttäuschenden Erwartungen von Lernenden an ein Lernangebot und die Frage, wie die Betreuung diesen Erwartungen entsprechend gestaltet werden kann, zunehmend an Bedeutung (vgl. Weisser 2002). Um die Lernenden nicht zu enttäuschen und die Qualität eines Lernangebotes sicherzustellen, ist es notwendig, die Erwartungen und Lernaktivitäten zu fokussieren, statt zahlreiche vorgefertigte und ‚oberflächliche' Qualitätskriterien heranzuziehen (vgl. Schenkel & Tergan 2004; Evaluationsnetz 2006[28]).

Die Notwendigkeit von Betreuung und die Bedeutung, die einer pädagogischen Führung im Unterricht in Bezug auf Lernerfolg, Leistungsbereitschaft, Lernfreude und Interesse zukommt (vgl. Kapitel 3.3.2) wird auch durch die Ergebnisse der Lehr- und Lernforschung bestätigt. Erwachsene Lernende, die an einem Blended Learning-Angebot teilnehmen, verfügen i.d.R. nur über begrenzte zeitliche Ressourcen und legen Wert darauf, diese knapp bemessene Lernzeit sinnvoll zu nutzen (vgl. Siebert 2003).

> „Sie [pädagogischen Führung] ist schon deshalb unverzichtbar, damit Lernzeit nicht verschwendet, sondern aktiv genutzt werden kann." (Apel 2002, S. 92)

Virtuelle Lerngruppentreffen sollten beispielsweise nicht mit zeitraubenden Terminvereinbarungen ausgefüllt werden, die über andere Kommunikationswege

---

28 http://www.evaluationsnetz.de (Stand 02.02.2006)

wesentlich effizienter getroffen werden können. Daraus folgt jedoch nicht, dass beispielsweise virtuelle Treffen nur dem schnellen Informationsaustausch dienen sollten, sondern gleichwohl ein ausreichender Spielraum für den privaten Austausch einzuräumen ist, um das Vertrauensverhältnis und den Gruppenzusammenhalt zu stärken (vgl. Kapitel 3.3.2.2).

Auch sollte die Behebung technischer Probleme außerhalb der Lerngruppentreffen stattfinden. In einer solchen Situation empfiehlt es sich, statt einer zeitintensiven Suche nach einem technischen Problem, umgehend auf ein alternatives Kommunikationswerkzeug auszuweichen (z.B. Wechsel von einem Voice-Chat in einen Text-Chat). Diese zumeist flexiblen, spontan zu treffenden und der Situation angemessenen Entscheidungen erfordern vielfältige Kompetenzen seitens der Online-Tutor/inn/en (vgl. Kapitel 4.1.2).

Wie unter Berücksichtigung einer effektiven und effizienten Gestaltung der Lernzeit die Bedürfnisse der Lernenden hinsichtlich einer schwerpunktmäßig direkten oder indirekten Unterstützung erfolgen können, wird im Folgenden aufgezeigt.

3.3.3.1 Direkte und indirekte Betreuung

Eine direkte Betreuung erfolgt durch die aktive Kontaktaufnahme und Interaktion mit den Lernenden. Das Bereitstellen von Lernhilfen, Informationsangeboten und Selbsteinschätzungstests[29] sowie das Anbieten von Unterstützung bei Bedarf (z.B. technische Hotline; vgl. Kapitel 4.3.1) kann hingegen als indirekte, passive Betreuung betrachtet werden (vgl. Hughes 2004; Kapitel 3.3.2). Die Angemessenheit einer direkten oder indirekten Betreuung ist einerseits abhängig vom Lernszenario und andererseits von den Bedürfnissen der Lernenden. Einige Lernangebote funktionieren vollständig ohne bzw. mit geringer aktiver Betreuung, beispielsweise bei dem Konzept der Online-Datenbanken, bei denen die Lernenden Lernaufgabensammlungen oder Praxisbeispiele aus dem Internet beziehen und dabei höchstens eine technische Hotline in Anspruch nehmen (vgl. Behrendt, Ulmer & Müller-Tamke 2004; Kapitel 3.2.4.4 und Kapitel 4.3.1). Bei diesen Lernaufgaben handelt es sich i.d.R. um eng umrissene Aufgabenstellungen mit kurzer Bearbeitungszeit, die auch ohne eine aktive Betreuung absolviert werden können (vgl. Arnold et al. 2004; Kapitel 3.2.4.4). Bei anspruchsvollen, komplexen und zeitlich lang angelegten Lernangeboten ist jedoch eine aktive und direkte Unterstützung der Lernenden von zentraler Bedeutung. Erst im kritischen Dialog über den Lerngegenstand mit anderen Lernenden und Expert/inn/en erwerben die Lernenden die reflexiven und sozialen Kompetenzen, die sie zur eigenen erfolgreichen Teilhabe an Wissenschafts- und Praxisfeldern befähigen (vgl. Arnold

---

29 z.B. zu der Frage: Sind sie vorbereitet für das Studium? www.athabascau.ca/main/studserv.htm (Stand 09.03.2006)

et al. 2004; Astleitner 2002; Ehlers 2004a; Elsener 2002; Rautenstrauch 2003 & Schulmeister 2001).

Eine Möglichkeit, Lernende indirekt zu unterstützen, besteht beispielsweise in der Taktung der Lernmaterialien. Einerseits wird den Lernenden durch die Taktung eine Orientierung und Unterstützung ermöglicht, andererseits werden sie dadurch stark geführt und fremd gesteuert. Da in diesem Punkt die Bedürfnisse der Lernenden sehr unterschiedlich sind, ist es sinnvoll, verschiedene Taktungsformen anzubieten, so dass sich die Lernenden entscheiden können, welche Taktungsvariante ihren Bedürfnissen entspricht. Clarke (2004) empfiehlt den Lernenden sich vor dem Start zuerst über die eigenen Anforderungen hinsichtlich der Selbst- oder Fremdsteuerung klar zu werden (z.B. durch Selbsteinschätzungstests) und sich dann über das Betreuungssystem eines Blended Learning-Angebotes zu informieren, um zu prüfen, ob es den eigenen Anforderungen entspricht.

Folgende Taktungsvarianten können unterschieden werden (vgl. Jechle & Kerres 2000):

- *Feste Taktung*: Freischaltung neuer Lernmaterialien in regelmäßigen Abständen
- *Ping-Pong*: Zugriff auf neue Inhalte und Materialien nach dem Lösen einer Aufgabe (individuell oder gruppenbezogen)
- *Kontrakt-Lernen*: individuelle oder gruppenbezogene Vereinbarung auf Distribution/Freischaltung
- *Offener Zugriff*: freier Zugriff des Einzelnen auf die Lernmaterialien ohne Taktung

Die Taktung des Lernmaterials stellt für die Lernenden eine zeitliche und inhaltliche Orientierung dar und übt (sanften) Druck aus. Nachdem beispielsweise bei einer festen Taktung der Takt abgeschlossen und der Abgabetermin der einzureichenden Lernaufgabenlösungen überschritten wurde, hängt es vom Betreuungskonzept ab bzw. liegt es im Ermessen der Online-Tutor/inn/en, wie flexibel mit dieser Fristüberschreitung umgegangen wird. Um den Bedürfnissen erwachsener Lernender gerecht zu werden, die zumeist beruflich und privat stark eingebunden sind, können die Online-Tutor/inn/en flexibel reagiert, beispielsweise indem ein neuer Abgabetermine vereinbart wird. Bei Gruppenaufgaben und Lerngruppen, die über einen längeren Zeitraum hinweg in einer Lerngruppe bleiben, ist eine Taktung des Lernmaterials erforderlich, damit sich alle Lernenden zur gleichen Zeit mit denselben Lerninhalten auseinander setzen und gemeinsam die Gruppenaufgaben bearbeiten können. Insbesondere für die erste Gruppenaufgabe benötigen die Lerngruppen eine klare Strukturierung durch die Online-

Tutor/inn/en (z.B. können in der Lerngruppe Termine vereinbart werden, bis wann bestimmte Beiträge erfolgen müssen).

Da sich die Bedürfnisse hinsichtlich der Intensität der Unterstützung unterscheiden, sollten die Lernenden nach Hughes (2004) flexibel, ihren Bedürfnissen entsprechend unterstützt werden und durch eine indirekte Betreuung die Möglichkeit erhalten, selbständig zu entscheiden, wann und inwiefern sie unterstützt werden möchten. Es ist wichtig, dass jederzeit ein Zugriff auf eine Betreuungsperson und – ebenso wie aus führungspsychologischer Sicht bereits in Kapitel 3.3.2 dargestellt – eine angemessene Balance zwischen direkter und indirekter Betreuung gewährleistet ist.

> „In doing so, the institution must keep in mind that some learners will require more support than others, and that any learner may need more help at one point in their educational career than at others. So the institution must find a balance between ‚just-in-case resources' and ‚just-in-time resources' that recognizes that an online learner is often an adult with responsibilities other than their educational goals."[30]

Die aufgezeigten Möglichkeiten der Berücksichtigung unterschiedlicher Unterstützungsbedürfnisse von Lernenden werden im Folgenden durch die Betrachtung verschiedener Lernertypen hinsichtlich ihrer Qualitätsansprüche und Erwartungen an die Betreuung erweitert, um Hinweise auf lerntypengerechte Gestaltungsmöglichkeiten der Betreuung zu erhalten.

3.3.3.2 Qualitätsansprüche und Erwartungen von Lernenden an die Betreuung

In einem von Ehlers (2004b) konstruierten dreistufigen Qualitätsmodell werden die Erwartungen und Qualitätsansprüche von Lernenden an E-Learning-Angebote in den Vordergrund gestellt. In seiner Untersuchung wurde zunächst mit qualitativen Methoden (n=58) ein Inventar von 173 einzelnen Faktoren subjektiver Qualität erhoben. Dieses Inventar bildet die Grundlage für den quantitativen Teil der Studie (n=1944), in den auf diese Weise 118 Qualitätsfaktoren einflossen. Die Qualitätsfaktoren wurden mit Hilfe des Verfahrens der Hauptkomponentenanalyse zu Dimensionen gebündelt. Diese stellen empirisch ermittelte Eckpfeiler lernerorientierter Qualität dar und liefern darüber hinaus ein Gerüst, um die Qualität beim E-Learning aus Sicht der Lernenden zu beschreiben.

Qualität wird nach Ehlers (2004b) als ein Zusammenspiel verschiedener Faktoren eines gesamten E-Learning-Angebotes betrachtet.

---

30 http://cde.athabascau.ca/online_book/ch15.html (Stand 09.03.2006)

In Tabelle 10 werden die Qualitätsansprüche der Lernenden in den verschiedenen Qualitätsfeldern (QF) dargestellt:

Tabelle 10: Qualitätsdimensionen und -felder des Modells subjektiver Qualität (vgl. Ehlers 2004b)

Qualitätsfeld	Qualitätsansprüche der Lernenden
QF 1: Tutorielle Betreuung	• Interaktionsorientierung • Lernmoderation/E-Moderation • Tutorverhalten (Lerner- u. Inhaltsorientierung) • Individualisierte Lernerunterstützung • Entwicklungs- u. Lernförderung • Medien für Tutorsupport: Asynchrone/Synchrone neue Kommunikationsmedien
QF 2: Kollaboration	• Soziale Kooperationsdimension • Diskursive Kooperationsdimension
QF 3: Technologie	• Adaptive Bedienung und Personalisierung • Synchrone Kommunikationsmöglichkeiten • Technische Verfügbarkeit der Inhalte
QF 4: Kosten-Erwartung-Nutzen	• Erwartung: Individualisierung+Bedarfsorientierung • Individuelle außerökonomische Kosten • Ökonomische Kosten • Transfererwartung • Außerfachliche Nutzeninteressen
QF 5: Informationstransparenz bei Angebot/Anbieter	• Beratung • Kursübergreifende Informationen • Informationen zu Kursinhalten
QF 6: Kursverlauf/ Präsenzveranstaltungen	• Interpersonale Unterstützung des Lernprozesses • Einführung: technische u. inhaltliche Kenntnisse • Prüfung abnehmen • Qualitätsansprüche des Lerners in Bezug auf den Kursverlauf, insbesondere an Häufigkeit und Gestaltung von Präsenzveranstaltungen.
QF 7: Didaktik	• Hintergrundinformationen (Kursmaterial) • Mediengerechte Materialaufbereitung • Gegliedertes/strukturiertes Material • Lernförderung • Rückkoppelung des Lernens • Individuelle Aufgabenstellung

Hinsichtlich der Frage nach der Bedeutung und Notwendigkeit tutorieller Betreuung sind insbesondere die Erwartungen und Qualitätsansprüche der Lernenden an die Betreuung (QF 1) von Interesse. Hierzu zählen tutorielle Aufgaben, Verhaltensanforderungen, Ansprüche an die Verfügbarkeit sowie

Qualifikationsanforderungen und Aussagen über gewünschte Kommunikationsmedien. Dieses Qualifikationsfeld steht in enger Verbindung mit den anderen Qualifikationsfeldern, da die Unterstützung der Lernenden im Rahmen des kollaborativen Lernens erfolgt (QF 2), die Betreuenden bei technischen Fragen zur Verfügung stehen (QF 3) und eine allgemeine Studienberatung durchführen sowie für den Kursablauf und die Präsenzveranstaltungen verantwortlich sind (QF 4). Darüber hinaus ist das Bildungspersonal ggf. auch an der Gestaltung der Lernmaterialien und -methoden beteiligt (QF 5). Die Anforderungen an den Kursablauf sind im Qualitätsfeld Kursverlauf und Präsenzveranstaltungen (QF 6); die Ziele, Inhalte, Methoden und Materialien im Qualitätsfeld Didaktik (QF 7) zusammengefasst.

3.3.3.2.1 Typologien von Erwartungen

Aus den ermittelten Qualitätsfeldern bzw. Dimensionen (vgl. Kapitel 3.3.3.2) wurden Cluster gebildet, um der Frage nachzugehen, ob Lernende sich in Bezug auf die gewonnenen Dimensionen unterscheiden oder ob gewisse Gemeinsamkeiten bestehen. In der Studie von Ehlers (2004a) werden aus der Vielfalt einzelner Qualitätsanforderungen zielgruppenbezogene Qualitätsprofile ermittelt. Es wird nachgewiesen, dass Anforderungen an die Qualität von Lerner/in zu Lerner/in unterschiedlich sind und von unterschiedlichen Faktoren (z.B. bildungsbiographischen Erfahrungen, individuellen Lernkompetenzen) abhängen. Ehlers (2004a) identifiziert vier verschiedene Typen von Lernenden mit unterschiedlichen Erwartungen an die tutorielle Betreuung (vgl. Abbildung 19).

Abbildung 19: Vier Qualitätstypen im Überblick (ausgewählte Merkmale) (Ehlers 2004a, S. 45)

Durch folgende Merkmale werden die jeweiligen Gruppen in besonderem Maße charakterisiert:

- Inhaltsorientierte Individualisten: Diese Lernenden wollen eigenständig lernen und empfinden Betreuung als nicht wichtig. Sie haben *geringe Ansprüche an die verschiedenen Unterstützungsangebote* sowie an die Kommunikation und Interaktion. Wert legen Sie vor allem auf den inhaltlichen Bereich.
- Eigenständige Ergebnis- bzw. Zielorientierte: Bei diesen Lernenden steht die Erreichung eines vorher definierten Ziels im Vordergrund und *sie benötigen dafür die notwendige Unterstützung.* Die Lernenden sind mit Standardangeboten zufrieden und benötigen keinen individualisierten Zuschnitt des Lernarrangements.
- Bedarfsorientierte Pragmatiker: Diese Lernenden sind interessiert an kommunikativer Auseinandersetzung und *sachorientierter Betreuung,* jedoch in ihren Präferenzen pragmatisch und am Erforderlichen orientiert. Eine besondere Individualisierung im Lernangebot ist für sie ebenso unwichtig wie ein besonderer Medieneinsatz.
- Interaktionsorientierte Avantgardisten: Diese Lernenden sind *sehr an Unterstützungsmaßnahmen interessiert.* Neben fachlichen Zielen möchten sie vor allem auch ihre Lernkompetenz steigern. Ihnen ist ein interaktionsorientiertes Lernarrangement wichtig, das einen reichhaltigen und vielfältigen Medieneinsatz integriert.

Eine weitere clusteranalytische Untersuchung zur Identifizierung verschiedener Gruppen hinsichtlich der Erwartungen an die Betreuung wurde von dem Institut für Medien- und Kompetenzforschung (MMB 2004) durchgeführt und wird im Folgenden dargestellt.

3.3.3.2.2 Lernertypologie

In einer repräsentativen CATI-Telefonbefragung[31] wurden 403 unselbstständig Beschäftigte in Niedersachsen befragt, um aktuelle und detaillierte Befunde zum Weiterbildungsverhalten und E-Learning-Potenzial niedersächsischer Arbeitnehmer/innen zu erhalten. Mittels einer Clusteranalyse wurden Fälle mit einem ähnlichen Antwortprofil zusammengefasst. So konnte eine Lernertypologie erstellt werden, die unter anderem Aufschluss über verschiedene Lernstile sowie das E-Learning-Potenzial der Befragten gibt. Verwendet wurden für die Clusteranalyse 31 künstliche Variablen, die wiederum aus rund 120 Variablen des Fragebogens gebildet wurden. Unberücksichtigt bleiben in der Clusteranalyse hingegen

---

31 Computer Assisted Telephone Interview (CATI) bezeichnet die Unterstützung des telefonischen Interviews mit Hilfe des Computers
http://de.wikipedia.org/wiki/Computer_Assisted_Telephone_Interview (Stand 10.03.2006)

demografische Variablen, die erst in einem zweiten Schritt den Clustern zugeordnet wurden (vgl. MMB 2004).

Aus den clusteranalytischen Ergebnissen lassen sich verschiedene Gruppen, hinsichtlich der Erwartungen an die Betreuung, unterscheiden. Folgende vier Cluster bilden die empirisch ermittelte ‚Lernertypologie':

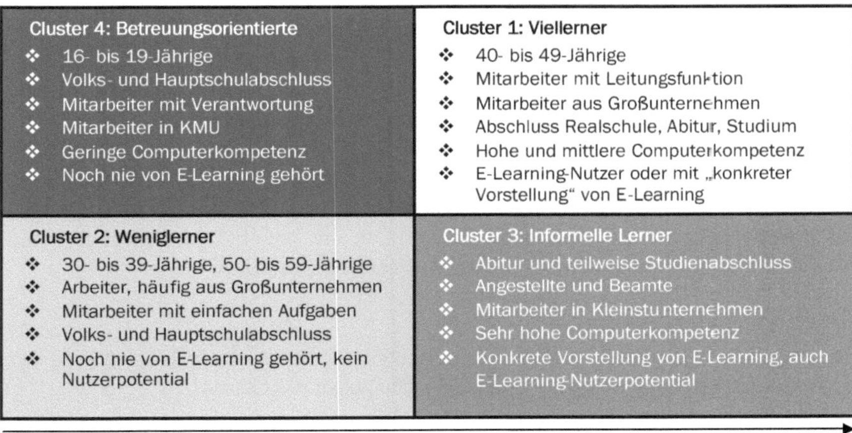

Abbildung 20: Gruppen, die in den Clustern überdurchschnittlich vertreten sind (MMB 2004, S. 37)

Im Folgenden wird ein kurzer Überblick über die verschiedenen Typen von Lernenden gegeben (vgl. ebd.):

- Die *Viellerner* (Cluster 1; 19 %) nutzen sowohl formelle als auch informelle Lernformen und *legen Wert auf persönliche Betreuung*. Es handelt sich hier überwiegend um Mitarbeiter/innen in Leitungsfunktionen und Angestellte in Großunternehmen mit höherem Bildungsabschluss (Realschule, Abitur und Studium) sowie mittlerer bis hoher Computerkompetenz. Einige von ihnen verfügen bereits über Erfahrungen mit E-Learning oder haben zumindest eine konkrete Vorstellung davon.
- Die *Betreuungsorientierten* (Cluster 4; 36 %) bilden die größte Gruppe. Diese Gruppe besteht überwiegend aus Personen mit Volks- und Hauptschulabschluss, die in kleinen und mittelständischen Unternehmen arbeiten und in ihrer Tätigkeit Verantwortung übernehmen (Facharbeiter/innen & Sachbearbeiter/innen). Sie nutzen hin und wieder formelle Lernangebote, aber selten informelle Lernformen. Besonders wichtig ist ihnen der soziale Aspekt beim Lernen und sie legen *besonderen Wert auf*

Betreuung. Ihre Computerkompetenz ist eher gering, dementsprechend ist auch vielen von ihnen das computerunterstützte Lernen unbekannt.

- *Weniger betreuungsintensiv* sind die *informellen Lerner/innen* (Cluster 3; 24 %). Diese lernen bevorzugt in Eigeninitiative (z.B. Bücher lesen, Recherchieren am Computer) und haben einen hohen Bildungsabschluss (Abitur und teilweise Studium). Sie arbeiten überproportional häufig in Kleinstunternehmen und verfügen über eine gute Computerkompetenz. Viele informelle Lerner/innen haben bereits eine konkrete Vorstellung vom E-Learning und können sich auch vorstellen, dieses zu nutzen. Diese Gruppe benötigt stark selbst gesteuerte Formen des E-Learning.

- Die *Weniglerner/innen* (Cluster 2; 21 %) lernen selten für berufliche Zwecke, sind überwiegend Arbeiter/innen (oft in Großunternehmen), verfügen über eine geringere Schulbildung und eine geringere Computerkompetenz. Viele von ihnen haben noch nie von E-Learning gehört und können sich auch nicht vorstellen, E-Learning zu nutzen.

3.3.3.2.3 Schlussfolgerungen

Die dargestellten clusteranalytischen Ergebnisse lassen sich hinsichtlich der Erwartungen an die Betreuung in drei Bereiche zusammenfassen:

1. Geringe Erwartungen an die Betreuungsintensität

Ebenso wie die Gruppe der *inhaltsorientierten Lernenden* (vgl. Ehlers 2004a) wird in der Untersuchung vom MMB (2004) eine Gruppe von Lernenden identifiziert *(informelle Lerner/innen)*, die bevorzugt in Eigeninitiative lernt und wenig Unterstützung durch Betreuende erwartet. Unterstützung möchte die Gruppe der *inhaltsorientierten Lernenden* vor allem im inhaltlichen Bereich in Anspruch nehmen.

Eine indirekte fachliche Betreuung könnte die Bedürfnisse der Lernenden besonders berücksichtigen, da sie auf diese Weise bei Bedarf eine kompetente Ansprechperson kontaktieren können.

Nach der Untersuchung vom MMB (2004) handelt es sich bei der Gruppe der *informellen Lerner/innen* überwiegend um Lernende mit hohem Bildungsstand und Computerkenntnissen, wodurch eine geringe technische Betreuung erforderlich ist. Zudem lassen sich in der empirischen Untersuchung dieser Arbeit (vgl. Teil B) ebenfalls Cluster mit Lernenden identifizieren, die besonders wenig Betreuung erwarten, entweder insbesondere im didaktischen Bereich und im Rahmen von face-to-face-Kontakten oder im technischen Bereich. Im Gegensatz zu den Ergebnissen der MMB-Untersuchung zeigen die Ergebnisse in der empirischen Untersuchung der vorliegenden Arbeit (vgl. Teil B), dass Lernende, die über einen hohen Bildungsabschluss verfügen,[32] hohe Erwartungen an die Betreuung haben.

2. Mittlere Erwartungen an die Betreuungsintensität

Die Gruppe der *eigenständigen, ergebnis- bzw. zielorientierten* Lernenden bevorzugt es nach Ehlers (2004a), selbstständig zu lernen. Die Lernenden benötigen keine intensive Betreuung, da sie stets die Erreichung ihres (Lern-)Ziels vor Augen haben. Online-Tutor/inn/en können die Lernenden bei ihrer Zielerreichung indirekt unterstützen, indem sie den Lernprozess beobachten und erst dann Hilfestellungen anbieten, wenn die Zielerreichung gefährdet ist. Um die *bedarfsorientierten Pragmatiker* optimal zu unterstützen, sollten im Rahmen der Online- und Präsenzphasen verschiedene fachliche Austauschmöglichkeiten angeboten werden.

Auch im Rahmen der empirischen Untersuchung der vorliegenden Arbeit (vgl. Kapitel 9.3) können zwei Cluster diesem Mittelfeld zugeordnet werden. Eine Gruppe von Lernenden hat insbesondere Erwartungen im technischen und fachlichen Bereich und ähnelt somit der Gruppe der *eigenständigen, ergebnis- bzw. zielorientierten* Lernenden nach Ehlers (2004a). Die zweite Gruppe erwartet insbesondere in den Bereichen Didaktik/face-to-face-Kontakt und im persönlichen Bereich Unterstützung (vgl. Kapitel 9.3).

Zu der Gruppe der *Viellerner* gehören nach dem MMB (2004) Personen mittleren Alters mit höherem Bildungsstand, die über eine mittlere bis hohe Computerkompetenz verfügen und bereits überwiegend Erfahrung mit E-Learning gesammelt haben. Diese umfangreichen Erfahrungen und Kenntnisse in den verschiedenen Bereichen können die lediglich durchschnittlichen Erwartungen an die Intensität der Betreuung begründen. Jedoch weisen die Ergebnisse der empirischen Untersuchung im Rahmen dieser Arbeit darauf hin, dass selbst erfahrene Lernende mit hohen technischen Kompetenzen eine intensive Betreuung erwarten (vgl. Kapitel 9.3).

3. Starke Erwartungen an die Betreuungsintensität

Eine besonders intensive, aktive und lernerorientierte Betreuung in fachlicher und pädagogischer Hinsicht erwarten vor allem die *interaktionsorientierten Avantgardisten* (vgl. Ehlers 2004a). Diese kann durch einen vielfältigen Medieneinsatz erfolgen, um verschiedene Möglichkeiten der Kommunikation zu ermöglichen. Im Rahmen der Untersuchung des MMB (2004) bilden die *betreuungsorientierten* Lernenden ebenso wie die *interaktionsorientierten Avantgardisten* (vgl. Ehlers 2004a) die größte Gruppe. Auch in der empirischen Untersuchung der vorliegenden

---

32 Es muss berücksichtigt werden, dass im Rahmen dieser Untersuchung, im Gegensatz zu den Untersuchungen von Ehlers (2004a) und MMB (2004), alle Befragten über ein Abitur oder Hochschulstudium verfügen.

Arbeit (vgl. Kapitel 9.3) lässt sich als größte Gruppe ein Cluster mit besonders betreuungsintensiven Lernenden identifizieren, die insbesondere eine Betreuung im didaktischen Bereich und hinsichtlich des face-to-face-Kontaktes erwarten. Diese Ergebnisse legen nahe, dass die meisten Lernenden eine besonders intensive Betreuung beim E-Learning erwarten. Zu den *betreuungsorientierten* Lernenden zählen überwiegend junge Personen mit geringem Bildungsstand und Computerkenntnissen, denen insbesondere der soziale Aspekt beim Lernen wichtig ist. Auf Grund des Alters, des Bildungsstandes und der fehlenden Computerkenntnisse, ist eine intensive Betreuung der Lernenden erforderlich. Im Gegensatz zu diesen Ergebnissen zeigt die empirische Untersuchung dieser Arbeit, dass auch Lernende, die über einen hohen Bildungsabschluss verfügen, eine sehr intensive Betreuung erwarten (vgl. Kapitel 9.3).

Aus diesen Ergebnissen wird deutlich, dass ein hoher Bildungsabschluss und ein mittleres Alter nicht mit einem geringen Betreuungswunsch einhergehen (vgl. Kapitel 9.3). Es ist daher zu berücksichtigen, dass die Zuordnung der demografischen Angaben – sowohl in der Untersuchung des MMB (2004) als auch in der vorliegenden empirischen Untersuchung (vgl. Kapitel 9.3) – erst im Anschluss an die Berechnung der Clusteranalyse erfolgte. Darüber hinaus muss berücksichtigt werden, dass sich die Lernenden, im Gegensatz zur vorliegenden empirischen Untersuchung (vgl. Teil B), bei den Analysen von Ehlers (2004a) und MMB (2004) nicht notwendigerweise zum Zeitpunkt der Befragung in einer E-Learning-Maßnahme befunden haben.

Nachdem die Erwartungen von Lernenden und Aufgaben von Online-Tutor/inn/en bereits aus verschiedenen Perspektiven betrachtet wurden, werden im Folgenden die Aufgaben von Online-Tutor/inn/en unter Berücksichtigung der Erwartungen von Lernenden anhand verschiedener Betreuungsphasen systematisiert.

4 Organisation von Betreuung

Unter Berücksichtigung der bereits aufgezeigten Erwartungen von Lernenden an die Betreuung (vgl. Kapitel 3), werden im Folgenden insbesondere die Aufgaben von Online-Tutor/inn/en im Verlauf eines Blended Learning-Angebotes dargestellt sowie die organisatorischen Gestaltungsmöglichkeiten tutorieller Betreuung fokussiert. Darüber hinaus wird aufgezeigt, wie sich im Rahmen hybrider Lernarrangements die traditionelle Rolle der Lehrenden wandelt. Anhand verschiedener Betreuungskonzepte werden Möglichkeiten einer effizienten und effektiven Organisation tutorieller Betreuung, insbesondere hinsichtlich einer großen Anzahl von Lernenden, veranschaulicht.

4.1 Phasen und Aufgaben der Betreuung

In diesem Kapitel werden, unter Berücksichtigung der Vielfalt didaktischer Konzepte (vgl. Kapitel 3.2) und der zeitlichen Dynamik von Lernangeboten, die Aufgaben von Online-Tutor/inn/en dargestellt und verschiedener Betreuungsphasen zugeordnet, da sich über den Zeitverlauf hinweg die Ansprüche der Lernenden und damit auch die Anforderungen an die Online-Tutor/inn/en verändern können (vgl. Busch & Mayer 2002).

Anhand des folgenden Phasenmodells soll das umfangreiche Aufgabenspektrum[33] von Online-Tutor/inn/en und die damit verbundene zeitliche Dynamik veranschaulicht werden:

Konzeption und Vorbereitung von Präsenz- und Onlinephasen

Durchführung von Präsenz- und Onlinephasen

Nachbereitung und Evaluation von Präsenz- und Onlinephasen

Abbildung 21: Betreuungsphasen beim Blended Learning

Im Rahmen der Betreuungsphasen lassen sich verschiedene Aufgaben- und Kompetenzbereiche von Online-Tutor/inn/en unterscheiden, die sich jedoch nicht immer klar voneinander trennen lassen und miteinander verwoben sind. Diese

---

33 Es liegt eine Vielzahl von Unterteilungen möglicher Betreuungsphasen sowie möglicher Rollen und Aufgabenbereiche vor. An dieser Stelle wird auf die systematische Darstellung dieser verschiedenen Phasen, Rollen und Aufgabenbereiche von Breuer (2006) verwiesen.

Aufgaben- und Kompetenzbereiche orientieren sich an den in der Fachliteratur üblichen Kategorien *Didaktik/Methodik* und *Fachliches (Pädagogik), Technik, Organisation* und *Soziales* (vgl. u.a. Berge & Collins 1996[34]; Busch & Mayer 2002; Hinze & Blakowski 2002; Kohl 2003; Petschenka 2005) (vgl. Abbildung 22).

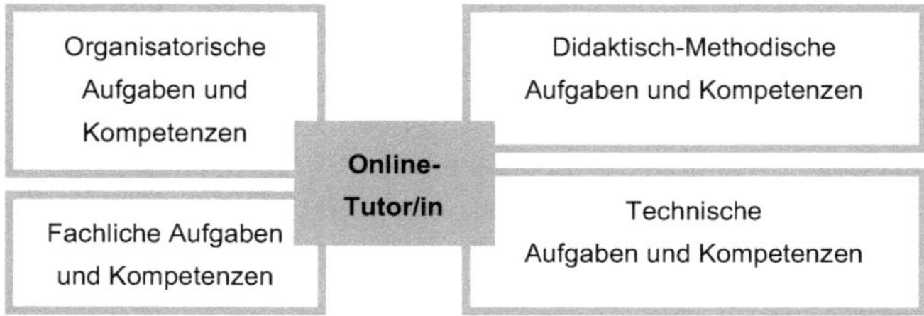

Abbildung 22: Aufgaben- und Kompetenzbereiche von Online-Tutor/inn/en

In jeder Betreuungsphase werden Anforderungen hinsichtlich der zu bewältigenden Aufgaben an die Online-Tutor/inn/en gestellt und entsprechende Kompetenzen vorausgesetzt (vgl. Abbildung 23).

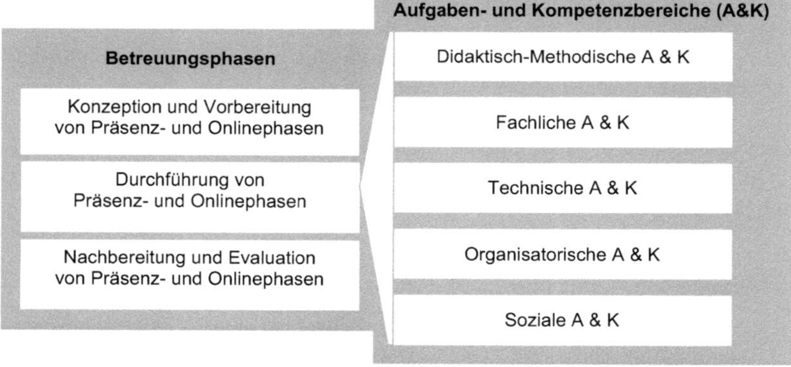

Abbildung 23: Betreuungsphasen in Verbindung zu den Aufgaben- und Kompetenzbereichen

Diese Aufgaben- und Kompetenzbereiche variieren je nach didaktischem Konzept[35] (vgl. Kapitel 3) und pädagogischen Überzeugungen der Online-Tutor/inn/en, aber auch entsprechend des zeitlichen Verlaufs und der unterschiedlichen Betreuungsphasen eines Lernangebotes (vgl. Arnold et al. 2004; Müskens 2001).

---

34 http://www.emoderators.com/moderators/flcc.html (Stand 01.10.2001)
35 Beispielsweise können verschiedene Aufgaben von Verwaltungsangestellten oder einem technischen Support übernommen werden.

4.1.1 Konzeption und Vorbereitung

Zu den Aufgaben von Online-Tutor/inn/en gehört schwerpunktmäßig die Durchführung von Lernangeboten (vgl. Kapitel 3.1.1 und Kapitel 4.1.2), jedoch werden Online-Tutor/inn/en häufig auch in die Konzeption und Vorbereitung von Blended Learning-Angeboten involviert. In dieser Betreuungsphase stehen vor allem organisatorische Aufgaben im Vordergrund. Eine wesentliche organisatorische Aufgabe besteht in der Klärung der Verantwortlichkeiten (vgl. Kapitel 4.2 und Kapitel 4.3). Hierzu benötigen Online-Tutor/inn/en alle relevanten Informationen, beispielsweise über die Institution, zum Gesamtkontext und über das Bildungsangebot als solches (Verlauf, Abschlüsse, Prüfungsformen und -bewertungen, Ansprechpartner/innen etc.) (vgl. Arnold et al. 2004).

Online-Tutor/inn/en sind u.a. für die Planung des Medien- und Methodeneinsatzes und die Erstellung von Kurs- und Zeitplänen verantwortlich, schlagen Guidelines für die Aufgabenbearbeitung vor, setzen Meilensteine und akquirieren Autor/inn/en für die Erstellung oder Aktualisierung des Lernmaterials. Häufig sind Online-Tutor/inn/en selbst für die Erstellung des Lernmaterials verantwortlich und müssen über die notwendigen fachlichen und didaktisch-methodischen Kompetenzen verfügen. Der Zeitaufwand für eine intensive Betreuung ist daher nicht zu unterschätzen.

> „Der Gesamtaufwand im Online-Unterricht [...] wächst mit steigender Teilnehmerzahl steil an. In einem Präsenzseminar werden Sie zwei oder drei Teilnehmer mehr oder weniger nicht weiter bemerken. In einer internetgestützen Betreuung jedoch ist das anders [...]" (Gierke, Schlieszeit & Windschiegl 2003, S. 108; vgl. Abbildung 24)

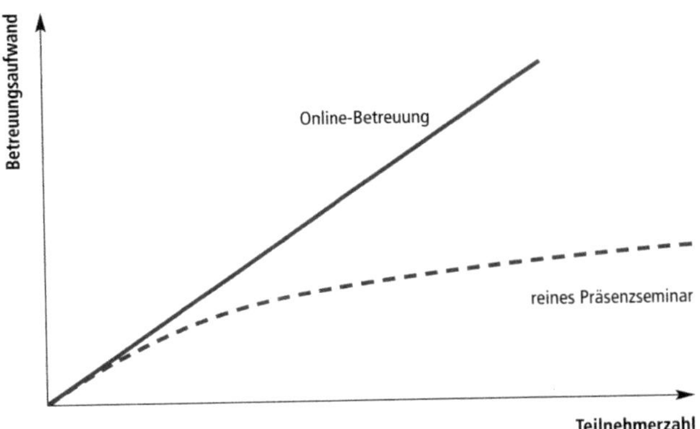

Abbildung 24: Zeitaufwand für die internetgestützte Betreuung der Kursteilnehmer/innen im Vergleich zum Präsenzseminar (Gierke, Schlieszeit & Windschiegl 2003, S. 108)

Um unrealistische Erwartungen von Lernenden (insbesondere von Anfänger/inne/n) hinsichtlich einer sofortigen Rückmeldung auf eine Einsendeaufgabe zu vermeiden, ist Transparenz hinsichtlich der Rückmeldegeschwindigkeit erforderlich. Durch eine realistische Zeitplanung werden nicht nur Enttäuschungen der Erwartungen von Lernenden vermieden (vgl. Kapitel 3.3.3), sondern auch die Online-Tutor/inn/en entlastet, indem sie ihr Zeitmanagement optimieren und sich selber davor schützen können, beispielsweise umgehende Rückmeldungen zu Fragen in Foren zu geben, jedoch dadurch andere wichtige Aufgabenbereiche zu vernachlässigen (vgl. Anderson 2004).

Die Herausforderung besteht darin, die Betreuung entsprechend so zu planen, dass mit den vorhandenen personellen und zeitlichen Ressourcen eine optimale Qualität erreicht werden kann. Um diese Qualität dauerhaft zu gewährleisten und trotzdem genügend Freiraum für besonders schwierige Vorfälle in der Lernendenbetreuung zur Verfügung zu haben, empfehlen Gierke, Schlieszeit und Windschiegl (2003) von Beginn an einen hohen Aufwand in Richtung persönlicher Rationalisierung des Betreuungsaufwands zu betreiben (z.B. in Form von Standardmails). Online-Tutor/inn/en müssen hierbei eine optimale Balance zwischen Massenabfertigung und Einzelbetreuung finden.

Zu den Aufgaben von Online-Tutor/inn/en gehören weiterhin die Planung und Organisation von Präsenzveranstaltungen. Je nach didaktischem Konzept und didaktischer Funktion der Präsenzveranstaltung können die organisatorischen Aufgaben unterschiedlich aussehen (z.B. Einladung der Lernenden und externer Dozent/inn/en, Ablauf-, Personal- und Raumplanung, Organisation von Abschlussfeiern etc.).

Steht kein zusätzliches Personal für allgemeine Verwaltungsaufgaben zur Verfügung, sind diese Aufgaben ggf. auch von den Online-Tutor/inn/en zu übernehmen (z.B. die Prüfung von Bewerbungsunterlagen).

Online-Tutor/inn/en sollten über Beratungskompetenzen verfügen, um schon vor Beginn des Lernangebotes die Interessent/inn/en bei der Wahl eines Lernangebotes oder Moduls unterstützen zu können (z.B. bei der Auswahl sinnvoller Studienschwerpunkte, geeigneter Lehr-/Lernformen, Klärung finanzieller Fragen) (vgl. Rekkedal & Qvist-Eriksen 2003[36]; Webler 2003).

Darüber hinaus werden zur Vorbereitung eines Blended Learning-Angebotes auch technische Anforderungen an die Online-Tutor/inn/en gestellt, da in dieser Phase u.a. die Vorbereitung der virtuellen Lernumgebung erfolgt (z.B. Einrichtung der Zugänge zur Lernplattform für die Lernenden und die Bereitstellung von Lernmaterialien) (vgl. Rekkedal & Qvist-Eriksen 2003[37]). Ist ein technischer Support vorhanden, übernimmt oder unterstützt dieser u.U. die Online-Tutor/inn/en in diesem Aufgabenbereich.

---

36 http://learning.ericsson.net/socrates/doc/norway.doc (Stand 02.02.2006)
37 ebd.

4.1.2 Durchführung: Phasen des Online-Lernens

Bei der Durchführung eines Blended Learning-Angebotes werden Anforderungen hinsichtlich aller Aufgaben- und Kompetenzbereiche an die Online-Tutor/inn/en gestellt.

Online-Tutor/inn/en sind für eine planvolle Gestaltung der Arbeitsabläufe verantwortlich (vgl. Friedrich & Hron 2002) und beantworten während eines Lernangebotes organisatorische Fragen der Lernenden (vgl. Ulmer & Bahl 2004[38]), beispielsweise im Rahmen einer allgemeinen Studienberatung, hinsichtlich der Anrechnung von bereits erworbenen Leistungen oder des Arbeitsaufwandes. Die Lernenden werden mit zahlreichen Informationen rund um das Lernangebot versorgt und erwarten, dass alle zur Verfügung stehenden Kommunikations- und Informationskanäle genutzt werden. Andererseits fühlen sich Lernende von zu vielen E-Mails und Informationen überfordert. Hier müssen Online-Tutor/inn/en eine angemessene Balance finden. Um diese zu gewährleisten sind in erster Linie Absprachen im Betreuungsteam notwendig, so dass durch eine klare Regelung u.a. Mehrfachinformationen vermieden werden können.

Auch in der Durchführungsphase gehören Terminkoordinationen zu den organisatorischen Aufgaben von Online-Tutor/inn/en. Terminabsprachen innerhalb des Teams und mit externen Online-Tutor/inn/en bzw. Expert/inn/en sowie andererseits zwischen Online-Tutor/inn/en und den Lernenden bzw. Lerngruppen erfordern nach Hinze und Blakowski (2002)

> „[…] ein hohes Maß an koordinativen Fähigkeiten bei den Betreuer/-innen, da die unterschiedlichen Vorstellungen der Studierenden zu fast infiniten Diskussionen führen. Die Balance zwischen Flexibilität und Restriktion zu finden, ist hier von grundsätzlicher Bedeutung für das erforderliche Kommunikationsmanagement der BetreuerInnen." (S. 325)

Gerade bei berufsbegleitenden Blended Learning-Angeboten muss berücksichtigt werden, dass eine gemeinsame Terminfindung, beispielsweise für virtuelle Treffen, nicht unproblematisch ist und diese auf Grund der Berufstätigkeit der Lernenden häufig erst abends stattfinden können. Dies setzt voraus, dass bei Online-Tutor/inn/en die Bereitschaft und die benötigte technische Ausstattung vorhanden ist, um abends und am Wochenende vom privaten Computer aus die synchronen, virtuellen Treffen durchzuführen. Es ist empfehlenswert in den Lerngruppen gleich bei der ersten Präsenzveranstaltung hierfür einen zeitlichen Rhythmus festzulegen, wodurch zeitraubende virtuelle Termindiskussionen verhindert werden können. Dies ist insbesondere dann hilfreich, wenn Online-Tutor/inn/en mehrere Lerngruppen betreuen und verschiedene Termine für synchrone, virtuelle Treffen zu koordinieren sind.

---

38 Kernaufgaben von Tele-Tutoren in der betrieblichen Bildung/Studie: Interviews

Auch wenn sich trotz guter Terminkoordinationen E-Mails stapeln und im Forum noch zahlreiche Beiträge überprüft werden müssen, besteht

> „Die Professionalität des Tutors [...] darin, dass keiner merkt, dass der ‚Lehrer‘ im Hintergrund eigentlich keine Zeit hat." (Richter 2002, S. 46)

Bei der Betrachtung der Durchführungsphase kristallisieren sich verschiedene Unterphasen, bzw. -stufen heraus.[39] Im Folgenden wird Bezug auf das langjährig erprobte 5-Stufen-Modell von Salmon (2000) genommen, welches an der britischen Open University entwickelt wurde. Im Rahmen dieses Modelles werden E-Learning-Prozesse, die für betreute Lernprozesse innerhalb einer Gruppe konzipiert sind, idealtypisch in fünf Phasen eingeteilt.

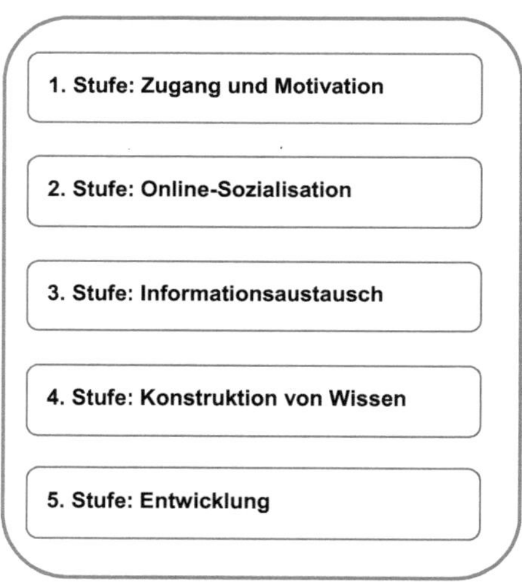

Abbildung 25: Phasen des Online-Lernens (vgl. Salmon 2000)

Jede dieser Stufen verlangt von den Lernenden und Online-Tutor/inn/en spezifische Fähigkeiten (vgl. Abbildung 26).

---

39 Die Unterteilung dieser Betreuungsphase wird im Rahmen verschiedener Modelle in unterschiedliche Unterphasen aufgeteilt (u.a. die Phasen des Online-Coaching nach Busch & Mayer 2002, S. 117). In dieser Arbeit erfolgt jedoch nur eine Orientierung an einem Modell (vgl. Salmon 2000), in welches die verschiedenen Ansätze integriert werden.

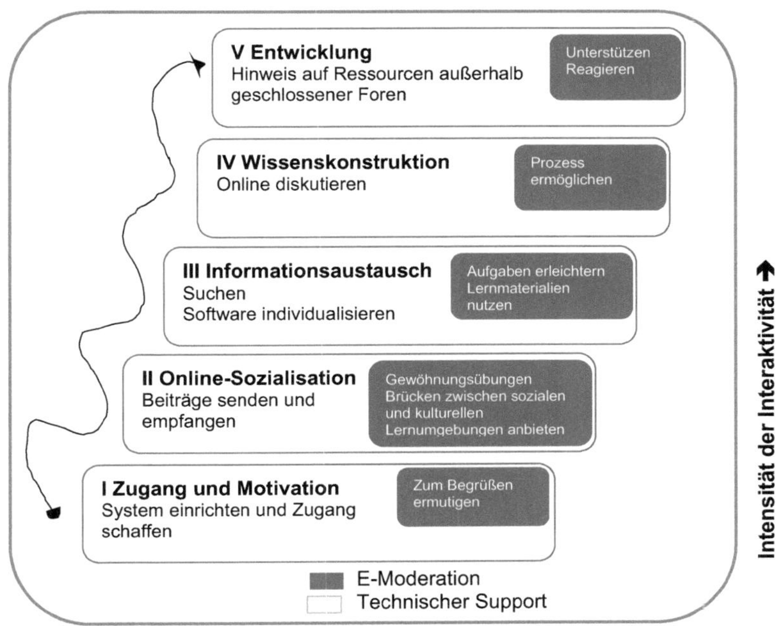

Abbildung 26: Modell des Online-Lehrens und Lernens in Online-Netzwerken (Salmon 2004, S. 27)

Im Folgenden werden die Aufgaben und benötigten Kompetenzen von Online-Tutor/inn/en anhand dieser Stufen beschrieben und einige Online-Methoden dargestellt, deren Einsatz sich innerhalb der jeweiligen Stufe besonders eignet. Darüber hinaus werden die Stufen des Online-Lernens durch die Anforderungen an Online-Tutor/inn/en ergänzt, die sich durch die Präsenzphasen ergeben können.

4.1.2.1 1. Stufe: Zugang und Motivation

Die Einstiegs- bzw. Orientierungsphase bei einem Blended Learning-Angebot ist eine besonders kritische Phase (vgl. Müskens 2001). Neben den organisatorischen, stehen vor allem die sozialen, didaktisch-methodischen und technischen Aufgaben von Online-Tutor/inn/en im Vordergrund. Auf dieser ersten Stufe benötigen die Lernenden eine intensive Unterstützung, insbesondere im technischen und sozialen Bereich. Auch Petschenka (2005) zeigt in ihrem Phasenmodell des Kommunikationsverlaufs von Tele-Tutor/inn/en, dass insbesondere zu Beginn eine soziale und technische sowie organisatorische Phase für die Gruppenkommunikation notwendig ist. Insbesondere zwischen den Lernaufgabentakten sollten Online-Tutor/inn/en die Lernenden motivierend begleiten, um die ‚drop-out'-Quote zu verringern. Petschenka (2005) hat in ihrer Untersuchung von Kommunikationsprozessen in Newsgroups herausgefunden, dass auf dieser Stufe ein Dialog insbesondere zu technischen, organisatorischen und auch zu sozial-gruppendynamischen Themen stattfindet. Eine Dialogbereitschaft zur inhaltlichen Auseinandersetzung zu den kooperativ angelegten Lernaufgaben konnte hingegen kaum festgestellt werden.

Die Aufgaben der Online-Tutor/inn/en im sozialen und didaktisch-methodischen Bereich bestehen auf dieser Stufe insbesondere darin, den Lernenden einen sanften und interessanten Einstieg zu ermöglichen, indem sie die Lernenden motivieren, Zeit und Energie aufzubringen, um immer wieder zur Lernplattform zurückzukehren (vgl. Salmon 2004). Eine Online-Tutorin berichtet von ihren Erfahrungen:

> „Ich hatte zu diesem Zeitpunkt noch nicht realisiert, dass es eine meiner Hauptaufgaben sein würde, verloren gegangene Crewmitglieder aus den Untiefen des virtuellen Meeres wieder an Bord zu holen. Mit Fragen und Hinweisen per E-Mail und Telefon versuchte ich einerseits herauszufinden, was die Ursache für das jeweilige Verschwinden war und andererseits die Crewmitglieder zu motivieren sich wieder an Deck zu zeigen." (Pullwitt 2004, S. 97)

Kohl (2003) sieht ein großes Problem darin, die Motivation der Lernenden dauerhaft aufrechtzuerhalten.

> „Online-Lernangebote gelten als weniger befriedigendes Lernerlebnis als Präsenzschulungen und haben Aussteigerraten bis zu 85 %. Es ist leichter, den ‚Programm schliessen'-Button zu drücken, als eine Präsenzveranstaltung zu verlassen." (Kohl 2003, S. 23)

Online-Tutor/inn/en haben die Aufgabe, die Lernenden von Beginn an zu motivieren sowie für das Angebot zu interessieren und sie über die gesamte Dauer des Lernangebotes zur Mitarbeit zu bewegen. Darüber hinaus sollten auch die Lernenden die Möglichkeit bekommen, ihre Erwartungen zu formulieren. Gleich zu Beginn eines Lernangebotes sollte eine freundliche, die Lernenden willkommen heißende Lernumgebung geschaffen werden, die zum Mitmachen einlädt und Unsicherheit beseitigt (vgl. Haussmann 2001), beispielsweise sollte jedes Modul mit etwas beginnen, das Interesse und Neugierde hervorruft (Anekdoten von Inhaltsexpert/inn/en etc.) (vgl. Kohl 2003).

Die technische Betreuung, als weiterer wichtiger Aufgabenbereich, stellt hohe Anforderungen an die Betreuenden. Zu Beginn eines Lernangebotes ist es wichtig, den Lernenden einen schnellen und problemlosen Zugang zum Online-System zu ermöglichen und sie bei ihren ersten Schritten intensiv zu unterstützen (z.B. durch die Einführung in die Bedienung der Software). Online-Tutor/inn/en sollten die Lernenden ermuntern, bei technischen Hürden nicht gleich aufzugeben und emotionale und soziale Sicherheit geben (z.B. durch eine individuelle Kontaktaufnahme) (vgl. Salmon 2004).

> „Lernende sind bei ihrem ersten Kontakt in einer Online-Umgebung zunächst vorsichtig und setzen sich stark mit sich selbst auseinander. Dies liegt vor allem an der technischen Seite, die für viele immer noch nicht selbstverständlich ist. Eine große Sorge ist häufig, etwas falsch zu machen, und zwar entweder technisch (also etwas kaputt zu machen) oder sozial (sich zu blamieren). Teilnehmer müssen erst lernen, virtuell miteinander zu kommunizieren." (Busch & Mayer 2002, S. 117)

Zu Beginn eines Blended Learning-Angebotes sind u.U. schon im Rahmen der ersten (Kick Off-)Präsenzveranstaltung erste technische Übungen und Hilfestellungen erfolgt. Daran anschließend sollte den Lernenden ein zeitlich begrenzter Übungszeitraum zur Verfügung gestellt werden, um sich alleine, gemeinsam mit anderen Lernenden und/oder den Online-Tutor/inn/en mit der Technik vertraut zu machen und die verschiedenen Kommunikationswerkzeuge auszuprobieren. Abhängig vom Betreuungskonzept steht u.U. zusätzlich zur Betreuung durch die Online-Tutor/inn/en auch ein technischer Support zur Verfügung (vgl. Kapitel 4.3). Die Untersuchung zu Kommunikationsprozessen in Newsgroups von Petschenka (2005) zeigt, dass die technische Unterstützung der Lernenden durch Online-Tutor/inn/en insbesondere zu Beginn eine sehr wichtige Rolle spielt, um die asynchrone Kommunikation im Blended Learning zu fördern. Die Nachfrage nach technischer Betreuung nimmt nach Petschenka (2005) im Anschluss an die Bearbeitung der ersten Lernaufgabe ab. Daraus lässt sich ableiten, dass die Studierenden sicherer im Umgang mit der Technik werden. Auch die didaktische Kompetenz der Online-Tutor/inn/en zeigt sich darin, Newsgroups durch das Anlegen von Threads so zu strukturieren, dass die Lernenden gezielt ihre Beiträge an die richtige Stelle posten können.

Wie wichtig den Lernenden eine gute technische Betreuung ist, zeigen die Ergebnisse der empirischen Untersuchung der vorliegenden Arbeit (vgl. Kapitel 9.2.2.1). Insbesondere Anfänger/innen benötigen kompetente Ansprechpartner/innen für alle Fragen rund um die Technik. Um eine adäquate technische Betreuung gewährleisten zu können, müssen Online-Tutor/inn/en einerseits den Umgang mit den erforderlichen Informations- und Kommunikationstechnologien beherrschen und über die vielfältigen didaktischen Besonderheiten und Möglichkeiten des virtuellen Lernraums Bescheid wissen und anderseits auch den kompetenten Umgang der Lernenden mit Medien fördern (vgl. Arnold et al. 2004; Rautenstrauch 2001; Ulmer & Bahl 2004).

In Abbildung 27 wird beispielhaft dargestellt, mit welchen technischen Werkzeugen Online-Tutor/inn/en vertraut sein müssen.

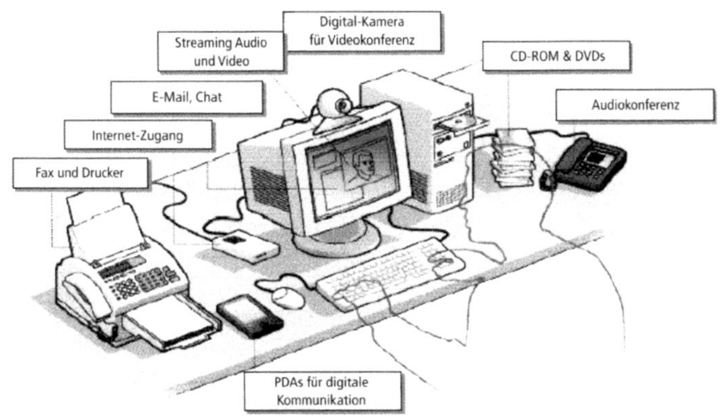

IEEE, spectrum, Oktober 2000

Abbildung 27: Online-Tutor/in am Arbeitsplatz (Gierke, Schlieszeit & Windschiegl 2003, S. 93)

Neben Bedienungskenntnissen benötigten Online-Tutor/inn/en auch gestalterische und kritisch-analytische Fähigkeiten (vgl. Arnold et al. 2004). Der Begriff Medienkompetenz bezeichnet die Fähigkeit, Medien und die durch Medien vermittelten Inhalte den eigenen Zielen und Bedürfnissen entsprechend effektiv nutzen zu können. Baacke (1999) gliedert den Begriff der Medienkompetenz in folgende Dimensionen auf:

- Medienkritik (u.a. angemessene analytische Erfassung problematischer gesellschaftlicher Prozesse)
- Medienkunde (u.a. Wissen über aktuelle Mediensysteme)
- Mediennutzung (u.a. rezeptives Anwenden von Medien und Nutzung interaktiver Angebote)
- Mediengestaltung (u.a. innovative Veränderungen und Entwicklungen des Mediensystems)

Für die Frage, welche Kompetenzen insbesondere im Bereich Blended Learning für die Betreuenden von Bedeutung sind, kann der umständliche, sehr allgemeine und verschiedenartig definierte Begriff der Medienkompetenz mit dem Begriff der

E-Learning-Kompetenz nach Albrecht (2004) prägnanter gefasst werden. Er sieht in diesem Begriff eine Spezifizierung und Erweiterung des in der Erziehungswissenschaft bereits eingeführten, allerdings problematischen Begriffs der Medienkompetenz. Unterschiedliche Disziplinen haben unterschiedliche Begriffsdeutungen von Medienkompetenz, z.B. setzen technikorientierte Disziplinen Medienkompetenz mit Handlungskompetenz gleich. Bei der medienpädagogischen Sichtweise steht die Reflexion über Mediennutzung und Medienwirkung und damit die Fähigkeit zur Medienkritik im Vordergrund.

> „Der Begriff ‚E-Learning-Kompetenz' soll demgegenüber betonen, dass es schwerpunktmäßig um die *Praxis der Konzeption, Durchführung und Bewertung von E-Learning-Arrangements* geht." (Albrecht 2003, S. 17)

E-Learning-Kompetenz ist eine Form ‚didaktischer Kompetenz', d.h. die Fähigkeit, Unterricht kritisch zu reflektieren und ihn zielorientiert, kreativ und unter Beachtung der curricularen und institutionellen Rahmenbedingungen zu gestalten (vgl. Jank & Mayer 2002 nach Albrecht 2003). Für einen kompetenten Medieneinsatz ist es nicht ausreichend, lediglich das Wissen über die beschriebenen Aspekte und Handhabungsfertigkeiten zu besitzen. Darüber hinaus ist es erforderlich, dieses Wissen auch in netzbasierte Lernumgebungen aktiv und gestalterisch einzubringen sowie innovativ und kreativ umzusetzen (vgl. Rautenstrauch 2001),

> „[...] um beispielsweise nicht nur *beliebige Medien irgendwie*, sondern die *für den jeweiligen Zweck geeigneten Medien zielgerichtet* einsetzen zu können." (Albrecht 2004, S. 248)

Der E-Learning-Kompetenz liegen allgemeine Kompetenzen zu Grunde und diese setzen sich nach Albrecht (2002) aus drei Dimensionen zusammen:
a) *Basiskompetenzen* (u.a. Beherrschung der grundlegenden Techniken des E-Learning und didaktisch angemessener Einsatz in Lehr-/Lernprozessen).
b) *Kompetenzen des Konzipierens, Planens und Bewertens* (u.a. Gestaltung didaktisch-methodisch-technischer Konstruktionen in konzeptioneller Hinsicht).
c) *Kompetenzen zur Produktion digitalen Lehrmaterials* (u.a. praktische Umsetzungs- und Gestaltungskompetenzen).

Auf die Ausdifferenzierung bereits bestehender Kompetenzen und deren Erweiterung, die sich durch die Technik ergibt, weisen auch Kerres et al. (2005) mit dem Begriff der ‚eLehrkompetenz' hin:

> „Die eigentliche Herausforderung besteht jedoch darin, diese Technik so zu nutzen, dass tatsächlich eine bestimmte Qualität bzw. ein Mehrwert in der Lehre entsteht." (S. 16)

Diesen Begrifflichkeiten ist gemeinsam, dass die technologischen Herausforderungen für den Lernprozess nicht zu unterschätzen sind, da im Gegensatz zu ‚klassischen' Lernmedien die neuen Medien wesentlich komplexer, störanfälliger und in ihrer Bedienung anspruchsvoller sind (vgl. Behrendt, Ulmer & Müller-Tamke 2004; Boos & Rack 2005). Technische Grundkompetenzen und ein sicherer Umgang mit der verwendeten Technologie sind für Online-Tutor/inn/en unabdingbar, da das Ausmaß der technischen Kompetenz die Gestaltung der Betreuung bezüglich der Methodenvielfalt beeinflusst und somit die Beherrschung der Technik auch zu einer Frage der Didaktik wird. Zudem hat sich gezeigt, dass technisch weniger kompetente Online-Tutor/inn/en von den Lernenden häufig auch als inhaltlich weniger kompetent betrachtet werden (vgl. Arnold et al. 2004). Dies trifft auch zu, wenn für inhaltliche und soziale Betreuungsaufgaben eine hohe technische Kompetenz nicht unbedingt notwendig ist.

Jedoch müssen Online-Tutor/inn/en nach Pepicello und Tice (1999) keine Expert/inn/en im Umgang mit der Hardware und Software sein. Da die technische Betreuung ein sehr komplexer Bereich ist (z.B. Betreiben/Warten eines eigenen Servers, Administration der Lernplattform und der Hardware etc.), ist es u.U. erforderlich, neben Online-Tutor/inn/en einen zusätzlichen technischen Support, beispielsweise in Form einer eigenen ‚Hotline' einzurichten, die mit IT-Expert/inn/en besetzt ist (vgl. Sauter & Sauter 2004; Kapitel 4.3.1), um eine professionelle und qualifizierte technische Betreuung zu gewährleisten. Die Hotlinezeiten, die von normalen Geschäftszeiten bis hin zu einem 24 Stunden Service reichen können, stehen in Abhängigkeit zu den finanziellen und organisatorischen Möglichkeiten des Bildungsanbieters. Es sollte jedoch zumindest ein/e technische/r Ansprechpartner/in zu bestimmten Kernzeiten zur Verfügung stehen.

In Abhängigkeit vom Betreuungskonzept teilen sich u.U. der technische Support und Online-Tutor/inn/en diesen Betreuungsbereich. Online-Tutor/inn/en sind i.d.R. erste Ansprechpartner/innen für die Lernenden und werden mit Fragen der Bedienung des Systems oder technischen Problemen konfrontiert. Bei schwierigen und von ihnen nicht lösbaren Problemen können sie an den technischen Support verweisen und als ‚Brücke' bzw. Schnittstelle zwischen Lernenden und einer technischen Supportstelle fungieren (vgl. Arnold et al. 2004; Kapitel 4.3).

Die bloße Kenntnis hinsichtlich der Bedienung der Technik ist jedoch für eine gute Betreuung nicht ausreichend:

> „Diese entwickelt sich erst in der Ausdifferenzierung des fachbezogenen Methodenrepertoires, d.h. wenn die Person ihr didaktisches Vorgehen modifiziert und erweitert und die Möglichkeiten der Lernplattform so nutzt, dass sich eine zusätzliche Qualität für ihr Lernangebot einstellt." (Kerres et al. 2005, S. 17)

Die Anforderungen im technischen Bereich verschmelzen mit den notwendigen didaktisch-methodischen Kompetenzen, da Kommunikationswerkzeuge in Lernkontexten – anders als im Freizeitbereich – nicht allein deswegen genutzt werden, weil sie zur Verfügung stehen.

> „Lernende, die in der Anfangsphase nicht von den Tutoren und der Gruppe der Lernenden erreicht werden, tragen auch in der Phase des Wissenserwerbs oft nur wenig zu den kommunikativen Prozessen in der Online-Lernumgebung bei." (Müskens 2001, S. 32)

Die Aufgabe der Online-Tutor/inn/en besteht in der kompetenten Auswahl von Medien bzw. Kommunikationswerkzeugen, die sich für die jeweiligen Zwecke, Aufgaben und (Lern-)Anlässe besonders eignen und darin, die Lernenden zu deren Nutzung anzuregen (vgl. Arnold et al. 2004; Bremer 2003; Hensge 2004).

> „Es geht um mediendidaktische Konzepte des eLearnings und den Einsatz von IKT für bestimmte (fach-)didaktische Zusammenhänge, d.h. welche Möglichkeiten habe ich, mithilfe bestimmter technischer Werkzeuge und Anwendungen bestimmte didaktische Methoden zu nutzen, um die Lehre zu verbessern?" (Kerres et al. 2005, S. 16)

Da eine überlegte Auswahl der Kommunikationswerkzeuge unerlässlich ist (vgl. Elsener 2002), benötigen Online-Tutor/inn/en, neben der Kompetenz im Umgang mit diesen Kommunikationswerkzeugen, Kenntnisse über deren Besonderheiten und Einsatzmöglichkeiten sowie ihrer Vor- und Nachteile. In Tabelle 11 wird dies anhand des Kommunikationswerkzeuges ‚E-Mail‘ verdeutlicht.

Tabelle 11: E-Mail (Busch & Mayer 2002, S. 43)

E-Mail	
Wie funktioniert es?	Wie die Briefpost, nur elektronisch. Wird innerhalb sehr kurzer Zeit zugestellt. Sie können Dateien anhängen. Die Zahl der Empfänger ist praktisch unbegrenzt.
Wie kann ich E-Mails im Lernprozess einsetzen?	Zum Beispiel: Versand einer wöchentlichen Coaching-E-Mail. Oder wenn Sie Ihren Teilnehmern noch Unterlagen des Seminars schnell und bequem schicken wollen, ist eine E-Mail sehr gut
Was sind Vorteile?	• Sehr flexibel einsetzbar • Von Zeit und Ort unabhängig • Einfach und ausgereift • Kostengünstig
Was sind Nachteile?	• Beantwortung oft sehr zeitaufwändig • Prozesse sind über mehrere Mails hinweg meist nicht mehr nachvollziehbar • Missverständnisse durch ungenaue Ausdrucksweise • Neigt zur Anhäufung von Datenmüll

Da es sich um ein schriftliches Medium handelt, wodurch schnell Missverständnisse entstehen können (vgl. Kapitel 4.1.2), ist das Kommunikationswerkzeug E-Mail nicht für jede Situation geeignet. Die Wahl eines Mediums kann von der Emotionalität der Situation (Wie hoch schlagen die Wogen? Existiert eine eher hohe oder eher niedrige emotionale Betroffenheit?) und der Reichhaltigkeit des Mediums (Gibt es viele oder wenige Hinweise zur Interpretation für die Reaktion der Kommunikationspartner/innen) abhängig gemacht werden. Je höher die Emotionalität einer Situation ist, desto reichhaltiger sollte das eingesetzt Medium sein. Je erfahrener Online-Tutor/inn/en sind, desto leichter fällt ihnen diese Einschätzung. Die Matrix von Busch und Mayer (2002) soll eine Hilfestellung bei der Auswahl eines geeigneten Mediums darstellen (vgl. Abbildung 28).[40]

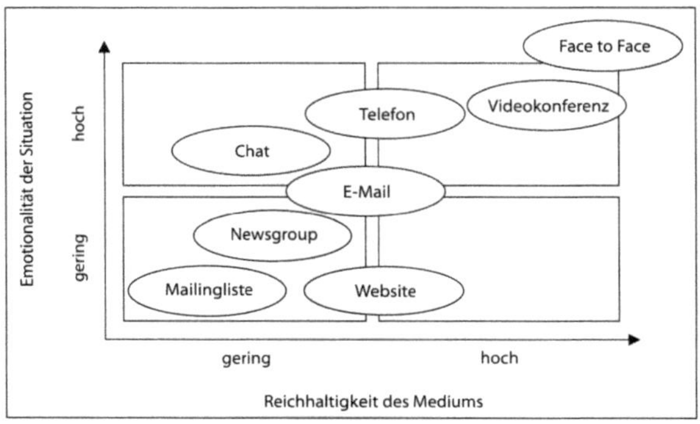

Abbildung 28: Medienauswahl (Busch & Mayer 2002, S. 50)

Die Orientierung an der Reichhaltigkeit des Mediums, hinsichtlich der Emotionalität einer Situation, kann Online-Tutor/inn/en bei der Medienwahl unterstützen. Das Medium *E-Mail* ermöglicht eine intensive 1:1 Kommunikation und ist daher besonders für persönliche Rückfragen geeignet (vgl. Kerres, Nübel & Grabe 2004). Die Reichhaltigkeit des Mediums ist jedoch nach Busch und Mayer (2002) nicht besonders hoch, da es sich um eine schriftliche Kommunikation handelt und dadurch (nonverbale) Hinweise zur Interpretation für die Reaktion der Kommunikationspartner/innen fehlen. Da auf Grund einer schriftlichen Ausdrucksweise Missverständnisse entstehen können, ist dieses Medium nur mäßig für den Einsatz in emotionalen Situationen geeignet. Noch geringer ist die Reichhaltigkeit des Mediums bei *Diskussionsforen*, deren Einsatz sich daher weniger für die persönliche, sondern vor allem für die fachliche Betreuung eignet. Beim Medium *Chat* (textbasiert) ist zwar die Reichhaltigkeit ebenso gering wie beim Diskussionsforum, da es sich auch hier um eine schriftliche Kommunikation handelt, jedoch

---

40 vgl. Schwabe (2004) zu weiteren Theorien zur Medienwahl (z.B. Media Richness-Theorie, Media Synchronicity-Theorie)

wird durch die synchrone, spontane und direkte Kommunikation eher die Emotionalität einer Situation unterstützt. Daher ist der Textchat vor allem für die persönliche Betreuung geeignet und weniger für die inhaltliche Unterstützung.

Das *Telefon* bleibt für die persönliche Betreuung bei Problemen und zur Studienberatung das wichtigste Medium der synchronen Kommunikation (vgl. Kerres, Nübel & Grabe 2004). *Voice-Chats* mit mehreren Personen gleichzeitig bieten die Möglichkeiten des Telefonierens über das Internet (Voice over IP) und somit eine ebenso hohe Reichhaltigkeit des Mediums wie das traditionelle Telefon, da durch die Übertragung der Sprache viele Hinweise zur Interpretation für die Reaktion der Kommunikationspartner/innen gewährleistet werden. Der Einsatz eines *Voice-Chats* eignet sich daher für emotionale Situationen ebenso wie für fachliche Diskussionen und bietet den Vorteil der Kommunikation mit mehreren Lernenden. Eine noch höhere Reichhaltigkeit wird durch das Medium *Video-konferenz* erreicht, da sich die Lernenden und Online-Tutor/inn/en sowohl hören als auch sehen können. Dadurch ist der Einsatz dieses Mediums besonders in emotio-nalen Situationen und sowohl zur persönlichen als auch fachlichen Betreuung geeignet und dem *face-to-face-Kontakt* besonders nahe (vgl. ebd.). Jedoch können durch die hohen technischen Anforderungen u.U. Störungen (verzögerte Bild- und Tonübertragung) auftreten und die Reichhaltigkeit der Medien Voice-Chat und Videokonferenz beeinflussen. Dementsprechend kann beispielsweise ein Telefon-gespräch in einer emotionalen Situation reichhaltiger und somit geeigneter sein als der Einsatz eines Videokonferenzsystems.

Da im Rahmen eines Blended Learning-Angebotes in den Onlinephasen kein face-to-face-Kontakt zwischen den Lernenden und Online-Tutor/inn/en hergestellt wird, ist auch in emotionalen Situationen der Einsatz netzbasierter Medien erforderlich. Bei der Medienwahl sollten, neben der Orientierung an der Reichhaltigkeit des Mediums hinsichtlich der Emotionalität einer Situation, auch die organisatorischen Umsetzungsmöglichkeiten (vgl. Kapitel 4) sowie die technischen und didaktischen Möglichkeiten (vgl. Kapitel 3.2.4) berücksichtigt werden. Darüber hinaus ist die Wahl von Medien und Methoden immer eine Einzelfallentscheidung und muss im Einklang mit den lerntheoretischen Grundlagen stehen (vgl. Kerres 2001a; Kapitel 3.2 und Kapitel 3.3.1).

Eine Möglichkeit, um diese erste Stufe *Zugang und Motivation* erfolgreich zu gestalten und die Lernenden zu motivieren und anzuregen, bietet z.B. folgende Übung (vgl. Tabelle 12).

Tabelle 12: E-tivitie – Zugang und Motivation (Salmon 2004, S. 62)

	E-tivitie[41]
Zweck	Andere etwas über sich selbst erfahren lassen
Auftrag	*Geben Sie eine URL (Internet-Adresse) an, welche etwas über Sie und Ihr Leben aussagt – eher Ihre Lieblingsseite als Ihre eigene Homepage. Fügen Sie einige Zeilen an, in denen Sie Ihre Wahl begründen. Seien Sie kurz. Bemühen Sie sich, einen ‚Vorgeschmack' Ihrer Persönlichkeit zu vermitteln und nicht Ihre ganze Lebensgeschichte. Achten Sie auf eine für den Leser kontinuierliche Schreibweise. Wenn Sie wollen, können Sie die Seite zuerst offline mit einer Textverarbeitung entwerfen.*
Reaktion	Teilen Sie Ihr Interesse mit anderen. Drücken Sie Anerkennung oder Bewunderung aus.

4.1.2.2 2. Stufe: Online-Sozialisation

Online-Tutor/inn/en sollten zu Beginn des Lernangebotes – ob face-to-face oder virtuell – einen intensiven Kontakt zu den Lernenden aufnehmen und das gegenseitige Kennenlernen fördern.

Durch die Bildung von Lerngruppen bietet sich für Online-Tutor/inn/en die Möglichkeit, eine vertraute Community herzustellen, in der sich Lernende wohl fühlen und sich dadurch eine aktive Beteiligung einstellen kann (vgl. Haussmann 2001). Diese Bildung von ‚Mikrogemeinschaften' bzw. Vertrauensnetzwerken kann von unterschiedlicher Dauer sein. In Abhängigkeit des didaktischen Konzeptes arbeiten Lerngruppen nur in bestimmten Lernphasen oder kontinuierlich von der Kick Off-Veranstaltung bis zur Abschlussveranstaltung zusammen (vgl. Kapitel 3.2.3.2). Eine konstante Lerngruppe, die das gesamte Lernangebot über in dieser Konstellation (Lernende und Online-Tutor/in) besteht, hat den Vorteil, dass der Entwicklung eines Gruppengefühls, dem gegenseitigen Kennenlernen und dem Aufbau von persönlichen Beziehungen ausreichend Zeit und Raum eingeräumt werden kann (vgl. Kapitel 3.2.3.2 und Kapitel 3.3.2). Durch den kooperativen Austausch über Lerninhalte, die Bearbeitung von Lernaufgaben, die gegenseitige Hilfe und die bessere Einschätzbarkeit der eigenen Leistung werden die Lernenden unterstützt und es wird der sozialen Isolierung entgegengewirkt (vgl. Arnold, Kilian & Thillosen 2002b). Für eine produktive Gruppenarbeit müssen die Lernenden gegenseitig ihre Absichten und Hoffnungen kennen. Die Aufgabe der Online-Tutor/inn/en besteht darin, Gelegenheiten zu bieten, um zu erfahren, mit wem der virtuelle Raum geteilt wird und um den notwendigen Austausch zu ermöglichen und zu fördern (vgl. Salmon 2004).

Online-Tutor/inn/en benötigen soziale und didaktisch-methodischen Kompetenzen, um solche Lerngemeinschaften aufzubauen und eine Lernatmosphäre herzustellen, in der ein freundliches, vertrauensvolles, kommunikationsfreudiges und gegenseitig

---

41 E-tivities: Aufträge für aktives und interaktives Online-Lernen

respektierendes Miteinander stattfindet, Unsicherheiten beseitigt und Lernende ermutigt und aktiviert werden (vgl. Friedrich & Hron 2002).

Da die Herstellung eines solchen Gruppenbewusstseins innerhalb virtueller Lerngruppen schwieriger herzustellen ist als in Präsenzgruppen, stehen Online-Tutor/inn/en vor einer besonderen Herausforderung (vgl. Hesse & Giovis 1997).

Findet zu Beginn eines Blended Learning-Angebotes eine (Kick Off-)Präsenz-veranstaltung statt, kann hier die Gruppenbildung erfolgen, da die Möglichkeit besteht, eine persönliche Beziehung zwischen den Lernenden einer Lerngruppe und zwischen den Lernenden und den Online-Tutor/inn/en herzustellen (vgl. Arnold et al. 2004; Boos & Rack 2005; Müskens 2001; Rekkedal & Qvist-Eriksen 2003[42]; Zawacki-Richter 2004[43]). Bei einer solchen Veranstaltung sollte dafür ausreichend Zeit eingeräumt und es sollten Möglichkeiten geschaffen werden, um die Eindrucksbildung und die sozialen Kontakte untereinander vertiefen zu können (z.B. durch Aufgaben zum gegenseitigen Kennenlernen, gemeinsame Abend-veranstaltungen).

Insbesondere wenn keine Präsenzveranstaltung zu Beginn des Blended Learning-Angebotes stattfindet und die Lernenden keine Gelegenheit haben, sich face-to-face kennen zu lernen, ist es Aufgabe der Online-Tutor/inn/en, den Lernenden in der Onlinephase die Möglichkeit einzuräumen, von den anderen Lerngruppenmit-gliedern und den Online-Tutor/inn/en einen Eindruck zu gewinnen, beispielsweise indem die Lernenden und Online-Tutor/inn/en ein Profil von sich und der Lern-gruppe erstellen, welches auf der Lernplattform veröffentlicht wird. In einer solchen Teilnehmer/innen-Galerie stellen sich die Lernenden und Online-Tutor-/inn/en mit einigen beruflichen und persönlichen Angaben vor (vgl. Abbildung 29).

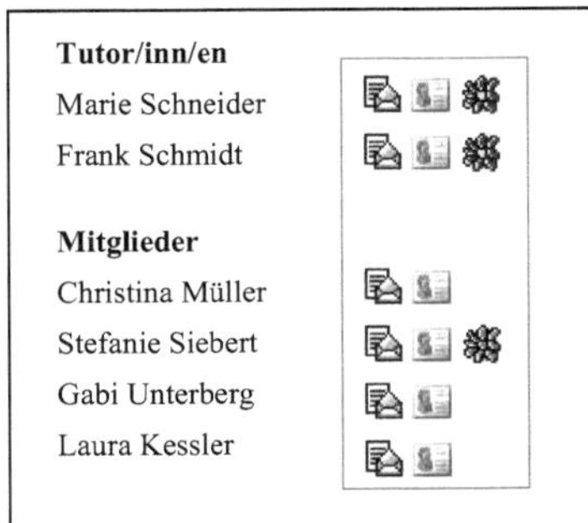

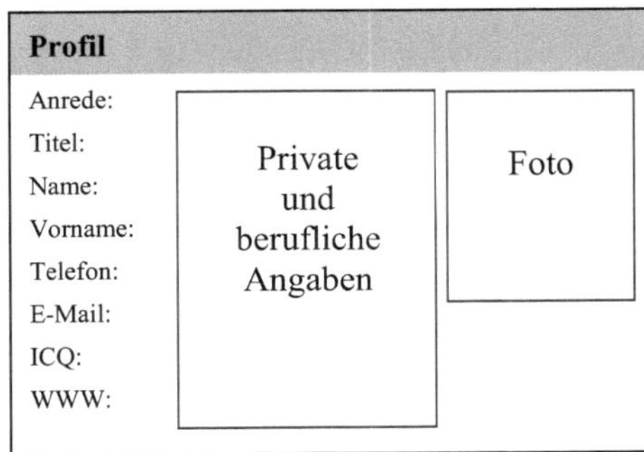

Abbildung 29: Profil im Online-Campus[44]

---

42 http://learning.ericsson.net/socrates/doc/norway.doc (Stand 02.02.2006)
43 http://www.ihk-e-learning.de/relaunch/downloads/fachwissen/3_nordmedia_brosch2_Online-Tutorien.pdf (Stand 02.02.2006)
44 www.online-campus.net (Stand 02.02.2006)

Um die Bereitschaft zur Selbstdarstellung zu fördern, sollte der Sinn und Nutzen der persönlichen Vorstellung deutlich gemacht werden. Als besonders förderlich hat sich herausgestellt, die Lernenden bei der ersten (Kick Off-)Präsenzveranstaltung zu fotografieren und die Übung zur Einführung in die Lernplattform mit der Profilbearbeitung zu verknüpfen. So sind die Profile der Lernenden schon im Rahmen der Präsenzübung angelegt worden. Da die Profilangaben jedoch freiwillig erfolgen sollen, sind nachträgliche Änderungsmöglichkeiten durch die Lernenden einzuräumen.

Regelmäßige Präsenz- und Online-Lerngruppentreffen mit und ohne Online-Tutor/in bieten die Möglichkeit, durch einen informellen Austausch und das soziale Miteinander eine persönliche Beziehung zu und zwischen den Lerngruppenmitgliedern aufzubauen. Online-Tutor/inn/en haben die Aufgabe, diesen informellen Austausch zwischen den Lernenden zu fördern, indem sie virtuelle Lerngruppentreffen initiieren und situationsabhängig berufliche oder private Aspekte aufgreifen. Ein Beispiel stellt folgende Situation dar: Ein Lerngruppenmitglied weiß nicht, welchen Zeitraum ein/e Programmierer/in für einen bestimmten Auftrag benötigt, um dies in die Kalkulation für eine Medienkonzeption zu integrieren. Der bzw. die Online-Tutor/in kann daraufhin – falls dies nicht von alleine geschieht – in die Diskussion einbringen, dass es eine/n Programmierer/in in der Lerngruppe gibt, der bzw. die vielleicht bei dieser Frage weiterhelfen kann.

Raum für diese Begegnungen bietet in den Onlinephasen beispielsweise der Voice-Chat oder das Forum (z.B. Thread ‚Cafe' für private Gespräche) und bei den Präsenzveranstaltungen zum Bespiel eine gemeinsame Unternehmung. Durch den regelmäßigen Kontakt in Form von Präsenz- und Online-Lerngruppentreffen haben die Online-Tutor/inn/en die Möglichkeit, Probleme und Konflikte innerhalb der Lerngruppen zeitnah zu erkennen und Ursachen für Störungen und Konflikte zu identifizieren und zu beheben. Hierbei werden nach Sauter und Sauter (2004) besonders hohe Anforderungen an die sozial-kommunikativen Kompetenzen von Online-Tutor/inn/en gestellt.

Vielleicht gerade wegen dieser intensiven Beziehung zwischen den Lernenden und Online-Tutor/inn/en wünschen sich nach Reinmann-Rothmeier und Mandl (2001) viele Lernende eine Autorität, die möglichst alles von oben regelt und – bildlich gesprochen – jemanden, der oder die sie ‚an die Hand nimmt' und ihnen genau sagt, ‚wo es lang geht'. Jedoch widerspricht diese Erwartung den Grundsätzen des Erwachsenen gerechten und selbst gesteuerten Lernens (vgl. Kapitel 3.3).

Im Rahmen einer optimalen Gestaltung von Betreuung sollten zudem verschiedene Lernertypen berücksichtigt werden. Die Frage nach unterschiedlichen Lernstilen und -präferenzen für die Betreuung beim Blended Learning ist noch wenig erforscht. Jedoch zeigen sich Tendenzen dahingehend, dass sich Lernende hinsichtlich der Erwartungen an die Intensität der Betreuung unterscheiden. Diese verschiedenen Lernertypen sollten von Online-Tutor/inn/en wahrgenommen und in ihren didaktischen Handlungen berücksichtigt werden (vgl. Kapitel 3.3.3.2).

Insbesondere zu Beginn des Blended Learning-Angebotes sollten Online-Tutor/inn/en die Lernenden nicht alleine lassen und sie bei ihren ‚ersten Schritten' in dem Maße unterstützen, wie es individuell erforderlich ist (vgl. Kapitel 3.3.3). Im Verlauf des Studiums sollte diese ‚Lenkung' jedoch abnehmen und die Lernenden sollten immer stärker ‚auf eigenen Beinen stehen', beispielsweise durch eine schrittweise Übernahme der Moderation der Lerngruppentreffen durch die Gruppenmitglieder (vgl. Kapitel 3.3). Die Untersuchung von Petschenka (2005) zu Kommunikationsprozessen in Newsgroups zeigt, dass die Häufigkeit und das Bedürfnis der Lernenden nach einem kooperativen Austausch zwar über den gesamten Zeitraum aufrechterhalten bleibt, jedoch an Intensität und Regelmäßigkeit abnimmt, wenn sich ein gemeinsames Grundverständnis innerhalb der Lerngruppe entwickelt hat.

Die Autor/inn/en Arnold et al. (2004) sehen in einer erfolgreichen Kommunikation eine wesentliche Erfolgsbedingung für die Betreuung virtueller Lernsituationen. An Online-Tutor/inn/en wird die Anforderung gestellt, einen wertschätzenden, verbindlichen Umgangston vorzugeben und darauf zu achten, dass die Verhaltensregeln im Internet (Netiquette) von den Lernenden eingehalten werden (vgl. Haussmann 2001). Solche Vereinbarungen über den Umgang miteinander sind hilfreich, um Gruppenregeln für alle verbindlich zu machen. Online-Tutor/inn/en haben die Aufgabe, die Auseinandersetzung und Abstimmung über die Netiquette anzuregen, Vorschläge für Vereinbarungen des Miteinanders einzubringen und die Lernenden dahin zu führen, gemeinsam verbindliche und von allen respektierte Kommunikationsregeln festzulegen (vgl. Rautenstrauch 2003). Gruppenregeln können beispielsweise im Rahmen der ersten Präsenzveranstaltung gemeinsam in der Lerngruppe vereinbart, schriftlich festgehalten und anschließend zur Ansicht auf der Lernplattform zur Verfügung gestellt werden.
Zu den vielen Besonderheiten und speziellen didaktischen Implikationen, die Online-Tutor/inn/en auf Grund der neuen virtuellen Kommunikationsformen kennen müssen, gehören beispielsweise Kommunikationsprobleme durch das Fehlen sozialer Schlüsselreize wie Mimik und Gestik, leichtere Missverständnisse durch die schriftliche Kommunikation etc.. Darüber hinaus ist Fingerspitzengefühl bei der Formulierung von beispielsweise E-Mails notwendig, um inaktive Lernende zu aktivieren und zu motivieren.
Nach Rautenstrauch (2003) haben Online-Tutor/inn/en in der Kommunikation mit den Lernenden der Gesamtbotschaft ihrer Nachrichten und dem Ton, der in diesen mitschwingt, eine erhöhte Aufmerksamkeit beizumessen.
Die Gesamtbotschaft einer E-Mail sollte immer positiv sein. Es bietet sich an, immer freundlich in die Formulierung der Nachricht einzusteigen und die E-Mail

ebenfalls mit einem freundlichen Abschlusssatz zu beenden. Angebote zur Unterstützung sollten betont werden. Im folgenden Beispiel ist ein Lernender auf Grund einer hohen beruflichen Arbeitsbelastung mit einer Lernaufgabenlösung überfällig.

Lieber Herr Meier,
ich hoffe, Sie haben Ihre Geschäftsreise erfolgreich abgeschlossen. (*Einstieg* → *Nach Befinden und beruflicher Situation erkundigen*). Wir hatten die Einreichung der Aufgaben bis … vereinbart. (*Erinnerung*) Da ich bisher noch nichts von Ihnen gehört habe, möchte ich Ihnen meine Unterstützung anbieten und einen neuen Abgabetermin mit Ihnen vereinbaren (*Unterstützungsangebot und Fristsetzung*). Bitte bedenken Sie, dass Ihr Beitrag wichtig für den Fortgang der Gruppenaufgabe ist (*Sanftes drängeln*).
Sonnige Grüße aus Weingarten
Ihre Tutorin Angela Koch

Die ersten Aktivitäten bzw. Lernaufgaben sollten so gestaltet sein, dass sie die Lernenden nicht überfordern und sie nicht daran scheitern (vgl. Busch & Mayer 2002). Eine solche Möglichkeit, um das Kennenlernen und den Austausch zu unterstützen, bietet beispielsweise folgende Übung (vgl. Tabelle 13).

Tabelle 13: E-tivitie – Online-Sozialisation (Salmon 2004, S. 71)

	E-tivitie
Zweck	Zu einer interessanten, einladenden Aktivität einen Beitrag verfassen
Auftrag	*Senden Sie eine ‚Postkarte' an E-tivity 2.2 und schildern Sie darin, was sich bei Ihnen Interessantes ereignet hat. Halten Sie sich kurz, eben so wie auf einer Postkarte. Vielleicht erzählen Sie etwas über Ihre Lieblingsgerichte, was Sie von Ihrem Fenster aus sehen oder was Sie kürzlich im Internet entdeckt haben.*
Reaktion	Schauen Sie sich die Beiträge der Mitstudierenden an und kommen Sie später ins Forum zurück. Wählen Sie jemanden mit ähnlichen Vorlieben und jemanden mit gegensätzlichen Interessen aus, und kommentieren Sie beide Beiträge.

4.1.2.3 3. Stufe: Informationsaustausch

In Lernangeboten, bei denen kooperatives Lernen ermöglicht wird, werden auf dieser Stufe Informationen ausgetauscht und kooperative Aufträge erfüllt. Die Lernenden benötigen hierzu Kenntnisse von Werkzeugen und Strategien, um Informationen zielgerichtet zu finden. Die Informationsmenge sollte anfangs nicht zu groß sein, so dass daraus keine Überladung bzw. Überforderung der Lernenden resultiert, sondern langsam gesteigert werden. Online-Tutor/inn/en leiten die

Lernenden an, wie sie mit der Flut an Informationen umgehen können (vgl. Salmon 2004).

Der fachliche und didaktisch-methodische Bereich der Betreuung nimmt auf dieser Stufe und insgesamt beim Blended Learning eine wichtige Rolle ein, wie die Untersuchung von Hinze und Blakowski (2002) belegt. Die inhaltliche und pädagogische Unterstützung wurde mit 51 % am Stärksten von Lernenden angefordert. Obwohl die fachliche Kompetenz der Online-Tutor/inn/en wichtig ist, steht nicht das Fachwissen im Vordergrund, sondern dass Online-Tutor/inn/en ‚mit dem Herzen' bei den Lernenden sind und es ihnen gelingt, ihr Wissen mit Enthusiasmus, Leidenschaft und Verantwortungsbewusstsein zu vermitteln. Online-Tutor/inn/en, die leidenschaftlich in ihrer Arbeit aufgehen, werden auch unprofessionelle Diskussionen verziehen (vgl. Haussmann 2001; Kapitel 3.3).
Darüber, dass bei der Betreuung von Online-Lernenden eine gewissen Fachkompetenz notwendig ist, herrscht in der Fachliteratur Einigkeit (vgl. Arnold et al. 2004; Kohl 2003; Ulmer & Bahl 2004).

> „Technikgestützte Lehre basiert wie Präsenzlehre auf Fachwissen, um relevante Lehrinhalte auswählen zu können und um zu bewerten, welche Inhalte für welche Medien geeignet sind." (Kerres et al. 2005, S. 17)

Uneinigkeit besteht derzeit bezüglich der Frage, ob für die inhaltliche Betreuung spezielle Expert/inn/en erforderlich sind oder ob ‚allgemeine' Online-Tutor/inn/en (z.B. Lerngruppentutor/inn/en; vgl. Kapitel 4.3.3.2), die lediglich über ein inhaltliches Überblickswissen verfügen, auch die fachliche Betreuung übernehmen sollten.
Betreuen Online-Tutor/inn/en einen eingegrenzten Themenbereich, verfügen sie über das erforderliche Fach- bzw. Detailwissen und können die Rolle von Fachexpert/inn/en übernehmen. Bei der Betreuung verschiedener Themenbereiche und/oder mehrerer Lerngruppen, werden Online-Tutor/inn/en u.U. nur über ein inhaltliches Überblickwissen verfügen können, wodurch ggf. eine Rollendifferenzierung erforderlich wird (vgl. Kapitel 4.2 und Kapitel 4.3). Insbesondere bei länger angelegten und komplexen Qualifizierungsangeboten hat es sich bewährt, die Rollen von Lerngruppentutor/inn/en und inhaltlichen Expert/inn/en zu trennen (vgl. Busch & Mayer 2002; Sauter & Sauter 2004) (vgl. Kapitel 4.3.3.2). Die Aufbereitung der Kurse bzw. Lernmaterialien und die Beantwortung von inhaltlichen Fragen erfolgt durch Fachexpert/inn/en. Da Lerngruppentutor/inn/en die ersten Ansprechpartner/innen sind und im Diskurs mit den Lernenden stehen, müssen auch sie über ein gewisses Fachwissen verfügen (vgl. Arnold et al. 2004; Kapitel 4.3.3.2).
Friedrich und Hron (2002) sehen als eine wichtige Aufgabe von Online-Tutor/inn/en die Sicherung der inhaltlichen Qualität des Lernangebotes. Beherrschen die

Online-Tutor/inn/en das geforderte Wissen nicht ausreichend und besitzen sie darüber hinaus nicht die erforderliche didaktisch-methodische Kompetenz, kann das Blended Learning-Angebot nicht erfolgreich durchgeführt werden. Die fachliche und didaktisch-methodische Kompetenz der Online-Tutor/inn/en ist entscheidend für den Erfolg beim Blended Learning (vgl. Sauter & Sauter 2004). Für Online-Tutor/inn/en ergeben sich sowohl quantitativ als auch qualitativ hohe fachliche Anforderungen, wie beispielsweise die Beantwortung konkreter Fachfragen, weiterführendes Material zur Verfügung stellen, Bezüge des Lernmaterials zur Lebenswelt der Lernenden bzw. seiner Relevanz für zukünftige Tätigkeiten aufzeigen (vgl. Arnold et al. 2004; Hinze & Blakowski 2002).

Um diese Aufgaben bewältigen zu können, ist ein ausreichendes Maß an fachlichem Überblicks- und Detailwissen, wissenschaftlichem Methodenwissen und fachdidaktischen Kenntnissen im entsprechenden Fachbereich nötig (vgl. Arnold et al. 2004; Salmon 2004).
Auf dieser Stufe sollten Übungen durchgeführt werden, die zur Erreichung der persönlichen Ziele sowohl die Koordination als auch die Kommunikation zwischen den Lernenden erfordern (vgl. Tabelle 14).

Tabelle 14: E-tivitie – Informationsaustausch (Salmon 2004, S. 84 f.)

	E-tivitie
Zweck	Attraktive Einladungen gestalten
Auftrag	*Überprüfen Sie die folgenden Einladungen auf ihre Attraktivität und überlegen Sie sich allfällige Verbesserungen. Formulieren Sie selbst eine Einladung und senden Sie sie an E-tivity 3. I. Sehen Sie, wie grossartig Sie Ihre Eröffnungsnachricht gestalten können!*
Reaktion	Auf die Einladung anderer antworten Beispiel 1: Hallo! Herzlich willkommen zu dieser Konferenz. Machen Sie sich keine Sorgen und stellen Sie eine Nachricht ins Forum. Moses (ich betreue Ihr Forum) Beispiel 2: Hallo, mein Name ist Alison. Ich e-moderiere dieses Forum. Senden Sie bitte fleissig Nachrichten – aber bitte keine privaten – in dieses Forum. Halten Sie sich kurz und seien Sie nach Möglichkeit nicht verletzend. Ich werde immer wieder neue Aspekte einbringen, welche zu diesem Thema passen. Vergessen Sie also nicht, täglich vorbeizuschauen. Alison

Herausfordernde und thematisch anspruchsvolle Aufgaben sollten erst gestellt werden, wenn die Lernenden bereit sind, miteinander in einen Austausch zu treten. Vorher besteht die Gefahr, dass sich ein Großteil der Aktivitäten auf einen direkten Kontakt mit den Online-Tutor/inn/en einpendelt. Haben die Lernenden jedoch Vertrauen zueinander gefunden und fühlen sich mit den Möglichkeiten der

Software sicher, dann können eigene Erfahrungen abgeglichen werden, um Rat gebeten und Fragen gestellt werden (vgl. Salmon 2004).

Der größte Nutzen für Lernende in dieser Phase besteht in den Praxisversuchen mit dem Gelernten und darin, Feedback über ihre Ansichten zu erhalten. Daher sollten Online-Tutor/inn/en ihr Hauptaugenmerk darauf legen, die Lernenden dazu anzuregen, sich gegenseitig Rückmeldungen zu geben. Hierzu ist es notwendig, die Kommunikation durch spezifische Fragen und Aufgaben anzuregen (vgl. Busch & Mayer 2002). Online-Tutor/inn/en regen Lernende dementsprechend zur Auseinandersetzung mit Lerninhalten an, initiieren Lernanlässe, in denen neu erworbenes Wissen auf unterschiedliche Situationen übertragen wird und ermutigen die Lernenden zur Einnahme von multiplen Perspektiven (vgl. Haussmann 2001).

> „Für Lernende im betrieblichen Umfeld gibt es insbesondere einen gemeinsamen Nenner, über den ihre unterschiedlichen Interessen und Standpunkte zu vereinen sind, und das ist der Praxisbezug. Eine elektronisch vermittelte Lernbegleitung in der betrieblichen Weiterbildung sollte daher vor allen Dingen dazu dienen, die Anwendbarkeit und das Umsetzen von gelernten Inhalten zu betonen und zu fördern." (Busch & Mayer 2002, S. 32)

Die Anforderungen an Online-Tutor/inn/en bestehen darüber hinaus darin, Lernmaterialien mit einem hohen Praxisbezug zu entwickeln bzw. bereitzustellen (vgl. Sauter & Sauter 2004), Beispiele zu geben, weitere Informationen als Arbeits- und Diskussionsgrundlage anzubieten (vgl. Rautenstrauch 2003) und verschiedene Meinungen darzustellen (vgl. Haussmann 2001). Bei der Möglichkeit des fachlichen bzw. didaktisch-methodischen ‚Einmischens‘ von Online-Tutor/inn/en sind in erster Linie Fragen inhaltlicher Art, Verständnisprobleme und sachliche Irrtümer zu klären sowie falsch platzierte oder unklar formulierte Beiträge in Diskussionsforen rechtzeitig zu korrigieren bzw. zu modifizieren. Des Weiteren werden inhaltliche Probleme strukturiert und zur Diskussion freigegeben. Der Prozess des Verknüpfens von Fragen und unterschiedlichen Meinungen der Lernenden und Expert/inn/en wird auch als ‚Weaving‘ bezeichnet (vgl. ebd.). Online-Tutor/inn/en können durch zielgruppengerechte Themen und die Festlegung einer bestimmten Anzahl an Beiträgen verhindern, dass die Lernenden nur Beiträge in Diskussionsforen lesen und selber passiv sind. Zur Aktivierung können die Online-Tutor/inn/en Kommunikationsanlässe schaffen und Ängste, beispielsweise sich der Öffentlichkeit mitzuteilen, reduzieren (vgl. Klemm 2004; Kapitel 3.3.2).

Im Rahmen von Blended Learning-Angeboten bearbeiten Lernende i.d.R. Einzel- und/oder Gruppenaufgaben. Durch fachliches Feedback auf Fragen und Aufgabenlösungen werden die Lernenden zum Weiterlernen motiviert (vgl. Kohl 2003). Die Beziehungsgestaltung in Form von Partner- oder Gruppenarbeit ist eine zentrale Form didaktischer Einflussnahme. Die Entscheidung für eine bestimmte Sozialform zur Aufgabenbearbeitung hängt u.a. von den Lehr-/Lernzielen,

Voraussetzungen und von der konkreten Situation ab. Um einen möglichst großen Lernerfolg zu erzielen, besteht die Möglichkeit, verschiedene Sozialformen (z.B. Einzel- und Gruppenlernen) miteinander zu kombinieren (vgl. Petschenka, Ojstersek & Kerres 2004; Weisser 2002).

Die Aufgabe von Online-Tutor/inn/en besteht nicht mehr länger nur darin, Wissen zu vermitteln, sondern die Kommunikation und den Arbeitsfortschritt der Lernenden bzw. der Lerngruppe zu verfolgen und sich dabei – bei Bedarf – lenkend und helfend einzuschalten (vgl. Hinze & Blakowski 2002; Kapitel 3.3.1 und Kapitel 3.3).

Durch Lernaufgaben dürfen sich die Lernenden weder über- noch unterfordert fühlen. Eine Möglichkeit dieses zu gewährleisten besteht darin, dass mehrere Aufgaben auf verschiedenen Schwierigkeitsniveaus gestellt werden und die Lernenden sich für die Bearbeitung einer Aufgabe entscheiden können. Lernaufgaben sollten konkret und unmissverständlich formuliert werden, einen hohen Anforderungscharakter besitzen und das Interesse der Lernenden wecken. Dies gelingt insbesondere durch praxisorientierte Aufgabenstellungen bzw. Aufgaben, bei denen das theoretisch erworbene Wissen auf eine konkrete berufliche Arbeitssituation übertragen wird und der didaktische Nutzen möglichst transparent ist (vgl. Rautenstrauch 2001).

Sauter und Sauter (2004) nehmen eine Systematik möglicher Trainings- bzw. Lernaufgaben im E-Learning vor (vgl. Abbildung 30).

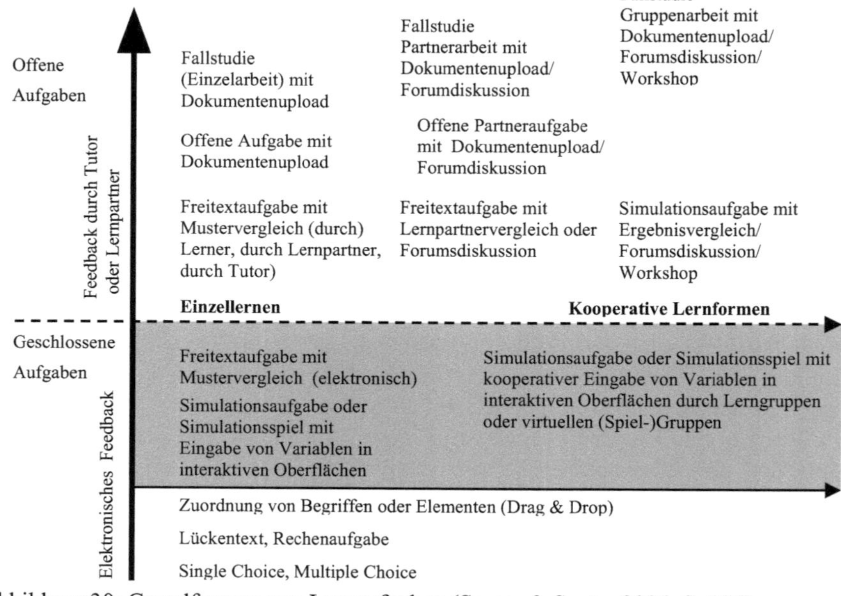

Abbildung 30: Grundformen von Lernaufgaben (Sauter & Sauter 2004, S. 126)

Diese können geschlossen bzw. offen sowie individuell bzw. kooperativ gestaltet werden. Die gestrichelte waagerechte Linie markiert die Grenze zwischen elektronisch auswertbaren Aufgaben und solchen Aufgaben, die (abgesehen vom Lernenden selbst) nur durch Online-Tutor/inn/en oder durch Lernpartner/innen bzw. Lerngruppen ausgewertet werden können. Die durchgezogene waagerechte Linie stellt die Grenze zwischen geschlossenen und offenen Aufgabenstellungen dar.

Je nach Lernaufgabentyp und Sozialform müssen konkrete Bearbeitungshinweise (Umfang, Zeitraum, Material, Kommunikationswerkzeuge etc.) aus der Lern-aufgabenformulierung hervorgehen. Insbesondere bei komplexen Gruppen-aufgaben sind klare Bearbeitungshinweise wichtig (z.B. Wählen Sie eine/n Moderator/in für die Gruppenaufgabe. Diese/r fasst anschließend Ihre Diskussions-beiträge zusammen und schickt die Zusammenfassung per E-Mail an die Tutorin.). Gruppenaufgaben müssen so gestaltet werden, dass eine Zusammenarbeit nicht nur möglich, sondern notwendig ist. Wenn Gruppenaufgaben auch in Einzelarbeit lösbar sind, besteht nur ein geringer Bearbeitungsanreiz (vgl. Arnold et al. 2004). Eine Weiterführung von Gruppenaufgaben kann darin bestehen, dass verschiedene Lerngruppen die gleiche Lernaufgabe lösen und anschließend die Lösungen vergleichen und diskutieren (vgl. Sauter & Sauter 2004). Eine andere Mög-lichkeit besteht in der Vergabe unterschiedlicher Teilaufgaben an verschiedene Lerngruppen, um anschließend die Ergebnisse der Teilaufgaben zu einer gemeinsamen Lösung zusammenzuführen.

Neben der Aufgabenerstellung sind Online-Tutor/inn/en auch für die Bewertung bzw. konstruktive Rückmeldung der Aufgabenlösungen verantwortlich (vgl. Arnold et al. 2004; Astleitner 2002; Weisser 2002), da die Lernenden eine Rückmeldung durch ein System oder eine betreuende Person benötigen, um ihren eigenen Leistungsstand einschätzen und den investierten Lernaufwand, den gestellten Ansprüchen anpassen zu können. Anders als bei der summativen Bewertung im Sinne einer Benotung am Ende eines Lernangebotes, stehen bei der formativen Lernerfolgsüberprüfung vor allem eine Rückmeldung zum Lernfort-schritt und Tipps für die weitere Lernplanung im Vordergrund (vgl. Kohl 2003). Handelt es sich nicht um eine automatisierte Rückmeldung, erfolgt das Feedback auf die überwiegend per E-Mail eingesendeten Lernaufgabenlösungen zumeist in schriftlicher Form per E-Mail durch die Online-Tutor/inn/en. Dies führt weg vom anonymen und unpersönlichen Lernen im Netz, hin zu einem höheren Grad an Verbindlichkeit (vgl. Kerres 2001a). Damit die Lernenden die Gelegenheit haben, ihr Wissen mitzuteilen und sich interaktiv mit anderen Lernenden und Online-Tutor/inn/en auszutauschen, sollte das Feedback daher systematisch statt nur punktuell erfolgen (vgl. Zumbach 2003[45]).

---

45 http://www.elearning-expo.de/head_navi/specials/special_05_2003_2.cfm?CFID=20351724&CF TOKEN=178d1aec420b3cc0-6C0738BB-7E90-58FA-8B172FCCD219C87D (Stand 12.10.2005)

Folgende Regeln sollten bei der Feedbackgestaltung berücksichtigt werden:

Ein Feedback sollte möglichst schnell erfolgen.

Je individueller und ausführlicher ein Feedback gestaltet wird, desto länger brauchen die Online-Tutor/inn/en für die Rückmeldung.

> „Die Beliebtheit automatisch auswertbarer Aufgaben liegt nicht zuletzt am schnellen individuellen Feedback über den eigenen Lernstand." (Arnold & Thillosen 2002, S. 41)

In der Fachliteratur herrscht Uneinigkeit darüber, ob ein Feedback unmittelbar oder zeitverzögert erfolgen sollte. Rekkedal und Qvist-Eriksen (2003[46]) fanden heraus, dass Lernende zufriedener mit ihren Online-Tutor/inn/en sind, wenn ein schnelles Feedback erfolgt. Unmittelbares Feedback ist besonders für Kommunikations-situationen geeignet, in denen eine schnelle gegenseitige Korrektur erforderlich ist.

> „Dies kann wichtig sein bei heiklen oder leicht missverständlichen Mitteilungen, z.B. wenn in einem Chat das Arbeitsverhalten von Gruppenmitgliedern diskutiert und geklärt werden soll." (Friedrich & Hron 2002, S. 18 f.)

Auch nach Boos und Jonas (2002) werden unmittelbare Antworten auf Anfragen und eine schnelle Unterstützung und Intervention in schwierigen Gruppen-Lernprozessen hoch geschätzt.
Dieser Einschätzung stehen die Auffassungen von Niegemann et al. (2004) sowie Kulhavy und Wagner (1993) gegenüber.

> „Während sich in vielen Unterrichtsstudien ein unmittelbares Feedback den verzögerten Rückmeldungen als überlegen erwies, gibt es auch Bedingungen, unter denen die Verzögerung zu besseren Lernleistungen führt." (Niegemann et al. 2004, S. 232)

Diese Auffassung vertreten auch Kulhavy und Wagner (1993). Sie erklären dies mit Interferenzen zwischen der Erinnerung an die falsche Antwort und der Information über die richtige Lösung.

> „Häufig scheint jedoch eine Rolle gespielt zu haben, dass die verzögerte Rückmeldung eine wiederholte Darbietung der zu lernenden Informationen impliziert, so dass die Lernenden in den Genuss einer zweiten Lernphase kamen." (S. 232)

---

46 http://learning.ericsson.net/socrates/doc/norway.doc (Stand 02.02.2006)

Dieses verzögerte Feedback ist jedoch nach Bangert-Drows et al. (1991) nur bei komplexem Lernmaterial vorteilhaft. Hier kann beispielsweise eine Musterlösung verwendet werden, mit der die Lernenden selbst reguliert arbeiten können (vgl. Niegemann et al. 2004).

Ein Feedback sollte qualitativ gut sein (konstruktiv, ausführlich, individuell).

Rekkedal und Qvist-Eriksen (2003[47]) kommen zu dem Ergebnis, dass Lernende zufriedener mit ihren Online-Tutor/inn/en sind, wenn die inhaltliche Qualität des Feedbacks gut ist. Astleitner (2002) sieht in einem kontinuierlichen und konstruktiven Feedback eine wichtige Bedingung erfolgreichen Online-Lernens.

> „Feedback sollte insbesondere auf fehlerhafte Lösungsversuche erfolgen. Um Lernfrust zu vermeiden sind ‚richtig/falsch‘ Antworten dabei kaum hilfreich. Auch wenn die zeitliche Belastung damit größer wird, sollten kurze Hinweise zu weiteren Lösungen gegeben werden." (Hinze & Blakowski 2002, S. 330)

In Anlehnung an Reinmann-Rothmeier und Mandl (1997) ist es nach Niegemann et al. (2004) nahe liegend, dass ein differenziertes Feedback (z.B. Mitteilung der richtigen Lösung oder fehleranalytisch begründete Erklärungen zum richtigen Lösungsweg) den Lernerfolg fördert, da ohne Hinweise auf die richtige Lösung bzw. ohne eine Angabe von Gründen, warum eine Lösung falsch ist, vielfach die Wissensstruktur des Lernenden nicht revidiert oder erweitert werden kann.

Da Lernaufgabenlösungen möglichst ausführlich kommentiert werden sollten, jedoch ein individuell verfasstes Feedback von beispielsweise einer DIN-A4-Seite für alle Lernenden die zeitlichen Ressourcen von Online-Tutor/inn/en sprengen würde, besteht die Möglichkeit, sich vorgefertigter Textbausteine zu bedienen, die um einige persönliche Sätze ergänzt werden. Durch das Aufgreifen von Schlüsselwörtern und Nebensätzen erhalten die Lernenden die Bestätigung, dass dieses Feedback individuell für sie verfasst wurde.

Darüber hinaus sollte in einem Feedback nicht gefragt werden, welches Problem jemand hat, denn dadurch werden Probleme erst herbei geredet. Besser eignet sich hier die Frage danach, welche zusätzlichen Informationen benötigt werden (vgl. Richter 2002).

Wird zu jeder eingereichten Lernaufgabe ein ausführliches und individuelles Feedback gegeben, stehen die Online-Tutor/inn/en vor der Herausforderung, ein Feedback so zu formulieren, dass es auf die Lernenden motivierend wirkt und gleichzeitig auch auf evtl. Schwächen bei der Lösung hingewiesen wird. Hier ist eine ausgeprägte Kompetenz der schriftlichen Kommunikation notwendig, um Kommunikationsstörungen zu vermeiden. So kann die Nachfrage eines Lernenden

---

47 http://learning.ericsson.net/socrates/doc/norway.doc (Stand 02.02.2006)

in einer E-Mail beispielsweise lauten: „Ist das jetzt *mein* Feedback?" In einer solchen Situation müssen Online-Tutor/inn/en in der Lage sein diese Frage kontextbedingt zu analysieren und zu interpretieren, indem sie die Rahmenbedingungen, die zuvor abgelaufene Kommunikation und die Persönlichkeit des Lernenden berücksichtigen. Bei solchen Einschätzungen kann es hilfreich sein, wenn Online-Tutor/inn/en die Lernenden und ihre ‚Art' schon im Rahmen einer Präsenzveranstaltung persönlich kennen gelernt haben. Darüber hinaus kann u.U. auch der Austausch über diese Person oder ähnliche Situationen im Team weiterhelfen.

Nach Niegemann et al. (2004) werden Rückmeldungen von Lernenden positiv attribuiert, wenn eine sachliche Rückmeldung ohne Tadel, in einem freundlichen und interessierten Tonfall erfolgt sowie eine Aufforderung, den Fehler zu verbessern und ein Lob nach der Fehlerkorrektur stattfindet. Jedoch warnt Musch (1999) vor zu überschwänglichem Lob bei besonders einfachen Aufgaben.

Ein Feedback sollte möglichst individuell sein.

Die Gestaltung der Rückmeldung kann in Abhängigkeit von der Anzahl der zu betreuenden Lernenden variieren. Falls umsetzbar, ist eine individuell kommentierte Rückmeldung an jede/n Lernende/n bzw. an die Gruppe empfehlenswert, da die Lernenden in der Regel umso zufriedener sind, je individueller die Rückmeldungen gestaltet werden (vgl. Reinmann-Rothmeier 2003a). Das Feedback kann einen unterschiedlichen Grad an Individualität aufweisen, was u.a. mit dem Aufgabentyp und den zur Verfügung stehenden personellen Ressourcen zusammenhängt:

a) standardisiert (Multiple-Choice-Aufgaben, Musterlösungen)
b) teil-standardisiert (teils vorgefertigte Satzbausteine)
c) individuell (komplexe Aufgabentypen, Gruppenaufgaben, Projektarbeiten)

Bei (teil-)standardisierten Feedbacks muss berücksichtigt werden, dass Lernende u.U. E-Mails untereinander austauschen und vergleichen und daher individuelle Elemente in den Formulierungen und eine persönliche Anrede erforderlich sind.
Da bei einer hohen Anzahl von Lernenden ein differenziertes und ausführliches Feedback kaum realistisch ist, besteht die Möglichkeit, beispielsweise auf ein Punktesystem auszuweichen und zusätzlich entweder Vergleichslösungen anzubieten oder auf besonders gute ‚Vorzeigelösungen' zu verweisen (vgl. Reinmann-Rothmeier 2003a). Die Lernenden der VFH[48] äußern durchgängig den Wunsch, eigene Lösungen mit Musterlösungen und anderen Lösungswegen vergleichen zu dürfen (vgl. Arnold & Thillosen 2002). Bei Leistungsrückmeldungen sollte zudem

---

48 Virtuelle Fachhochschule für Wirtschaft, Informatik und Technik

eine individuelle Bezugsnorm („Du hast gegenüber der letzten Arbeit gute Fortschritte gemacht."), eine soziale Bezugsnorm („Deine Leistungen liegen etwas unter dem Durchschnitt der Gruppe.") und möglichst auch eine sachliche (kriteriumsorientierte) Bezugsnorm („Jetzt hast du das Rechnen mit ungleichnamigen Brüchen verstanden.") berücksichtigt werden (vgl. Niegemann et al. 2004).

Wichtig ist bei diesen Maßnahmen, die Privatsphäre der Lernenden zu gewährleisten, z.B. indem das Feedback nur für die Betroffenen sichtbar ist (vgl. Astleitner 2002). Bei Aufgaben, die gemeinsam in der Gruppe gelöst werden, sollte das Feedback jedoch an die gesamte Gruppe geschickt werden. Hierbei muss darauf geachtet werden, dass der Beitrag eines jeden Gruppenmitgliedes in dem Feedback berücksichtigt bzw. kommentiert wird. Werden Beispiel- bzw. Vergleichslösungen zur Verfügung gestellt, sollten diese vor der Veröffentlichung anonymisiert werden.

Tabelle 15 stellt Möglichkeiten der Feedbackgestaltung bei niedrigem und hohem Ressourceneinsatz dar.

Tabelle 15: Flexible Gestaltung verschiedener Variablen (Reinmann-Rothmeier 2003a, S. 78)

Variable	Gestaltung bei *niedrigem* Ressourceneinsatz	Gestaltung bei *hohem* Ressourceneinsatz
Technischer Aufwand	asynchrone Übertragung der Face-to-Face-Veranstaltungen	synchrone Übertragung der Face-to-Face-Veranstaltungen
Zeitrahmen	kürzer (Minimum: 6 Wochen)	länger (Maximum: 12 bis 18 Wochen)
Anzahl der Experten	mindestens 3	maximal 5 bis 6
Elektronisches Material	hypertextuelle Aufbereitung	hypermediale Aufbereitung
Anzahl der Aufgaben	in jedem Themenblock eine	in jedem Themenblock 2 oder mehr
Aufgabenbearbeitung	in Face-to-Face-Kooperation	in virtueller Kooperation
Moderation (virtuelle Phase)	durch den Experten selbst	durch geschulte Moderatoren
Feedbackgestaltung	Punktesystem	ausführliche Kommentierung
Bewertung	Aufgabenbearbeitung als ‚Prüfungsäquivalent'	Aufgabenbearbeitung als Voraussetzung für eine Prüfung

Ein Feedback sollte durch ein angemessenes Medium erfolgen.

Die Wahl des Feedbackmediums ist abhängig von der Bearbeitungsmethode der Lernaufgabe und des Aufgabentyps.

Sinnvoll ist der Einsatz des Mediums, mit welchem die Lernaufgabenlösung eingesandt wurde, z.B.

- *E-Mail* (bei Einsendeaufgaben; besonders geeignet für individuelles Feedback, persönliche Anrede, u.U. Nutzung der Kommentarfunktion im Dokument)
- *Text- oder Voice-Chat* (kurzes Feedback, z.B. zu einer durchgeführten Präsentation)
- *Forum* (direktes Feedback auf Forenbeiträge; z.B. Gruppendiskussion)

Ein Lernergebnis wird nach Frach (2001)[49] in 3-5 Arbeitsschritten bzw. Phasen realisiert:

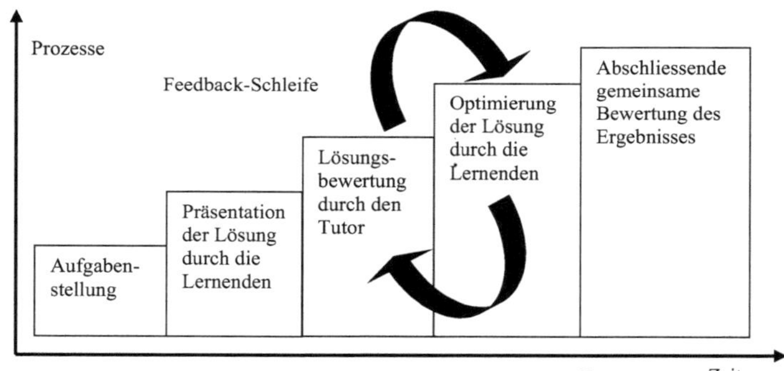

Abbildung 31: Phasen eines Lernergebnisses (Frach 2001)[50]

In *Phase 1* erfolgt die konkrete, unmissverständliche *Aufgabenstellung* für Lernende und kleine Lerngruppen mit Hinweisen für einen möglichen Lösungsweg. Hier ist eine eindeutige Formulierung der Aufgabe wichtig sowie die Festlegung des Ortes und des Termins der Veröffentlichung des Arbeitsergebnisses.

Die Präsentation der Lösung durch die Lernenden und das Klären von Fragen steht in *Phase 2* im Vordergrund.

In *Phase 3* erfolgt das Feedback durch die Online-Tutor/inn/en. Ist die Aufgabenlösung zur Zufriedenheit ausgefallen, endet der Prozess hier, ansonsten geben die Online-Tutor/inn/en Hinweise zur Optimierung des Ergebnisses. Die Lernenden arbeiten erneut an der Lösung der Aufgabe und es wird ein neuer Abgabetermin festgelegt.

---

49 http://www.ibisacam.de (Stand 02.02.2006)
50 ebd.

Die erneute Präsentation der Lösung und Wertung der Aufgabenlösung durch die gesamte Gruppe erfolgt in *Phase 4* und das Ergebnis wird in *Phase 5* von den Online-Tutor/inn/en zusammengefasst.

Die Stufe *Informationsaustausch* ist erfolgreich abgeschlossen, wenn die Lernenden gelernt haben, Informationen zu finden, Übungen erfolgreich zu lösen, alle aktiv und mit der Technik vertraut sind sowie alle Lernenden verstanden haben, wie die Gruppe funktioniert (vgl. Salmon 2004).

4.1.2.4 4. Stufe: Konstruktion von Wissen

Auf dieser Stufe wird das aktive Online-Interagieren ermöglicht, beispielsweise durch kritisches, analytisches Denken. Es soll den Lernenden ermöglicht werden, bekannte Rezepte in aktuellen Situationen anzuwenden, aber auch mit eigenen Erfahrungen zu verknüpfen. Somit sind die Lehrenden bzw. Betreuenden nicht mehr Vermittler/innen von Informationen, sondern Autor/inn/en. Online-Tutor/inn/en sollten über ein feines Gespür beim Unterstützen von Gruppen verfügen (z.B. Diskussionen zusammenhalten und zusammenfassen, Überblick über verschiedene Standpunkte geben) und sie haben die Aufgabe, den Lernprozess bzw. das Lernangebot angemessen zu strukturieren (vgl. Salmon 2004).

Die Strukturierung der Kommunikations- und Kooperationsumgebung kann u.a. durch das Anlegen von Threads (Diskussionsstränge) zu bestimmten Themen erfolgen und die Strukturierung der Kommunikations- und Kooperationsverläufe durch beispielsweise die Zusammenfassung der Diskussionsbeiträge und das Lenken der Diskussion auf das wesentliche Thema stattfinden (vgl. Rautenstrauch 2003). Gerade zu Beginn eines Lernangebotes sollten die eingegangenen Beiträge regelmäßig verfolgt werden und gegebenenfalls die Lernenden beim Ausbleiben nach den Gründen gefragt werden.

Diese Strukturierungs- und Steuerungsfunktion von Online-Tutor/inn/en sollte sukzessive an die Lernenden abgeben werden, so dass die Lernenden auch ohne die Anwesenheit von Online-Tutor/inn/en einen gut strukturierten Chat durchführen können. In diesem Fall stehen Online-Tutor/inn/en zu Beginn als Co-Moderator/inn/en zur Verfügung, bis schließlich die Lernenden über ausreichende Kompetenzen verfügen, um die Moderation selbstständig zu übernehmen. Die Lernenden benötigen jedoch immer eine gewisse instruktionale Anleitung und Unterstützung.

> „Denn auch – oder gerade – der Erfolg virtueller Lernumgebungen steht und fällt mit der Sicherstellung der erforderlichen Informationsbasis und einer adaptiven Unterstützung der Lernprozesse, die mit zunehmendem Wissen und Können der Lernenden schrittweise ausgeblendet werden können.' (Reinmann-Rothmeier & Mandl 2001, S. 18)

Bei der Bearbeitung von Lernaufgaben in Lerngruppen steht nach Rautenstrauch (2003) die Moderation von kooperativen Lernprozessen im Zentrum online-tutorieller Handlungen. Online-Tutor/inn/en benötigen die Kompetenz, den Wissensaustausch auch unter den erschwerten Bedingungen des Online-Lernens anzuregen (vgl. Sauter & Sauter 2004). Hierzu zählt das theoretische Hintergrundwissen über kooperatives Lernen mit den damit zusammenhängenden Möglichkeiten und Problemen. Neben dem Grundlagenwissen sind Moderations- und Koordinationsfähigkeiten nötig (z.B. sich zurücknehmen, Fragen stellen statt Antworten geben, beobachten, zuhören und sich auf ‚schwierige' Einzelpersonen einstellen) (vgl. Webler 2003) sowie eine gute schriftliche Ausdrucksfähigkeit, Selbstmanagement, Eigenmotivation und die Fähigkeit zur Steuerung der Gruppendynamik (vgl. Busch & Mayer 2002). Am Anfang des Lernangebotes ist die Unterstützung des Gruppenprozesses durch Online-Tutor/innen/en besonders wichtig (vgl. Arnold et al. 2004; Petschenka 2005).

> „Der vorrangige Zweck von Moderation besteht in der Organisation der Kommunikation, der Strukturierung von einzelnen Schritten und Vorgehensweisen, der Ermutigung, Beratung und Begleitung kooperativer Zusammenarbeit." (Rautenstrauch 2001, S. 61)

Hierbei gilt es den Mittelweg zwischen Strukturiertheit und Offenheit in Abhängigkeit der spezifischen Gruppenerfordernisse zu gestalten (vgl. Rautenstrauch 2001).

Da Kommunikations- und Kooperationsprozesse zwischen Online-Lernenden nicht zwangsläufig durch eine Gruppenbildung und den Verweis auf entsprechende Möglichkeiten entstehen, ist es die Aufgabe von Online-Tutor/inn/en, diese zu initiieren, anzuregen und aktiv zu begleiten. Durch das Gefühl mit anderen Personen in Kontakt zu stehen, erhalten die Lernenden den Eindruck, dass ihre Kommunikationsbeiträge nicht losgelöst im virtuellen Kommunikationsraum platziert, sondern adressatenorientiert eingebracht werden können. Dieses Gefühl motiviert, sich kommunikativ einzubringen und mit anderen Lernenden zu kooperieren (vgl. Picciano 2002). Durch gezielte Anregungen können die Lernenden zur Kommunikation motiviert werden, beispielsweise indem ein Forumstopic direkt als Frage formuliert wird oder eine direkte Ansprache an die Lernenden im Forum mit einem Appell zur Beteiligung erfolgt (vgl. Kerres 2001a; Koch 2004). Nach Rautenstrauch (2001) sind hierzu Basisqualifikationen erforderlich, wie beispielsweise eine gute sprachliche Ausdrucksfähigkeit, das Beherrschen von Regeln der Gesprächsführung und Fragetechniken, non-direktive Gesprächsführungskompetenzen und das Wissen über Merkmale, Besonderheiten und das Potenzial asynchroner und synchroner Kommunikationsmöglichkeiten sowie deren angemessene Handhabung im Hinblick auf deren Kommunikationsfunktion und sozialen Besonderheiten.

Diese Stufe ist abgeschlossen, wenn gemeinsam erarbeitete, kollaborative Übungen (die in den Kontext der realen Welt einbettet sind und den Arbeitsprozess definieren) zu einem vereinbarten Ergebnis geführt haben. Ziel der Übung ist die Vertiefung des Verständnisses und die Entwicklung von verschiedenen Perspektiven und Beispielen sowie die Anregung zu Diskussionen (vgl. Salmon 2004). Da sich die Lernenden die Frage stellen, was sie erreicht haben, kann es vorkommen, dass sie selbst moderierend in den Kommunikationsprozess eingreifen und zum Beispiel neue Themen aufwerfen. Für Online-Tutor/inn/en besteht die Herausforderung darin, zu entscheiden, ob eine eingebrachte Idee zu weit führt oder eine interessante Lernmöglichkeit bietet (vgl. Busch & Mayer 2002).

Ein Beispiel, um diese Phase zu unterstützen wird in Tabelle 16 veranschaulicht.

Tabelle 16: E-tivitie – Konstruktion von Wissen (Salmon 2004, S. 91)

	E-tivitie
Zweck	Alle Teilnehmenden auf den gleichen Informationsstand bringen
Auftrag	*Führen Sie zur Frage „Was wissen wir über das Thema ,Der Club der toten Dichter'?" ein Brainstorming durch.*
Reaktion	Denken Sie über das Verfahren des Online-Brainstormings nach.

4.1.2.5 5. Stufe: Entwicklung

Auf dieser Stufe übernehmen die Lernenden die Verantwortung für ihr eigenes Lernen und das ihrer Gruppe. Die Lernenden entwickeln Ideen und wenden sie in individuellen Kontexten an. Online-Tutor/inn/en sollten die Reflexion fördern, indem sie an bekannte Erlebnisse erinnern, bei einem neuen Problem oder Szenario daran anknüpfen, auf den Kurs zurückblicken und begründen, warum eine Reflexion erwartet wird (vgl. Salmon 2004).

Da die Lernenden immer stärker die Verantwortung für ihren Lernprozess übernehmen, benötigen Online-Tutor/inn/en Kenntnisse über die Theorie und Praxis selbst gesteuerten Lernens. Aus Sicht des Konstruktivismus (vgl. Kapitel 3.3.1.3) sollten Online-Tutor/inn/en nur ,Kontexte' bereitstellen und es den Lernenden überlassen, wie sie mit diesen Kontexten umgehen (vgl. Arnold & Milbach 2001). Gegenüber traditionellen Präsenz-Lernangeboten weisen Blended Learning-Angebote u.a. den Vorteil auf, dass das Lernen in einer Erwachsenen gerechten, selbst gesteuerten Form erfolgt, d.h. die Planung der Lernschritte bei den Lernenden selbst liegt (vgl. Haussmann 2001). Das individuelle und selbst gesteuerte Arbeiten und Lernen stellt hohe Anforderungen an die Disziplin und die Kompetenzen der Lernenden. Sie fällen Entscheidungen u.a. über Lehr-/Lernziele, Inhalte, Strategien, Ort und Zeit. Um erfolgreich mit Blended Learning Kenntnisse und Fertigkeiten zu erwerben, sollten Lernende über die hierzu erforderlichen Fähigkeiten verfügen (z.B. eigene Ziele setzen können, Selbstdisziplin) (vgl. Uhl 2001). Jedoch sind sowohl die Erwartungen an Online-Tutor/inn/en als auch die Fähigkeit des selbst gesteuerten Lernens sehr unterschiedlich. Insbesondere die

Eigenmotivation, die aktive Steuerung und die adäquate Planung des eigenen Lernprozesses sind Qualifikationen, die oft erst noch entwickelt werden müssen. Bei einigen Lernenden kann von selbst gesteuerter Zielfindung und ‚Suchbewegungen‘ keine Rede sein und sie erwarten von den Online-Tutor/inn/en eine Anleitung zur Selbststeuerung, was an sich paradox erscheint. Diese Lernenden haben noch nicht gelernt, Unsicherheiten und Freiräume zu strukturieren und erwarten dies von den Online-Tutor/inn/en (vgl. Arnold & Milbach 2001). Online-Tutor/inn/en können den Lernenden zur Unterstützung aktive Hilfestellungen anbieten (z.B. Online-Beratung, Strukturierung des Lernprozesses) (vgl. Haussmann 2001).

> „Es scheint viel Fremdorganisation nötig, damit Selbstorganisation angebahnt und erfolgreiche Selbststeuerung unterstützt werden können." (Schultz 1999, S. 19 nach Siebert 2003, S. 109) (vgl. Kapitel 3.3)

Demzufolge muss sich auch das Methodenspektrum wandeln, denn

> „[…] wenn reflexive Qualifikationen gefördert werden sollen, dann muss Lernen in organisierten Lernprozessen so arrangiert werden, dass selbständige Suchbewegungen ermöglicht werden. Die Initiative im Lernprozess geht dabei erst allmählich und dann immer mehr auf die Lernenden über, was eine Didaktik voraussetzt, die sich von Beherrschungs- und Machbarkeitsillusionen gelöst hat." (Arnold & Milbach 2001, S. 9)

Die Lernenden können die Funktion der Online-Tutor/inn/en übernehmen und selber ausüben, Lehr-/Lernziele formulieren, Inhalte auswählen, das Lernen selbst organisieren, kontrollieren und evaluieren (vgl. Peters 1997 nach Arnold & Milbach 2001). Dazu gehört u.a., dass die Lernenden Arbeitsaufträge ohne Online-Tutor/inn/en bearbeiten, wofür sie zur Unterstützung einen Freiraum im zeitlichen Ablauf und klare Vorgaben benötigen, die sie jedoch nicht einengen. Online-Tutor/inn/en können Anregungen geben, bleiben jedoch im Hintergrund und sorgen von dort aus dafür, dass die Lernenden die nötige Anerkennung erhalten und greifen lenkend ein, falls eine Aufgabenlösung in die falsche Richtung geht (vgl. Kapitel 3.3.3.1).

Online-Tutor/inn/en stehen bei der Organisation des selbst gesteuerten Lernens vor einer noch größeren Herausforderung als bei klassischen Präsenzlernangeboten (z.B. Zeitmanagement, Motivationsprobleme). Zu ihren Aufgaben gehört es, gemeinsam mit den Lernenden Lernstrategien und Arbeitspläne zu erarbeiten, bei individuellen Schritten der optimalen Wissensaneignung individuell zu beraten und zur Auseinandersetzung mit Lerninhalten anzuregen (vgl. Arnold, Kilian & Thillosen 2002b; Arnold et al. 2004;. Rautenstrauch 2001). Sie müssen den Lernbedarf der Lernenden erkennen, Lernschwierigkeiten diagnostizieren können sowie die Metakommunikation und die Lernmotivation fördern, indem sie beispielsweise die Lernenden dazu anregen, ihre Lernhandlungen zu reflektieren (vgl. Rautenstrauch 2001).

Das Ziel der Übungen in dieser Phase besteht darin, Einsichten herbeizuführen sowie Erkenntnisse und aufgebautes Wissen kritisch zu überdenken und zu beurteilen. Daher eignen sich Übungen, welche Evaluation und kritische Bewertungen auslösen. Die Lernenden sollen dokumentieren, wie sie Informationen nutzen, um ihre eigenen Urteile und Standpunkte zu verteidigen (vgl. Salmon 2004). Folgende Übung stellt ein Beispiel dar (vgl. Tabelle 17).

Tabelle 17: E-tivitie – Entwicklung (Salmon 2004, S. 96)

	E-tivitie
Zweck	Die eigenen Entwicklungsbedürfnisse identifizieren.
Auftrag	*Formulieren und publizieren Sie in E-tivity 5.1 die Bedürfnisse, welche sich in folgender Äusserung manifestieren: „Ich wünschte, der E-Moderator dieses Online-Kurses hätte uns die wichtigsten Regeln, wie miteinander zu kommunizieren ist, gegeben. Das hätte mir viel kostbare Zeit erspart, ganz besonders in dieser hektischen Phase des Jahres.“*
Reaktion	Reagieren Sie auf die Meinungen anderer und entwickeln Sie ihre eigene Ansicht.

4.1.3 Nachbereitung und Evaluation

Online-Tutor/inn/en sind in dieser Phase vor allem mit organisatorischen Aufgaben konfrontiert. Am Ende des Lernangebotes stellen sich die Lernenden vor allem die Frage, welchen Wert ihre Aktivitäten hatten und sie möchten eine bleibende Erinnerung behalten, beispielsweise auch schon nach Abschluss einzelner Module. Online-Tutor/inn/en können dies unterstützen, indem sie u.a. den Lernenden die Möglichkeit geben, einen Abschiedsgruß zu hinterlassen oder die Lernenden ein Symbol für die Teilnahme erhalten (vgl. Busch & Mayer 2002).

Da vielen Lernenden das Ende eines Lernangebotes schwer fällt und sie die Beendigung gerne hinauszögern würden, sollte das Blended Learning-Angebot nicht einfach auslaufen, sondern der Abschied mit der Würdigung der Leistung zelebriert werden (vgl. Busch & Mayer 2002; Müskens 2001). Zum Abschluss findet daher i.d.R. eine Präsenzveranstaltung mit einer Abschlussfeier statt.

Da viele Lernende nach dem Abschluss des Lernangebotes den Kontakt zu den anderen Lernenden und auch zu den Online-Tutor/inn/en aufrechterhalten möchten, sollte eine Netzwerkbildung in Form eines Alumni-Services unterstützt werden (vgl. Müskens 2001). Die Aufgaben der Online-Tutor/inn/en bestehen in erster Linie im Aufbau und der Pflege des ‚Alumni-Netzwerkes' (vgl. Rekkedal & Qvist-Eriksen 2003[51]).

Eine Weiterführung dieses Gedankens besteht darin, im Anschluss an das Lernangebot ein Online-Coaching anzubieten, um den Absolvent/inn/en bei

---

51 http://learning.ericsson.net/socrates/doc/norway.doc (Stand 02.02.2006)

individuellen Problemstellungen, auch nach Beendigung eines Lernangebotes, Ansprechpartner/innen zur Verfügung zu stellen. Dies kann beispielsweise durch eine (kostenpflichtige) weiterführende, individuelle Betreuung bei der – zunächst häufig sehr schwierigen – Umsetzung des Gelernten in die Berufspraxis erfolgen (vgl. Busch & Mayer 2002) oder durch eine Beratung hinsichtlich der Weiterbildungs- und Berufsmöglichkeiten (vgl. Rekkedal & Qvist-Eriksen 2003[52]).

Neben der Organisation der Abschlussveranstaltung und des Alumni-Netzwerkes werden auch Anforderungen an die Online-Tutor/inn/en hinsichtlich der Reflektion und Evaluation des Blended Learning-Angebotes gestellt, da Maßnahmen der Qualitätssicherung der Gewährleistung einer qualitativ hochwertigen Betreuung dienen (vgl. Zawacki-Richter 2005).

Nach erfolgreichem Abschluss eines Moduls und/oder Lernangebotes erfolgt die Auswertung von Feedbackgesprächen bzw. Fragebögen. Es ist wichtig ein regelmäßiges Feedback von den Lernenden einzuholen, um die Qualität des Lernangebotes dauerhaft zu sichern (vgl. Sauter & Sauter 2004). Die formative und summative Evaluation kann beispielsweise in Form von Online-Befragungen auf der Lernplattform erfolgen. Hier besteht jedoch das Problem einer sehr geringen Rücklaufquote. Eine weitere Möglichkeit besteht in Form einer klassischen ‚Pen and Paper‘ Befragung im Rahmen der Präsenzveranstaltungen oder in Form von Kartenabfragen bei Lerngruppengesprächen.

Die lernprozessbegleitende formative Evaluation (z.B. durch regelmäßige Feedbackgespräche) hat zum Ziel, den Grad der Zufriedenheit mit der tutoriellen Betreuung, mit den Studieninhalten etc. transparent zu machen und dadurch zeitnah Verbesserungs- und Anpassungsmöglichkeiten vornehmen zu können. Diese Ergebnisse werden u.a. an die Modulentwickler/innen weitergeleitet, so dass u.U. eine Überarbeitung der Lernmaterialien erfolgen kann (vgl. Arnold et al. 2004; Hinze & Blakowski 2002).

Hierzu benötigten Online-Tutor/inn/en nach Webler (2003) sowie Haussner, Metz & Wippermann (2002) die Fähigkeit, angemessene Evaluationsinstrumente und -maßnahmen auszuwählen, Lehr- und Lernprozesse und die intervenierenden Variablen zu analysieren und zu bewerten sowie die Ergebnisse in Prozesse der Qualitätssicherung einzubringen.

4.1.4 Zusammenfassung

In diesem Kapitel wurde anhand eines entwickelten Phasenmodelles aufgezeigt, welche Aufgaben Online-Tutor/inn/en im Rahmen verschiedener Phasen eines Lernangebotes übernehmen. Die traditionellen Betreuungsbereiche erweitern sich durch die Kombination von Präsenz- und Onlinephasen sowohl in *sozialer, organisatorischer* als auch in *technischer* und *didaktisch-methodischer* Hinsicht.

---

[52] http://learning.ericsson.net/socrates/doc/norway.doc (Stand 02.02.2006)

Online-Tutor/inn/en stehen insbesondere vor der Herausforderung, didaktisch sinnvolle Verknüpfungen von traditionellen Lernangeboten (Präsenzphasen) und virtuellen Lernphasen herzustellen, indem neue technische Möglichkeiten und Lernmethoden miteinander kombiniert werden.

Im Folgenden soll zusammenfassend betrachtet werden, inwiefern die Aufgaben- und Kompetenzbereiche von Online-Tutor/inn/en abhängig von der zeitlichen Dynamik eines Blended Learning-Arrangements sind. Während bei der ersten Betreuungsphase *,Konzeption und Vorbereitung'* vor allem *organisatorische Aufgaben* im Vordergrund stehen, benötigen die Lernenden in der *Durchführungsphase*, insbesondere zu Beginn eines Lernangebotes, eine intensive Unterstützung im *technischen, sozialen* sowie im *didaktisch-methodischen* Bereich. Der Wunsch nach einer intensiven Unterstützung und einer gewissen Fremdorganisation, gerade zu Beginn eines Blended Learning-Angebotes, scheint den Grundsätzen des Erwachsenen gerechten, selbst gesteuerten Lernens zu widersprechen. Da zu Beginn eines Lernangebotes jedoch nicht alle Lernende über die notwendigen Kompetenzen verfügen, selbst gesteuert zu lernen, benötigen diese – zumindest am Anfang – eine intensive Unterstützung, die schrittweise – entsprechend der wachsenden Kompetenz der Lernenden – reduziert werden kann, beispielsweise indem die Lernenden selber die Moderation von Lerngruppentreffen übernehmen (vgl. Arnold et al. 2004; Hinze & Blakowski 2002; Reinmann-Rothmeier & Mandl 2001; Ziegler, Hofmann & Astleitner 2003).

Abbildung 32 fasst die Aufgabenschwerpunkte von Online-Tutor/inn/en in der Durchführungsphase eines Blended Learning-Angebotes zusammen und veranschaulicht, dass die didaktisch-methodische und soziale Betreuung über das gesamte Lernangebot hinweg außerordentlich wichtig ist. Die besonders zu Beginn eines Lernangebotes hohen Erwartungen an die Intensität der Betreuung, insbesondere im fachlichen und technischen Bereich, nehmen im Verlauf des Lernangebotes ab. Diese Betreuungsbereiche behalten ihre Bedeutung jedoch als Stützpfeiler und stehen den Lernenden im gesamten Verlauf des Lernangebotes bei Bedarf zur Verfügung.

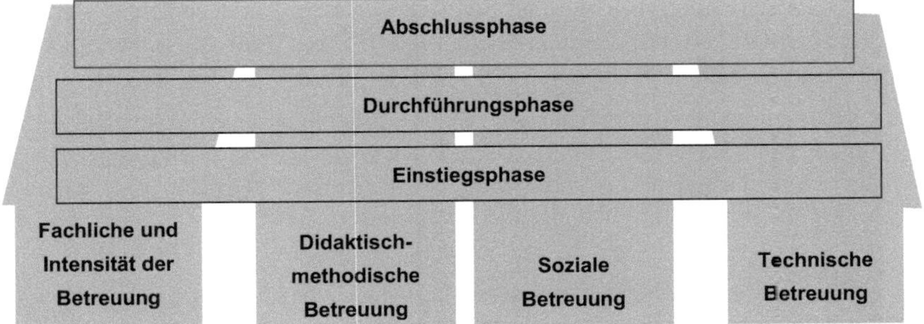

Abbildung 32: Aufgabenschwerpunkte von Online-Tutor/inn/en in der Durchführungsphase

In der Betreuungsphase *‚Nachbereitung und Evaluation'* werden Online-Tutor/inn/en vor allem mit *organisatorischen* Aufgaben konfrontiert. Nach Beendigung eines länger angelegten Blended Learning-Angebotes findet i.d.R. eine Präsenzveranstaltung mit einer Abschlussfeier statt. Da viele Absolvent/inn/en den Kontakt untereinander und zu den Online-Tutor/inn/en aufrechterhalten möchten, sollte eine Netzwerkbildung in Form eines Alumni-Service unterstützt werden. Neben der Organisation der Abschlussveranstaltung und des Alumni-Netzwerkes sind die Online-Tutor/inn/en für die *Reflektion und Evaluation* des Blended Learning-Angebotes verantwortlich.

In diesem Kapitel wurde aufgezeigt, dass die tutorielle Betreuung im Rahmen verschiedener Phasen eines Blended Learning-Angebotes mit neuen Aufgaben und Rollen des Betreuungspersonal verbunden ist. Im Folgenden werden insbesondere die veränderten Anforderungen und Herausforderungen für die Betreuenden, im Vergleich zu den traditionellen Rollen und Aufgaben von Lehrenden, dargestellt.

4.2 Veränderte Rollen und Aufgaben von Lehrenden

4.2.1 Autonomie und Teamarbeit

Insbesondere bei traditionellen Lernangeboten an (Hoch-)Schulen sowie im Rahmen betrieblicher Aus- und Weiterbildungsangebote sind Lehrpersonen i.d.R. weitgehend alleine für die Konzeption, Durchführung und Evaluation eines Lernangebotes sowie für die Bewertung des Lernerfolges verantwortlich. Auf die Unterstützung von Kolleg/inn/en oder technischen Mitarbeiter/inne/n sind die Lehrenden nur in Ausnahmefällen angewiesen (vgl. Kerres 2001a). Insbesondere deutsche Hochschulen sind von der Autonomie der einzelnen Hochschullehrenden geprägt. Da dies als Selbstverständlichkeit betrachtet wird, reagieren sie empfindlich auf Veränderungen, die mit dem Einsatz neuer Medien verbundenen sind (vgl. Kerres 2001b), auch wenn die neuen Anforderungen und Aufgaben (vgl. Kapitel 3.2.4 und Kapitel 4.1) i.d.R. nicht in Eigenregie von einzelnen Personen bewältigt werden können. Zawacki-Richter (2005) weist auf die Schwierigkeiten im Hochschulbereich hin:

> „Das mediendidaktische Design, die Entwicklung und Distribution von Studienmaterialien und Online-Kursen sowie die Unterhaltung der erforderlichen technischen und administrativen Infrastruktur kann ein [...] einzelner Hochschullehrer unmöglich alleine bewältigen." (S. 111).

Die Lehrenden sind daher zunehmend auf die Mitarbeit von Expert/inn/en, insbesondere im technischen Bereich, angewiesen. Dies macht eine Rollendifferenzierung erforderlich, bei der spezielle Expert/inn/en beispielsweise entweder für die

Unterrichtsplanung, für die Medienproduktion oder für die Betreuung von Lernenden verantwortlich sind (vgl. Kerres 2001a). Durch die Arbeitsteilung kann professionelles Handeln und fachliche Qualifikation gewährleistet werden (vgl. Behrendt, Ulmer & Müller-Tamke 2004), da die beteiligten Personen auf dem jeweiligen Fachgebiet mehr Expertise entwickeln können (vgl. Peters 1973 nach Kerres 2001a). Aus der arbeitsteiligen Organisation resultiert einerseits eine höhere Transparenz des gesamten Unterrichtsgeschehens, da zur gemeinsamen Entwicklung die Offenlegung von Inhalten und Methoden erforderlich ist (vgl. Peters 1973 nach Kerres 2001a). Andererseits sind dadurch, dass die Lehrenden zu Mitgliedern in einem Betreuungsteam werden, vielfältige Vereinbarungen und Abstimmungen hinsichtlich der Zuständigkeiten und Verantwortlichkeiten zu treffen (vgl. Kerres 2001b). Lehrende empfinden dies häufig als Einschränkung ihrer Selbständigkeit, woraus eine geringe Akzeptanz und wenig Bereitschaft an der Mitwirkung von Blended Learning-Szenarien resultieren.

Nach Zawacki-Richter (2005) ist die Verschiebung von Verantwortlichkeiten und Funktionen durch einen systematischen und arbeitsteiligen Prozess an internationalen Fernuniversitäten hingegen nicht mehr neu. Als Teil eines Teams, bestehend u.a. aus Inhaltsexpert/inn/en, Multimedia-Produzent/inn/en, Autor/inn/en, Techniker/inne/n, müssen Lehrende bzw. Online-Tutor/inn/en in der Lage sein, intensiv mit anderen Teammitgliedern zusammen zu arbeiten und sich zu koordinieren (vgl. Hinze & Blakowski 2002; Kapitel 5.1). Dies setzt voraus, dass die Hol- und Bringschuld aller Beteiligten genau definiert ist (vgl. Albrecht 2004). Welche Aufgabenbereiche von den Online-Tutor/inn/en wahrgenommen werden und welche zusätzlichen Kompetenzen durch weitere Teammitglieder übernommen werden, ist abhängig von der Betreuungsrelation (vgl. Kapitel 4.2.2) und der Komplexität der Bildungsinstitution (vgl. Kapitel 4.2.3).

4.2.2 Bedeutung der Betreuungsrelation

Ein arbeitsteiliges Vorgehen unterscheidet die Organisation mediengestützter Lernangebote von konventionellen Bildungsinstitutionen (vgl. Peters 1973 nach Kerres 2001a). Bernath und Kleinschmidt (2002) sehen den Vorteil in der arbeitsteiligen Organisation von Betreuung vor allem darin, dass die Effektivität und Effizienz der Betreuung gesteigert werden kann, da die Anzahl der Lernenden nicht mehr unmittelbar von der Anzahl verfügbarer Lehrpersonen abhängt sondern von der Aufnahmefähigkeit des unterstützenden Systems. Durch eine arbeitsteilige Organisation kann dadurch insbesondere die Betreuung einer großen Anzahl von Lernenden bewältigt werden.

Die Entscheidung für eine bestimmte Betreuungsrelation ist eine notwendige Voraussetzung für die Organisation einer effektiven und effizienten Betreuung. Die Möglichkeiten der Betreuungsrelationen im Rahmen von Blended Learning-

Szenarios reichen vom *Online Coaching*[53], bei dem die aktive Aneignung der Lerninhalte über einen am einzelnen Lernenden orientierten Dialog mit einem/r Betreuer/in (1:1 Kommunikation) erfolgt, über das *Online Tutoring* (1:6 bis max. 1:15) bis hin zu Betreuungsrelationen von 1: >100 bei großen Bildungs-institutionen[54].

Die realisierbaren Betreuungsleistungen sind abhängig von der Betreuungsrelation. Beispielsweise ist ein ausführliches, individuelles Feedback auf Lernaufgaben-lösungen bei einem 1:1 bis 1:15 Verhältnis zwischen Lernenden und Online-Tutor/in eher organisatorisch umsetzbar als bei größeren Betreuungsrelationen. Darüber hinaus wirkt sich das Betreuungsverhältnis auch darauf aus, welche Lehr-/ Lernformen und -methoden (vgl. Kapitel 3.2.4) eingesetzt werden können. Insbesondere bei der Betreuung einer großen Anzahl von Lernenden, kann auf Erfahrungen mit berufsbezogenen virtuellen Communities[55] zurückgegriffen werden. Darüber hinaus werden in Kapitel 4.3 und Kapitel 5 verschiedene Betreuungskonzepte vorgestellt.

4.2.3 Grad der Rollendifferenzierung

Je komplexer ein Blended Learning-Angebot ist und je mehr Lernende und Betreuungspersonen involviert sind, desto erforderlicher wird die Ausdifferen-zierung der Aufgaben- und Verantwortungsbereiche, um einerseits eine den Bedürfnissen der Lernenden entsprechende Unterstützung und andererseits eine an-gemessene Arbeitsbelastung der Online-Tutor/inn/en gewährleisten zu können. Auf diese Weise wird verhindert, dass bei Anstieg der Lernendenzahl und steigender Arbeitsbelastung Online-Tutor/inn/en Aufgabenbereiche übernehmen, in denen sie nicht hinreichend kompetent sind (vgl. Caplan 2004). Bei einer arbeitsteiligen Organisation ist zwar auf Grund der verschiedenen Expert/inn/en in einem Betreuungsteam beispielsweise die vollständige Beherrschung der verwendeten Technologie für eine Lehrperson i.d.R. nicht erforderlich. Jedoch sollten die

---

53 Dem individuellen Coaching wird eine stark wachsende Bedeutung prognostiziert (Graf 2003; my-education Consulting 2003), die Kosten übersteigen das durchschnittliche Weiter-bildungsbudget von Arbeitnehmern in Deutschland jedoch in aller Regel deutlich. Es müs-sen andere Wege gefunden werden, um die Vorteile der individuellen Lernbegleitung auch Personen mit geringem Weiterbildungsbudget zugänglich zu machen.

54 z.B. Mega-Fernuniversitäten, die mehrere Hunderttausend Studierende haben (z.B. Television University mit >1 Millionen) (vgl. Albert & Thomas 2000)

55 In virtuellen Netzwerken suchen die Teilnehmer/innen Rat und Hinweise unter Gleichgesinnten, um anfallende Probleme und Aufgaben am Arbeitsplatz optimal zu lösen. So tauschen sich in der Community of practice, „woodwork.de" (http://www.woodwork.de; Stand 14.03.2006), Tischler, Schreiner und Bauherren über die geeigneten Maschinen für das Schleifen von Holzböden aus, während in „sekretaria.de" (http://www.sekretaria.de und http://www.pigpool-online.de; Stand 14.03.2006) von Sekretärinnen Tipps für die Organisation von Workshops oder Hinweise auf günstige Reiseanbieter gesucht (und selbst angeboten) werden. http://www.mmb-michel.de/Bericht_NMB_Expertise_Endfassung_20040906.pdf (Stand 14.03.2006)

Lehrenden ihre Kompetenzen hinsichtlich neuer Technologien weiter entwickeln und in der Lage sein, Stärken und Schwächen der Technologien zu erkennen sowie über die Bereitschaft verfügen, sich mit diesen schrittweise auseinander zu setzen (vgl. O'Quinn & Corry 2004).

Bei großen Organisationen und hohem Personalaufkommen kann für jeden Bereich ein/e Expert/in beschäftigt werden. Sauter und Sauter (2004) veranschaulichen in Abbildung 33 eine mögliche Arbeitsteilung und Differenzierung der Rollen in einem Betreuungsteam.

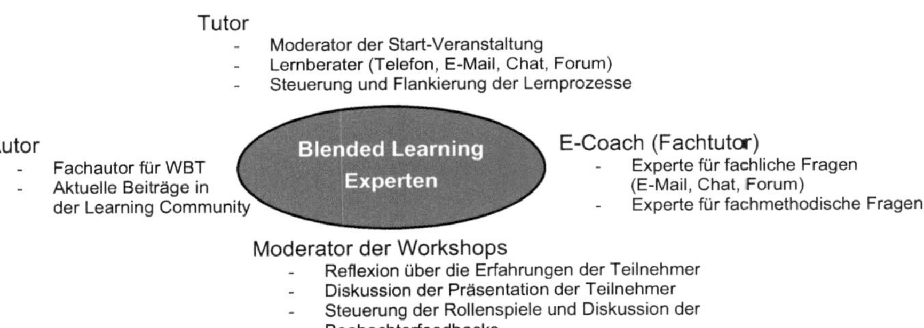

Abbildung 33: Differenzierte Rollen der Blended Learning Experten (Sauter & Sauter 2004, S. 209)

Die Besonderheit hinsichtlich der Rollendifferenzierung an Universitäten besteht darin, dass neben den Hochschullehrer/inne/n zumeist ein wissenschaftlicher Mittelbau zur Verfügung steht. Die anfallenden Aufgaben verteilen sich somit auf Hochschullehrende, deren wissenschaftliche Mitarbeiter/innen und das technische Servicepersonal. Die Professor/inn/en konzipieren beispielsweise die Präsenzveranstaltungen und Online-Module. Für die Umsetzung und Durchführung sowie für die Betreuung der Lernenden sind hingegen die wissenschaftlichen Mitarbeiter/innen verantwortlich. Für den Betrieb der technischen Infrastruktur stehen Medien- und Rechenzentren bereit (vgl. Bremer 2004a; Jechle & Dittler 2004; Abbildung 34).

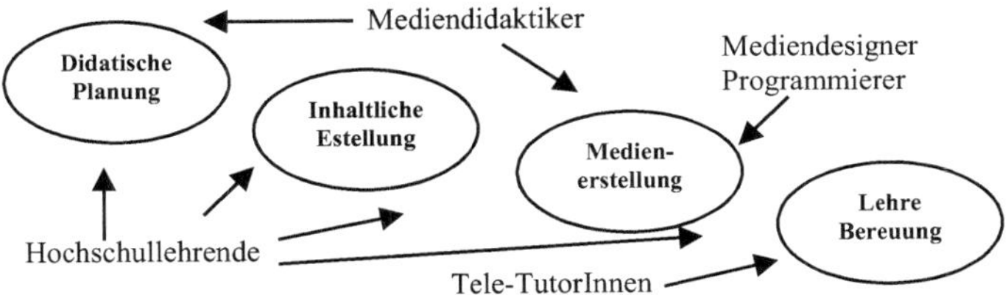

Abbildung 34: ‚Produktionsprozess' netzbasierter Lehre (Bremer 2004a, S. 207)

Auf Grund der unterschiedlichen Personalstruktur an Fachhochschulen und der Ermangelung eines wissenschaftlichen Mittelbaus übernehmen die Professor/inn/en dort die fachliche Betreuung der Studierenden sowie die Konzeption, Erstellung und Durchführung der Präsenz- und Online-Module. Unterstützt werden sie hierbei ggf. durch Studierende im Rahmen von Projektarbeiten (vgl. Jechle & Dittler 2004).

Bei kleinen Bildungsanbietern und einer geringen Anzahl von Lernenden ist eine stark differenzierte Arbeitsteilung meist nicht möglich und nur eine wesentlich eingeschränktere Differenzierung der Rollen und Aufgaben umsetzbar (vgl. Caplan 2004). Als ,Allrounder' übernehmen Online-Tutor/inn/en, neben fachlichen und pädagogischen Aufgaben, zusätzlich auch die technische Unterstützung der Lernenden (vgl. Behrendt, Ulmer & Müller-Tamke 2004). Da bei einer geringen Arbeitsteiligkeit weniger Spezialist/inn/en für die Übernahme der verschiedenen Teilaufgaben erforderlich sind, besteht auch für kleinere (Weiter-)Bildungsein-richtungen die Möglichkeit, als Fernstudienanbieter tätig zu werden (Thach & Murphy 1995 nach Kerres 2001a).

4.2.4 Anforderungsprofile von Präsenz- und Online-Tutor/inn/en

Die traditionelle Rolle des darstellenden, vermittelnden Lehrenden wandelt sich zunehmend hin zu Betreuer/inne/n, deren Aufgabe insbesondere darin besteht, durch lerner- und teamzentrierte Methoden das Lernen gemeinsam mit den Lernenden zu organisieren und diese aktiv zu unterstützen (vgl. Kapitel 3.2.4 und Kapitel 4.1.2).

> „Tutors act more as facilitators and supporters of learners rather than controllers or directors. The responsibility for your learning lies with yourself." (Clarke 2004, S. 24)

Auch wenn lerner- und teamzentrierte Methoden zunehmend an Bedeutung gewinnen, bleibt die Notwendigkeit einer fachlich kompetenten Begleitung des Lernprozesses bestehen. Das Lernen und das Unterrichten beim E-Learning ist nach Anderson (2004) in vieler Weise ähnlich dem Unterrichten im Rahmen traditioneller Präsenzlernangebote.

> „[…] learners' needs are assessed; content is negotiated or prescribed; learning activities are orchestrated; and learning is assessed."[56]

Ein Expert/inn/envortrag, als Beispiel einer tutorzentrierten Methode, bleibt unabhängig davon, ob er im Rahmen einer Präsenz- oder Onlinephase durchgeführt wird, ein wichtiges Element im Rahmen von Blended Learning-Angeboten. Online-Tutor/inn/en vereinen die klassische Rolle von traditionellen Lehrenden mit der

---

56 http://cde.athabascau.ca/online_book/ch11.html (Stand 13.03.2006)

neuen Rolle von virtuellen Lernbegleiter/inne/n und benötigen daher aus beiden Bereichen die erforderlichen Kompetenzen (vgl. Gierke, Schlieszeit & Windschiedl 2003). Nach einer Studie des Bundesinstitutes für Berufsbildung[57] ist die Kompetenz, in Präsenzgruppen professionell arbeiten zu können, eine wichtige Voraussetzung für gute Online-Tutor/inn/en.

„Wer kein gutes Präsenzseminar gestalten kann, wird dies auch virtuell nicht schaffen." (Behrendt, Ulmer & Müller-Tamke 2004, S. 5)

Auch Caplan (2004) betrachtet traditionelle Lehrkompetenzen als gute Basis. Doch obwohl traditionelle Lehrende bzw. Präsenz-Tutor/inn/en über gute Voraussetzungen verfügen, um als Online-Tutor/inn/en zu arbeiten, müssen spezifische Kompetenzen (weiter)entwickelt werden.

„Many of the skills that faculty had honed in face-to-face settings no longer apply online; and some teachers must ‚unlearn' certain teaching methods as much as they need to learn new ones".[58]

Um die unterschiedlichen Anforderungsprofile zu verdeutlichen, zeigt Otte (2002) verschiedene Kompetenzfelder auf und ordnet sie den Anforderungen an Präsenz- und Online-Tutor/inn/en zu (vgl. Tabelle 18).

Tabelle 18: Kompetenzfelder (vgl. Otte 2002, S. 29)

Kompetenzfeld	Ausprägung	Präsenz-Tutor/in *tradiertes* *Fähigkeitsprofil*	Online-Tutor/in *neues* *Fähigkeitsprofil*
Sach- kompetenz	Fachwissen/Spezialwissen	+	0
	Technisches Know-How	-	+
	Pädagogisches Wissen	+	+
Selbst- kompetenz	Eigenes Verhalten validieren	+	+
	Sich zurücknehmen können	-	+
Sozialkompetenz	Kommunikationsstrategien	0	+
	Konflikterkennung	-	+
	Moderation	-	+
Methoden- kompetenz	Arbeitsorganisation	0	+
	Begleitung und Führung von Lernenden	0 -	+ +
	Projektmanagementmethoden	0	+
	Beratungsfähigkeiten Lernprozessgestaltung	+	+
Medien- kompetenz	Navigationstechniken	-	+
	Beherrschung verschiedener Kommunikationswerkzeuge	-	+

Legende: nicht notwendig (-), notwendig (0), von großer Bedeutung (+)

---

57 http://www.bibb.de/de/ (Stand 02.02.2006)
58 http://cde.athabascau.ca/online_book/ch7.html (Stand 25.02.06)

Der Rückschritt im Bereich des Fachwissens wird von Otte (2002) damit begründet, dass Online-Tutor/inn/en durch den Medieneinsatz von der traditionellen, primären Aufgabe der Informationsvermittlung entlastet werden und vor allem die Rolle von Lernbegleiter/inne/n übernehmen (vgl. Kapitel 3 und Kapitel 4.1.2).

Da beim Blended Learning sowohl Präsenz- als auch Onlinephasen zu betreuen sind, erweitert sich der Betreuungsbereich um zusätzliche Aufgaben, entsprechend der eingesetzten Technologien und Methoden sowohl in technischer als auch didaktisch-methodischer Hinsicht. Neben dem Umgang mit den eingesetzten Medien und Methoden müssen Online-Tutor/inn/en mit den vielfältigen didaktischen Besonderheiten und Möglichkeiten des virtuellen Lernens vertraut sein (vgl. Kapitel 3.2.4.1 und Kapitel 4.1.2).

Welche Anforderungen an eine/n Online-Tutor/in gestellt werden und welche Kompetenzen erforderlich sind, um diese zu bewältigen, ist auch abhängig von dem Grad der Arbeitsteiligkeit der Betreuung. Bei einer stark arbeitsteiligen Gestaltung der Betreuung sind Präsenztrainer/innen i.d.R. ausschließlich für die Planung und Durchführung von Präsenzveranstaltungen zuständig. Die Onlinephasen liegen hingegen im Verantwortungsbereich der Online-Tutor/inn/en (vgl. Abbildung 35).

Abbildung 35: Getrennte Aufgaben und Verantwortlichkeiten von Präsenz- und Online-Tutor/inn/en

Abbildung 36 veranschaulicht die Zuständigkeiten der Präsenz- und Online-Tutor/inn/en und die Trennung der Verantwortlichkeiten. Beispielsweise integrieren im universitären Bereich Professor/inn/en Onlinephasen in ihre Präsenzseminare, deren virtuelle Betreuung wird jedoch von Online-Tutor/inn/en übernommen (vgl. Kapitel 4.3). Bei dem Studienprogramm Educational Media der Universität Duisburg-Essen[59] und der virtuellen Fachhochschule Hamburg[60] erfolgt diese Trennung, indem die Professor/inn/en im Rahmen der Präsenzveranstaltungen Vorträge halten, Workshops durchführen und Prüfungen abnehmen. Die virtuelle Betreuung erfolgt hingegen überwiegend durch Online-Tutor/inn/en.

---

59 http://www.uni-duisburg-essen.de (Stand 13.03.2006)
60 http://www.oncampus.de (Stand 13.03.2006)

Durch diese Trennung wird eine kompetente Betreuung gewährleistet, allerdings erfolgt auf Grund der Rollentrennung u.U. keine Kompetenzerweiterung der Präsenz-Betreuenden hinsichtlich des Einsatzes neuer Informations- und Kommunikationsmedien, wodurch ihr Einsatz nicht in beiden Phasen (Online/Präsenz) möglich ist.

Der Tätigkeit studentischer Tutor/inn/en in klassischen universitären Lehrveranstaltungen wird auch beim Blended Learning weiterhin eine hohe Bedeutung eingeräumt, jedoch vermischt sich die klassische Rolle des Lehrenden zunehmend mit den Aufgaben der unterstützenden Tutor/inn/en (vgl. Haussner, Metz & Wippermann 2002). Da jedoch zu den ‚klassischen' Aufgaben von Tutor/inn/en weitere anspruchsvolle Aufgaben- und Betreuungsbereiche hinzukommen, kann die Betreuung nicht mehr ausschließlich durch Studierende erfolgen, sondern erfordert (zusätzlich) entsprechend qualifiziertes Bildungspersonal.

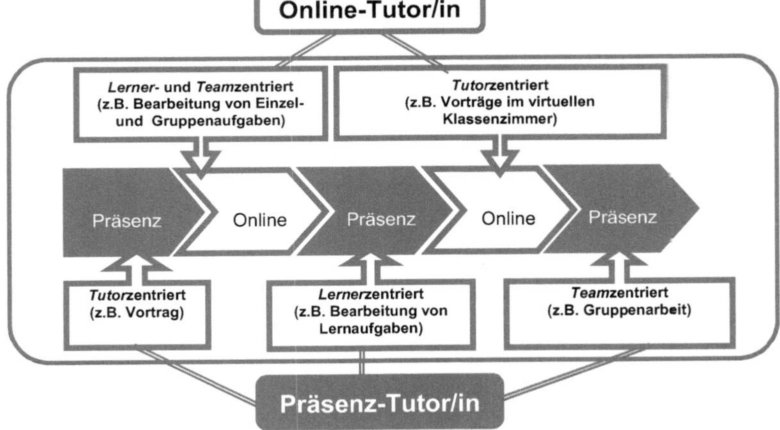

Abbildung 36: Getrennte Rollen der Präsenz- und Online-Tutor/inn/en

Je mehr Betreuung von den Präsenz-Tutor/inn/en übernommen wird und je intensiver die Online-Tutor/inn/en im Rahmen der Präsenzveranstaltung aktiv sind, desto mehr verschmelzen die Aufgaben und Rollen der Präsenz- und Online-Betreuenden miteinander (vgl. Abbildung 37).

Abbildung 37: Verschmelzung der Rollen Präsenz- und Online-Tutor/in

Online-Tutor/inn/en, die sowohl in Präsenz- als auch in Onlinephasen aktiv sind (vgl. Abbildung 38), benötigen einerseits Kompetenzen, die für die Durchführung von Lernangeboten in Präsenzform und andererseits auch für virtuelle Lernangebote erforderlich sind, um die Anforderungen in beiden Bereichen bewältigen zu können.

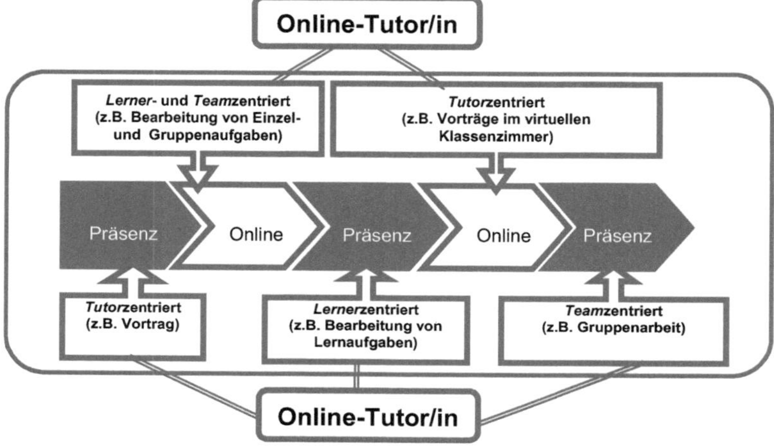

Abbildung 38: Integration der Präsenztutorrollen in die Rollen der Online-Tutor/inn/en

Die Verschmelzung der Rollen von Präsenz- und Online-Betreuenden führt zu einer Kompetenzerweiterung der Betreuenden und zu flexiblen Einsatzmöglichkeiten sowohl hinsichtlich der Präsenz- als auch der Onlinephasen.

4.2.5 Schlussfolgerungen

Es wurden die Möglichkeiten der Rollendifferenzierung zur Bewältigung der Unterstützung einer großen Anzahl von Lernenden dargestellt und aufgezeigt, wie sich die traditionelle Rolle der Lehrenden wandelt. Die Frage der Effizienz und Effektivität mediengestützten Lernens ist für alle Entscheidungsträger und solche, die sich mit der Überlegung tragen, neue Bildungsmedien in Bildungseinrichtungen einzusetzen, von zentraler Bedeutung (vgl. Kerres 2001a). Jedoch wird häufig der hohe Zeit- und Kostenaufwand für die Betreuung und die Bedeutung eines leistungsfähigen Planungs- und Zeitmanagements für den Erfolg eines Blended Learning-Angebotes unterschätzt (vgl. Caplan 2004). Um die Lernenden optimal zu unterstützen und zugleich einen angemessenen Arbeitsaufwand der Betreuenden gewährleisten zu können, ist eine sorgfältige Konzeption der Betreuungskomponente im Rahmen des gesamten didaktischen Konzeptes eines Blended Learning-Angebotes unerlässlich. Im Rahmen dieser konzeptionellen Überlegungen sind u.a. die Zielgruppe, die einzusetzenden Lehr-/Lernformen und

-methoden sowie die zur Verfügung stehenden technischen und personellen Ressourcen zu berücksichtigen. Die Klärung folgender Fragen kann die Grundlage für eine effektive und effiziente Betreuungsorganisation bilden:

- Welche *Erwartungen* haben die Lernenden?
- Wie viele Lernende betreut ein/e Online-Tutor/in (*Betreuungsrelation*)?
- Gibt es einen *technischen Support*? In welchem Umfang? Welche Aufgaben übernehmen die Online-Tutor/inn/en in diesem Bereich?
- Steht ein/e *Sekretär/in* bzw. Verwaltungsangestellte/r für organisatorische Aufgaben (z.B. Verträge abschließen, Informationsmaterial verschicken, Präsenzveranstaltungen organisieren) zur Verfügung? Welche Aufgaben übernehmen die Online-Tutor/inn/en in diesem Bereich?
- Sind (externe) *Autor/inn/en* für die Erstellung, Überarbeitung und Aktualisierung der Lernmaterialien zuständig? Oder sind die Online-Tutor/inn/en für diesen Aufgabenbereich (mit)verantwortlich?
- Werden die Rollen ,*Online-*' und ,*Präsenz-Tutor/in*' getrennt?
- Stehen für inhaltliche Fragen spezielle Fachexpert/inn/en zur Verfügung (*Fachtutor/inn/en*)? Gibt es spezielle Online-Tutor/inn/en, die für die verschiedenen Lerngruppen verantwortlich sind (*Lerngruppentutor/inn/en*)? Oder wird sowohl die fachliche, als auch die Lerngruppenbetreuung ausschließlich von einem bzw. einer Online-Tutor/in übernommen?

Im Folgenden werden Konzepte aufgezeigt, wie die tutorielle Betreuung unter Berücksichtigung dieser Leitfragen organisiert werden kann.

4.3 Konzept des Level Supports

Das Level Support-Konzept stammt aus dem Bereich des IT-Service Managements und bietet Anhaltspunkte, die modifiziert für die Organisation tutorieller Betreuung beim Blended Learning nutzbar gemacht werden können. Die Implementierung eines Level Supports wird im Bereich des IT-Service Managements als eine notwendige Voraussetzung für die zielgerichtete Bearbeitung von Kundenanfragen betrachtet, um qualitativ hochwertige Dienstleistung zu konkurrenzfähigen Preisen anbieten zu können (vgl. Ellis & Kauferstein 2004).

Den Schwerpunkt bildet die Einbeziehung aller verfügbaren Kommunikationswege, um eine möglichst schnelle und kompetente Beantwortung von Kundenanfragen zu erreichen. Das Ziel besteht vor allem in der Verbesserung der Erreichbarkeit, des Kundenkontaktes, der Kundenbindung, Wirtschaftlichkeit und Wettbewerbssituation (vgl. Böse & Flieger 1999).

Im Folgenden werden die Möglichkeiten der Implementierung eines Call Center und des Level Support veranschaulicht und aufgezeigt, wie diese für die tutorielle Betreuung nutzbar gemacht werden können.

4.3.1 Call Center

In der letzten Dekade haben sich Call Center bzw. Communication Center in vielen Organisationen, insbesondere im Kundendienst-Bereich und zunehmend auch im Rahmen von Bildungsorganisationen, zur ersten und zentralen Anlaufstelle für Kund/inn/en entwickelt (vgl. Evanson, Harker & Frei 1998; Woudstra, Huber & Michalczuk 2004).

Ein Communication Center bezeichnet die

> „[…] organisatorische Zusammenfassung von multifunktionalen Arbeitsplätzen mit dem Ziel, die gesamte Kundenkommunikation mit optimalem Servicegrad und optimalen wirtschaftlichen Rahmenbedingungen abzuwickeln." (Böse & Flieger 1999, S. 5)

Es werden verschiedene Möglichkeiten der Nutzung eines Call Center unterschieden, die zumeist in Mischformen umgesetzt werden, beispielsweise die Bestellannahme sowie die Kundenhotline. Es lassen sich drei wesentliche Bereiche eines Call Center unterscheiden (vgl. Friedman 2001 nach Woudstra, Huber & Michalczuk 2004):

- *Kundendienst und -bindung*: Call Center sind der zentrale Kontaktpunkt zwischen Kund/inn/en und Kunden-Service sowie ein Mittel, um ein langfristiges Verhältnis zu den Kund/inn/en aufzubauen und ihre Bedürfnisse zu befriedigen. Dies führt zur Zufriedenheit der Kund/inn/en und auf diese Weise zur Mund-zu-Mund Propaganda.

- *Möglichkeiten des Direct Marketings*: Die Unterstützung durch ein Call Center wird zunehmend als Service betrachtet, der von Kund/inn/en in hohem Maße erwartet wird. Der Kontakt mit den Kund/inn/en, kann dazu führen, dass zusätzliche Produkte und Dienstleistungen in Anspruch genommen werden.

- *Managementinformationsquelle:* Ein Call Center mit guter Software dokumentiert Informationen über Kund/inn/en bzw. Kursteilnehmer/innen, um sie optimal beraten zu können.

Holt (2000) sieht eine Verbindung zwischen der Kundenloyalität und der Zufriedenheit mit dem Erfolg einer Organisation. Durch die technischen

Möglichkeiten der Informationssammlung und des -austausches kann eine optimale Betreuung gewährleistet werden, die zu einer hohen Zufriedenheit und zur Kundenbindung führt (vgl. Woudstra, Huber & Michalczuk 2004).

Durch Call Center können standardisierte Arbeitsabläufe ermöglicht werden, indem durch eine zentrale Anlaufstelle verhindert wird, dass Kund/inn/en vergeblich versuchen, die für sie kompetente Ansprechperson direkt zu erreichen. Solche direkten Kontaktversuche führen bei Erfolglosigkeit einerseits bei den Kund/inn/en und den Mitarbeiter/inne/n zu Frustrationen und andererseits nimmt dieses Vorgehen unnötige Zeit- und Personalressourcen in Anspruch. Die Arbeitsbelastung in einer Organisation kann durch die Einrichtung einer zentralen Anlaufstelle für Kundenanfragen verringert werden. Auf diese Weise wird eine kompetente und schnelle Beratung ermöglicht und die Notwendigkeit der Weiterleitung an andere Ansprechpersonen reduziert (vgl. Woudstra, Huber & Michalczuk 2004; Kapitel 4.3.3). Die erfolgreiche Call Center-Implementierung erfordert jedoch die Entwicklung wirkungsvoller Prozesse und Verfahren und die Nutzung geeigneter Technologien sowie ein gut organisiertes Personaleinsatzmanagement (Evanson et al. 1998 nach Woudstra, Huber & Michalczuk 2004).
Im Folgenden wird die Nutzungsmöglichkeit eines Call Center dargestellt, die vor allem in der Bereitstellung von Hilfeleistungen und Beratung besteht, insbesondere zur Lösung technischer Probleme im Rahmen eines Help Desk (vgl. Böse & Flieger 1999).

4.3.1.1 Help Desk

Ein Help Desk bzw. Service Desk ist im Rahmen eines Call Center der zentrale Anlaufpunkt für Fragen und Probleme. Die Kund/inn/en erwarten bei einem Anruf, dass sie eine umgehende Antwort auf ihr Anliegen erhalten und keine Weiterleitung zu anderen Mitarbeiter/inne/n erforderlich ist. Das Hauptziel eines Help Desk besteht darin, eine schnelle Hilfe für aktuell auftretende Probleme zu bieten (vgl. Rentschler 1998), d.h. möglichst viele Fragen bereits bei der ersten Kontaktaufnahme zu lösen (vgl. Grütter 2005) und somit eine geringe Weitergabe von Problemmeldungen, so genannten ‚Trouble Tickets‘ an nachfolgende Spezialistenteams zu vermeiden (vgl. Rentschler 1998; Kapitel 4.3.3).
Eine zentrale Anlaufstelle für alle Anfragen setzt voraus, dass sowohl Kund/inn/en als auch Mitarbeiter/innen, die bisher zu ihren Ansprechpartner/inne/n direkt Kontakt aufgenommen haben (vgl. Kapitel 4.3.2), diese erste Anlaufstelle auch wirklich nutzen (vgl. Grütter 2005). Bei der Einführung eines Call Center sind daher Maßnahmen zu ergreifen, um zu verhindern, dass weiterhin der direkte Kontakt zu den Expert/inn/en aufgenommen wird (vgl. Grütter 2005; Kapitel 4.3.3).

4.3.1.2 Einsatzmöglichkeiten im Rahmen tutorieller Betreuung

Auch die tutorielle Betreuung, insbesondere einer größeren Anzahl von Lernenden (vgl. Kapitel 4.2.2), kann durch den Einsatz eines Call Center unterstützt und in vielen Bereichen verbessert werden (vgl. Adria & Woudstra 2001; Annand, Huber & Michalczuk 2002 nach Woudstra, Huber & Michalczuk 2004). Die Integration eines Call Center als zusätzliche, indirekte Betreuungskomponente gewährleistet, dass die Lernenden bei Bedarf eine schnelle und kompetente Beantwortung ihrer Fragen und Lösungen für ihre Probleme erhalten. Durch ein Call Center kann zudem eine direkte Betreuung erfolgen, indem die Help Desk-Mitarbeiter/innen mit den Lernenden Kontakt aufnehmen, falls ein Problem nicht direkt gelöst werden konnte bzw. nachfragen, ob die vorgeschlagene Problemlösung zum Erfolg geführt hat (vgl. Grütter 2005; Kapitel 3.3.3.1).

Bei kleinen Bildungsanbietern – mit einer geringen Anzahl von Lernenden und geringen finanziellen Mitteln – ist der Einsatz eines Call Center nicht oder nur mit geringen personellen Kapazitäten umsetzbar (vgl. Kapitel 4.3.3). Insbesondere bei großen Bildungsanbietern ist jedoch auf Grund der großen Rollendifferenzierung (vgl. Kapitel 4.2 und Kapitel 4.3.3) sowie der hohen Anzahl von Lernenden die Integration einer zentralen Anlaufstelle hilfreich und erforderlich, um die große Anzahl von Anfragen schnell und kompetent beantworten zu können. Nach Hitch und MacBrayne (2003) erweitert sich im Bildungskontext das Beratungsspektrum eines Help Desk.

> „Call center staff can also respond to admission requests and course selection queries, monitor enrollment in classes, and provide academic advice, personal assistance, degree audit and financial aid assistance, and an array of other services that students need to complete a course or degree program. (Some call centers include a technical help desk; other institutions maintain the call center and technical help desk separately.)"[61]

Neben dem Beratungsspektrum steigen, durch den höheren Informationsstand auf Grund der technischen Möglichkeiten, die Erwartungen von Kund/inn/en an die Qualität im Kundenservice. Dementsprechend muss auch mit steigenden Erwartungen an die Betreuungsleistungen beim Blended Learning gerechnet werden. Hinsichtlich der Teilnehmerakquise und -bindung im Bildungsbereich sollte berücksichtigt werden, dass vor allem individuelle Lösungen in kürzester Zeit erwartet werden und dadurch eine gute Organisation der Betreuung erforderlich ist.

> „Diese geänderte Erwartungshaltung bringt auch eine neue, sehr kritische Sicht auf den Kundenservice [...] mit sich. Für die Kunden ist ein exzellenter Kundenservice ein auch monetär bewertbares Entscheidungskriterium." (Böse & Flieger 1999, S. 17)

---

61 http://technologysource.org/article/model_for_effectively_supporting_elearning
    (Stand 18.03.2006)

Ebenso wie in Kapitel 4.3.1 dargestellt, wird auch im Rahmen von Bildungs-organisationen die Unterstützung durch ein Call Center bzw. zumindest einer zentralen Ansprechperson zunehmend als Service erwartet. Durch eine zentrale Anlaufstelle kann verhindert werden, dass die Lernenden versuchen, kompetente Betreuungspersonen direkt zu erreichen, da dies bei Erfolglosigkeit unnötige zeitliche Ressourcen strapaziert und dies zu Frustrationen bei den Lernenden und Betreuenden führen kann.

Die Dokumentation und Analyse von Informationen über die Lernenden können zu Betreuungs- und Marketingzwecken genutzt werden. Auf diese Weise wird eine kompetente und schnelle Beratung ermöglicht, die zu einer hohen Zufriedenheit und Teilnehmerbindung führen kann (vgl. Holt 2000 nach Woudstra, Huber & Michalczuk 2004; Kapitel 4.3.1).

In Abhängigkeit von der Größe des Bildungsanbieters und der Betreuungsrelation besteht die Möglichkeit, die Betreuung über nur *eine* (One Level) oder *mehrere Ebenen* (Multiple Level) zu gestalten.

4.3.2 One Level-Support

Erfolgt die Organisation der Betreuung als One Level-Support, stellen die Lernenden ihre Anfragen direkt an die, für diese Fragestellung kompetente Ansprechperson und erhalten von dieser Person eine Rückmeldung. Insbesondere bei traditionellen Lernangeboten an Schulen, Hochschulen und Fernuniversitäten (vgl. Kapitel 5.1) führen die Lehrpersonen ihr Lernangebot weitestgehend autonom durch, doch werden durch den Einsatz neuer Medien weitere Personen an der Betreuung der Lernenden beteiligt (vgl. Kapitel 4.2.1), die bei einem *One Level-Support* bei Bedarf von den Lernenden direkt kontaktiert werden (vgl. Abbildung 39).

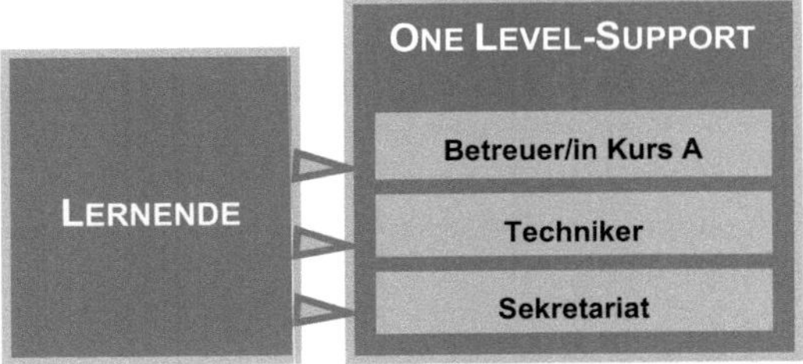

Abbildung 39: One Level-Support

So haben beispielsweise an der Universität Athabasca[62] bis vor einigen Jahren die Lernenden versucht, direkt Kontakt zu den Ansprechpersonen aufzunehmen. Viele Anfragen konnten jedoch nicht beantwortet werden, da nicht die korrekte,

---

62 Athabasca University delivers distance education to students around the world: http://www.athabascau.ca (Stand 18.03.2006)

zuständige Ansprechperson kontaktiert wurde. Da ein solches Vorgehen uneffizient ist und bei Erfolglosigkeit zu Frustrationen führt (vgl. Kapitel 4.3.1), wurden an der Universität Athabasca verschiedene Call Center mit unterschiedlichen Schwerpunkten eingereichtet. Ein spezielles Call Center legt den Fokus auf die Kursteilnehmerunterstützung, eine Informationszentrale bietet die erste Kontakt-Anlaufstelle und ein Help Desk bietet Unterstützung bei technischen Fragen. Durch dieses System kann sichergestellt werden, dass die Lernenden jederzeit eine kompetente Ansprechperson erreichen können. Darüber hinaus sind die Betreuenden nicht mehr wie früher für alle Fragen und Aufgaben einer bestimmten Gruppe (bis zu 40 Personen) zuständig, wodurch die Lernenden nicht mehr auf die Anwesenheit nur einer bestimmten Betreuungsperson angewiesen sind.

> „Tutors are generally available in three-hour blocks once per week. In the call center model, students in a given course are not broken into groups; administrative questions are answered by the undergraduate student advisors, who form tier one of the model; an academic expert role exists purely for answering students' academic content queries; and a specialist marker role has been created to handle marking duties."[63]

Ob die Betreuung im Rahmen eines One Level-Support erfolgen kann oder über mehrere Level erfolgen sollte, ist abhängig von der Betreuungsrelation, den finanziellen und personellen Ressourcen der Bildungsorganisation und der Anzahl der Lernenden (vgl. Kapitel 4.2). Insbesondere kleine Betreuungsorganisationen mit einer geringen Anzahl von Lernenden verfügen nicht über ein Call Center als erste Kontaktstelle (vgl. Kapitel 4.3.1) und müssen im Rahmen eines One Level-Konzeptes umfassend informiert sein, um möglichst viele Fragen aus unterschiedlichen Bereichen beantworten zu können. Da bei einer differenzierten Arbeitsteilung das Verantwortlichkeitsgeflecht leicht unübersichtlich werden kann, sollten die Lernenden bei der Suche nach einer kompetenten Ansprechperson unterstützt werden. Die Kentucky Virtual University[64] bietet den Lernenden beispielsweise die Möglichkeit, ihr Problem in ein Hilfeformular einzugeben. Die Lernenden erhalten daraufhin eine Telefonnummer der entsprechenden Ansprechperson (vgl. Hitch & MacBrayne 2003).

4.3.3 Multiple Level-Support

In der aktuellen Forschungsliteratur wird zunehmend der Two Level-Support (vgl. Arnold, Kilian & Thillosen 2002a) und Three Level-Support (vgl. Wilbers 2001) auf den Bereich der tutoriellen Betreuung übertragen. Eine Betreuung über mehrere Level hinweg ist besonders geeignet, um eine große Anzahl von Lernenden effektiv und effizient zu betreuen.

---

63 http://cde.athabascau.ca/online_book/ch12.html (Stand 18.03.2006)
64 Kentucky Virtual University: http://www.kyvu.org (Stand 18.03.2006)

4.3.3.1 Front Office- und Back Office-Bereiche

Beim Two bzw. Multiple Level-Support erfolgt – in Anlehnung an ein Call Center – eine Bearbeitung von Anfragen seitens der Lernenden über mehrere Level hinweg, d.h. über ein oder mehrere *Front Office-* und *Back Office-Bereiche.*

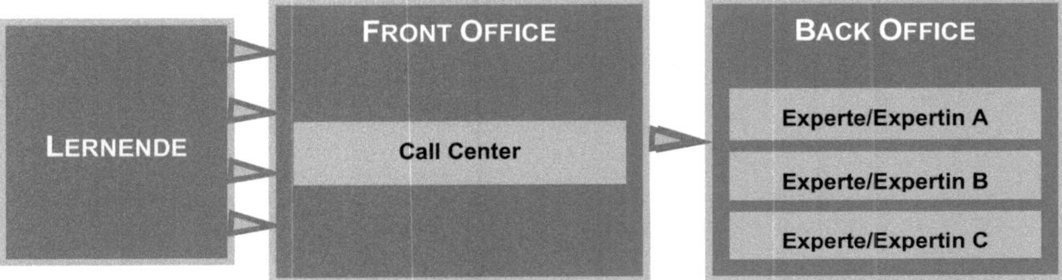

Abbildung 40: Front Office- und Back Office-Bereiche

First Level/ Front Office
Als Front Office wird bei einem Call Center der Bereich bezeichnet, der als erste zentrale Anlaufstelle von eingehenden Anfragen erreicht wird (Help Desk) (vgl. Kapitel 4.3.1.1). Hier stehen Ansprechpartner/innen zur Verfügung, die über die erforderlichen Kenntnisse verfügen, um die meisten Anfragen beantworten oder diese ggf. gezielt weiterleiten zu können (vgl. Bernhard 2004). Eine möglichst große Anzahl von eingehenden Kundenanfragen sollte bereits im First Level abschließend bearbeitet werden (vgl. Böse & Flieger 1999).

Da die Lernenden im Rahmen eines Blended Learning-Angebotes gerade zu Beginn viele Anfragen stellen, sollten die Betreuenden bei der Beantwortung der Anfragen zumindest in bestimmten Kernphasen unterstützt werden (vgl. Caplan 2004). Den First Level-Support könnten fortgeschrittene Studierende übernehmen, indem sie einfache technische und organisatorische Anfragen direkt beantworten und komplexe Fragestellungen an die kompetente Ansprechperson weiterleiten.

Second Level/ Back Office
In den Back Office-Bereich werden die Anfragen weitergeleitet, für die im Front Office kein ausreichender Service gewährleistet werden konnte. Abbildung 41 zeigt eine mögliche Call Center-Lösung, mit einem Front Office- und drei Back Office-Bereichen, die in die Call Center-Organisation integriert sind. Häufig werden Mitarbeiter/innen mit speziellem Fachwissen zu ‚Expertengruppen' im Back Office zusammengefasst.

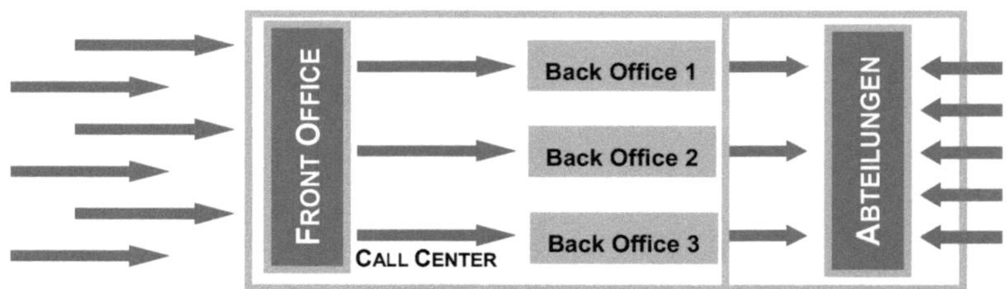

Abbildung 41: Schematische Darstellung einer Call Center-Organisation (Böse & Flieger 1999, S. 134)

Der Vorteil für die Lernenden bei einem Multiple Level-Konzept besteht darin, dass ‚Universalansprechpersonen' im First Level-Support (z.B. studentische Tutor/inn/en oder fachlich qualifiziertes Personal) für alle Fragen zeitnah zur Verfügung stehen. Darüber hinaus wird ihnen abgenommen, die kompetente Ansprechperson für ihr Anliegen selber herauszufinden. Sollte der First Level-Support den Lernenden nicht weiterhelfen können, wird die Anfrage an eine kompetente Ansprechperson im Second Level-Support (z.B. an die Studienberatung oder an entsprechende Fachexpert/inn/en) weitergeleitet. Für die Betreuenden besteht der Vorteil dieses Konzeptes darin, dass sie durch das Filtern von einfachen organisatorischen oder technischen Anfragen deutlich entlastet werden (vgl. Arnold, Kilian & Thillosen 2002a).

Third Level
Das Third Level umfasst beispielsweise die Dienstleistung des Herstellers oder externe Spezialist/inn/en.
Im Folgenden werden verschiedene Third Level-Konzepte mit unterschiedlichen Organisationsmöglichkeiten der Betreuung veranschaulicht:

- **Level 1**:
    - ➢ Kanalisierung von Anfragen (Annahme, kurzfristig telefonische Lösung) (vgl. Neuborn 2004).
    - ➢ Help Desk Mitarbeiter/innen geben den Kund/inn/en einen Lösungsvorschlag für das Anliegen (vgl. Grütter 2005).
- **Level 2**:
    - ➢ interne Servicekräfte und Spezialist/inn/en (Lösung von Problemen und Störungen, deren Bearbeitung weiterführende Kenntnisse und längere Bearbeitungszeiten erfordern) (vgl. Neuborn 2004).

> ➢ Sollte z.B. eine Fehlermeldung häufiger auftreten oder kann der Fehler nicht gelöst bzw. die Anfrage nicht von der ersten Ansprechperson beantwortet werden, muss das Problem an einen Experten bzw. eine Expertin weitergeleitet werden (vgl. Grütter 2005).

- **Level 3**:
  > ➢ externe Servicekräfte und Spezialist/inn/en (produktspezifischer Support als Fremdleistung) (vgl. Neuborn 2004).
  > ➢ In speziellen Situationen, z.B. in denen die Lösung nicht durch unternehmensinterne Ressourcen erarbeitet werden kann, wird das Problem an externe Unternehmen weitergegeben (vgl. Grütter 2005).

Folgendes Beispiel von Wilbers (2001) veranschaulicht einen möglichen Three Level-Ablauf der Betreuung beim Blended Learning im universitären Bereich:

- **Level 1**: sofortige Bearbeitung durch z.B. eine/n Mitlerner/in oder studentische/n Tutor/in
- **Level 2**: Weiterleitung an höher qualifizierte Mitarbeiter/innen (z.B. wissenschaftliche Mitarbeiter/innen)
- **Level 3**: Weiterleitung an die Entwicklungsabteilung, Professor/inn/en, (externe) Expert/inn/en, Techniker/innen etc.

Im Anschluss an die Festlegung der Front Office- und Back Office-Bereiche sind die Zuständigkeiten und deren Funktionen zu definieren, die im Call Center von den Agent/inn/en, über die Gruppenleiter/innen bis hin zum Call Center-Management reichen. Die Voraussetzung für eine optimale Zusammenarbeit zwischen den verschiedenen Level besteht in klaren Strukturen hinsichtlich der Aufgaben und Verantwortlichkeiten eines jeden Teammitgliedes, um die Weiterleitung der Anfragen aus dem Front Office an die korrekte, zuständige Person im Back Office zu gewährleisten (vgl. Kapitel 4.2). Für den Three Level-Ablauf der tutoriellen Betreuung besteht bei Einsatz weniger qualifizierter Ansprechpartner/innen im ersten Level vor allem die Gefahr, dass Fragen nicht kompetent beantwortet werden. Daher ist es erforderlich, zusätzlich qualifizierte Personen als Gruppenleiter/innen einzusetzen (vgl. Böse & Flieger 1999; Kapitel 4.3.3.4).

4.3.3.2 Verhältnis zwischen Lerngruppen- und Fachtutor/in

Wird in einem Betreuungskonzept die Trennung zwischen Lerngruppentutor/inn/en und Fachtutor/inn/en umgesetzt, fungieren die *Lerngruppentutor/inn/en*[65] als First

---

65 Dies können je nach Konzept/Rahmenbedingungen/Institutionen studentische, wissenschaftliche Mitarbeiter/innen bzw. Fachexpert/inn/en sein.

Level-Support und die *Fachtutor/inn/en*[66] als Second Level-Support (vgl. Abbildung 42).

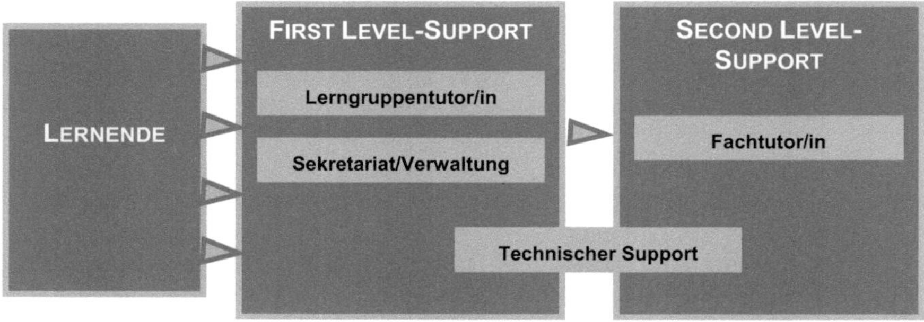

Abbildung 42: Two Level-Support

Nach Busch und Mayer (2002) sowie Sauter und Sauter (2004) hat es sich insbesondere bei zeitlich umfangreichen Bildungsangeboten mit konstanten Lerngruppen (vgl. Kapitel 3.2.3.2) bewährt, die Bereiche der fachlichen Unterstützung und der Lerngruppenbetreuung voneinander zu trennen (vgl. Abbildung 43).

Im Folgenden wird veranschaulicht, wie durch eine Trennung der Aufgabenbereiche die personellen Ressourcen im Betreuungsteam optimal genutzt werden können.

Abbildung 43: Trennung Lerngruppentutor/in und Fachtutor/in

---

66 Dies können je nach Konzept/Rahmenbedingungen/Institutionen studentische, wissenschaftliche Mitarbeiter/innen bzw. Fachexpert/inn/en sein.

Nach Müskens (2001) haben sich Betreuungsrelationen von 1:12 bis 1:15 für Tutor/inn/en bewährt, die etwa 20 Stunden pro Woche in die Online-Betreuung investieren.

„Müssen zu viele Lernenden von einem Tutor betreut werden, so kommt es bei diesem fast zwangsläufig im Laufe des Kurses zur Überlastung und zu Schwächen in der Betreuung." (vgl. Müskens 2001, S. 34)

Um Überlastungen zu verhindern kann beispielsweise die in Abbildung 44 dargestellte Aufgabenverteilung festgelegt werden.

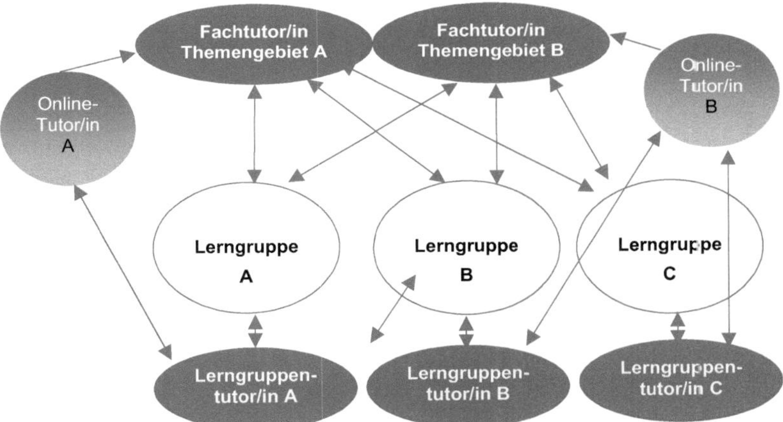

Abbildung 44: Aufgabenverteilung von Lerngruppen- und Fachtutor/inn/en

Bieten Lerngruppentutor/inn/en regelmäßige Lerngruppentreffen an (präsenz und/oder virtuell), die bei berufsbegleitenden Weiterbildungsangeboten überwiegend in den Abendstunden und am Wochenende stattfinden, kann ein/e Online-Tutor/in aus terminlichen Koordinationsgründen nur die Betreuung einer begrenzten Anzahl von Lerngruppen übernehmen. Daher bietet es sich an, durch die fachliche Betreuung eines Themengebietes das Aufgabenspektrum eines Lerngruppentutors bzw. einer Lerngruppentutorin zu ergänzen (vgl. Abbildung 45).

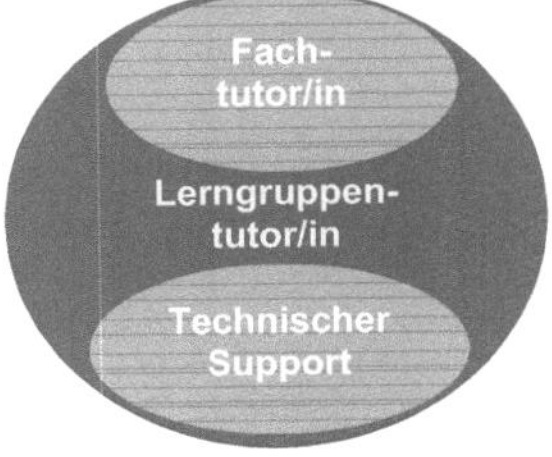

Abbildung 45: Interdependenzen zwischen den Rollen

Durch diese klare Aufgabenverteilung wird gewährleistet, dass – bezogen auf das Beispiel in Abbildung 44 – Online-Tutor/in B ein/e Experte bzw. Expertin im Themengebiet B ist. Darüber hinaus übernimmt Online-Tutor/in B auf Grund der zur Verfügung stehenden zeitlichen Ressourcen die Betreuung von zwei Lerngruppen.

Ein/e Lerngruppentutor/in begleitet ihre bzw. seine Lerngruppe über den gesamten Verlauf des Lernangebotes und je nach aktuellem Themengebiet bzw. Modul, stoßen die entsprechenden Fachtutor/inn/en als Ansprechpartner/innen hinzu.

> „Während ein Tutor als Lernwegbegleiter die Lernprozesse von der Einführungsveranstaltung bis zum Abschluss flankiert, steuern und begleiten die Experten die Lernenden in den jeweiligen Themenphasen." (Sauter & Sauter 2004, S. 210; vgl. Kapitel 5.4)

Die Begleitung durch Fachexpert/inn/en (Fachtutor/inn/en) erfolgt im Rahmen dieses Betreuungskonzeptes durch die Aufbereitung und inhaltliche Betreuung der Kurse bzw. Lernmaterialien. Lernwegbegleiter/innen bzw. Lerngruppentutor/inn/en stehen jedoch im direkten Diskurs mit den Lernenden und benötigen daher auch ein gewisses Fachwissen (vgl. Arnold et al. 2004). Aus den bisherigen Forschungsergebnissen, zu der Frage, inwiefern Lerngruppentutor/inn/en über Fachwissen verfügen sollten, kann geschlossen werden, dass Lernende mit wenig Vorwissen eher von einer fachlichen Betreuung profitieren, als fortgeschrittene Lernende, die mit zunehmender inhaltlicher Expertise primär eine moderierende Betreuung benötigen und i.d.R. selbst den Umfang, die Struktur und die Art des Lerninhalts abschätzen können (vgl. Zumbach 2003[67]).

Nach Sauter und Sauter (2004) vereint sich idealerweise die Rolle von Lerngruppentutor/inn/en und die Rolle von inhaltlichen Expert/inn/en in einer Person. Ein solches Betreuungskonzept eignet sich insbesondere, wenn Lernende in temporären Lerngruppen (vgl. Kapitel 3.2.3.2) ein Lernangebot durchlaufen und sich themen- bzw. modulabhängig im Verlauf des Lernangebotes mehrfach neu zusammensetzen und dementsprechend eine temporäre Lerngruppenbetreuung ausreicht (vgl. Abbildung 46).

---

67 http://www.elearning-expo.de/head_navi/specials/special_05_2003_2.cfm?CFID=20351724&CFTOKEN=178d1aec420b3cc0-6C0738BB-7E90-58FA-8B172FCCD219C87D (Stand 12.10.2005)

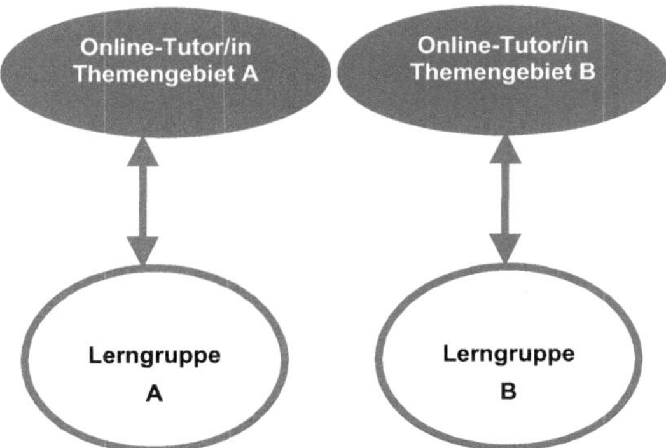

Abbildung 46: Temporäre Lerngruppenbetreuung durch eine/n Online-Tutor/in

Aber auch in diesem Betreuungskonzept, das beispielsweise an der Virtuellen Fachhochschule für Technik, Informatik und Wirtschaft (VFH)[68] (vgl. Kapitel 5.2) umgesetzt wird, erfolgt keine konsequente Trennung zwischen Lerngruppentutor/in und Fachtutor/in, da die Rolle des/der Lerngruppentutors/in entfällt und ein/e Fachtutor/in als Ansprechperson für die Lerngruppe fungiert. Die Betreuung durch eine kontinuierliche Bezugsperson, die eine Beziehung zwischen den Lerngruppenmitgliedern herstellt, ist in diesem Modell nicht vorgesehen.

Die TEIA AG bietet beispielsweise betreutes Online-Lernen an und nimmt eine *Trennung von Fach- und Lernerbetreuung* vor. Die Betreuung im *First Level* bildet die Schnittstelle zwischen Fachtutor/inn/en und Lernenden und steht werktags von 9 bis 18 Uhr für alle Probleme per E-Mail oder Telefon zur Verfügung. Die Fachtutor/inn/en im *Second Level* betreuen die Lernenden von ihrem Heimarbeitsplatz aus. Für jedes Kursthema sind mehrere externe Fachtutor/inn/en verantwortlich, die ihre Online-Zeiten je nach Tagesplanung und Verfügbarkeit in verschiedenen Schichten untereinander aufteilen, um eine Betreuung an allen Kalendertagen im Jahr von 9 bis 22 Uhr inkl. Feiertagen und Wochenenden gewährleisten zu können. Eine zusätzliche, technische Unterstützung leistet der Technik-Support, der online über die Plattform erreichbar ist.[69]

4.3.3.3 Online-Tutor/in als organisatorische/r Vermittler/in

Arbeitsteilige Modelle erfordern Kompetenzen im Bereich Projektmanagement, die zur Koordination und Zusammenführung der unterschiedlichen Aufgaben und deren Verteilung notwendig sind (vgl. Bremer 2004a; Kapitel 4.2). Nach Arnold, Kilian und Thillosen (2002a) und Kohl (2003) gibt es zentrale Schnitt-

---

68 http://www.vfh.de (Stand 18.03.2006)
69 http://www.checkpoint-elearning.de/index.php?aID=1308 (Stand 18.03.2006)

stellenfunktionen, die hierbei von Online-Tutor/inn/en eingenommen werden. Als unmittelbare Ansprechpartner/innen für die Lernenden fungieren sie als ‚Brücke' bzw. ‚organisatorische Vermittler' zwischen den Lernenden, den Autor/inn/en, technischen Expert/inn/en und dem Bildungsträger (vgl. Abbildung 47).

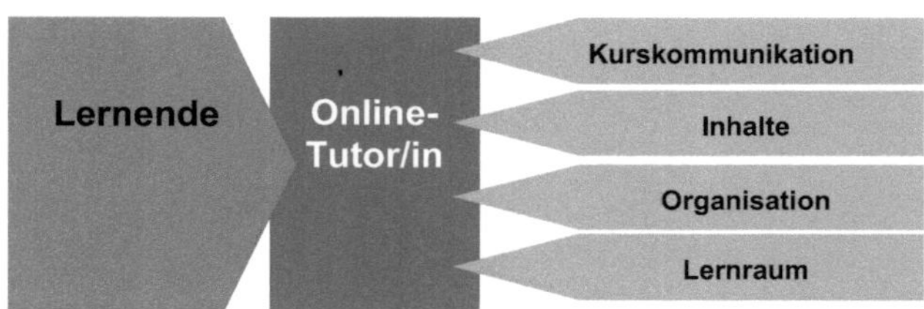

Abbildung 47: Online-Tutor/inn/en als ‚organisationale Vermittler' (Arnold et al. 2004, S. 143)

Arnold et al. (2004) weisen darauf hin, dass diese Schnittstellenfunktion bisher in der aktuellen Forschung zu wenig berücksichtigt wurde. Um sie professionell erfüllen zu können, benötigen Online-Tutor/inn/en klare Vorstellungen über ihre Rollen, Funktionen und Aufgaben (vgl. Kapitel 4.1 und Kapitel 4.2) sowie eine klare Verortung innerhalb des Verantwortungsgeflechtes.

Durch klare Strukturen und die Klärung von Zuständigkeiten und Entscheidungskompetenzen können die personellen Ressourcen effizient genutzt werden. Auch wenn von Bildungsanbietern häufig suggeriert wird, dass Online-Tutor/inn/en den Lernenden rund um die Uhr zur Verfügung stehen, ist dies nur begrenzt realisierbar (vgl. Kapitel 4.3.1.2 und Kapitel 4.3.2). Online-Tutor/inn/en benötigen ein klar umrissenes Tätigkeitsprofil, damit sie ihre Aufgaben planen, sich ihre Arbeitszeit einteilen und Aufgaben, die nicht in ihren Verantwortungsbereich fallen, ablehnen bzw. weiterleiten können (vgl. Markowski & Nunnenmacher 2003). Die Zuständigkeitsbereiche sind sowohl gegenüber den Lernenden, als auch innerhalb des Betreuungsteams transparent zu machen. Auf diese Weise lässt sich ein zusätzlicher Arbeitsaufwand verhindern und Online-Tutor/inn/en werden beispielsweise von den Lernenden nicht mit persönlichen Sekretär/inn/en verwechselt.

> „Eine solche Anspruchshaltung ist für Tutor(inn)en frustrierend und demotivierend und (da sie nicht erfüllt werden kann) für den Teilnehmer ebenfalls. Auch die Bildungseinrichtung ist deshalb gefordert, die Rolle und Aufgabe des Tutors klar abzugrenzen." (Markowski & Nunnenmacher 2003, S. 166)

Die Transparenz der Zuständigkeitsbereiche und die erforderliche enge Abstimmung im Betreuungsteam (z.B. über eine einheitliche Vorgehensweise) (vgl. Hinze & Blakowski 2002) erfordert eine ausreichende Versorgung mit relevanten Informationen (z.B. über die Struktur der Organisation und des Bildungsangebotes, Verantwortungsbereiche aller Mitarbeiter/innen, Ansprechpartner/innen für Online-

Tutor/inn/en und Lernende sowie über Kurse, Module und Gestaltungsspielräume) (vgl. Arnold et al. 2004). Zur Qualitätssicherung des Lernangebotes – insbesondere wenn die Mitglieder eines Betreuungsteams nicht an einem Ort tätig sind – ist ein transparenter Informationsfluss (z.B. durch regelmäßige Meetings) zu gewährleisten, um einen gemeinsamen Austausch über Ideen zur Modulverbesserung und die Klärung allgemeiner Fragen zu ermöglichen (vgl. Arnold et al. 2004; Markowski & Nunnenmacher 2003). Darüber hinaus verhindern regelmäßige Besprechungen, dass die – häufig nebenberuflich von ihrem Heimarbeitsplatz aus tätigen – Online-Tutor/inn/en ihre Arbeit nicht als einsame Schreibtischtätigkeit empfinden (vgl. Markowski & Nunnenmacher 2003). Zusätzlich zu den Präsenzmeetings können alle internen und externen Online-Tutor/inn/en sowie weitere Mitglieder des Betreuungsteams durch ein Instant Messaging System online miteinander vernetzt werden, wodurch eine synchrone und unkomplizierte Kommunikation ermöglicht wird.

Nicht immer reicht das Fachwissen eines Mitarbeiters bzw. einer Mitarbeiterin aus, um eine umgehende und abschließende Bearbeitung des Anliegens zu gewährleisten. Um eine möglichst hohe ‚Sofortlösungsquote‘ der Anfragen in einem Call Center zu erreichen (vgl. Kapitel 4.3.1) benötigen die Mitarbeiter/innen zeitnah alle relevanten Informationen. Dies kann durch den Aufbau eines effektiven Informationsmanagement ermöglicht werden, beispielsweise durch die Nutzung einer speziellen Software, die den Aufbau von so genannten Wissensdatenbanken unterstützt. In einem Datenpool werden u.a. technische Problemlösungen gesammelt, auf die bei Bedarf direkt zugegriffen werden kann. Obwohl der Aufbau einer solchen Wissensdatenbank und eines effektiven Informationsmanagements mit einem erheblichen Aufwand verbunden ist, bietet die konsequente Umsetzung eine Reihe von Vorteilen für die Organisation (z.B. eine steigende Sofortlösungsquote, geringere Einarbeitungs- und Schulungszeiten der Mitarbeiter/innen, eine sichere Archivierung von Informationen, eine höhere Effizienz beim Informationsaustausch und eine höhere Flexibilität sowie letztendlich auf diese Weise Kosteneinsparungen).

4.3.3.4 Integration von fortgeschrittenen Lernenden und Absolvent/inn/en

Zur personellen Unterstützung des Betreuungsteams können fortgeschrittene Lernende und/oder Absolvent/inn/en mit tutoriellen Aufgaben betraut und als Help Desk-Mitarbeiter/innen im First Level eingesetzt werden (vgl. Kapitel 4.3.1). Tausch und Tausch (1998) sehen für die Help Desk-Mitarbeiter/innen folgenden Vorteil:

„Die Tutoren[70] selbst werden durch ihre Tätigkeit in ihrer eigenen Persönlichkeitsentwicklung, insbesondere in ihrer Selbstachtung gefördert. Sie erfahren den Wert ihrer Person, indem sie anderen in Schwierigkeiten helfen." (Tausch & Tausch 1998, S. 292)

Beim Online-Kurs ‚eCF-get involved in Corporate Finance' im Rahmen des Swiss Virtual Campus[71] wird eine Gruppe von max. 24 Studierenden von einem/r studentischen Online-Tutor/in betreut. Die studentischen Online-Tutor/inn/en werden aus dem Pool der Studierenden eines höheren Semesters rekrutiert, was den Vorteil bietet, dass ihre Betreuungsleistung lediglich durch die Vergaben von Leistungspunkten (Credit Points) honoriert wird. Darüber hinaus verfügen sie über die benötigten Fachkenntnisse. Zuvor werden die Studierenden jedoch auf ihre online-tutoriellen Aufgaben in einer mind. zweitägigen Ausbildung vorbereitet. Die studentischen Online-Tutor/inn/en sind verantwortlich für die Betreuung der Studierenden in fachlicher, sozialer und administrativer Hinsicht und sind Bindeglied zwischen den Studierenden und den Dozent/inn/en (‚Head-Coach'[72], der bzw. die für weitergehende Fragen und bei Problemen zuständig ist) (vgl. Lautenschlager, Albione & Grund 2002).

Eine weitere Möglichkeit um Studierende mit Aufgaben der tutoriellen Betreuung zu betrauen besteht darin, dass sog. ‚Mediatutor/inn/en' die Hochschullehrenden bei der Vorbereitung, Durchführung und Nachbereitung virtuell und/oder multimedial angereicherter Präsenzlehre unterstützen und entlasten, indem sie in erster Linie für den technisch reibungslosen Ablauf der Veranstaltung sorgen und für andere Studierende als Ansprechpartner/innen insbesondere bei technischen Problemen zur Verfügung stehen. Darüber hinaus übernehmen sie die Moderation der virtuellen Kommunikation (vgl. Haussner, Metz & Wippermann 2002). Bei diesem Betreuungskonzept besteht jedoch die Gefahr, dass die Kompetenzentwicklung der Lehrenden im Bereich neuer Medien verhindert wird, indem die neuen Anforderungen durch Informations- und Kommunikationstechnologien auf eine zusätzliche Person übertragen werden (vgl. Kapitel 4.2).

Fortgeschrittene Lernende und Absolvent/inn/en eines Blended Learning-Angebotes können – in Anlehnung an das ‚Mentoring'[73] in Organisationen – im Rahmen eines virtuellen Alumni- bzw. Mentoriatsraumes bzw. einer Community[74]

---

70 Die Bezeichnung ‚Tutor/inn/en' bezieht sich in diesem Zusammenhang auf die Help Desk-Mitarbeiter/innen
71 http://www.virtualcampus.ch/display.php?lang=2 (Stand 18.03.2006)
72 i.d.R. wissenschaftliche/r Mitarbeiter/in
73 bei denen ein älteres Organisationsmitglied (welches nicht der/die Vorgesetzte ist) ein jüngeres Mitglied – in einer längerfristigen Beziehung vor dem Hintergrund seines Erfahrungswissens und mit dem Ziel der Sicherung und Weitergabe dieses Wissens – berät (vgl. Wilbers 2001)
74 Eine virtuelle Gemeinschaft, die sich regelmäßig online trifft, um über gemeinsame Interessen zu diskutieren (vgl. Nübel 2005)

die tutorielle Betreuung unterstützen und die Erfahrungsweitergabe zwischen fortgeschrittenen Lernenden bzw. Absolvent/inn/en und Lernenden fördern.

Da im Rahmen von Communities soziale Austauschprozesse stattfinden, die zu Lernprozessen führen können, nimmt die Bildung von Communities nach Nübel (2005) eine bedeutsame Rolle für Lern- und Wissensprozesse ein. Grundvoraussetzung für das Funktionieren einer Community ist die Bereitstellung verschiedener Kommunikationswerkzeuge. In einer ‚Learning Community' bringen die Lernenden ihr Wissen ein und tauschen es untereinander aus, wodurch sich das eigene Wissen und das Wissen der Anderen weiter entwickeln kann. In einer ‚Community of Practice' findet ein freiwilliger, informeller Austausch über gemeinsame Interessen und Arbeitspraktiken statt.

Ehemalige Studierende können auf diese Weise als ‚professionelle Bezugsgruppe' fungieren und beispielsweise als erfahrene Berufskolleg/inn/en angesprochen werden, die den Transfer der Inhalte auf das eigene Berufsfeld unterstützen. Diese Beziehung ist jedoch weder eine klassische, längerfristige Mentor-Mentee-Beziehung, noch erfüllt sie den Grundgedanken des dauerhaften Austausches in einer Community, wenn die Beziehung nur bei Bedarf hergestellt wird. Insbesondere wird dieser Austausch von den Lernenden vor allem im Bereich Lernplanung genutzt (z.B. Fragen zu Lerntechniken, -ressourcen und Finanzierung, Zeitmanagement, Prüfungsvorbereitung, Studienorganisation). Aber auch eine fachliche Betreuung ist möglich, indem beispielsweise fortgeschrittene Lernende als Fachexpert/inn/en fungieren.

Die Lernenden bzw. Absolvent/inn/en sind zwar bereit ihre vielfältigen Kompetenzen in die Lerngemeinschaft einzubringen, um hierfür u.a. Wertschätzung zu erfahren, jedoch erfordern inhaltliche Anfragen zeitaufwändige Formulierungen von Rückmeldungen, wodurch die Antwortquote sehr gering ist (vgl. Arnold 2000).

Nachdem anhand des Level Support-Konzeptes verschiedene Betreuungskonzepte und deren Organisationsmöglichkeiten vorgestellt wurden, werden zu deren Veranschaulichung im Folgenden verschiedene Beispiele aus der Praxis aufgezeigt.

5 Betreuungskonzepte: Beispiele aus der Praxis

Anhand verschiedener Einsatzbeispiele aus der Praxis werden im Folgenden die vorgestellten Betreuungskonzepte veranschaulicht.

5.1 Internetunterstützte mentorielle Betreuung im Fernstudium

Im Folgenden werden die Veränderungen der Betreuung beim traditionellen Fernstudium durch internetgestützte Betreuungsmöglichkeiten aufgezeigt und die Konsequenzen für die Betreuungsorganisation dargestellt.

5.1.1 Von der traditionellen zur internetunterstützten Betreuung im Fernstudium

Durch die räumliche Distanz zwischen den Lernenden und der betreuenden Institution beim traditionellen Fernstudium (vgl. Kapitel 3.1) zerfällt die Informations- und Kommunikationskomponente in zwei Subsysteme, die bei Präsenz-Lernangeboten auf natürliche Weise integriert sind (vgl. Abbildung 48).

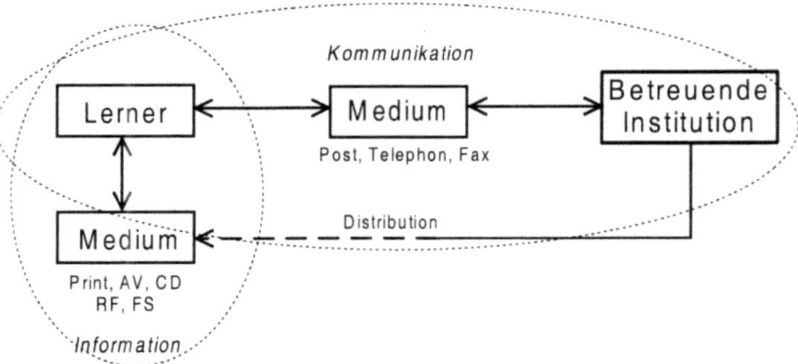

Abbildung 48: Konventionelles Fernstudium (Kerres 2001a, S. 303)

Ein Subsystem distribuiert i.d.R. Informationen (Lernmaterialien) und im Rahmen des anderen Subsystems erfolgt die Kommunikation überwiegend in Form einer postalischen Korrespondenz, indem die Lernenden Einsendeaufgaben an eine Betreuungsperson schicken und daraufhin eine Rückmeldung zu ihrer Lösung erhalten. Darüber hinaus finden in regionalen oder betrieblichen Bildungszentren bzw. Studienzentren Präsenztreffen u.a. zur persönlichen Studienberatung statt (vgl. Kerres 2001a).

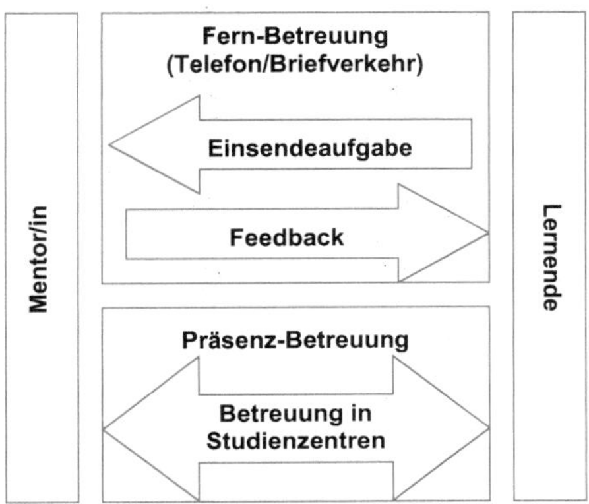

Abbildung 49: Betreuung im traditionellen Fernstudium

Beim traditionellen Fernstudium ist der Kontakt (überwiegend postalisch oder telefonisch) zwischen den Lernenden und Betreuenden eher gering und führt häufig zu einer ‚Vereinsamung' der Lernenden, die mit einer hohen Abbrecherquote verbunden ist (vgl. Kerres 2001a; Kapitel 2). Astleitner (2002) sowie Herrmann und Barz (2002) weisen darauf hin, dass neben einer unzureichenden Betreuung auch eine unangemessene, der Lehr-/Lernsituation nicht angepasste Form der tutoriellen Betreuung, zu hohen Drop Out-Quoten führen kann. Es sind daher Maßnahmen zu ergreifen, um das vorzeitige Ausscheiden von Lernenden zu verhindern. Lösungsansätze werden in einer Verbesserung der Lernbedingungen durch die Bildung von Lerngruppen und durch eine intensive, den Bedürfnissen der Lernenden angepasste Betreuung gesehen (vgl. Peters 1997; Kapitel 3.3.3). Vor allem US-amerikanische Institutionen bieten den Lernenden ein umfassendes und intensives Beratungsangebot, um die Drop Out-Quote möglichst gering zu halten und eine starke Kundenbindung herzustellen (vgl. Kapitel 4.3). Zumeist werden die Betreuenden erst aktiv, wenn die Lernenden Betreuungsleistungen einfordern oder sich Schwierigkeiten andeuten (vgl. Kapitel 3.3.3.1). Bei Bedarf können die Lernenden direkt den Kontakt zu den Personen, die für die Produktion von Medien verantwortlich sind, zu Mentor/inn/en oder zu den Personen, die für die Koordination der kommunikativen Aktivitäten zuständig sind, herstellen (vgl. Kapitel 4.3.2) (vgl. Kerres 2001a).
Durch die Weiterentwicklung des Fernstudiums, unter Einbeziehung des Internets, soll die Betreuung der Lernenden verbessert und der vergleichsweise isolierten Situation im konventionellen Fernstudium entgegengewirkt werden (vgl. Kerres 2001a). Im Gegensatz zum traditionellen Fernlernen bieten die neuen synchronen und asynchronen Informations- und Kommunikationstechnologien vielseitige, schnelle und kostengünstige Möglichkeiten der Kommunikation und Interaktion

zwischen der betreuenden Einrichtung und den Lernenden und dadurch eine deutlich stärkere persönliche Einbindung der Lernenden (vgl. Kerres, Nübel & Grabe 2004; Ngwenya, Annand & Wang 2004). Garrison (1989) weist darauf hin, dass durch die Möglichkeit der Zweiwegkommunikation die zeitliche Trennung zwischen den Lernenden und Lehrenden verringert wird. Trotz der räumlichen Entfernung haben die Lernenden vielfältige Möglichkeiten zur Verfügung zeitgleich miteinander und mit den Lehrenden zu diskutieren und ihr Wissen zu strukturieren (vgl. Ngwenya, Annand & Wang 2004).

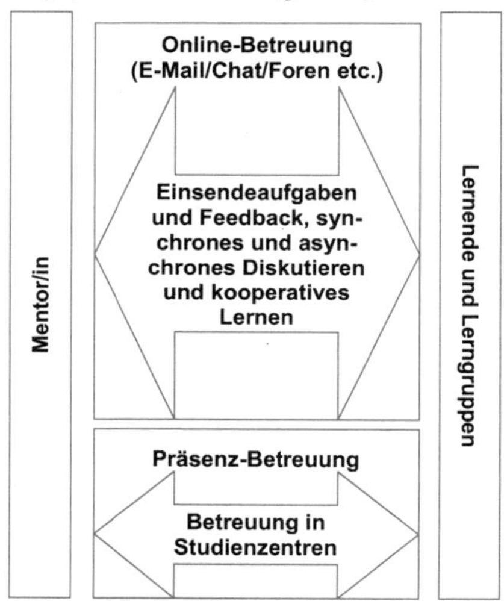

Abbildung 50: Online-Betreuungselemente bei der Fernstudium-Betreuung

Durch die größere Auswahl zur Verfügung stehender Medien können Entscheidungen hinsichtlich der Medienwahl gezielt und unter Betrachtung verschiedener didaktischer Gesichtspunkte getroffen werden (vgl. Kapitel 4.1.2.1). Neben diesen und weiteren neuen Anforderungen und Aufgaben (vgl. Kapitel 4.1) besteht eine häufige Sorge der Lehrenden darin, durch die neuen Technologien mit Anfragen von Lernenden überhäuft zu werden. Hier müssen neue organisatorische Lösungen zur Entlastung der Lehrenden gefunden werden, wie beispielsweise im Rahmen eines Multiple Level-Support durch die Einbindung fortgeschrittener Lernender in das Betreuungsteam (vgl. Kapitel 4.3.3.4). Darüber hinaus ist die komplexe Verwaltung und Technik ein weiterer Grund für eine weiterhin starke Arbeitsteilung (vgl. Kapitel 4.2). Ebenso wie beim traditionellen Fernlernen sind Personen entweder für die Produktion von Medien oder für die Koordination der kommunikativen Aktivitäten verantwortlich (vgl. Kerres 2001a). Auch wenn sich die inhaltlichen Aufgaben der Fernstudienorganisation nicht ändern, eröffnet sich die Möglichkeit einer gewissen Aufhebung der hohen Arbeitsteiligkeit von

Fernstudiensystemen im Gegensatz zu Präsenzeinrichtungen, die sich als Folge der Aufspaltung der Informations- und Kommunikationskomponente bei der Unterrichtsvorbereitung und -durchführung ergibt (vgl. Kerres 2001a; Peters 1973). Bei der Organisation des Online-Lernens lässt sich die Arbeitsteiligkeit gegenüber des konventionellen Fernstudiums – wenn auch nur in einem geringen Umfang – reduzieren, da Autor/inn/en eines Kurses auf Grund der technischen Möglichkeiten wesentlich einfacher gleichzeitig auch die Funktion von Betreuenden sowie Prüfer/inne/n übernehmen können (vgl. Kerres 2001a). Zawacki (2002) vertritt jedoch die Auffassung, dass nicht alle und insbesondere nicht die qualifiziertesten Expert/inn/en, die für die Erstellung von Studienmaterialien verantwortlich sind, auch gleichzeitig für die tutorielle Betreuung der Lernenden verantwortlich sein sollten (vgl. Kerres 2001a). Nach Bernath und Kleinschmidt (2002) sollten Mentor/inn/en für ihren Kurs sowohl die Onlinephasen als auch die Präsenzveranstaltungen betreuen (vgl. Kapitel 4.2.4), da die im Rahmen der Präsenzveranstaltungen gewonnenen Erfahrungen die Qualität der Betreuung in den Onlinephasen (und umgekehrt) erhöhen kann.

5.1.2 Konzepte internetgestützter mentorieller Betreuung

Mit den Möglichkeiten der neuen Informations- und Kommunikationstechnologien wird eine reduzierte Skalierbarkeit erkauft (vgl. Peters 1997 nach Zawacki 2002). Die großen Fernuniversitäten sind zwar auf Massenstudierende und insbesondere im Vergleich zu Präsenzuniversitäten auf Fernlernende eingestellt (vgl. Kerres, Nübel & Grabe 2004), stehen aber nach Zawacki (2002) nun vor der Herausforderung, diese Betreuungsangebote der Nutzung neuer Informations- und Kommunikationstechnologien anzupassen. Um die Möglichkeiten des Internets zur Unterstützung der Lernenden nutzbar machen zu können, müssen neue Formen der internetgestützten, mentoriellen Betreuung entwickelt werden. Diese sollte sich jedoch nicht nur auf die bloße Beantwortung von Anfragen beschränken. Durch regelmäßige und wohldosierte fachliche Inputs können Mentor/inn/en die Lernenden zu virtuellen Diskussionen aktivieren (vgl. Kapitel 4.1.2).

Zur Bewältigung der Interaktion zwischen Mentor/inn/en und Lernenden und auch zwischen den Lernenden, ist – ab einer noch zu bestimmenden Obergrenze – eine Teilung der Gesamtgruppe in kleinere Lerngruppen (Größenordnung von ca. 30 bis 50 Lernende) und dadurch u.U. die Kooperation von zwei oder drei Mentor/inn/en erforderlich, um eine schnelle und kompetente Betreuung gewährleisten zu können (vgl. Bernath & Kleinschmidt 2002). Eine solche Betreuung verursacht jedoch hohe Personalkosten und ist in dieser Weise kaum für die Betreuung einer sehr großen Anzahl von Lernenden umsetzbar (vgl. Peters 1997 nach Zawacki 2002; Kapitel 4.2.2). Unter Berücksichtigung der Erwartungen, Bedürfnisse und Schwierigkeiten der Lernenden (vgl. Kapitel 3.3.3) ist daher bei der Betreuungsorganisation zu überlegen, wie auch größere Gruppen von Lernenden unter

Berücksichtigung der zur Verfügung stehenden Ressourcen möglichst optimal betreut werden können.

Eine dauerhafte mentorielle Betreuung im Internet kann i.d.R. nicht alleine von einzelnen Fernstudienzentren geleistet werden. Daher ist der Aufbau eines effizienten Betreuungssystems und eine Kooperation mehrerer Institutionen erforderlich, um beispielsweise eine gemeinsame technische Infrastruktur aufzubauen, zusammen arbeitsrechtliche Regelungen u.a. für die Vergütung mentorieller Betreuung im Internet zu erarbeiten, die zumeist von nebenberuflich tätigen Mentor/inn/en in Heimarbeit durchgeführt wird (vgl. Bernath & Kleinschmidt 2002).

Zawacki (2002) unterscheidet zwei mögliche Betreuungskonzepte:

Betreuungskonzept 1
Wie im traditionellen Fernstudium wird viel Aufwand in die Produktion und Distribution von hochwertigen Studienmaterialien investiert, die von Tutor/inn/en begleitet werden. Der eigentliche Lernprozess wird jedoch durch das Lernmaterial strukturiert und der Einsatz eines Computerconferencing erfolgt lediglich als ein weiterer möglicher Support-Kanal.
Hinsichtlich der tutoriellen Betreuung ändert sich wenig, jedoch wird sie schneller und flexibler. Insbesondere ist dieses Modell gekennzeichnet durch den *one-way* Charakter der Präsentation, durch expositorisches Lehren und rezeptives Lernen sowie den intensiven Einsatz von Multimediatechnologie. Besonders geeignet ist dieses Konzept für relativ große Gruppen (>30) und bei Lernangeboten, bei denen das selbst gesteuerte Lernen im Zentrum steht.[75]

Betreuungskonzept 2
Der Lern-/Lehrprozess und die Interaktion wird von den Tutor/inn/en selbst und nicht von dem vorgefertigten Studienmaterial bestimmt. Dieses Konzept ist gekennzeichnet durch den *two-way* Charakter der Kommunikation, durch die Betonung des explorativen und autonomen Lernens und den sparsamen Einsatz von Multimediatechnologie. Besonders geeignet ist es für kleinere Gruppen (<30) und kollaboratives Arbeiten.[76] Dieses Betreuungskonzept ist insbesondere hinsichtlich der kommunikativen Elemente und der didaktischen Möglichkeiten interessant, da hier nicht das Lernmaterial, sondern der Seminarprozess im Vordergrund steht. Auf diese Weise kann eine Nähe geschaffen werden, wie sie dem Präsenzlernen

---

75 Dieser Typ wird auch als „cmc-added" on (Thorpe 2001) oder „broadcast model" (Allen 2001) bezeichnet.
76 Diese Form des Fernstudiums wird auch als „integrated wholly online teaching" (Thorpe 2001) oder als „interactive model" (Allen 2001) bezeichnet.

gleichkommt bzw. an Interaktion sogar übertrifft (vgl. Bernath & Rubin 1999 nach Zawacki 2002).[77]

Im Studiensystem der FernUniversität in Hagen wurden am Fernstudienzentrum der Universität Oldenburg bereits Erfahrungen mit diesen beiden Betreuungskonzepten gesammelt. Während die traditionelle Betreuung der Lernenden hauptsächlich kompakt im Rahmen von Abend- und Wochen(end)-Präsenzveranstaltungen erfolgte, kann durch das Internet diese räumliche Distanz überwunden und die Betreuung zeitnah zum Studienverlauf angeboten werden. Auf diese Weise können traditionelle Präsenzveranstaltungen mit einer internetbasierten Betreuung kombiniert werden. Der Veranstaltungstyp ‚Mentorielle Betreuung im Internet (MBI)' hat zu einer neuen Gewichtung der Veranstaltungsformen im Veranstaltungsmix der Fernstudienzentren geführt. Einige Funktionen der regelmäßig stattfindenden, abendlichen Veranstaltungen werden von internetbasierten Betreuungsformen übernommen. Mentor/inn/en beantworten Fragen beispielsweise in einem Forum und regen durch fachliche Inputs die Diskussionen der Lernenden an, erläutern Zusammenhänge, zeigen den roten Faden auf und geben Beispiele. Da die Mentor/inn/en nicht an den Prüfungen beteiligt sind, kann sich zwischen ihnen und den Lernenden ein Vertrauensverhältnis entwickeln. Die Kombination der Betreuung über das Internet mit einer kompakten Wochenendseminarveranstaltung zur abschließenden Prüfungsvorbereitung, scheint auf Grund der bisher gewonnenen Erfahrungen für viele Studierende eine attraktive Kombination zu sein. Die Koordination der Betreuung erfolgt durch hauptamtliche Koordinatoren und die mentorielle Betreuung durch zumeist nebenberufliche Mentor/inn/en. Der erhöhte Aufwand für die internetbasierte mentorielle Betreuung kann auf Dauer dadurch gesenkt werden, dass beispielsweise im Laufe der Diskussion herausgearbeitete Beiträge wieder verwendet werden (vgl. Bernath & Kleinschmidt 2002; Kapitel 4.1.2).

5.2 Virtuelle Fachhochschule für Technik, Informatik und Wirtschaft

Die Virtuelle Fachhochschule für Technik, Informatik und Wirtschaft (VFH) ist ein Verbund mehrerer Fachhochschulen, in dem verschiedene Online-Studiengänge angeboten werden (z.B. Medieninformatik und Wirtschaftsingenieurwesen). Die Betreuung der Lernenden findet im Rahmen der Präsenz- und Onlinephasen statt.

---

77 Analog zu den beiden oben skizzierten Modellen des Online Lernens und Lehrens unterscheiden Garrison & Anderson (1999 nach Zawacki 2002) big und little distance education. Big distance education ist der skalierte Ansatz der Mega-Fernuniversitäten oder Open Universities, bei dem vorgefertigte Massenmedien mit one-way Eigenschaften wie Radio, Video und Printmaterialien eingesetzt werden. Little distance education (LDE) weist hingegen gleichermaßen Merkmale des Präsenz- und Fernstudiums auf.

Innerhalb eines sechsmonatigen Kurses erfolgt beispielsweise eine 16-wöchige Betreuungszeit (in den ersten und letzten Wochen). Bei den Präsenzveranstaltungen stehen fachliche Anleitungen, Prüfungen, Präsentationen der Haus- und Projektarbeiten, Vertiefungen von Vorlesungsinhalten und Laborübungen im Vordergrund. Betreut wird das Angebot von Professor/inn/en, wissenschaftlichen und studentischen Mitarbeiter/inne/n (vgl. Arnold & Thillosen 2003[78]).

Die studentischen und wissenschaftlichen Mitarbeiter/innen betreuen in erster Linie die Onlinephasen (z.B. via E-Mail-Beratung, geben Feedbacks zu Einsendeaufgaben und stellen Musterlösungen bereit). Darüber hinaus finden moderierte Chatsprechstunden statt (1x wöchentlich/Chat oder Audio), deren Teilnahme freiwillig ist. Diese Betreuungsleistungen sind nicht einheitlich für jede/n Modulverantwortliche/n definiert, sondern von den Betreuenden individuell gestaltbar.
Zusätzlich wird der technische Support durch einen ‚Rund-um-die-Uhr-Notfalldienst' gewährleistet.
Bei diesem Betreuungskonzept durchlaufen die Lernenden das Lernangebot in temporären, themen- bzw. modulabhängigen Lerngruppen (ca. fünf Personen pro Gruppe). Für jedes Modul steht eine mentorielle Betreuung zur Verfügung, d.h. die Betreuung der Lerngruppen durch eine kontinuierliche Bezugsperson ist in diesem Modell nicht vorgesehen. Die Betreuer/innen sind erste Ansprechpartner/innen für die Lernenden und beantworten die Fragen in der Onlinephase (First Level-Support) oder leiten sie an die Professor/inn/en im *Second Level-Support*[79] weiter.

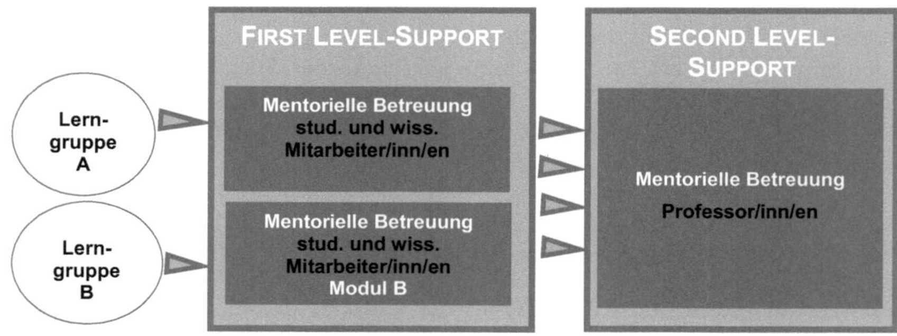

Abbildung 51: Two Level-Support der VFH

Um den Arbeitsaufwand und die Belastung für alle Betreuenden zu minimieren, gelangen alle eingehenden Anfragen gebündelt an eine Adresse und werden – wenn

---

78 sowie Ergebnisse einer telefonischen Anfrage am 15.03.2005 bei der Virtuellen Fachhochschule für Technik, Informatik und Wirtschaft sowie Informationen auf der Webseite http://www.oncam pus.de (Stand 15.03.2005)
79 vgl. http://www.bibb.de/de/limpact17646.htm (Stand 28.03.2006)

möglich – im *First Level-Support* beantwortet. Der First Level-Support übernimmt die Schnittstellenfunktion zwischen Studierenden und verschiedenen Hochschuleinrichtungen (Immatrikulationssamt, Prüfungsamt etc.) sowie zwischen Studierenden und Professor/inn/en. Hier findet die Studienberatung, Kontrolle von Einsendeterminen und Prüfungsvorleistungen sowie die Vorkorrektur von Einsendeaufgaben statt. Neben der Sicherstellung der technischen Infrastruktur und des technischen Supports finden hier die Planungen und die organisatorischen Vorbereitungen von Präsenzveranstaltungen sowie die Planungen der Prüfungszeiträume und Präsenzstundenpläne statt.[80]

Die inhaltlichen Fragen werden im First Level – sofern es sich nicht um Lese- oder Verständnisprobleme handelt – im Regelfall nicht beantwortet. Die Studierenden erhalten eine Eingangsbestätigung und es erfolgt eine Weiterleitung der Frage an den/die Verantwortliche/n.[81] Für fachlich tiefer gehende Fragen, die Erstellung und Korrektur der Aufgaben, die Leistungsbewertung und die Durchführung der Präsenzveranstaltungen sind die fachverantwortlichen Dozent/inn/en[82] im *Second Level-Support* verantwortlich. Die Klärung der Zuständigkeiten bedarf einer genauen Abstimmung (vgl. Arnold, Kilian & Thillosen 2002b). Die Entlastung durch den First Level-Support ermöglicht den Professor/inn/en eine effiziente Betreuung von mehreren Online-Modulen, so dass die Hälfte des normalerweise anzurechnenden Lehrdeputats ausreicht. Insgesamt ergibt sich ein Betreuungsaufwand, der leicht unter dem des Präsenzstudiengangs liegt.[83]

Dieses Betreuungskonzept ermöglicht die Nennung fester Ansprechpartner/innen und zuverlässige, gleichbleibende Ansprechzeiten. Das Betreuungsteam arbeitet selbständig und weitestgehend eigenverantwortlich, so dass der Entfaltungsfreiraum und der direkte Einfluss auf die Erfolge des Studienbetriebs in der Regel größer sind als bei Präsenzstudiengängen, was zu einem hohen Engagement der Betreuenden führt.[84] Die Betreuung erfolgt im Rahmen der Bürozeiten von 8 bis 16 Uhr sowie samstags von 15 bis 18 Uhr und zusätzlich zweimal wöchentlich abends von 19 bis 22 Uhr. Ermöglicht wird dies durch flexible Arbeitszeiten zwischen 6 bis 23 Uhr und gegenseitige Vertretungsmöglichkeiten im Team. Den Studierenden wird an Werktagen eine Antwortzeit von 24 Stunden für E-Mails und 48 Stunden für Foreneinträge garantiert. Darüber hinaus sind die Mentor/inn/en während der Dienstzeiten über den Instant Messaging-Dienst ICQ sowie per Telefon erreichbar.

---

80   vgl. http://www.bibb.de/de/limpact17646.htm (Stand 28.03.2006)
81   vgl. http://www.bibb.de/de/limpact17646.htm (Stand 28.03.2006)
82   wissenschaftliche Mitarbeiter/in oder Professor/in
83   vgl. http://www.bibb.de/de/limpact17646.htm (Stand 12.03.2006)
84   vgl. http://www.bibb.de/de/limpact17646.htm und
     http://www.bibb.de/de/limpact17646.htm (Stand 12.03.2006)

Nach Arnold et al. (2004) ist es sinnvoll, Betreuungskonzepte und -werkzeuge auf konkrete Rahmenbedingungen und Studiensituationen abzustimmen. Die Betreuung im Rahmen kompletter Studienangebote unterscheidet sich von der Betreuung einzelner – zeitlich kurz angelegter – Lernangebote (etwa in der Weiterbildung), da hier die Teilnahme über einen Zeitraum von mehreren Jahren erfolgt und in jedem Semester – je nach Kapazität des Einzelnen – mehrere Kurse belegt werden können. An den verschiedenen Verbundhochschulen wurden auf Grund unterschiedlicher finanzieller und personeller Ressourcen verschiedene Varianten dieses Betreuungskonzeptes entwickelt und erprobt, die im Folgenden vorgestellt werden.

Im *Betreuungskonzept A* werden die Verantwortlichkeiten entsprechend der Online- und Präsenzphase geteilt. Die Betreuung der Onlinephasen erfolgt durch Online-Tutor/inn/en und die Betreuung der Präsenzphasen durch Hochschullehrer/innen (vgl. Kapitel 4.2.4). Im Rahmen der Online-Betreuung arbeiten alle Betreuenden modulübergreifend zusammen. Anfragen der Studierenden gehen an das gesamte Betreuungsteam (vgl. Arnold, Kilian & Thillosen 2002a). Als zusätzliches Kommunikationsangebot wird ein Instant Messaging System angeboten. Als besonders positiv an diesem Betreuungskonzept hat sich die schnelle und zuverlässige Beantwortung aller fachlichen Fragen, das hohe persönliche Engagement und der unkomplizierte Umgang zwischen den Lernenden und Online-Betreuenden herausgestellt. Jedoch fehlen durch die Trennung der Verantwortlichkeiten (Präsenz-/Onlinephase) den Betreuern in der jeweils anderen Phase teilweise wichtige Hintergrundinformationen über die einzelnen Studierenden und deren bisherigen Studienverlauf. Um diese Diskrepanz aufzulösen, ist es erforderlich, die Online-Betreuenden stärker in die Präsenzphasen zu integrieren (z.B. indem sie im Rahmen der Präsenzveranstaltungen Gruppenaufgaben betreuen), was jedoch aufwändige Absprachen zwischen allen beteiligten Personen erfordert (vgl. Arnold, Kilian & Thillosen 2002a).

Im *Betreuungskonzept B* liegt die Gestaltung der Präsenzveranstaltungen sowie auch der Online-Betreuung in der Hand des/r jeweils fachverantwortlichen Hochschullehrenden. Dieses Konzept favorisiert die räumlich verteilte, synchrone und verbale Kommunikation, indem wöchentlich zweistündige Audiokonferenzen durchgeführt werden, die für Studierende jedoch nicht verpflichtend sind. Ein besonderer Vorteil besteht in der Möglichkeit, unkompliziert Kontakte zu knüpfen und Fragen mündlich zu formulieren. Dies geht jedoch auf Kosten der Studienflexibilität und führt zu dem Wunsch der Studierenden nach mehr zeitlich flexiblen Hilfestellungen sowie der Nutzung des asynchronen Diskussionsforums. Als Nachteil dieses Konzeptes sehen die Betreuenden den hohen Betreuungsaufwand, der aus den zeitaufwändigen Vorbereitungen und Durchführungen der Audiokonferenzen resultiert (vgl. Arnold et al. 2004).

In Tabelle 19 werden die wesentlichen Unterschiede beider Konzepte zusammengefasst.

Tabelle 19: Im ersten Semester erprobtes Konzept der Online-Betreuung an unterschiedlichen VFH-Standorten (vgl. Arnold, Kilian & Thillosen 2002a, S. 335)

Betreuung	Konzept A	Konzept B
Personen und Aufgaben	• Präsenzveranstaltungen durchgeführt von den Hochschullehrer/inne/n am Standort • Online-Studienzeiten betreut von Mentor/inn/en • Verantwortung liegt bei zwei verschiedenen Personengruppen	• Präsenzveranstaltungen und Online-Betreuung in der Hand der am Standort fachverantwortlichen Hochschullehrer/innen • Ein/e Hochschullehrer/in alleine ist für Präsenz- und Online-Betreuung zuständig.
Eingesetzte Werkzeuge	Lernraum Blackboard; ergänzender Einsatz eines Instant Messaging Systems bei der Online-Betreuung	Lernraum Blackboard; ergänzendes Audiokonferenz-Tool bei der Online-Betreuung
Aufgaben der Betreuung	Geteilte Verantwortung der Betreuung	Verantwortung der Betreuung in einer Person

Die bisherigen Evaluationsergebnisse zeigen für beide Konzepte positive Ergebnisse bzgl. der Zufriedenheit der Studierenden und Betreuenden. Es zeigt sich, dass offensichtlich das Engagement der Betreuenden und die Identifikation mit dem jeweiligen Betreuungskonzept auch für die Motivation der Studierenden von großer Bedeutung ist. Die auftretenden Schwierigkeiten und der Betreuungsaufwand war jedoch höher als von den Betreuenden ursprünglich angenommen. Arnold et al. (2004) weisen in diesem Zusammenhang auf die Notwendigkeit tragfähiger Betreuungskonzepte hin:

„So traf hohes Engagement der Teletutoren auf Studierende, die sich ihrer ‚Vorreiterrolle' bewusst waren und großes Verständnis für unerwartet auftretende Probleme hatten. Allerdings gilt es für die Zukunft, langfristig tragfähige Betreuungskonzepte zu realisieren, die auch ohne den Bonus des ‚Pioniergeistes' funktionieren." (S. 167)

5.3 Kurs tele-Tutor-Training der tele-akademie

Im Rahmen des zwölfwöchigen Kurses ‚tele-Tutor-Training' der tele-akademie[85] (Fachhochschule Furtwangen) bearbeiten die Lernenden Studienmaterialien (Stu-

---

85 http://www.tele-ak.de/portal/content/index_ger.html (Stand 20.03.2006)

dienbriefe, Einzel- und Gruppenaufgaben), die ihnen getaktet zur Verfügung gestellt werden. Abbildung 52 veranschaulicht die an der Entwicklung und Durchführung beteiligten Personengruppen bzw. Rollen.

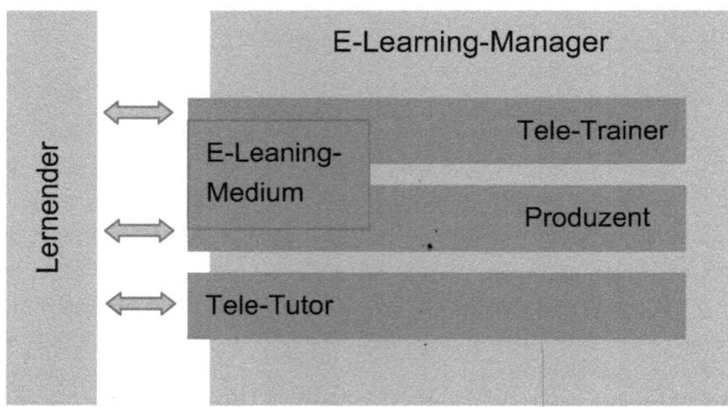

Abbildung 52: An der Entwicklung und dem Einsatz einer E-Learning-Maßnahme beteiligte Personen und Rollen (Jechle & Dittler 2004, S. 155)

Bei diesem Betreuungskonzept handelt es sich um einen Two Level-Support. Als First Level-Support sind Tele- bzw. Online-Tutor/inn/en erste Ansprechpartner/innen für die Lernenden bzw. Lerngruppen (6-8 Personen) und damit Schnittstelle zur Bildungsinstitution; sie erfahren als Erste von möglichen Schwierigkeiten und Fragen (vgl. Markowski & Nunnenmacher 2003).

Tele-Dozent/inn/en bzw. -Trainer sind für die Entwicklung und Konzeption, Produktion sowie Durchführung einer Lernmaßnahme verantwortlich (d.h. Einsatz entsprechender Werkzeuge, Szenarien etc.) und sind in erster Linie im Second Level-Support tätig. Sie konzipieren beispielsweise Lernmedien, erstellen Lernmaterialien und organisieren Präsenzveranstaltungen.

E-Learning-Manager/innen erarbeiten die E-Learning-Strategie (z.B. Programmentwicklung) und setzen diese um. Darüber hinaus sind sie für die Initiierung der Entwicklung und Weiterentwicklung von Kursen sowie für die organisatorische Planung von Kursangeboten verantwortlich. Sie benötigen u.a. Kenntnisse über das Management multimedialer Projekte.

Medienproduzent/inn/en sind für die Erstellung der Lehr-/Lernmedien (z.B. Programmierung der WBTs etc.) verantwortlich und benötigen daher insbesondere technische und fachliche Kompetenzen.

Abbildung 53 veranschaulicht die Zuständigkeiten im First Level- und Second Level-Support.

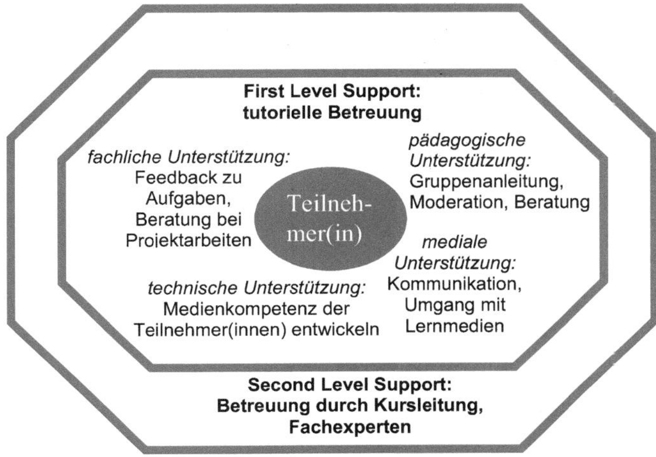

Abbildung 53: Zuständigkeiten im First und Second Level-Support (Markowski & Nunnenmacher 2003, S. 168)

5.4 Studienprogramm Educational Media der Universität Duisburg-Essen

Das viersemestrige, berufsbegleitende Weiterbildungsstudium *Educational Media*[86] startet mit einer (Kick Off-)Präsenzveranstaltung (PV), um den Lernenden insbesondere eine technische Einführung zu geben und um die Lerngruppenbildung zu unterstützen. Die Lerngruppen bestehen aus ca. sechs Personen und werden das gesamte Studium über von einem bzw. einer Lerngruppentutor/in begleitet. Der Präsenzveranstaltung folgt die erste Onlinephase, in der den Studierenden in einem dreiwöchigen Rhythmus Studienmaterialien (Studienbriefe, Einzel- und Gruppen- aufgaben etc.) auf einer Lernplattform zur Verfügung gestellt werden. Jedes Semester schließt mit einer Präsenzveranstaltung ab, um Prüfungen abzulegen, Projekte zu präsentieren und um den Austausch in den Lerngruppen zu fördern.

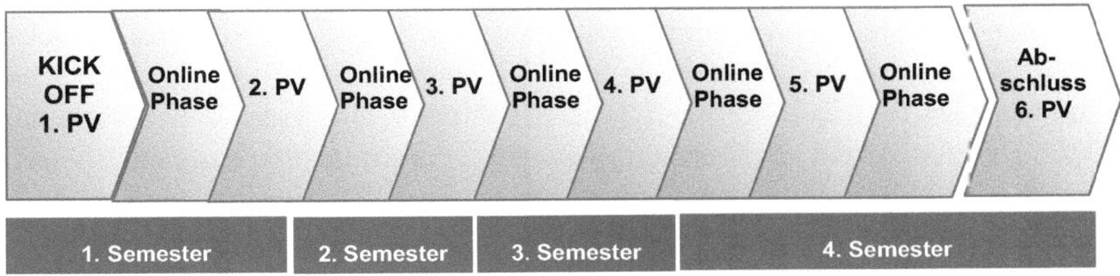

Abbildung 54: Ablauf des weiterbildenden Blended Learning-Studienprogramms Educational Media

---

86 http://www.online-campus.net (Stand 18.03.2006)

Um die persönliche Beziehung zwischen den Online-Tutor/inn/en und den Lernenden sowie zwischen den Lernenden zu vertiefen, finden darüber hinaus gemeinsame Abendessen und Exkursionen statt. Zum Studienabschluss erfolgt im Rahmen einer Abschlussveranstaltung die Verleihung der Master-Urkunden. Anschließend werden die Absolvent/inn/en in ein Alumni-Netzwerk aufgenommen (vgl. Kapitel 4.1.3).

Abbildung 55: Impressionen der Präsenzveranstaltungen Educational Media

Um das Gruppengefühl zu stärken und personale Präsenz herzustellen, ist die Kommunikation zwischen Online-Tutor/inn/en und Lernenden von besonderer Bedeutung (vgl. Nübel, Nattland & Kerres 2004). Beim Studienprogramm Educational Media finden daher alle drei Wochen virtuelle, synchrone Lerngruppentreffen statt, bei denen auch der/die Lerngruppentutor/in anwesend ist. Im Vordergrund steht hierbei nicht nur der fachliche Austausch, sondern auch die Koordination der Gruppenaufgabenbearbeitung, die Klärung organisatorischer Fragen und informelle Gespräche (vgl. Kapitel 4.1.2).

Im Rahmen des Studienprogramms wird das *split role model* (Kerres, Nübel & Grabe 2004) umgesetzt, d.h. es erfolgt eine Trennung zwischen Lerngruppen- und Fachtutor/inn/en (vgl. Kapitel 4.3.3.2). Jedes Modul wird von Fachexpert/inn/en (Fachtutor/inn/en[87]) und die Lerngruppen von Lerngruppentutor/inn/en[88] betreut. Die *fachbezogene* Betreuung unterstützt insbesondere die Auseinandersetzung der Lernenden mit den Lernmaterialien und die *person- bzw. gruppenbezogene*

---

87 i.d.R. wissenschaftliche Mitarbeiter/inn/en oder externe Expert/inn/en
88 s.o.

150

Betreuung schafft u.a. eine lernförderliche Atmosphäre in den Lerngruppen (vgl. Nübel, Nattland & Kerres 2004).

Abbildung 56 veranschaulicht die arbeitsteilige Organisation und das Beziehungsgeflecht zweier Online-Tutor/inn/en. Zwischen allen Beteiligten findet ein intensiver kommunikativer Austausch statt.

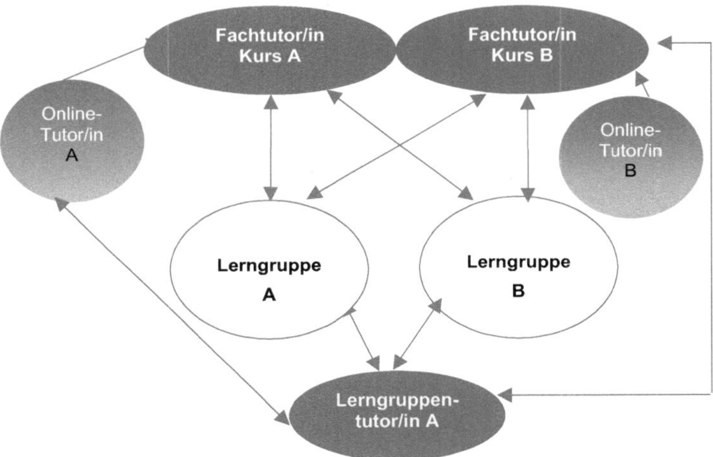

Abbildung 56: Kommunikationsprozesse zwischen Studierenden und Tutor/inn/en

Bei diesem Betreuungskonzept wird ein Two Level-Support umgesetzt, bei dem sowohl die Lerngruppentutor/inn/en als auch die Fachtutor/inn/en den First Level-Support übernehmen (vgl. Kapitel 4.3.3).

Die Fachtutor/inn/en stehen für inhaltliche Anfragen zur Verfügung und leiten u.U. Anregungen und Kritik an die Autor/inn/en der Studienmaterialien weiter.

Technische und organisatorische Anfragen werden an die Lerngruppentutor/inn/en gestellt. Organisatorische Aufgaben werden ggf. an das Sekretariat weitergeleitet und technische Probleme, die nicht von den Lerngruppentutor/inn/en gelöst werden können, an den technischen Support übermittelt. Einige Anfragen erfordern darüber hinaus eine Rücksprache mit der Studienprogrammleitung (vgl. Abbildung 57).

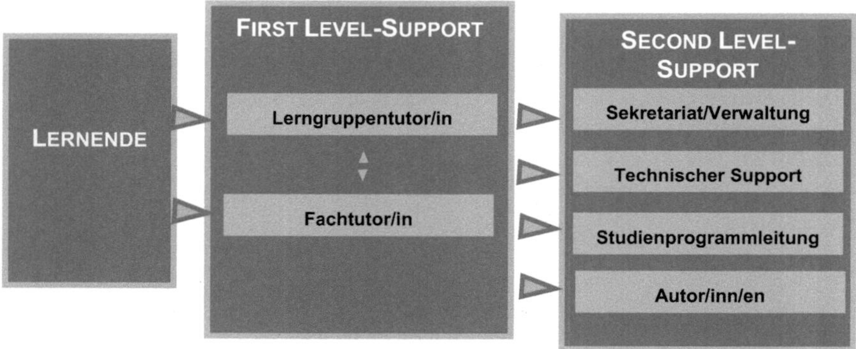

Abbildung 57: Two Level-Support im Studienprogramm Educational Media

Die Betreuung durch die Online-Tutor/inn/en erfolgt im Rahmen der üblichen Bürozeiten und zusätzlich am Abend (z.B. virtuelle Lerngruppentreffen). Darüber hinaus finden an einigen Wochenenden Präsenzveranstaltungen statt. Ermöglicht wird diese umfangreiche Betreuung durch eine arbeitsteilige Organisation, einen flexiblen Arbeitszeitrahmen sowie durch die eindeutige Klärung der Aufgabenbereiche im Betreuungsteam.

6 Fazit und Hinführung zu den Fragestellungen der empirischen Untersuchung

Selbst gesteuertes Lernen und Betreuung scheinen sich in gewisser Weise zu widersprechen, da durch menschliche Online-Tutor/inn/en externe Lernhilfen gegeben werden und damit die Selbststeuerung beeinträchtigt bzw. aufgegeben wird. Ziegler, Hofmann und Astleitner (2003) vertreten daher die Auffassung, dass Betreuung in einem möglichst geringen Umfang und hauptsächlich zu Beginn und am Ende eines Lernangebotes sowie nur bei besonderen Lernproblemen stattfinden sollte. Diese Annahme führt zu der Frage, ob ein ‚Mindestmaß' an Betreuung ausreicht bzw. welches ‚Idealmaß' anzubieten ist, damit sich die Lernenden ausreichend betreut fühlen. Da zu Beginn eines Lernangebotes nicht alle Lernenden über die notwendigen Kompetenzen zum selbst gesteuerten Lernen verfügen, benötigen diese – zumindest am Anfang – eine intensive Unterstützung, welche sukzessive mit der wachsenden Kompetenz der Lernenden reduziert werden kann (vgl. Arnold et al. 2004; Hinze & Blakowski 2002; Reinmann-Rothmeier & Mandl 2001; Ziegler, Hofmann & Astleitner 2003).

Im Mittelpunkt der vorliegenden Untersuchung steht die Frage nach den Erwartungen der Studierenden des Studienprogramms Educational Media (vgl. Kapitel 5.4) an die Betreuung, um hieraus Konsequenzen für die Gestaltung und Organisation tutorieller Betreuung abzuleiten zu können. Darüber hinaus wird untersucht, ob und inwiefern die Forderung an Online-Tutor/inn/en berechtigt ist, dass sie sich im Verlauf des Lernangebotes schrittweise zurückziehen sollen und welche Betreuungsbereiche dies insbesondere betrifft. Es wird der Frage nachgegangen, ob die Betreuungsleistungen über den Prozess konstant bleiben sollten oder die Notwenigkeit besteht, die Betreuungsleistungen im Verlauf des Studiums zu modifizieren, um die Lernenden den gesamten Prozess über bestmöglich in ihrem Lernprozess unterstützen zu können.

Da sowohl die aktive als auch die passive Betreuung (vgl. Kapitel 3.3.3.1) ihre Berechtigung haben, ist es erforderlich, die richtige Balance zu finden (vgl. Hughes 2004), damit sich die Lernenden gut betreut fühlen (vgl. Kapitel 2).

Wenn tutorielle Betreuung ein Erfolgsfaktor für das E-Learning darstellt, dann ist der Erfolg auch wesentlich von der Qualität der Betreuung abhängig (vgl. Boos & Rack 2005). Dementsprechend stellt sich die Frage, wie diese Qualität sichergestellt werden kann. Da eine wesentliche Befürchtung der Lernenden darin besteht, dass beim Blended Learning die persönliche Beziehung zu den Lernpartner/inne/n und den Betreuenden verloren gehen könnte, müssen Lernende dabei unterstützt werden, die Fähigkeit zu entwickeln, über Medien sowohl selbst gesteuert, als auch kooperativ zusammen zu arbeiten und den Kontakt zu ihren Lernpartner/inne/n und Betreuenden zu pflegen (vgl. Salmon 2004).

Astleitner (2002) sowie Herrmann und Barz (2002) weisen darauf hin, dass neben einer unzureichenden Betreuung auch eine unangemessene – nicht den Bedürfnissen der Lernenden entsprechende – Form der tutoriellen Betreuung zu hohen Drop Out-Quoten führen kann. Lösungsansätze werden in einer Verbesserung der Lernbedingungen durch die Bildung von Lerngruppen und durch eine intensive und an die Bedürfnisse der Lernenden angepasste Betreuung gesehen (vgl. Peters 1997). Die Bildungsanbieter stehen dadurch vor der besonderen Aufgabe, dieses Bedürfnisse zu erfassen und ‚Kund/inn/en'-individuelle Bildungsangebote maßgeschneidert zu offerieren. Dabei geht es jedoch nicht um eine eins-zu-eins-Umsetzung der Präferenzen von Lernenden. Um einen bedarfsgerechten bzw. lernerorientierten Zuschnitt der Betreuung zu ermöglichen, ist eine systematische Erforschung der Erwartungen von Lernenden an die Betreuung notwendig, wie sie bereits im Rahmen clusteranalytischer Untersuchungen von Ehlers (2004a) und von dem Institut für Medien- und Kompetenzforschung (MMB 2004) durchgeführt wurden (vgl. Kapitel 3.3.3). Ein weiterer Schritt in diese Richtung wird durch die empirische Untersuchung im Rahmen der vorliegenden Arbeit unternommen (vgl. Kapitel 9.3).

Im Folgenden werden konkrete Forschungsfragen formuliert und im Rahmen einer empirischen Untersuchung überprüft.

Teil B: Empirische Untersuchung –
Erwartungen an die Betreuung beim Blended Learning

Basierend auf dem Theorieteil der vorliegenden Arbeit wurden konkrete Forschungsfragen bezüglich der Erwartungen an die Betreuung beim Blended Learning entwickelt und im Rahmen einer empirischen Untersuchung überprüft. Die Grundlage bilden diverse Fragebogenuntersuchungen mit Teilnehmer/inne/n des weiterbildenden Blended Learning-Studienprogramms *Educational Media* (vgl. Kapitel 5.4).

7   Fragestellungen und Ziele der Untersuchung

Im Mittelpunkt der vorliegenden Untersuchung steht die Frage nach den Erwartungen an die Betreuung im Rahmen des Blended Learning. Das Ziel besteht darin, Konsequenzen für die Gestaltung und Organisation von Betreuung abzuleiten sowie Handlungsempfehlungen für Online-Tutor/inn/en zu entwickeln, um eine den Bedürfnissen der Lernenden entsprechende Betreuung umsetzen zu können (vgl. Kapitel 3.3.3).
Es wird insbesondere der Frage nachgegangen, ob sich die Erwartungen an die Betreuung hinsichtlich verschiedener Befragungszeitpunkte unterscheiden. Sollten sich signifikante Unterschiede erkennen lassen, stellt sich die Frage, in welcher Form sich die Betreuung den gewandelten Erwartungen entsprechend verändern sollte, um die Lernenden im gesamten Studium bestmöglich in ihrem Lernprozess unterstützen zu können. Mit der vorliegenden Untersuchung sollen im Einzelnen folgende Fragestellungen untersucht werden:

7.1 Forschungsfrage 1: Dimensionen der Betreuung

Die Erwartungen von Lernenden an die Betreuung beim Blended Learning beziehen sich auf die Bereiche Fachliches/Didaktik-Methodik, Soziales, Organisation sowie Technik (vgl. Kapitel 3.5). Im Folgenden werden verschiedene, voneinander unabhängige Dimensionen von Erwartungen an die Betreuung beim weiterbildenden Blended Learning-Studienprogramm *Educational Media* identifiziert.
Darüber hinaus ist es von besonderem Interesse herauszufinden, ob für die Lernenden die ermittelten Dimensionen eine gleichgewichtige Rolle spielen oder ob sich Dimensionen identifizieren lassen, welche für die Lernenden eine besonders wichtige oder unwesentliche Rolle spielen. In dieser Hinsicht stellt sich vor allem die Frage, wie intensiv die Lernenden unterstützt werden möchten, d.h.

inwiefern Lernende die Unterstützung von Online-Tutor/inn/en erwarten bzw. benötigen und in welchen Bereichen sie ihren Lernprozess vorzugsweise selbst gesteuert gestalten möchten. In Kapitel 3 wurde die Forderung formuliert, dass Online-Tutor/inn/en im Verlauf des Lernangebotes in den Hintergrund treten sollten, um den Lernenden schrittweise die Verantwortung für den Lernprozess zu übertragen. Jedoch stellt sich die Frage nach der Berechtigung dieser Forderung und inwiefern sie den Erwartungen der Lernenden entspricht. Da sich der Lernprozess insbesondere im Rahmen länger angelegter Lernangebote verändern kann, soll überprüft werden, ob ein signifikanter Unterschied zwischen den Erwartungen an die Betreuung zu Beginn des Lernangebotes im Vergleich zu späteren Erhebungszeitpunkten besteht.

In diesem Zusammenhang soll der Frage nachgegangen werden, welche Rolle die persönliche Beziehung zwischen Online-Tutor/inn/en und Lernenden spielt und ob der Kontaktwunsch zu den Betreuenden im Verlauf des Lernangebotes abnimmt, da beispielsweise die Lernenden zunehmend Unterstützung durch ihre Lerngruppe erfahren und selbst gesteuert lernen. Zur Klärung dieser Frage wird u.a. untersucht, inwiefern die Anwesenheit der Online-Tutor/inn/en bei den Präsenzveranstaltungen von Bedeutung ist.

Weiterhin soll überprüft werden, ob der Wunsch nach Unterstützung im Bereich Technik mit steigender Semesterzahl abnimmt. Dies könnte ggf. mit einer zunehmenden Selbstlern- und Medienkompetenz von Lernenden zusammenhängen (vgl. Kapitel 3.5).

7.2 Forschungsfrage 2: Cluster

In Kapitel 3.3.3 wurden verschiedene Subgruppen von Lernenden postuliert, die sich in Bezug auf ihre Erwartungen an die Betreuung unterscheiden. Da jedoch die Forschung zur Beantwortung der Frage, welche Erwartungen Lernende an die Betreuung beim Blended Learning stellen, noch weit am Anfang steht, soll in der folgenden Untersuchung ein weiterer Schritt in diese Richtung unternommen werden. Es wird der Frage nachgegangen, ob sich Personengruppen (Cluster) bestimmen lassen, die sich hinsichtlich ihrer Erwartungen an die Betreuung unterscheiden.

Durch die Identifizierung unterschiedlicher Subgruppen können Online-Tutor/inn/en eine stärker an die Bedürfnisse der Lernenden ausgerichtete Unterstützung gewährleisten.

7.3 Forschungsfrage 3: Rückmeldegeschwindigkeit

Wie bereits in Kapitel 3.5.2.3 aufgezeigt wurde, stellt das Feedback zu gelösten Lernaufgaben für die Teilnehmer/innen eines Blended Learning-Angebotes eine sehr wichtig Betreuungskomponente dar (vgl. auch Kapitel 7.4; Forschungsfrage 4: Bedeutung und Beurteilung der Betreuung). Die Rückmeldungen zu Lernaufgabenlösungen sowie zu organisatorischen und inhaltlichen Fragen sollten möglichst schnell und ausführlich erfolgen. Auf diese Bedürfnisse seitens der Lernenden haben sich bereits zahlreiche Online-Weiterbildungsanbieter eingestellt und garantieren teilweise eine Rückmeldung innerhalb von 12 bis 48 Stunden[90] (vgl. Kapitel 5.2).

Um die genauen Erwartungen der Lernenden an die Rückmeldegeschwindigkeit zu erfassen und das Betreuungskonzept den Bedürfnissen der Lernenden entsprechend gestalten zu können, wird der Frage nachgegangen, wie schnell aus Sicht der Lernenden ein Feedback zu Lernaufgabenlösungen und die Reaktion auf eine inhaltliche oder organisatorische Anfrage erfolgen sollte.

Darüber hinaus soll überprüft werden, ob ein signifikanter Unterschied zwischen den Erwartungen an die Rückmeldegeschwindigkeit vor Studienbeginn im Vergleich zu späteren Semestern besteht. Auf Grund der postulierten Annahme (vgl. Kapitel 3), dass der Wunsch nach Führung und Betreuungsintensität mit fortschreitendem Studienverlauf abnimmt (vgl. Kapitel 7.1; Forschungsfrage 1: Dimensionen der Betreuung), soll überprüft werden, ob sich diese Annahme in einem abnehmenden Wunsch nach der Häufigkeit von Lerngruppentreffen mit dem Online-Tutor bzw. der Online-Tutorin widerspiegelt.

Aus diesen Ergebnissen können sich Anhaltspunkte für die Gestaltung der Betreuung ergeben. Besonders hinsichtlich der Frage, wie viel Betreuung durch Online-Tutor/inn/en gewünscht wird.

7.4 Forschungsfrage 4: Bedeutung und Beurteilung der Betreuung

In Kapitel 2 wird auf die Bedeutung der Betreuung beim Online-Lernen eingegangen. Im Folgenden soll überprüft werden, wie wichtig die Betreuung den Lernenden ist und wie die erlebte Betreuung beurteilt wird.

Darüber hinaus soll der Frage nachgegangen werden, ob die Lernenden, ihrer Auffassung nach, das Blended Learning-Weiterbildungsangebot auch ohne eine/n Lerngruppentutor/in bis zum erfolgreichen Abschluss absolviert hätten und welche Betreuungsaspekte sie als besonders unterstützend empfunden haben.

Nachdem bereits in Kapitel 7.3 der Frage nach der Rückmeldegeschwindigkeit nachgegangen wurde, soll in einem weiteren Schritt untersucht werden, inwiefern

---

90 http://www.oncampus.de/weiterbildung/angebot/betreuungsleistungen.php (Stand 20.03.2006)

Lernende überhaupt ein ausführliches Feedback erwarten, wie intensiv sie das schriftliche Feedback lesen und ob es die Lernenden wirklich im Lernprozess unterstützt. Aus diesen Ergebnissen soll hervorgehen, welchen Stellenwert das Feedback einnimmt, um hieraus Empfehlungen für die Konzeption von Betreuungskonzepten hinsichtlich der Feedbackgestaltung ableiten zu können.

7.5 Forschungsfrage 5: Arbeitsteilung

Wie in Kapitel 4 erläutert wurde, lassen sich verschiedene Betreuungskonzepte unterscheiden. Bei dem untersuchten Blended Learning-Weiterbildungsangebot handelt es sich um eine arbeitsteilige Organisation der Betreuung. Innerhalb dieser Untersuchung soll der Frage nachgegangen werden, wie diese Form der Arbeitsteilung – insbesondere die Trennung sozialer, inhaltlicher und technischer Betreuung – von den Lernenden empfunden wird, was sich die Lernenden diesbezüglich wünschen und ob die Rollenaufteilung für die Lernenden nachvollziehbar ist.
Es soll untersucht werden, welche Kompetenzen den Lernenden bei Online-Tutor/inn/en am wichtigsten sind. Darüber hinaus soll festgestellt werden, ob im Verlauf des Lernangebotes ein Betreuungswechsel gewünscht wird oder die Lernenden vorzugsweise eine/n Lerngruppentutor/in wünschen, der/die sie das gesamte Studium über begleitet. In diesem Zusammenhang soll auch die Frage beantworten werden, ob das Geschlecht eines/r Lerngruppentutors/in eine Rolle spielt.

8 Untersuchungsdesign

Im Folgenden wird die Durchführung der Untersuchung beschrieben. Darüber hinaus werden die Messinstrumente, die Stichprobengewinnung und das Auswertungsvorgehen dargestellt.

8.1 Durchführung der Untersuchung

Realisiert wurde die Befragung mit Teilnehmer/inne/n des zwei-[91] bis viersemestrigen[92] weiterbildenden Blended Learning-Studienprogramms *Educational Media* der Universität Duisburg-Essen.

Abbildung 58 veranschaulicht den Ablauf und stellt die Onlinephasen, Präsenzveranstaltungen (PV) und Untersuchungszeitpunkte (T) dar.

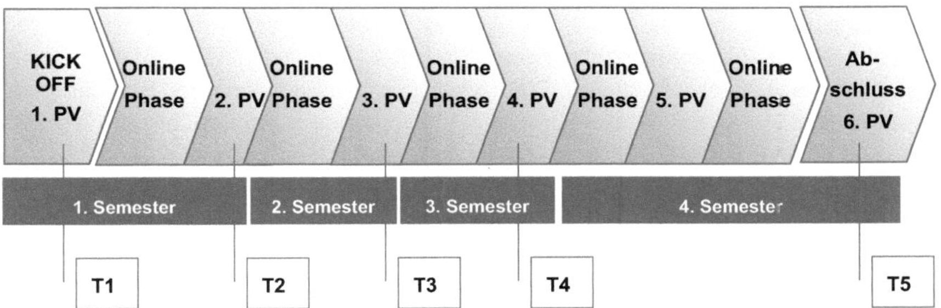

Abbildung 58: Ablauf des weiterbildenden Blended Learning-Studienprogramms *Educational Media*

Im Rahmen der Präsenzveranstaltungen (einmal pro Semester) wurden im Zeitraum von September 2004 bis Mai 2005[93] anonyme schriftliche Befragungen anhand von codierten Fragebögen (vgl. Anhang Kapitel 13.1) durchgeführt. Das Ausfüllen der Fragebögen dauerte ca. 20 Minuten. Die hohe Rücklaufquote[94] kann darauf zurückgeführt werden, dass im Rahmen der Präsenzveranstaltungen ein entsprechender

---

91 Zertifikatskurs

92 Masterstudium

93 Auf Grund des zeitlich begrenzten Untersuchungszeitraumes von September 2004 bis Mai 2005 konnten nicht zu jedem Messzeitpunkt (T1 bis T5; Die Messzeitpunkte werden in Kapitel 8.1.2 differenziert dargestellt.) dieselben Personen über die gesamten 4 Semester hinweg in die Untersuchung miteinbezogen werden. Die Befragung erfolgte daher zu verschiedenen Messzeitpunkten mit unterschiedlichen Personen, die sich zu diesem Zeitpunkt in verschiedenen Semestern befunden haben (unabhängige Stichprobe).

94 Rücklaufquoten: T1 = 100%; T2 = 80%; T3 = 76%; T4 = 72%; T5 = 68%

Zeitraum zum Ausfüllen der Fragebögen zur Verfügung gestellt wurde und Verständnisfragen sofort beantwortet werden konnten.

8.1.1 Messinstrumente

Als Messinstrumente dienten drei verschiedene Fragebögen, die sich auf die Kategorien Organisation, Soziales, Technik und Pädagogik stützen (vgl. Berge & Collins 1996; Kapitel 3.5) und speziell für die untersuchte Zielgruppe entwickelt wurden. Die Fragebögen fokussieren verschiedene Bereiche der Betreuung (vgl. Anhang Kapitel 13.1):

Fragebogen 1 (Eingangsbefragung/T1): Die Eingangsbefragung wurde mit dem Ziel durchgeführt, nähere Informationen über die *Erwartungen* der Teilnehmer/innen an die Betreuung zum Zeitpunkt des Studienbeginns zu ermitteln.

Fragebogen 2 (Zwischenbefragungen/T2-T4): In den Zwischenbefragungen wurden sowohl die *Erwartungen* an die Betreuung als auch die *Bewertung* der Betreuung erfragt.

Fragebogen 3 (Abschlussbefragung/T5): Das Ziel der Abschlussbefragung bestand darin, eine abschließende *Einschätzung* und *Beurteilung* der Betreuung zu erhalten, um auf diese Weise Hinweise für Optimierungsmöglichkeiten zu gewinnen.

8.1.2 Stichprobengewinnung

Da auf Grund des zeitlich begrenzten Untersuchungszeitraumes nicht zu jedem Untersuchungszeitpunkt dieselben Personen befragt werden konnten, konnte der Untersuchung keine *abhängige Stichprobe* zu Grunde gelegt werden.

Um eine *unabhängige Stichprobe* zu gewährleisten, wurde von den Personen, die zu verschiedenen Messzeitpunkten an mehr als einer Befragung teilgenommen haben, lediglich *ein* ausgefüllter Fragebogen in die Auswertung einbezogen. Die Selektion der Fragebögen erfolgte anhand der Fragebogencodierung. Das Selektionskriterium und -ziel bestand darin, eine relativ gleichmäßige Verteilung von mindestens 20 Befragten pro Messzeitpunkt (t) zu erhalten. Auf Grund der wenigen zur Verfügung stehenden Befragten, konnten für den Messzeitpunkt T5 nur 13 Personen in die Untersuchung einbezogen werden (vgl. Tabelle 20).

In Tabelle 20 wird ein Überblick über die Untersuchungsinstrumente und -zeitpunkte sowie über die Stichproben gegeben.

Tabelle 20: Untersuchungsinstrumente, -zeitpunkte und Stichproben

Mess-instrument	Messzeitpunkt/PV		Befragte Matrikel [M] = Master	Befragungs-wiederholung[95]	Ausgefüllte Fragebögen	Stich-probe[96]
Fragebogen 1	T1 1.PV	24.04.2004 09.10.2004 24.04.2004 09.10.2004	[M] Matrikel SS2004 [M] Matrikel WS2004 Zertifikat1 Zertifikat2	1. Befragung 1. Befragung 1. Befragung 1. Befragung	14 16 6 9	n = 25
Fragebogen 2	T2 2.PV	16.10.2004 15.04.2004 21.05.2005 16.10.2004 21.05.2005	[M] Matrikel SS2004 [M] Matrikel WS2003 [M] Matrikel WS2004 Zertifikat1 Zertifikat2	2. Befragung 1. Befragung 1. Befragung 2. Befragung 2. Befragung	13 15 14 5 5	n = 20
Fragebogen 2	T3 3.PV	27.03.2004 30.04.2005 25.09.2004	[M] Matrikel SS2003 [M] Matrikel SS2004 [M] Matrikel WS2003	1. Befragung 3. Befragung 2. Befragung	8 9 17	n = 21
Fragebogen 2	T4 4.PV	25.09.2004 30.04.2005	[M] Matrikel SS2003 [M] Matrikel WS2003	2. Befragung 3. Befragung	9 15	n = 23
Fragebogen 3	T5 6.PV [97]	15.04.2005 15.04.2005	[M] Matrikel SS2003 Zertifikat1	3. Befragung 3. Befragung	9 4	n = 13

8.2 Methodische Vorgehensweise bei der Auswertung

Durch das forschungsmethodische Vorgehen dieser Untersuchung können die Erwartungen der Lernenden an die Online-Tutor/inn/en und die Einschätzungen bzw. Bewertungen hinsichtlich der Betreuung identifiziert werden, um hieraus Konsequenzen für die Konzeption, Planung und Durchführung der Betreuung im Rahmen von Blended Learning-Angeboten ableiten zu können. Für alle statistischen Berechnungen wurde das Statistikprogramm SPSS in der Version 12.0 verwendet.

Im Anschluss an die deskriptive Darstellung der Stichproben werden zur Untersuchung der Forschungsfrage 1 (vgl. Kapitel 7.1), mittels des eingesetzten Fragebogens, die Erwartungen und Erwartungsänderungen der Lernenden an die

---

95 Bei Untersuchungsstart befanden sich einige Matrikel schon in fortgeschrittenen Semestern. Daher fand die erste Befragung nicht immer im Rahmen der 1. Präsenzveranstaltung statt.

96 In die Untersuchung einbezogene Fragebögen.

97 Für die Befragten, die an dem zweisemestrigen Weiterbildungsangebot (Zertifikat) teilgenommen haben, ist bereits die 3. PV die Abschlussveranstaltung. Diese werden daher dem Befragungs-zeitpunkt T5 zugeordnet.

Betreuung erfasst. Durch das Verfahren der Faktorenanalyse werden zunächst die Variablen zu verschiedenen, voneinander unabhängigen Dimensionen zusammengefasst. Diese Dimensionen bilden die Voraussetzung zur Generierung weiterer Hypothesen und zur Untersuchung der Dimensionalität des Fragebogens.

Nachdem verschiedene Faktoren identifiziert wurden, gilt es herauszufinden, wie bzw. ob sich diese hinsichtlich der verschiedenen Befragungszeitpunkte ändern und ob sich die Betreuungsleistungen verändern müssen. Um dies zu erkennen, wird, basierend auf den Faktoren, durch eine Regressionsanalyse die Stärke und die Art des Zusammenhanges zwischen dem Befragungszeitpunkt und den Faktoren ermittelt.

In Abbildung 59 wird das Untersuchungsdesign der Forschungsfrage 1 veranschaulicht.

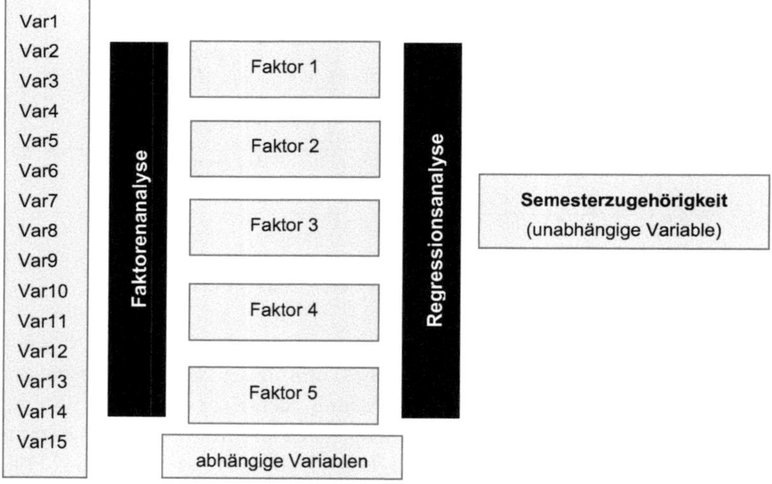

Abbildung 59: Untersuchungsdesign der Forschungsfrage 1

Die durch die Faktorenanalyse ermittelten Faktoren gehen darüber hinaus als Merkmale in eine Clusteranalyse ein. Ziel dieses Verfahrens ist es, Subgruppen hinsichtlich ihrer Erwartungen an die Betreuung innerhalb der Lernendenpopulation zu ermitteln (vgl. Forschungsfrage 2 in Kapitel 7.2).

In Abbildung 60 wird das Untersuchungsdesign der Forschungsfrage 2 veranschaulicht.

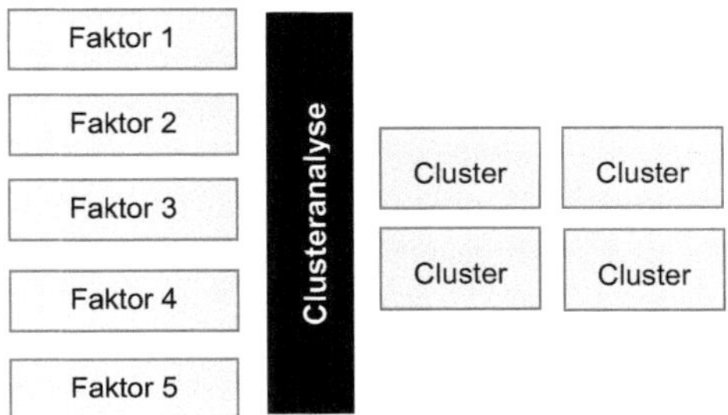

Abbildung 60: Untersuchungsdesign Forschungsfrage 2

Forschungsfrage 3 (vgl. Kapitel 7.3) beschäftigt sich mit der Feedbackgeschwindigkeit zu Lernaufgabenlösungen und der Beantwortung von organisatorischen und inhaltlichen Fragen. Im ersten Schritt erfolgt hier eine Darstellung der Ergebnisse der deskriptiven Auswertung. Anschließend wird mittels des Verfahrens der einfaktoriellen Varianzanalyse überprüft, ob sich diese Erwartungen im Verlauf des Weiterbildungsangebotes signifikant verändern. Das statistische Verfahren der einfaktoriellen Varianzanalyse wurde durchgeführt, da es sich um Gruppenvergleiche für mehr als zwei Gruppen handelt. Abbildung 61 veranschaulicht das Untersuchungsdesign der Forschungsfrage 3.

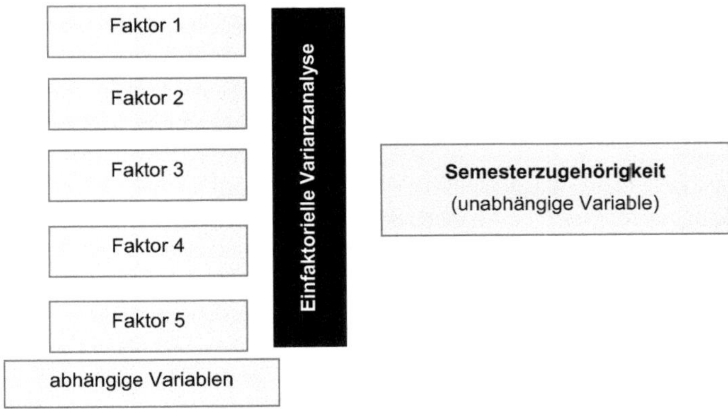

Abbildung 61: Untersuchungsdesign Forschungsfrage 3

Eine deskriptive Auswertung erfolgt auch zur Überprüfung der Forschungsfragen 4 und 5 (vgl. Kapitel 7.4 und 7.5), die sich mit der Beurteilung und der Arbeitsteilung der Betreuung auseinandersetzen.

9 Darstellung der Ergebnisse

Zur Überprüfung der in Kapitel 7 formulierten Fragestellungen der Untersuchung wurden die Teilnehmer/innen des weiterbildenden Studienprogramms *Educational Media* hinsichtlich ihrer Erwartungen an die Betreuung befragt. Die Ein- und Ausschlusskriterien für die Teilnahme an der Studie wurden in Kapitel 8.1 dargestellt. In den folgenden Kapiteln werden die Ergebnisse der statistischen Verfahren (vgl. Kapitel 8.2) aufgezeigt, die zur Klärung der Forschungsfragen angewendet wurden.

9.1 Stichproben

Auf Grundlage des in Kapitel 8.1 dargestellten Ausschlussverfahrens ergibt sich eine bereinigte Gesamtstichprobe von n = 102, die zur Untersuchung der Forschungsfragen in zwei Teilstichproben unterteilt wird. Bei der Stichprobe zu den Forschungsfragen 1 bis 3 (n = 89; vgl. Kapitel 9.1.1) wurden die Erwartungen der Lernenden, bei der Stichprobe zu den Forschungsfragen 4 bis 5 wurden die abschließenden Bewertungen (n = 13; vgl. Kapitel 9.1.2) des Lernangebotes ermittelt und ausgewertet. Im Folgenden werden zunächst die demografischen Angaben der Befragten dargestellt.

9.1.1 Stichprobe der Forschungsfragen 1 bis 3

Für die Untersuchung der Forschungsfragen 1 bis 3 (vgl. Kapitel 7.1, 7.2, 7.3) werden die 89 Fragebögen der Messzeitpunkte T1 bis T4 in die empirischen Auswertungen einbezogen[98] (vgl. Kapitel 8.1). Die Befragten sind überwiegend weiblich, im Alter zwischen 31 bis 40 Jahre und gehen einer Vollzeitbeschäftigung nach.

Tabelle 21: Demografische Angaben der Stichprobe (Forschungsfragen 1–3)

Geschlecht	weiblich	männlich	keine Angabe		
	47 (54%)	39 (44%)	3 (3%)		
Alter	bis 30 Jahre	31–40 Jahre	41–50 Jahre	über 50 Jahre	keine Angabe
	19 (21%)	37 (42%)	21 (24%)	2 (2%)	10 (11%)
Berufstätigkeit	Vollzeitbeschäftigung		Teilzeitbeschäftigung	nicht berufstätig	keine Angabe
	51 (57%)		24 (27%)	1 (1%)	13 (15%)

---

98 Die Befragten des Messzeitpunktes T5 sind nicht in diese Auswertung einbezogen worden, da keine Erwartungen erfasst wurden.

9.1.2 Stichprobe der Forschungsfragen 4 und 5

Die abschließende Fragebogenuntersuchung zum Untersuchungszeitpunkt T5 dient ausschließlich der Beantwortung der Forschungsfragen 4 und 5 (vgl. Kapitel 7.4 und 7.5) und umfasst daher nur die abschließende Einschätzung der Betreuung (vgl. Kapitel 8.1).

Die 13 Befragten, die in die Auswertung der Forschungsfragen 4 und 5 einbezogen wurden, sind überwiegend weiblich, im Alter überwiegend zwischen 31 bis 50 Jahre und vollzeitbeschäftigt.

Tabelle 22: Demografische Angaben der Stichprobe (Forschungsfragen 4–5)

Geschlecht	weiblich	männlich	keine Angabe		
	7 (53,8%)	6 (46,2%)	0		
Alter	bis 30 Jahre	31–40 Jahre	41–50 Jahre	über 50 Jahre	keine Angabe
	2 (15,4%)	6 (46,1%)	5 (38,5%)	0	0
Berufstätigkeit	Vollzeitbeschäftigung		Teilzeitbeschäftigung	nicht berufstätig	keine Angabe
	12 (92,3%)		1	0	0

9.2 Überprüfung der Forschungsfrage 1

9.2.1 Vorgehen und Durchführung der Faktorenanalyse

Zur Reduktion der 24 Variablen in den Fragebögen zur Erfassung der Erwartungen an die Betreuung beim Blended Learning (vgl. Anhang Kapitel 13.1) wurde eine Faktorenanalyse mit der Technik der Hauptkomponentenanalyse (PCA) und anschließender Varimax-Rotation durchgeführt (vgl. Kaiser 1959 nach Bortz 2005). Durch dieses Verfahren lassen sich die Variablen gemäß ihrer korrelativen Beziehungen zu wenigen, (möglichst) voneinander unabhängigen Faktoren zusammenfassen (vgl. Bortz 2005).

Die Faktorenanalyse ist kein hypothesenprüfendes, sondern ein hypothesengenerierendes und datenreduzierendes Verfahren. Vom Ergebnis ausgehend können Hypothesen über Strukturen formuliert werden, von denen zu vermuten ist, dass sie den untersuchten Merkmalen zu Grunde liegen (vgl. Bortz 2005).

Vorab ist zu klären, ob die erhobenen Daten grundsätzlich für eine Faktorenanalyse geeignet sind. Ein hierfür gängiges Kriterium ist das Maß der Stichprobeneignung nach Kaiser-Meyer-Olkin (KMO). Es sollte mindestens ein KMO von 0,5 erreicht werden (vgl. Backhaus, Erichson, Plinke & Weiber 2003). Diese Bedingung ist in dieser Arbeit durch den moderaten Wert von 0,640 erfüllt und deutet auf ein mittelmäßiges Ergebnis hin (vgl. Anhang Kapitel 13.2; Tabelle 50). Die Anwendung einer Faktorenanalyse ist somit gerechtfertigt. Darüber hinaus entspricht eine Zielgruppengröße von 89 Befragten der Empfehlung von Pawlik (1971).

Bei den Analyseverfahren wurden fehlende Werte („missing items') jeweils durch den am häufigsten vorkommenden Wert (Modalwert) ersetzt.

Nach dem Kaiser-Guttman-Kriterium (vgl. Kaiser 1959 nach Bortz 2005) ist eine 8-Faktoren-Lösung möglich, jedoch wurden nach diesem Kriterium zu viele, nur schwer interpretierbare Faktoren extrahiert. Auf Grund des Screeplot (vgl. Anhang Kapitel 13.2; Tabelle 71) stellt sich auch eine 6-Faktoren-Lösung als sinnvoll dar. Bei dem Vergleich der 6-Faktoren-Lösung mit der 5-Faktoren-Lösung stellt die Reduzierung auf eine 5-Faktoren-Lösung, die 53% Varianz auf sich vereinigt, die beste inhaltlich interpretierbare Lösung dar.

Die Zugehörigkeit der Variablen im Rahmen der 5-Komponenten-Skala (vgl. Anhang Kapitel 13.2) wurde auf Grund der – dem Betrag nach – höchsten Ladungszahl festgelegt. Um im Ergebnis aussagekräftige Komponenten zu erhalten, sollten die Ladungen möglichst hoch sein. Hier wird ein Mindestwert von Faktorladung (aij) > = und + - 0,4 festgesetzt. In die Interpretation gehen daher nur Variablen ein, die mit mindestens 0,4 auf einer Komponente laden.

Da die Faktorenanalyse viel über die Struktur der Erwartungskategorien aus der subjektiven Sicht der Lernenden, aber nichts über die Bedeutsamkeit dieser Faktoren für die Betreuung aussagen kann, wurden in einem methodisch weitergehenden Schritt die durch die quadrierten Faktorladungen gewichteten Mittelwerte der einzelnen Variablen eines Faktors zu einem Faktor-Mittelwert verdichtet (vgl. Kapitel 9.2.2.1 und Anhang Kapitel 13.2). Auf diese Weise können jene Faktoren ermittelt werden, die über alle Befragten betrachtet, die Erwartungen an die Betreuung am Besten charakterisieren.

Abschließend werden die Faktorwerte (vgl. Kapitel 9.2.2.2 und Anhang Kapitel 13.2) berechnet, welche in der Regressions- und Clusteranalyse weitere Verwendung finden (vgl. Kapitel 9.2.3 und 9.3.1).

9.2.2 Ergebnisse der Faktorenanalyse

Lernerbezogene Erwartungen an die Betreuung können nicht allein durch eine additiv-summarische Sammlung von subjektiven Aussagen analysiert werden. Vielmehr ist es wichtig, die Dimensionen zu ermitteln, die das Gemeinsame der Erwartungen an die Betreuung enthalten. Die Erwartungen an die Betreuung, die im Antwortverhalten der Befragten einen Zusammenhang aufweisen, werden durch die Faktorenanalyse zu Dimensionen zusammengefasst.

Als Ergebnis der Faktorenanalyse erfolgt eine Reduzierung von ursprünglich 24 Variablen (vgl. Anhang Kapitel 13.1) auf 5 Faktoren, welche die Zusammenhänge zwischen den Variablen beschreiben und darüber hinaus auch gut inhaltlich interpretierbar sind (vgl. Kapitel 9.2.1). Folgende unabhängige Bereiche können beschrieben werden:

Tabelle 23: Faktoren und Varianz

Faktoren	Rotierte Summe der quadrierten Ladungen	
	% der Varianz	% kumulierte Varianz
Faktor 1	14,124	14,124
Faktor 2	11,575	25,698
Faktor 3	8,973	34,672
Faktor 4	8,685	43,357
Faktor 5	8,487	51,844

Im Folgenden werden die ermittelten Faktoren mit den dazugehörigen Variablen, deren Mittelwerte und Faktorladungen dargestellt, betitelt und interpretiert.

Faktor 1: Didaktik/Methodik und face-to-face-Kontakt
Der erste Faktor klärt in der Varimax-Lösung 14,1% der Varianz auf. Auf ihm weisen fünf Variablen eine hohe Ladung auf. Der erste Faktor wird durch die Merkmale Moderation von Gruppendiskussionen, Anwesenheit bei den Präsenzveranstaltungen und Abendessen, Feedbacks und der Interessensvertretung der Lernenden beschrieben (vgl. Tabelle 24).

Tabelle 24: Didaktik/Methodik und face-to-face-Kontakt (Faktor 1)

	Variablen	aij
	Mir ist wichtig, dass meine Online-Tutor/inn/en... (1 = trifft überhaupt nicht zu 5 = trifft vollkommen zu)	
Var2.16	bei den Präsenzveranstaltungen anwesend sind.	,774
Var2.14	‚eingeschlafene' Gruppendiskussionen wieder beleben.	,737
Var2.17	bei den gemeinsamen Abendessen im Rahmen der Präsenzveranstaltung anwesend sind.	,692
Var2.23	mir ein ausführliches Feedback zu den eingereichten Lernaufgaben geben.	,623
Var2.11	sich bei der Studienleitung für die von mir geäußerte Kritik einsetzen.	,557

Mit diesem Faktor wird einerseits der *didaktisch-methodische Aspekt* von Betreuung und andererseits das Bedürfnis nach der *Anwesenheit der Online-Tutor/inn/en bei den Präsenzveranstaltungen* erfasst.

Faktor 2: Persönliche Beziehung und Erreichbarkeit
Der zweite Faktor erklärt 11,6% der Varianz. Auf ihm weisen sechs Variablen eine bedeutsame Ladung auf (vgl. Tabelle 25).

Tabelle 25: Persönliche Beziehung und Erreichbarkeit (Faktor 2)

	Variablen	aij
	<u>Mir ist wichtig, dass meine Online-Tutor/inn/en...</u> (1 = trifft überhaupt nicht zu 5 = trifft vollkommen zu)	
Var9	zu mir auch eine persönliche und freundschaftliche Beziehung aufbauen.	,750
Var22	auch telefonisch zu erreichen sind.	,699
Var13	besonders freundliche und einfühlsame Menschen sind.	,672
Var12	mich bei der Durchführung des Studiums (z.B. bei Prüfungsangst, Krankheit, zeitlichen/organisatorischen Problemen) unterstützen.	,582
Var21	täglich zu erreichen sind.	,509
Var10	Durchsetzungsvermögen in der Lerngruppe besitzen.	,437

Der Faktor wird durch Merkmale der Beziehung zwischen Lernenden und Online-Tutor/inn/en, soziale Kompetenzen seitens der Online-Tutor/inn/en, Unterstützungsleistungen, Erreichbarkeit und Durchsetzungsvermögen beschrieben.
Mit diesem Faktor werden insbesondere *Zugriffsmöglichkeiten* und der *persönliche Aspekt* von Betreuung erfasst.

Faktor 3: Fachliche Unterstützung und Umgang mit Fristen
Der dritte Faktor erklärt 9% der Varianz. Auf ihm weisen vier Variablen eine hohe Ladung auf. Der Faktor wird durch die Merkmale Einhaltung von Abgabefristen, Fachwissen und Überblickswissen über die gesamten Studieninhalte beschrieben (vgl. Tabelle 26).

Tabelle 26: Fachliche Unterstützung und Umgang mit Fristen (Faktor 3)

	Variablen	aij
	<u>Mir ist wichtig, dass meine Online-Tutor/inn/en...</u> (1 = trifft überhaupt nicht zu 5 = trifft vollkommen zu)	
Var2.8	bei der Einhaltung von Abgabefristen konsequent sind.	,670
Var2.24	absolute Experten/Expertinnen in den von ihnen betreuten Kursen sind.	,600
Var2.4	auch einen Überblick über die gesamten Studieninhalte haben.	,552
Var2.3	auch Fragen, die über die Studienbriefinhalte hinausgehen, kompetent beantworten.	,446
Var2.16	die Planung von virtuellen Treffen (z.B. im Chat) der Gruppe überlassen.[99]	,360

Bei diesem Faktor werden vor allem die *fachlichen Aspekte* der Betreuung fokussiert.

---

99 Die Variable 2.16 wird bei der Interpretationen auf Grund der geringen Faktorladungen nicht weiter berücksichtigt.

Faktor 4: Intensität der Betreuung

Der vierte Faktor klärt 8,7% der Varianz auf. Auch auf ihm weisen vier Variablen eine hohe Ladung auf. Dieser Faktor wird durch die Merkmale Leitung und Verfolgung der Lernaktivitäten sowie Kontaktaufnahme beschrieben. Gleichzeitig wird die eigene Moderation von virtuellen Treffen weniger gut angenommen. Insofern drückt sich in diesem Faktor der Wunsch nach deutlicher Fremdsteuerung aus, die eigenständige Steuerung wird nicht besonders wertgeschätzt. Die negative Ladung bei Variable 2.18 könnte damit zusammenhängen, dass die Lernenden ein geringes Bedürfnis haben, die Moderation von virtuellen Treffen zu übernehmen. Die Faktorenanalyse legt die in der Tabelle 27 dargestellten Faktoren nahe.

Tabelle 27: Intensität der Betreuung (Nähe vs. Distanz) und Verfolgung der Lernaktivitäten und Versorgung mit Information (Faktor 4)

	Variablen	**aij**
	Mir ist wichtig, dass meine Online-Tutor/inn/en... (1 = trifft überhaupt nicht zu 5 = trifft vollkommen zu)	
Var2.5	mich durch das Studium leiten, indem sie mich z.B. auf die Bearbeitung des aktuellen Lernmaterials aufmerksam machen.	,761
Var2.7	mich sofort kontaktieren, wenn ich mit meinen Lernaufgaben in Verzug bin.	,772
Var2.1	meinen Lernprozess aufmerksam verfolgen.	,493
Var2.18	mir auch die Möglichkeit der Moderation virtueller Treffen (z.B. im Chat) überlassen.	-,426

Mit diesem Faktor wird der Aspekt der *Intensität der Betreuung* erfasst.

Faktor 5: Technische Unterstützung

Der fünfte Faktor klärt 8,5% Varianz auf. Auch auf ihm weisen vier Variablen eine hohe Ladung auf. Dieser Faktor wird durch die Variablen zur Lösung von Computer- und Technikproblemen und durch die Teilnahme an virtuellen Treffen beschrieben (vgl. Tabelle 28).

Tabelle 28: Technische Unterstützung (Faktor 5)

	Variablen	**aij**
	Mir ist wichtig, dass meine Online-Tutor/inn/en... (1 = trifft überhaupt nicht zu 5 = trifft vollkommen zu)	
Var2.19	mir auch bei technisch schwierigen Problemen weiterhelfen können.	,703
Var2.2	gemeinsam mit mir meine Computerprobleme lösen.	,685
Var2.20	regelmäßig bei den gemeinsamen, virtuellen Treffen (z.B. im Chat) mit dabei sind.	-,513
Var2.6	mir die Freiheit geben, meinen Lernprozess selbständig zu gestalten.	,408

Mit Faktor 5 wird der technische Aspekt der Betreuung erfasst. Die negative Ladung bei Variable 2.20 könnte damit zusammenhängen, dass die Anwesenheit von Online-Tutor/inn/en bei virtuellen Treffen von den Befragten nur dann für notwendig erachtet wird, wenn auch der Bedarf nach technischer Unterstützung besteht. Im Rahmen des Betreuungskonzeptes (vgl. Kapitel 5.4) erfolgt i.d.R. keine intensive technische Unterstützung im Rahmen der virtuellen Lerngruppentreffen. Vielmehr werden bei technischen Schwierigkeiten gesonderte Termine mit den Lernenden vereinbart, die technische Probleme haben, um eine Störung der virtuellen Kommunikation und Kooperation zwischen den Lernenden durch technische Problemlösungsprozesse zu vermeiden.

9.2.2.1 Faktormittelwerte

Durch die Faktorenanalyse als Strukturierungsmethode für miteinander korrelierende Variablen kann noch keine Aussagen darüber getroffen werden, wie gewichtig die einzelnen Faktoren in der Einschätzung der Befragten hinsichtlich der Erwartungen sind.

Die Ergebnisse der Mittelwertanalysen wurden mit den Ergebnissen der Faktorenanalyse verbunden, um einen Überblick über das Ausmaß der Bedeutung der einzelnen Faktoren zu erhalten. Hierzu wurden die Mittelwerte der einzelnen Variablen mit ihren relativen Gewichtungen auf dem Faktor (den quadrierten Ladungen) multipliziert. Die auf diese Weise errechneten Variablenwerte für jeden Faktor wurden addiert und durch den Eigenwert des Faktors dividiert (der die Summe der quadrierten Ladung ist)[100] (vgl. Anhang Kapitel 13.2). Das Ergebnis ergibt den *gewichteten Mittelwert (GAM)* des betreffenden Faktors (vgl. Tabelle 29 und Abbildung 62).

Tabelle 29: Faktorenübersicht und gewichtete Faktormittelwerte

	Faktoren	**GAM**
Faktor 1	Didaktisch/Methodische Unterstützung und face-to-face-Kontakt	4,38
Faktor 2	Persönliche Beziehung und Erreichbarkeit	3,41
Faktor 3	Fachliche Unterstützung und Umgang mit Fristen	3,61
Faktor 4	Intensität der Betreuung	3,52
Faktor 5	Technische Unterstützung	3,43

(Die Aussagen 1 = trifft überhaupt nicht zu bis 5 = trifft vollkommen zu)

---

100 http://www.diepold.de/barbara/diss/3.pdf (Stand 20.03.2006)

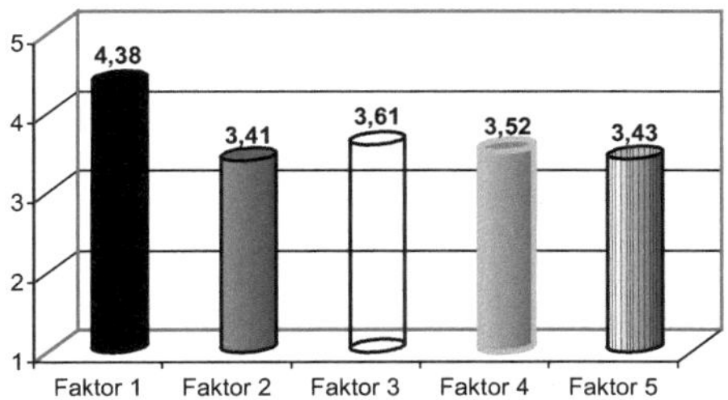

Abbildung 62: Vergleich der gewichteten Faktormittelwerte

Der Vergleich der gewichteten Mittelwerte zeigt, dass die Befragten besonders hohe Erwartungen an die didaktisch-methodische Unterstützung und den face-to-face-Kontakt haben (Faktor 1). Dies unterstützt die in Kapitel 2 und 3 dargestellte Bedeutung der pädagogischen Unterstützung und die Wichtigkeit von Präsenzphasen. Hier lässt sich jedoch feststellen, dass die Präsenzveranstaltungen nicht nur inhaltlich von Bedeutung sind oder dem Austausch unter den Lernenden dienen, sondern der persönliche Kontakt zu dem bzw. der Lerngruppentutor/in eine besonders wichtige Rolle zu spielen scheint.

Auch die Erwartungen, die durch die anderen Faktoren aufgezeigt werden sind insgesamt hoch und liegen sehr nahe beieinander, wodurch deutlich wird, dass die Erwartungen an die Betreuung in keinem Bereich als gering einzuschätzen sind und insbesondere die Faktoren 2 bis 5 als annähernd gleichbedeutend eingestuft werden können.

9.2.2.2 Faktorwerte

Im Folgenden soll nun der Frage nachgegangen werden, ob sich die Erwartungen an die Betreuung im Hinblick auf die verschiedenen Befragungszeitpunkte verändern. Durch die Faktorenanalyse wurde die Zahl der Variablen verringert (vgl. Kapitel 9.2.1). Auf Grundlage der fünf extrahierten Faktoren wurden fünf neue Variablen generiert, welche die Faktorwerte für jede befragte Person beinhalten. Faktorwerte sind die Werte, die dem bzw. der Befragten auf einem neuen Faktor zugewiesen werden können und stellen die Koordinaten der Befragten auf den neuen und standardisierten Faktoren dar. Je höher der Faktorwert, desto ausgeprägter ist bei den Lernenden die Wichtigkeit dieses Faktors.

Durch diese deskriptive Darstellung kann in einem ersten Schritt ein Überblick gewonnen werden, ob und wie sich die Bedeutung der Faktoren im Hinblick auf die verschiedenen Befragungszeitpunkte verändert.

Der Mittelwertvergleich der Faktorwerte (vgl. Abbildung 63 und Tabelle 30) zu verschiedenen Befragungszeitpunkten zeigt, dass die Faktoren 1 und 2 im Vergleich zu den anderen Faktoren über alle Messzeitpunkte hinweg relativ konstant sind. Die Faktormittelwerte der Faktoren 3 und 5 nehmen hingegen zu späteren Befragungszeitpunkten ab.

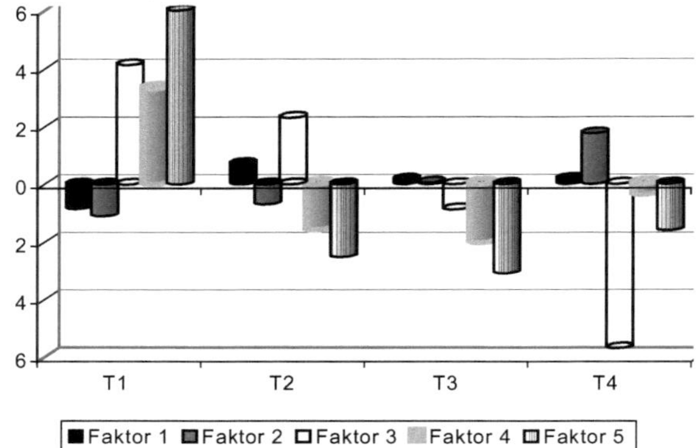

Abbildung 63: Mittelwerte der Faktorwerte

Tabelle 30: Mittelwerte (Standardabweichung) der Faktorwerte

	Faktor 1: Didaktik/ Methodik und face-to-face-Kontakt	**Faktor 2: Persönliche Beziehung und Erreich-barkeit**	**Faktor 3: Fachliche Unterstützung und Umgang mit Fristen**	**Faktor 4: Intensität der Betreuung**	**Faktor 5: Technische Unterstützung**
T1	-,085 (,867)	-,110 (1,080)	,413 (,556)	,3300 (,764)	,606 (,735)
T2	,070 (1,013)	-,069 (,670)	,230 (,862)	-,1587 (1,090)	-,250 (1,048)
T3	,015 (1,000)	,005 (,983)	-,087 (1,014)	-,201 (,879)	-,308 (,894)
T4	,017 (1,170)	,175 (1,186)	-,569 (1,222)	-,037 (1,201)	-,159 (1,066)

Im Folgenden werden für jeden Faktor separat die Faktorwerte der verschiedenen Befragungszeitpunkte dargestellt.

Die Betrachtung der Faktorwerte (vgl. 9.2.2.2) und ein Vergleich ihrer Mittelwerte (vgl. Abbildung 63) zu den verschiedenen Befragungszeitpunkten zeigt, dass der Faktor 1 über alle Messzeitpunkte hinweg relativ konstant hoch ist. Die Erwartungshaltung an die didaktisch-methodische Unterstützung und den face-to-face-Kontakt ist dementsprechend insgesamt hoch und verändert sich kaum hinsichtlich der verschiedenen Befragungszeitpunkte. Studienanfänger/innen erwarten ebenso wie fortgeschrittene Lernende zu jedem Befragungszeitpunkt (das gesamte Lernangebot über) eine didaktisch-methodische Unterstützung und einen regelmäßigen face-to-face-Kontakt. Diesem Ergebnis entsprechend sollten sich Online-Tutor/inn/en in dem didaktisch-methodischen Betreuungsbereich im Verlauf eines Lernangebotes nicht zurückziehen (vgl. Abbildung 64).

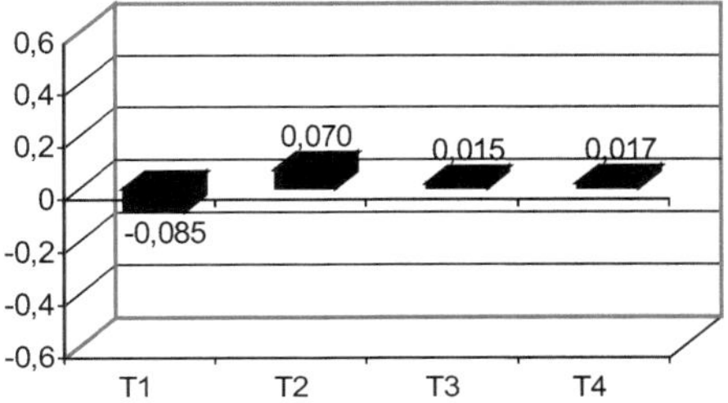

Abbildung 64: Faktor 1 – Faktorwerte (Didaktik/Methodik und face-to-face-Kontakt) (n = 89)

Die Mittelwerte des Faktors 2 erhöhen sich zu jedem Befragungszeitpunkt und deuten darauf hin, dass die Erwartungen der Lernenden hinsichtlich der persönlichen Beziehung zu den Online-Tutor/inn/en und deren Erreichbarkeit – im Hinblick auf die verschiedenen Befragungszeitpunkte – zunehmen (vgl. Abbildung 65).

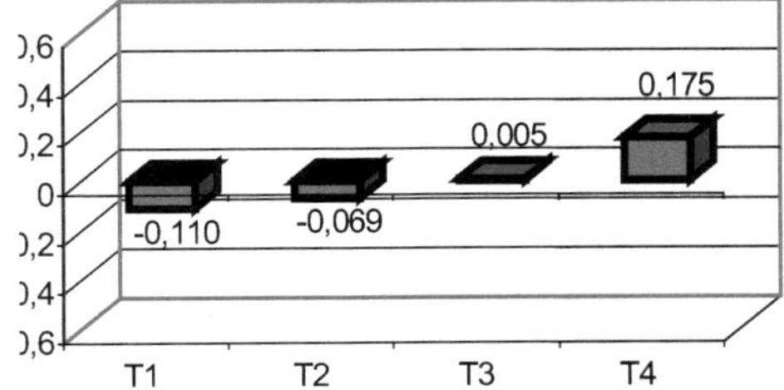

Abbildung 65: Faktor 2 – Faktorwerte (Persönliche Beziehung und Erreichbarkeit) (n = 89)

Dieses Ergebnis kann damit zusammenhängen, dass durch die kontinuierliche Betreuung der Lernenden durch eine/n Lerngruppen-Tutor/in (vgl. Kapitel 3.2.3.2 und Kapitel 5.4) die Lernenden in den höheren Semestern bereits eine intensive Beziehung zu den Online-Tutor/inn/en aufgebaut haben und daher die Erwartungshaltung an die persönliche Beziehung und Erreichbarkeit steigt. Darüber hinaus werden beim Studienprogramm *Educational Media* im letzten Semester auf Grund der zu absolvierenden Masterarbeit keine Gruppenaufgaben mehr von den Lerngruppen gelöst, so dass die Kommunikations- und Kooperationsanlässe zwischen den Lernenden geringer werden und dadurch ein stärkeres Bedürfnis nach einer persönlichen Beziehung und dem Kontakt zu den Online-Tutor/inn/en bestehen könnte.

Die fachliche Unterstützung und der Umgang mit Fristen (Faktors 3) ist den Lernenden beim ersten Befragungszeitpunkt sehr wichtig, jedoch nimmt diese Bedeutung von T2 bis T4 stark ab (vgl. Abbildung 66).

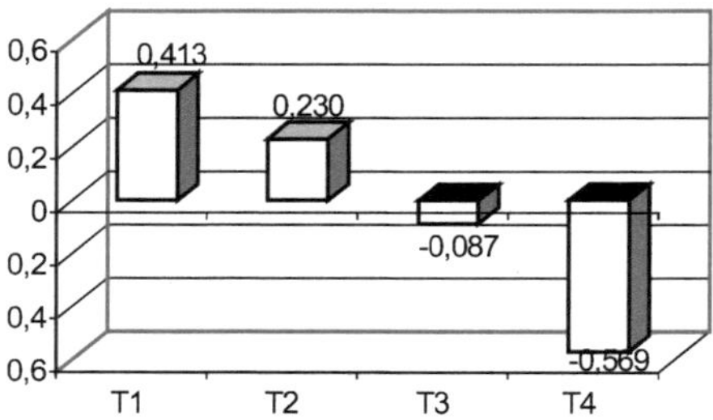

Abbildung 66: Faktor 3 – Faktorwerte (Fachliche Unterstützung und Umgang mit Fristen) (n = 89)

Dieses Ergebnis zeigt, dass fortgeschrittene Lernende weniger inhaltliche Unterstützung erwarten als Studienanfänger/innen. Da es sich um ein weiterbildendes Studienangebot handelt, die Studierenden meist schon jahrelang im Berufsleben stehen und die letzte Lernphase weit hinter sich gelassen haben, benötigen diese am Anfang eine besonders intensive Unterstützung. Darüber hinaus erhalten die Befragten Lernmaterialien, mit denen sie sich eigenständig auseinandersetzen müssen, wodurch sie voraussichtlich mit zunehmender Semesterzahl entsprechende Selbstlernkompetenzen erworben haben und weniger fachliche Unterstützung bei der Bearbeitung der Lernmaterialien benötigen (vgl. Kapitel 3.5). Nachdem sich die Lernenden jedoch wieder in den Lernprozess hineingefunden haben und schrittweise an das selbst gesteuerte Lernen herangeführt wurden (z.B. beim Studienprogramm *Educational Media* mit einem speziellen Kurs zum selbst organisierten Lernen) nehmen auch die Erwartungen an die fachliche Betreuung ab. Es findet mehr inhaltlicher Austausch in den Lerngruppen statt und einfache Fragen werden nicht mehr an die Fachtutor/inn/en gestellt sondern selbständig beantwortet (z.B. indem das Internet zur Recherche genutzt wird). Dieser dritte Faktor beschreibt darüber hinaus die Erwartungen an den Umgang mit Fristen. Die Erwartung an die Konsequenz bei den Abgabefristen der Lernaufgabenlösungen nimmt ab. Innerhalb des Studienprogramms *Educational Media* werden die Lernmaterialien in einem 3-Wochen-Rhythmus getaktet. Besonders für Studienanfänger/innen stellt diese Taktung eine gute Orientierung dar, welche Lerninhalte zu welchem Zeitpunkt und in welchem Zeitrahmen zu bearbeiten sind, damit der erfolgreiche Abschluss des Semesters gewährleistet wird. Für die gemeinsame Lösung einer Gruppenaufgabe ist es wichtig, dass alle Mitglieder einer Lerngruppe zum selben Zeitpunkt inhaltlich auf einem einheitlichen Wissensstand bzw. Bearbeitungsstand der Lernmaterialien sind.

Die Intensität der Betreuung (Faktor 4) ist ebenso wie Faktor 3 zu Beginn des Lernangebotes besonders wichtig. Bei den Befragungen T2 und T3 nimmt die Bedeutung jedoch im mittleren Bereich des Lernangebotes ab, um dann am Ende (zum Zeitpunkt T4) wieder leicht anzusteigen (leicht U-förmiger Verlauf) (vgl. Abbildung 67).

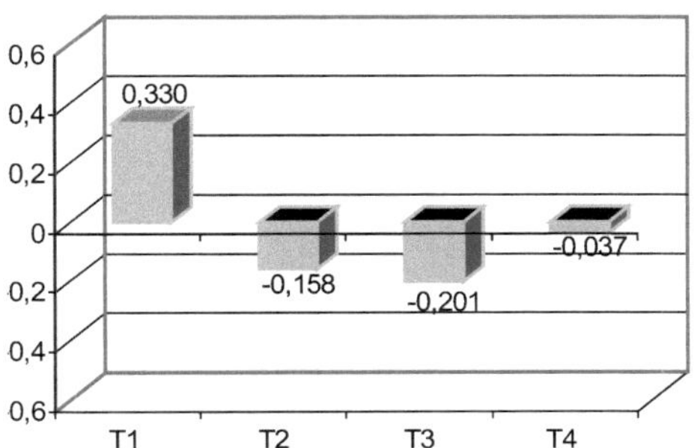

Abbildung 67: Faktor 4 – Faktorwerte (Intensität der Betreuung) (n = 89)

Eine mögliche Erklärung dieses Ergebnisses besteht darin, dass sich die Lerngruppen in den fortgeschrittenen Semestern ‚eingespielt' und ihren Lerngruppen-Rhythmus gefunden haben. Die Lerngruppen organisieren und moderieren die Bearbeitung der Gruppenaufgaben überwiegend selbständig, so dass die Fachtutor-/inn/en in den Hintergrund treten können und diesen Prozess lediglich beobachten. Hier wird die besondere Herausforderung für Online-Tutor/inn/en deutlich, als Lernbegleiter/innen den Lernprozess der einzelnen Lernenden und der Lerngruppe genau im Blick zu behalten, jedoch einen optimal ausbalancierten Gestaltungs-spielraum einzuräumen, der die Bedürfnisse der Lernenden bezüglich der Betreuungsintensität berücksichtigt (vgl. Kapitel 3).

Die technische Unterstützung (Faktor 5) ist zum ersten Befragungszeitpunkt bei Studienbeginn für die Lernenden der wichtigste Faktor. Die Bedeutung dieses Faktors sinkt jedoch sehr stark zum Befragungszeitpunkt T2 und nimmt zum Zeit-punkt T3 weiter ab. Erst am Ende des Studiums gewinnt die technische Betreuung wieder etwas mehr an Bedeutung (U-förmiger Verlauf) (vgl. Abbildung 68).

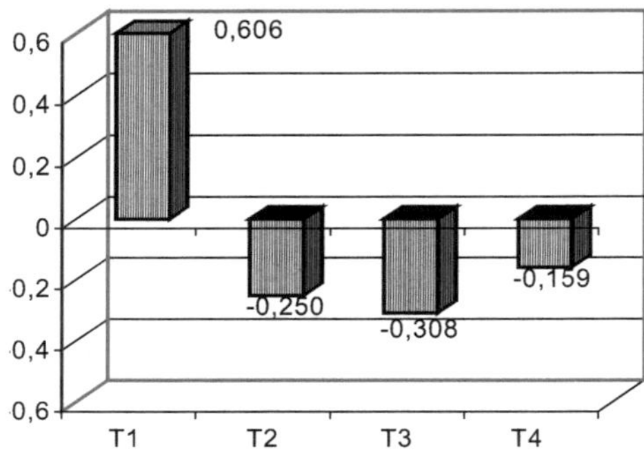

Abbildung 68: Faktor 5 – Faktorwerte (Technische Unterstützung) (n = 89)

9.2.2.3 Interpretation der Ergebnisse

Da die insgesamt hohen Erwartungen der Lernenden hinsichtlich des Faktors 1 über alle Messzeitpunkte hinweg relativ konstant bleiben, sollten Online-Tutor/inn/en die Lernenden durchgängig didaktisch-methodisch unterstützen und regelmäßige face-to-face-Kontakte herstellen. Die Erwartungen an den Faktor 2 (persönliche Beziehung und Erreichbarkeit) erhöhen sich zu jedem Befragungszeitpunkt. Dieses Ergebnis kann damit zusammenhängen, dass die Lernenden in den höheren Semestern bereits eine intensive Beziehung zu den Online-Tutor/inn/en aufgebaut haben und daher die Erwartungshaltung steigt. Die Bedeutung des Faktors 3 (fachliche Unterstützung und Umgang mit Fristen) – und somit die Erwartungshaltung der Lernenden – sinkt mit zunehmender Studiendauer. Die Intensität der Betreuung (Faktor 4) ist ebenso wie Faktor 3 zu Beginn des Lernangebotes besonders wichtig, nimmt jedoch im mittleren Bereich des Lernangebotes an Bedeutung ab, um dann am Ende wieder leicht anzusteigen. Eine mögliche Erklärung dieses Ergebnisses besteht darin, dass sich die Lerngruppen in den fortgeschrittenen Semestern bereits aufeinander ‚eingespielt' haben und die Lernenden sich weitestgehend selber organisieren. Die Erwartungen an den Faktor 5 (technische Unterstützung) nehmen – hinsichtlich der verschiedenen Befragungszeitpunkte – signifikant ab. Bei diesen Ergebnissen liegt die Schlussfolgerung nahe, dass fortgeschrittene Lernende weniger technische und inhaltliche Unterstützung benötigen als Studienanfänger/innen. Explizit beim mediengestützten Lernen werden hohe Erwartungen an den kompetenten Umgang mit der Technik gestellt, der für die Lernenden besonders zu Studienbeginn eine große Herausforderung darstellt. Da es sich um ein Selbststudium handelt, ist zudem eine hohe Selbstlernkompetenz notwendig. Im Verlauf des Studiums sollen die Lernenden zunehmend Selbstlern- und Medienkompetenzen erwerben und somit in der Lage sein, insbesondere technische Probleme eigenständig zu lösen und das Lernmaterial selbst gesteuert bearbeiten zu können (vgl. Kapitel 3). Da es sich um ein weiterbildendes Studienangebot handelt, die Studierenden meist schon jahrelang im Berufsleben stehen und die letzte Lernphase weit hinter sich gelassen haben, benötigen diese am Anfang eine besonders intensive Unterstützung. Nachdem sich die Lernenden jedoch wieder in den Lernprozess hineingefunden haben und schrittweise an das selbst gesteuerte Lernen herangeführt wurden (z.B. beim Studienprogramm *Educational Media* mit einem speziellen Kurs zum selbst organisierten Lernen), nehmen auch die Erwartungen an die inhaltliche Betreuung ab. Es findet mehr inhaltlicher Austausch in den Lerngruppen statt und einfache Fragen werden zunehmend in der Lerngruppe und selbständig beantwortet.

In diesem Zusammenhang wird auch der Wunsch nach Konsequenz bei den Abgabefristen der Lernaufgabenlösungen geringer (Faktor 3 [fachliche Unterstützung und Umgang mit Fristen]; vgl. Anhang Kapitel 13.1; Var.2.8). Innerhalb des Studienprogramms *Educational Media* werden die Lernmaterialien in einem 3-Wochen-Rhythmus getaktet. Besonders für Studienanfänger/innen stellt diese Taktung eine gute und wichtige Orientierung dar. Für die gemeinsame Lösung einer Gruppenaufgabe ist es wichtig, dass alle Mitglieder einer Lerngruppe zum selben Zeitpunkt inhaltlich auf einem einheitlichen Wissensstand bzw. Bearbeitungsstand sind. In den höheren Semestern haben sich die Lerngruppen ‚eingespielt' und ihren Lerngruppen-Rhythmus gefunden. Die Lerngruppen organisieren und moderieren die Bearbeitung der Gruppenaufgaben überwiegend selbständig, so dass die Fachtutor/inn/en in den Hintergrund treten können und diesen Prozess lediglich beobachten. Hier wird die besondere Herausforderung für Online-Tutor/inn/en deutlich, als Lernbegleiter/innen den Lernprozess der einzelnen Lernenden und der Lerngruppe genau im Blick zu behalten, jedoch einen optimal ausbalancierten Gestaltungsspielraum einzuräumen, in dem die Bedürfnisse der Lernenden bezüglich der Betreuungsintensität berücksichtigt werden (vgl. Kapitel 3).

Über die deskriptive Auswertung hinaus sollen die Faktorwerte innerhalb weiterer statistischer Verfahren Verwendung finden. Im Folgenden soll durch eine Regressionsanalyse überprüft werden, ob ein signifikanter Zusammenhang zwischen den Faktoren und dem Befragungszeitpunkt besteht.

9.2.3 Vorgehen und Durchführung der Regressionsanalyse

Um die Art und die Stärke des Zusammenhangs zwischen dem Befragungszeitpunkt (Semester) und den Faktoren aufzudecken, wurde eine Regressionsanalyse durchgeführt, insbesondere um von dem Wert der unabhängigen Variable (Semester) auf die Werte der abhängigen Variablen (Faktoren) zu schließen (vgl. Bühl & Zöfel 2005). Die Bestimmung der Variablen als unabhängig bzw. abhängig ging der Regressionsanalyse voraus und wurde theoretisch festgelegt.

Da in der Regel eine Multikollinearität zwischen einzelnen Merkmalen besteht, so dass sich oft unbefriedigende Bestimmtheitsmaße und Signifikanzniveaus ergeben, wurden die Einzelmerkmale zunächst auf linear unabhängige Faktoren verdichtet und es wurde mit den Faktorwerten (vgl. Kapitel 9.2.1 und 9.2.2) als Regressoren gearbeitet. Die Stichprobengröße (n = 89) ist doppelt so groß wie die Anzahl der Variablen. Damit ist die Anwendungsbedingung für die Regressionsanalyse erfüllt. Vor der Regressionsberechnung wurde überprüft, inwieweit der Zusammenhang zwischen den abhängigen Variablen und der unabhängigen Variable durch eine Gerade (lineare Funktion) hinreichend genau approximiert werden kann (Prüfung auf Nichtlinearität durch Sichtprüfung der Streudiagramme). Die Beziehung ist annähernd linear. Jedoch sind Abweichungen der Residuen von der Normalverteilung zu erkennen, was bei der Interpretation der regressionsanalytischen Ergebnisse berücksichtigt werden muss. Die Annahme gleicher Varianzen der Residuen (Homoskedastizität) wird bestätigt (vgl. Anhang Kapitel 13.3).

9.2.4 Ergebnisse der Regressionsanalyse

Im Rahmen der Forschungsfrage 1 (vgl. Kapitel 7.1) wird vermutet, dass sich die Erwartungen der Lernenden im Hinblick auf die verschiedenen Befragungszeitpunkte unterscheiden. Im Folgenden wird anhand einer Regressionsanalyse untersucht, ob die Unterschiede, die aus den Faktorwerten ersichtlich wurden (vgl. Kapitel 9.2.2.1), signifikant sind. Auf diese Weise wird die Stärke ebenso wie die Art des Zusammenhangs hinsichtlich der Semesterzahl (unabhängige Variable) und der aus der Faktorenanalyse gewonnenen Faktoren (abhängige Variable) ermittelt.

Durch eine einfache Regressionsanalyse wurde eine Regressionsfunktion geschätzt, bei der sich die Semesterzahl als Indikator für zwei Faktoren bestätigte. Die in Tabelle 31 dargestellte Koeffizientenmatrix zeigt, dass die Semesterzahl zur Bestimmung der Wichtigkeit des Faktors 3 (fachliche Unterstützung und Umgang mit Fristen) und Faktor 5 (technische Unterstützung) herangezogen werden kann. Dies trifft jedoch nicht auf den Faktor 1 (Didaktik/Methodik und face-to-face-Kontakt), Faktor 2 (persönliche Beziehung und Erreichbarkeit) und Faktor 4 (Intensität der Betreuung) zu (vgl. Tabelle 31).

Tabelle 31: Faktor 1 bis Faktor 5 – Koeffizienten (a)

		nicht standardisierte Koeffizienten		standardisierte Koeffizienten	t	Signifikanz
Faktor 1: **Didaktik/Methodik** **und** **face-to-face-** **Kontakt**		**B**	**Standard-fehler**	**Beta**		
	(Konstante)	-,088	,252		-,349	,728
	Semesteranzahl	,036	,092	,041	,385	,701
Faktor 2: **Persönliche** **Beziehung und** **Erreichbarkeit**		**B**	**Standard-fehler**	**Beta**		
	(Konstante)	-,181	,251		-,713	,474
	Semesteranzahl	,073	,092	,085	,793	,430
Faktor 3: **Fachliche** **Unterstützung und** **Umgang mit** **Fristen**		**B**	**Standard-fehler**	**Beta**		
	(Konstante)	,750	,236		3,174	,002
	Semesteranzahl	-,303	,087	-,351	-3,502	,001
Faktor 4: **Intensität der** **Betreuung**		**B**	**Standard-fehler**	**Beta**		
	(Konstante)	,266	,250		1,061	,291
	Semesteranzahl	-,107	,092	-,125	-1,171	,245
Faktor 5: **Technische** **Unterstützung**		**B**	**Standard-fehler**	**Beta**		
	(Konstante)	,542	,244		2,221	,029
	Semesteranzahl	-,219	,089	-,254	-2,450	,016

Die Regressionsanalyse zeigt, dass nur der Faktor 3 (fachliche Unterstützung und Umgang mit Fristen) und der Faktor 5 (technische Unterstützung) einen direkten Effekt sowie die Güte der Regressionskoeffizienten eine hohe Signifikanz ($p<.01$) besitzen. Der Zusammenhang beider Variablen ist somit als hoch zu bewerten und statistisch abgesichert.

Aus der Betrachtung der Gütemaße (vgl. Tabelle 32 und Tabelle 33) ist ein durchschnittlich zufrieden stellendes Ergebnis abzuleiten. So zeigt das Bestimmungsmaß (R-Quadrat) einen Wert von 0,002 für Faktor 1, 0,007 für Faktor 2 und 0,016 für Faktor 4. Dieser wird für das korrigierte R-Quadrat (Faktor 1 = -,010; Faktor 2 = -,004; Faktor 4 = ,004) bestätigt, d.h. 0,2% der Varianz der Variable Semester wird durch den Faktor 1, 0,7% durch den Faktor 2 und 1,6% durch den Faktor 4 erklärt.

Tabelle 32: Betrachtung der Gütemaße – Faktor 1, Faktor 2 und Faktor 4

	R	R-Quadrat	Korrigiertes R-Quadrat	Standardfehler des Schätzers
Faktor 1: Didaktik/Methodik und face-to-face-Kontakt	,041(a)	,002	-,010	1,004
Faktor 2: Persönliche Beziehung und Erreichbarkeit	,085(a)	,007	-,004	1,002
Faktor 4: Intensität der Betreuung	,125(a)	,016	,004	,997

Das Bestimmungsmaß (R-Quadrat) zeigt für Faktor 3 einen Wert von 0,124 und 0,065 für Faktor 5. Diese Werte werden durch das korrigierte R-Quadrat (Faktor 3 = 0,113; Faktor 5 = 0,54) bestätigt, d.h. 12,4% der Varianz der Variable Semester wird durch den Faktor 3 und 6,5% durch den Faktor 5 erklärt (vgl. Tabelle 33).

Tabelle 33: Betrachtung der Gütemaße – Faktor 3 und Faktor 4

	R	R-Quadrat	Korrigiertes R-Quadrat	Standardfehler des Schätzers
Faktor 3 Fachliche Unterstützung und Umgang mit Fristen	,351(a)	,124	,113	,941
Faktor 5 Technische Unterstützung	,254(a)	,065	,054	,972

Aus dem F-Test lässt sich eine hohe Signifikanz für die Grundgesamtheit ableiten. Getestet wird die Signifikanz des erklärten Varianzanteils, relativ zum unerklärten Varianzanteil. Dabei wird die Gesamtschätzung des Modells zugrunde gelegt. Der ermittelte F-Wert für Faktor 3 ist hochsignifikant ($F = 12{,}261$; $p<.01$). Auch der ermittelte F-Wert für Faktor 5 ist hochsignifikant ($F = 6{,}002$; $p<.01$). Damit ist die Erklärungsleistung des Regressionsmodells kein Zufallsergebnis.

Tabelle 34: Anova – Faktor 1 bis Faktor 5

	Quadratsumme	df	Mittel der Quadrate	F	Signifikanz
Faktor 1: Didaktik/Methodik und face-to-face-Kontakt					
Regression	,150	1	,150	,148	,701(a)
Residuen	87,850	87	1,010		
Gesamt	88,000	88			
Faktor 2: Persönliche Beziehung und Erreichbarkeit					
Regression	,631	1	,631	,628	,430(a)
Residuen	87,369	87	1,004		
Gesamt	88,000	88			
Faktor 3: Fachliche Unterstützung und Umgang mit Fristen					
Regression	10,870	1	10,870	12,261	,001(a)
Residuen	77,130	87	,887		
Gesamt	88,000	88			
Faktor 4: Intensität der Betreuung					
Regression	1,365	1	1,365	1,371	,245(a)
Residuen	86,635	87	,996		
Gesamt	88,000	88			
Faktor 5: Technische Unterstützung					
Regression	5,680	1	5,680	6,002	,016(a)
Residuen	82,320	87	,946		
Gesamt	88,000	88			

Insgesamt lässt sich festhalten, dass der Einfluss der unabhängigen Variable (Semester) auf die abhängigen Variablen (Faktor 3 und Faktor 5) – im Sinne einer linearen Beziehung – eher als gering zu bezeichnen ist (vgl. Tabelle 31) und lediglich 12,4% und 6,5% (R-Quadrat) der Varianz in der abhängigen Variablen erklärt. Dennoch ist die Beziehung, wie die F-Statistik der Varianzanalyse anzeigt, hochsignifikant.

Durch die Ergebnisse der Regressionsanalyse wurde ein signifikanter Zusammenhang zwischen dem Faktor 3 (fachliche Unterstützung und Umgang mit Fristen) sowie Faktor 5 (technische Unterstützung) und dem Befragungszeitpunkt ermittelt und somit der durch die deskriptive Darstellung der Faktorwerte vermutete Zusammenhang (vgl. Kapitel 9.2.2.2) bestätigt. Die Interpretation der Ergebnisse erfolgte bereits in Kapitel 9.2.2.2 und Kapitel 9.2.2.3.

9.3 Überprüfung der Forschungsfrage 2

9.3.1 Vorgehen und Durchführung der Clusteranalyse

Es soll im Folgenden der Frage nachgegangen werden, ob sich die Befragten in sinnvoller, interpretierbarer Weise zu Gruppen zusammenfügen lassen, die gemeinsame Erwartungsmerkmale tragen. Diese Frage lässt sich mit Hilfe einer Clusteranalyse beantworten. Durch diese statistische Methode werden Paare bzw. Gruppen von Befragten gesucht, die sich bezüglich mehrerer Merkmale ähnlich sind und ordnet ihnen sukzessive – je nach Ähnlichkeit – weitere Befragte zu. Die Clusteranalyse dient dazu, die befragten Personen so zu gruppieren, dass die Unterschiede zwischen den Personen innerhalb der Cluster minimiert und zwischen den Clustern maximiert werden (vgl. Bortz 2005).

Um die Anzahl der Variablen für die Clusteranalyse zu reduzieren und Korrelationen zwischen den Variablen zu vermeiden, wurden die Variablen zunächst mit einer Faktorenanalyse zu unabhängigen Faktoren zusammengefasst (vgl. Bortz 2005; Kapitel 9.2.1 und 9.2.2).
Auf Basis dieser fünf Faktoren wurde die hierarchische Clusteranalyse (Ward-Methode) und Clusterzentrenanalyse (k-Means-Methode) mit einer unterschiedlichen Anzahl an Clustern durchgeführt. Die Kombination dieser beiden Methoden hat sich nach Bortz (2005) besonders bewährt. Mit der Ward-Methode wird eine Anfangspartition erzeugt und die sich hieraus ergebenden Clustermittelwerte werden als Startpartition für das k-Means-Verfahren verwendet, so dass die Ergebnisse mit dieser Methode optimiert werden können. Als Distanzmaß wurde das Maß ‚Quadrierte Euklidische Distanz' gewählt.
Die Faktorwerte (vgl. Kapitel 9.2.2.2) stellen die Grundlage des Verfahrens dar. Bei der Interpretation ist zu berücksichtigen, dass positive Werte überdurchschnittliche Ausprägungen und negative Werte unterdurchschnittliche Ausprägungen repräsentieren.

9.3.2 Ergebnisse der Clusteranalyse

Ziel ist es, zu überprüfen, ob spezifische Subgruppen hinsichtlich der Erwartungshaltung an die Betreuung existieren, die ggf. eine veränderte Betreuungsleistung erfordern. In diesem analytischen Schritt wird mittels clusteranalytischer Verfahren untersucht, ob sich auf Grund der Einschätzung der Lernenden abgrenzbare Untergruppen ergeben. Dies ist, wie im Folgenden gezeigt wird, in der Tat der Fall; diese Gruppen sind nicht nur statistisch nachweisbar, sondern auch inhaltlich charakterisierbar. Zur qualitativen Interpretation der Subgruppen werden auch Praxiserfahrungen in die Ergebnisdarstellung einbezogen.

Zur Identifizierung der geeigneten Clusteranzahl wurden die Daten im ersten Schritt einer hierarchischen Clusteranalyse nach der Ward-Methode unterzogen (vgl. Kapitel 9.3.1). Die Beurteilung, welche Anzahl von Clustern als die günstigste Lösung anzusehen ist, erfolgt, indem die Abstandsmaße zwischen den einzelnen Fusionsschritten betrachtet werden. An der Stelle, an der sich das Abstandsmaß zwischen zwei Fusionierungsschritten sprunghaft erhöht, wird die Zusammenfassung neuer Cluster abgebrochen (vgl. Anhang Kapitel 13.4). Ausgehend von der Größe der Abstände der fusionierten Cluster wurde eine Vier-Cluster-Lösung gewählt. Dieses Ergebnis wurde anschließend mit der nicht hierarchischen Clusteranalyse, der k-Means-Methode, überprüft und bestätigt. Die Vier-Cluster-Lösung stellt somit die Lösung dar, welche die eindeutigsten Ergebnisse bezüglich der rechnerischen Stabilität und des inhaltlichen Interpretationsgehaltes liefern kann.

Im Folgenden werden die Clusterzentren (vgl. Tabelle 35) dargestellt.

Tabelle 35: Clusterzentren der endgültigen Lösung (n = 89)

	Cluster			
	1	**2**	**3**	**4**
	(n = 37)	(n = 26)	(n = 8)	(n = 18)
Didaktik/Methodik und face-to-face-Kontakt	,314	,066	-2,455	,347
Persönliche Beziehung und Erreichbarkeit	,715	-,888	,041	-,204
Fachliche Unterstützung und Umgang mit Fristen	-,088	,227	-,570	,106
Intensität der Betreuung	-,248	,082	-,057	,416
Technische Unterstützung	,170	,690	-,132	-1,289

Ein anschaulicheres Bild ist durch die Abbildung der Mittelwertprofile möglich (vgl. Abbildung 69; vgl. Anhang Kapitel 13.4; Tabelle 60).

In der untersuchten Stichprobe konnten vier Subgruppen mit unterschiedlichen Erwartungsmustern gefunden werden. Wie aus Abbildung 69 ersichtlich wird, weisen die Cluster deutlich unterschiedliche Mittelwertprofile auf.

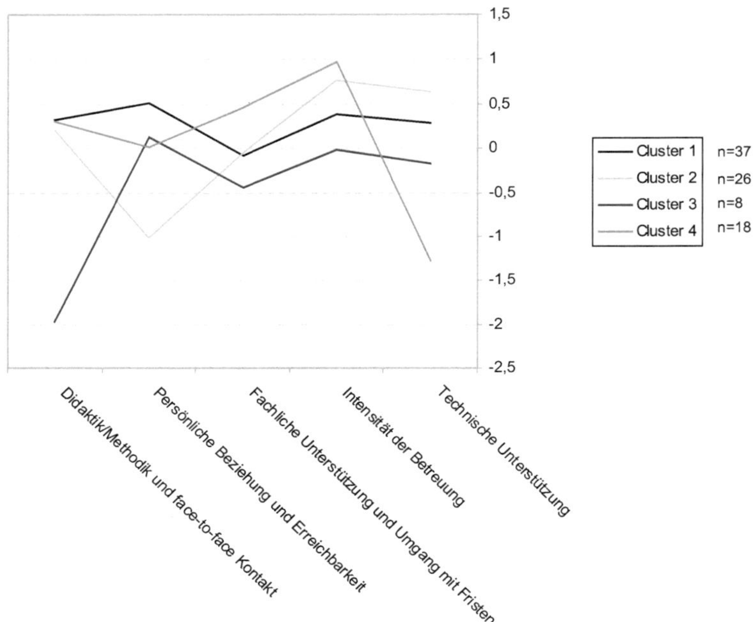

Abbildung 69: Mittelwertprofile der unterschiedlichen Lernertypen (n = 89)

Während eine Subgruppe sich vorwiegend durch hohe Erwartungen an die didaktisch-methodische und die persönliche Betreuung auszeichnet, ist diesen Personen die fachliche und technische Unterstützung sowie die Intensität der Betreuung deutlich weniger wichtig (Cluster 1). Die zweite Subgruppe zeigt einen Schwerpunkt bei der Erwartung bezüglich der technischen und fachlichen Unterstützung (Cluster 2). Auffallend ist, dass diesen Personen insbesondere die persönliche Betreuung weniger wichtig ist. Die dritte Subgruppe (Cluster 3) hat insgesamt sehr geringe Erwartungen an die Betreuung. Besonders gering sind die Erwartungen an die didaktisch-methodische Unterstützung.

Die Intensität der Betreuung und die didaktisch-methodische Betreuung sind der vierten Gruppe besonders wichtig. In Bezug auf die persönliche Beziehung und Erreichbarkeit sind sie jedoch deutlich anspruchsloser (Cluster 4).

Dieses Ergebnis macht deutlich, dass es sich bei den befragten Personen hinsichtlich ihrer Erwartungen an die Betreuung nicht um homogene Gruppen handelt. Vielmehr bestehen folgende Subgruppen:

Tabelle 36: Erwartungen verschiedener Subgruppen

Cluster	Beschreibung
Cluster 1 (n = 37)	*Erwartung einer umfassenden Betreuung in allen Betreuungsbereichen*, insbesondere in den Bereichen: • Didaktik/Methodik und face-to-face-Kontakt • Persönliche Betreuung Demografische Angaben[101]: • Geschlecht: 1 Person keine Angaben; 19 weiblich; 17 männlich • Alter: 2 Person keine Angaben; bis 30 Jahre (9); 31–40 Jahre (17); 41–50 Jahre (7); über 50 Jahre (2) • Berufstätigkeit: Vollzeitbeschäftigung (24); Teilzeitbeschäftigung (7); nicht berufstätig (0); keine Angabe (6)
Cluster 2 (n = 26)	*Wenige Erwartungen an die persönliche Beziehung und Erreichbarkeit der Online-Tutor/inn/en.* Eine Betreuung wird insbesondere in folgenden Bereichen erwartet: • Technische Unterstützung • Fachliche Unterstützung Demografische Angaben: • Geschlecht: 8 Personen weiblich; 18 männlich • Alter: 5 Person keine Angabe; bis 30 Jahre (4); 31–40 Jahre (12); 41–50 Jahre (5); über 50 Jahre (0) • Berufstätigkeit: Vollzeitbeschäftigung (11); Teilzeitbeschäftigung (13); nicht berufstätig (1); keine Angabe (1)
Cluster 3 (n = 8)	*Wenige Erwartungen an die didaktisch-methodische Betreuung.* Insgesamt gering betreuungsintensive Lernende. Demografische Angaben: • Geschlecht: 1 Person keine Angaben; 5 weiblich; 2 männlich • Alter: 1 Person keine Angaben; bis 30 Jahre (2); 31–40 Jahre (3); 41–50 Jahre (2); über 50 Jahre (0) • Berufstätigkeit: Vollzeitbeschäftigung (3); Teilzeitbeschäftigung (2); nicht berufstätig (0); keine Angabe (3)
Cluster 4 (n = 18)	*Wenige Erwartungen an die technische Betreuung.* Ansonsten besonders betreuungsintensive Lernende in Bereichen: • Didaktik/Methodik und face-to-face-Kontakt • Persönliche Betreuung • Fachliche Unterstützung Demografische Angaben: • Geschlecht: 1 Person keine Angaben; 6 weiblich; 11 männlich • Alter: 2 Person keine Angaben; bis 30 Jahre (4); 31–40 Jahre (5); 41–50 Jahre (7); über 50 Jahre (0) • Berufstätigkeit: Vollzeitbeschäftigung (13); Teilzeitbeschäftigung (2); nicht berufstätig (0); keine Angabe (3)

---

101 Die demografischen Variablen wurden bei der Clusteranalyse nicht berücksichtigt, sondern anschließend zugeordnet.

9.3.3 Interpretation der Ergebnisse

Durch clusteranalytisch ermittelte Typen von Erwartungen wird deutlich, dass die Lernenden heterogene Erwartungen an die Betreuung haben und sich divergente Personengruppen, hinsichtlich ihrer Erwartungsschwerpunkte, unterscheiden lassen. Während die größte Subgruppe (Cluster 1; n = 37) überwiegend eine didaktisch-methodische Betreuung, in Kombination mit einer persönlichen Beziehung zur Betreuungsperson erwartet, zu der sie auch im Rahmen von face-to-face-Treffen intensiven Kontakt wünscht, haben die Befragten, die der zweiten Subgruppe (Cluster 2; n = 26) zugeordnet sind, geringe Erwartungen an die persönliche Beziehung und Erreichbarkeit der Online-Tutor/inn/en. Bei ihnen steht vor allem die technische und fachliche Betreuung im Vordergrund. Die Befragten, die Cluster 3 (n = 8) zugeordnet sind, haben insgesamt geringe Erwartungen an die Betreuung. Besonders gering sind diese hinsichtlich des didaktisch-methodischen Bereiches & des face-to-face-Kontaktes. Die Befragten, die Cluster 4 (n = 18) zugeordnet sind, legen zwar besonders großen Wert auf eine intensive Betreuung, jedoch nicht im technischen Bereich. Hieraus lässt sich schließen, dass es sich um technisch kompetente Personen handelt.

Diese Ergebnisse verdeutlichen die besondere Rolle der Online-Tutor/inn/en als Lernbegleiter/innen und die Herausforderung, den Lernenden einen optimal ausbalancierten Gestaltungsspielraum einzuräumen, in dem die unterschiedlichen Bedürfnisse der Lernenden bezüglich der Betreuungsintensität berücksichtigt werden können (vgl. Kapitel 3.3.3).

Bereits bei Ehlers (2004a) und in der Untersuchung vom MMB (2004) (vgl. Kapitel 3.3.3.2) wurden verschiedene Typen von Lernenden hinsichtlich ihrer Erwartungen an die Betreuung identifiziert. Die Ergebnisse im Rahmen dieser Untersuchung lassen sich in die clusteranalytischen Ergebnisse von Ehlers (2004a) und in die Untersuchung vom MMB (2004) einordnen:

Es kann ebenso wie in der Untersuchung von Ehlers (2004a) eine Gruppe von *Lernenden* identifiziert werden, die besonders *inhaltsorientiert* ist (Cluster 2). Diese Gruppe zeichnet sich besonders dadurch aus, dass sehr geringe Erwartungen an die persönliche Beziehung und die Erreichbarkeit der Online-Tutor/inn/en gestellt werden. Ihre Mitglieder benötigen daher vor allem kompetente Ansprechpersonen und weniger eine/n Online-Tutor/in, der bzw. die eine persönliche Beziehung zu dem Lernenden bzw. der Lernenden aufbaut (vgl. Kapitel 5.4).

Auch die Befragten, die Cluster 3 zugeordnet und überwiegend weiblich sind, haben insgesamt geringe Erwartungen an die Betreuung. Besonders gering sind diese hinsichtlich des didaktisch-methodischen Bereiches und des face-to-face-Kontaktes.

Die Befragten, die Cluster 4 zugeordnet sind, haben insgesamt hohe Erwartungen an die Betreuung, insbesondere im fachlichen Bereich. Dies entspricht der Untersuchung vom MMB (2004), in der eine Gruppe von Lernenden identifiziert wurde, die bevorzugt in Eigeninitiative lernen und wenig Unterstützung durch Betreuende erwarten *(informelle Lerner/innen)*.

Hier könnte eine indirekte fachliche Betreuung die Erwartungen der Lernenden besonders berücksichtigen, da sie auf diese Weise (nur) bei Bedarf eine kompetente Ansprechperson kontaktieren können (vgl. Kapitel 3.3.3.1).

Nach der Untersuchung vom MMB (2004) handelt es sich bei der Gruppe der *informellen Lerner/innen* überwiegend um Lernende mit hohem Bildungsstand und Computerkenntnissen, wodurch eine geringe technische Betreuung erforderlich ist. In der vorliegenden Untersuchung erwarten die Befragten des Clusters 4 besonders wenig technische Unterstützung. Insgesamt sind ihre Erwartungen an die Betreuung jedoch hoch.

Im Rahmen dieser empirischen Arbeit gehören zu der Gruppe der weniger betreuungsintensiven Lernenden insbesondere männliche Befragte im Alter zwischen 31–50 Jahren.

Eine Gruppe von Lernenden hat insbesondere Erwartungen im technischen und fachlichen Bereich (Cluster 2) und ähnelt somit der Gruppe der *eigenständigen ergebnis- bzw. zielorientierten* Lernenden nach Ehlers (2004a). Die zweite Gruppe (Cluster 1) erwartet insbesondere in den Bereichen Didaktik/face-to-face-Kontakt und im persönlichen Bereich Unterstützung. Diese Lernenden erwarten insgesamt eine umfassende Betreuung in allen Betreuungsbereichen und sind überwiegend 31 bis 40 Jahre alt.

Zu der Gruppe der *Viellerner* gehören nach dem MMB (2004) Personen mittleren Alters, mit höherem Bildungsstand, die über eine mittlere bis hohe Computerkompetenz verfügen und bereits überwiegend Erfahrung mit E-Learning gesammelt haben. Diese umfangreichen Erfahrungen und Kenntnisse in den verschiedenen Bereichen begründen die lediglich durchschnittlichen Erwartungen an die Intensität der Betreuung. Jedoch weisen die Ergebnisse der empirischen Untersuchung im Rahmen dieser Arbeit nicht darauf hin, dass insbesondere Lernende im mittleren Alter eine intensive Betreuung erwarten.

Eine besonders intensive, aktive und lernerorientierte Betreuung in fachlicher und pädagogischer Hinsicht erwarten vor allem die *interaktionsorientierten Avantgardisten* (Ehlers 2004a). Im Rahmen der vorliegenden Untersuchung sind die besonders betreuungsintensiven Befragten Cluster 4 zugeordnet. Diese Befragten haben nur an die technische Betreuung geringe Erwartungen, da die Lernenden offenbar über genügend technische Kompetenzen verfügen und daher in diesem Bereich wenig Betreuung benötigen. Um die sonst hohen Erwartungen an die Betreuung zu erfüllen, kann daher ein vielfältiger Medieneinsatz zur intensiven Kommunikation und Kooperation zwischen den Lernenden untereinander und zwischen Lernenden und Betreuenden erfolgen.

Im Rahmen der Untersuchung des MMB (2004) bilden die *betreuungsorientierten* Lernenden ebenso wie die *interaktionsorientierten Avantgardisten* (Ehlers 2004a) die größte Gruppe. Auch in der empirischen Untersuchung der vorliegenden Arbeit lässt sich als größte Gruppe das Cluster 1 mit einem hohen Betreuungsbedarf identifizieren. Die Lernenden dieser Gruppe erwarten insbesondere eine Betreuung im Bereich Didaktik und face-to-face-Kontakt. Diese Ergebnisse legen nahe, dass die meisten Lernenden eine besonders intensive Betreuung beim E-Learning erwarten. Zu den *betreuungsorientierten* Lernenden zählen überwiegend junge Personen mit geringem Bildungsstand und Computerkenntnissen, denen besonders der soziale Aspekt beim Lernen wichtig ist (vgl. MMB 2004). Auf Grund des Alters, des Bildungsstandes und der fehlenden Computerkenntnisse ist eine intensive Betreuung der Lernenden erforderlich. Im Gegensatz zu diesen Ergebnissen zeigt die empirische Untersuchung dieser Arbeit auf, dass auch Lernende, die über einen hohen Bildungsabschluss (Aufnahmevoraussetzung mind. Abitur) verfügen, eine sehr intensive Betreuung erwarten. Es muss bei dem Vergleich der Clusteranalysen berücksichtigt werden, dass sich die Lernenden, im Gegensatz zur vorliegenden empirischen Untersuchung, bei den Analysen von Ehlers (2004a) und vom MMB (2004) nicht notwendigerweise zum Zeitpunkt der Befragung in einer E-Learning-Maßnahme befanden.

Blended Learning-Angebote bieten durch ein breites Spektrum an Kombinationsmöglichkeiten von Lehr-/Lernformen und -methoden sowie entsprechender Medien die Möglichkeit, unterschiedliche Typen von Lernenden hinsichtlich ihrer Erwartungen an die Betreuung zu berücksichtigen. Entsprechend der didaktischen Entscheidung für bestimmte oder eine Kombination verschiedener Lehr-/Lernformen und -methoden unterscheidet sich die Ausrichtung, die Intensität der tutoriellen Betreuung sowie das Aufgabenspektrum der Online-Tutor/inn/en.

9.3.4 Durchführung und Ergebnisse der einfaktoriellen Varianzanalyse

Der parametrische Test für Mittelwertunterschiede (ANOVA) zeigt, dass für alle Variablen in allen vier Clustern der F-Wert über 1 liegt, was für eine weniger gute Homogenität innerhalb der Cluster spricht.[102]

---

102 Der F-Test wird nur für beschreibende Zwecke verwendet, da die Cluster so gewählt wurden, dass die Differenzen zwischen Fällen in unterschiedlichen Clustern maximiert werden. Dabei werden die beobachteten Signifikanzniveaus nicht korrigiert und können daher nicht als Tests für die Hypothese der Gleichheit der Clustermittelwerte interpretiert werden.

Tabelle 37: Anova der Clusterzentrenanalyse

	Cluster		Fehler		F	Sig.
	Mittel der Quadrate	df	Mittel der Quadrate	df		
Didaktik/Methodik und face-to-face-Kontakt	18,061	3	,398	85	45,400	,000
Persönliche Beziehung und Erreichbarkeit	13,411	3	,562	85	23,864	,000
Fachliche Unterstützung und Umgang mit Fristen	1,479	3	,983	85	1,504	,219
Intensität der Betreuung	1,872	3	,969	85	1,931	,131
Technische Unterstützung	14,514	3	,523	85	27,748	,000

Darüber hinaus wurde durch eine einfaktorielle Varianzanalyse überprüft, ob ein Zusammenhang zwischen den Clustern und der Semesterzugehörigkeit besteht. Es konnte jedoch kein signifikanter Zusammenhang festgestellt werden.

Tabelle 38: Oneway Anova – Semesteranzahl beim Befragungszeitpunkt

	Quadrat- summe	df	Mittel der Quadrate	F	Sig.
Zwischen den Gruppen	6,141	3	2,047	1,553	,207
Innerhalb der Gruppen	112,038	85	1,318		
Gesamt	118,180	88			

Offenbar lassen sich die Befragten nicht entsprechend ihrer Semesterzugehörigkeit zuordnen und es können keine ‚Studienanfänger/innen'-Cluster und ‚Fortgeschrittenen'-Cluster unterschieden werden. Das bedeutet für die Betreuung, dass in einem fortgeschrittenen Studienabschnitt nicht davon ausgegangen werden kann, dass beispielsweise die Personengruppe der besonders betreuungsintensiven Lernenden (Cluster 4) schwächer vertreten ist als die Personengruppe der wenig betreuungsintensiven Lernenden (Cluster 3).

Auf Grund der Identifizierung verschiedener Subgruppen, können Online-Tutor/inn/en diese entsprechend ihrer spezifischen Erwartungen unterstützen und dadurch eine optimale Betreuung gewährleisten. Online-Tutor/inn/en sollten die Betreuungsintensität daher nicht von der Semesterzugehörigkeit abhängig machen, sondern individuell auf die Bedürfnisse der Lernenden eingehen. Durch die Gewährleistung von Ansprechpersonen, die den Lernenden bei Bedarf jederzeit zur Verfügung stehen, kann eine indirekte Betreuung (vgl. Kapitel 3.3.3.1) gewährleistet werden. Auf diese Weise können die Lernenden entscheiden, welchen Betreuungsbedarf sie haben. Jedoch sollten Online-Tutor/inn/en den Lernprozess eines jeden Lernenden aufmerksam verfolgen, um Probleme rechtzeitig zu erkennen, wenn die Lernenden nicht von sich aus auf die Betreuenden zugehen (vgl. Kapitel 3.5).

9.4 Überprüfung der Forschungsfrage 3

In diesem Kapitel soll der Frage nachgegangen werden, wie schnell aus Sicht der Lernenden ein Feedback zu Lernaufgabenlösungen und die Reaktion auf eine inhaltliche oder organisatorische Anfrage erfolgen sollte.

9.4.1 Deskriptive Darstellung der Feedback-Erwartungen

Die deskriptive Darstellung der Ergebnisse zeigt (vgl. Tabelle 39), dass

- *inhaltliche* und *organisatorische* Anfragen von dem/r Online-Tutor/in nach spätestens 2–3 Werktagen beantwortet werden sollten.

- ein ausführliches, schriftliches *Feedback* zu den eingereichten Lernaufgabenlösungen von dem/r Online-Tutor/in nach spätestens 7 Werktagen erfolgen sollte.

- sich die Lernenden pro Monat ein bis zwei *Lerngruppenchats* mit dem/der Online-Tutor/in wünschen.

In Abbildung 70 wird der relativ gleich bleibende Verlauf der Erwartungen bezüglich aller Variablen veranschaulicht.

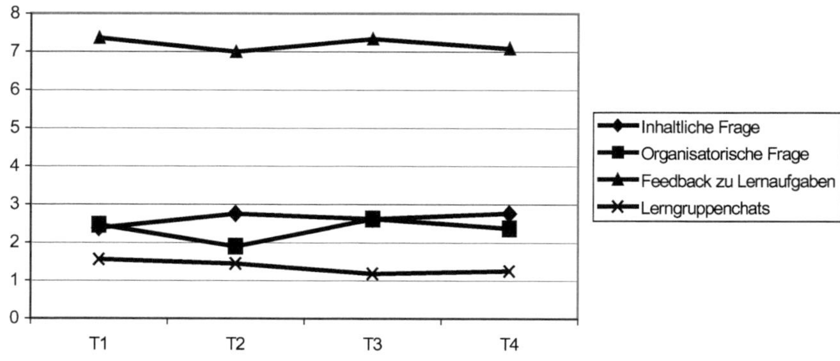

Abbildung 70: Erwartungen an die Rückmeldung im Zeitverlauf

Tabelle 39: Oneway deskriptive Statistiken

	T	N	$\bar{x}$	s	Standard-fehler	95%-Konfidenzintervall für den Mittelwert		Mini-mum	Maxi-mum
						Untergrenze	Obergrenze		
Inhaltliche Anfrage[103]	T 1	25	2,380	1,332	,266	1,830	2,930	1	7
	T 2	20	2,750	1,118	,250	2,227	3,273	1	5
	T 3	21	2,619	1,160	,253	2,091	3,147	1	5
	T 4	23	2,761	1,064	,222	2,300	3,221	1	5
Gesamt		89	2,618	1,170	,124	2,371	2,864	1	7
Organi-satorische Anfrage[104]	T 1	25	2,460	2,491	,498	1,432	3,488	1	14
	T 2	20	1,900	,7182	,160	1,564	2,236	1	3
	T 3	21	2,619	1,023	,223	2,153	3,085	2	5
	T 4	23	2,370	1,245	,259	1,831	2,908	1	5
Gesamt		89	2,348	1,580	,167	2,015	2,681	1	14
Schriftliches Feedback[105]	T 1	25	7,360	3,289	,658	6,002	8,718	3	14
	T 2	20	7,000	2,470	,552	5,844	8,156	3	10
	T 3	21	7,333	3,038	,663	5,950	8,717	5	14
	T 4	23	7,087	3,058	,637	5,764	8,410	1	15
Gesamt		89	7,202	2,954	,313	6,580	7,825	1	15
Lerngruppen-chat[106]	T 1	25	1,560	,681	,136	1,279	1,841	1	4
	T 2	20	1,450	,456	,102	1,237	1,663	1	3
	T 3	21	1,190	,370	,080	1,022	1,359	1	2
	T 4	23	1,261	,672	,140	,970	1,551	1	4
Gesamt		89	1,371	,581	,061	1,248	1,493	1	4

Die Erwartungen an die Betreuung hinsichtlich der Feedbackgeschwindigkeit scheinen sich auf den ersten Blick nicht im Studienverlauf zu ändern. Diese Vermutung ist jedoch statistisch abzusichern. Daher wird neben der Darstellung der Ergebnisse der deskriptiven Auswertung mittels des Verfahrens der ANOVA im

---

103 Eine inhaltliche Anfrage sollte von dem/r Online-Tutor/in nach spätestens wie vielen Werktagen beantwortet werden?

104 Eine organisatorische Anfrage sollte von dem/r Online-Tutor/in spätestens nach wie vielen Werktagen beantwortet werden?

105 Ein ausführliches, schriftliches Feedback zu den eingereichten Lernaufgaben sollte vom dem/r Online-Tutor/in spätestens nach wie vielen Werktagen gegeben werden?

106 Wie oft pro Monat wünschen Sie sich einen Lerngruppenchat (mit Tutor/in)?

Kapitel 9.4.2 überprüft, ob sich diese Erwartungen im Verlauf des Weiterbildungsangebotes signifikant verändern.

9.4.2 Einfluss der Studiendauer auf die Feedback-Erwartungen

Neben der Darstellung der Ergebnisse der deskriptiven Auswertung wird mittels des Verfahrens der einfaktoriellen Varianzanalyse überprüft, ob sich diese Erwartungen und Beurteilungen der Betreuung im Verlauf des Weiterbildungsangebotes signifikant verändern.

Im Folgenden soll der Einfluss der Studiendauer bzw. der Semesterzugehörigkeit zum Zeitpunkt der Befragung (unabhängige Variable) auf die Erwartungen (abhängige Variablen) untersucht werden. Es soll überprüft werden, ob sich die Erwartungen an die a) Feedbackgeschwindigkeit, b) Anzahl der Chattermine, c) Schnelligkeit der Beantwortung inhaltlicher Anfragen und d) Schnelligkeit der Beantwortung organisatorischer Anfragen im Studium zu unterschiedlichen Zeitpunkten signifikant voneinander unterscheiden.

Hierzu wird der parametrische Test für Mittelwertunterschiede (einfaktorielle ANOVA) einer Variablen zwischen mehreren (mehr als zwei) Gruppen (Ausprägungen einer einzigen Klassifikationsvariablen wie zum Beispiel *Semester* eingeteilt in 1 = 1. Semester, 2 = 2. Semester etc.) angewendet, um einen Vergleich von mehr als zwei unabhängigen Stichproben vorzunehmen.

Die Bedingungen an die Durchführung der einfaktoriellen Varianzanalyse sind erfüllt. Fehlende Werte wurden durch den Modalwert ersetzt und die Mittelwerte der abhängigen Variablen (z.B. Häufigkeit der Chattermine) sind interpretierbar. Die Prüfung auf Normalverteilung durch den Lilliefors-Test[107] und den Shapiro-Wilks-Test zur Überprüfung auf Normalverteilung hat eine Irrtumswahrscheinlichkeit von $p < 0{,}05$ ergeben. Einschränkend bei der Interpretation der Ergebnisse ist zu berücksichtigen, dass die gegebene Verteilung signifikant von der Normalverteilung abweicht (vgl. Anhang Kapitel 13.5). Darüber hinaus ist auch die Varianzhomogenität[108] eine Voraussetzung zur Durchführung des Tests. Aus diesem Grund wurde die Homogenität der Varianz mit dem Levene-Test geprüft, der keine signifikante Abweichung von der Homogenität der Varianzen ergibt (vgl. Anhang Kapitel 13.5; Tabelle 63), wodurch eine Interpretation der klassischen ANOVA-Tabelle vorgenommen werden kann. Die einfaktorielle Varianzanalyse zeigt hinsichtlich des Studienverlaufs keinen signifikanten Gruppeneffekt (vgl. Tabelle 40).

---

107 eine Modifikation des Kolomogorov-Smirnov-Tests
108 Die Varianzen der Gruppen dürfen sich statistisch nicht unterscheiden.

Tabelle 40: Einfaktorielle Varianzanalyse

		Quadrat-summe	df	Mittel der Quadrate	F	Signi-fikanz
Eine inhaltliche Anfrage sollte von dem/r Online-Tutor/in nach spätestens wie vielen Werktagen beantwortet werden?	Zwischen den Gruppen	2,234	3	,745	,535	,659
	Innerhalb der Gruppen	118,277	85	1,391		
	Gesamt	120,511	88			
Eine organisatorische Anfrage sollte von dem/r Online-Tutor/in spätestens nach wie vielen Werktagen beantwortet werden?	Zwischen den Gruppen	5,881	3	1,960	,779	,509
	Innerhalb der Gruppen	213,821	85	2,516		
	Gesamt	219,702	88			
Ein ausführliches, schriftliches Feedback zu den eingereichten Lernaufgaben sollte vom dem/r Online-Tutor/in spätestens nach wie vielen Werktagen gegeben werden?	Zwischen den Gruppen	2,107	3	,702	,078	,972
	Innerhalb der Gruppen	766,253	85	9,015		
	Gesamt	768,360	88			
Wie oft pro Monat wünschen Sie sich einen Lerngruppen-chat (mit Tutor/in)?	Zwischen den Gruppen	1,981	3	,660	2,020	,117
	Innerhalb der Gruppen	27,783	85	,327		
	Gesamt	29,764	88			

9.5 Überprüfung der Forschungsfrage 4

Im Folgenden soll der Frage nachgegangen werden, wie die Lernenden nach dem Studienabschluss die Betreuung beurteilen und wie wichtig ihnen diese für die erfolgreiche Absolvierung des Studiums war.

Insgesamt ist die Beurteilung der Betreuung positiv. Alle Befragten sind sehr zufrieden (76,9%) bzw. zufrieden (23,1%) mit der Betreuung durch ihre/n Lerngruppentutor/in (MW = 4,77/s = 0,439) (vgl. Anhang Kapitel 13.6; Tabelle; 64). Mit der Betreuung durch die Fachtutor/inn/en sind 69,2% der Befragten sehr zufrieden und 30,8% zufrieden (vgl. Anhang Kapitel 13.6; Tabelle 66). Die Befragten begründen die Bedeutung der Betreuung durch eine/n Lerngruppen-tutor/in insbesondere damit, dass diese zur Motivation beiträgt und durch den persönlichen Kontakt die Isolation beim Lernen verhindert wird. Darüber hinaus wird die Bedeutung von Lerngruppentutor/inn/en in der Unterstützung der Lernenden gesehen[109] (vgl. Anhang Kapitel 13.6; Tabelle 65).

Doch obwohl die Betreuungsleistungen sehr positiv eingeschätzt werden und den Lernenden die Betreuung sehr wichtig (61,5%) bzw. überwiegend wichtig (38,5%) ist (vgl. Anhang Kapitel 13.6; Tabelle 65), gibt nur eine Person an, dass es überwiegend zutrifft, dass sie ohne den/die Lerngruppentutor/in das Lernangebot vorzeitig beendet hätte. 23,1% gaben an, dass diese Aussage etwas zutrifft, für 15,4% trifft dies kaum zu und für die meisten Befragten (46,2%) trifft dies überhaupt nicht zu. Eine Person ist unschlüssig (vgl. Anhang Kapitel 13.6; Tabelle 66) (MW = 1,77/s = 1,166). Aus diesen Ergebnissen lässt sich schließen, dass sich die Lernenden zwar der Bedeutung von Betreuung bewusst sind, diese jedoch nicht als wesentlichen Erfolgsfaktor für die Absolvierung des Lernangebotes sehen oder dies nicht zugeben wollen.

Die Frage, ob sich die Lernenden im Laufe des Lernangebotes einen Wechsel des bzw. der Lerngruppentutors/in gewünscht haben, wird von allen Befragten verneint (vgl. Anhang Kapitel 13.6; Tabelle 65).

Des Weiteren wird der Frage nachgegangen, ob das Geschlecht des Lerngruppentutors bzw. der Lerngruppentutorin eine besondere Rolle spielt. Durch die gewonnenen Ergebnisse der Untersuchung wird deutlich, dass dies 92,3% der Befragten unwichtig ist. Nur eine Person gibt an, dass sie sich lieber eine weibliche Lerngruppentutorin wünscht (vgl. Anhang Kapitel 13.6; Tabelle 65).

Die Befragten geben zu 75% an, dass die soziale Kompetenz bei einem/r Lerngruppentutor/in am wichtigsten ist. Für 25% ist jedoch die pädagogische Kompetenz am wichtigsten. Der bzw. die Fachtutor/in soll sowohl fachliche als auch pädagogische Kompetenzen besitzen (vgl. Anhang Kapitel 13.6; Tabelle 65).

Tabelle 41 und Tabelle 42 bieten einen Überblick über Beispiele, mit welchen Aspekten der Betreuung die Befragten besonders zufrieden sind.

---

109 Variable 4.10: Bitte begründen Sie, warum Ihnen die Betreuung wichtig war. (offene Frage)

Tabelle 41: Angaben zur Zufriedenheit mit der Betreuung – positive Aspekte[110]

		Nennungen
Zeit und Terminplanung	gute Zeit-/Terminplanung (auch Nachholklausur)	26
	rechtzeitige Terminbekanntgaben, Informationen und Erinnerung	3
	Flexibilität bei Fragen und Terminwünschen	2
Fachl. Betreuung	gute Auswahl der Studieninhalte/Lernaufgaben	1
	Angebot von Fach-Chats	2
	gute Führung durch die Lerntakte/Gruppenarbeit	3
	fachliche Anregungen/Kenntnisse (Studienbriefe +Lernaufgaben)/weiterführende Literatur, Beispiele	5
Organisation	gute Organisation, z.B. Chats, Präsenzveranstaltungen	14
Gruppensteuerung	Steuerung der Gruppe (z.B. Gruppenprobleme, Konfliktmanagement, Gesprächsführung, gute Einführung neuer Gruppenmitglieder)	15
Gruppenklima/ Engagement	Schaffung guter/s, gerechter Arbeitsatmosphäre/ Gruppenklima etc.	10
	hohes bzw. motiviertes Engagement	4
Führung	kein Druck bei verspäteten Lernaufgaben; aber Informationen über den Lernstatus	2
Persönlichkeit	freundlich/einfühlsam	6
	angenehme, persönliche Beziehung (private Mails)	8
Technik	Zugangsprobleme lösen	1
	schnelle Einführung neuer Tools/gute Unterstützung	14
	Unterstützung bei technischen Problemen	11
	Fragen werden schnell beantwortet oder weitergeleitet	10
	Lernplattform gut im Griff	1
Moderation	Aufrecherhalten der Diskussionen im Forum	1
	gute Didaktik/Strukturierung der Chatsitzungen	2
Lernunterstützung	Förderung der Selbstlernkompetenz	1
	gute Lernhilfen/Unterstützungen, z.B. Tipps, Lernstrategien	6
	gute Hinweise zu/r Lernaufgaben und Prüfungsvorbereitung	3
Rückmeldung	Fragen (zur Klausur) werden schnell und gut beantwortet.	27
	Sehr gut! Wenn Wissen fehlt, informieren sie sich.	3

In Tabelle 42 wird dargestellt, mit welchen Betreuungsaspekten die Befragten nicht zufrieden sind.

---

110 Bitte geben Sie ein Beispiel: Inwiefern waren Sie mit der tutoriellen Betreuung zufrieden? [Organisatorische, soziale, pädagogische, fachliche und technische Kompetenzen] In die Auswertung sind alle ausgefüllten Fragebögen eingeflossen (n = 168).

Tabelle 42: Angaben zur Zufriedenheit mit der Betreuung – negative Aspekte[111]

		Nennungen
Moderation	schlechte Organisation der Fach-Chats	3
	schlechte Strukturierung der Online-Chats/ Klausurvorbereitung	2
	wenig Gruppensteuerung bei eingeschlafenen Diskussionen	1
Termin- und Zeitplanung	keine spontanen Zeitplanänderungen	1
	falsche Termineintragungen im Gruppenkalender; Erinnerung an Termine	2
Rückmeldung	späte Beantwortung von Forumsbeiträgen; eingereichte Lernaufgaben übersehen & verspätet beantwortet	3
	nur negative Aspekte in Feedback genannt	1
	Fragen zur Klausur bleiben z.T. unbeantwortet/ teilweise kein Feedback auf Lernaufgaben	2
	in Gruppenaufgabe kein Feedback für jede Person individuell	1
	unpräzises Feedback	5
	Feedback zu spät (Kohärenz)	4
	Aussage ‚weiß ich auch nicht'/schlechte Fragebeantwortung	2
Sozial	keine freundschaftlichen, privaten Gespräche, sehr distanziert	1
	unsensible Reaktion auf Lernaufgaben	1
Gruppe	Einführung in die Lerngruppe	2
Technik	hin und wieder Serverprobleme	1
	Konnte technische Fragen nicht beantworten.	1
Inhalt	schlechte Überarbeitung und Zusammenstellung der Studienbriefe	1
	Linklisten in Studienbriefen z.T. nicht aktiv	1

Durch diese Angaben wird deutlich, dass die Lernenden großen Wert auf den sozialen Kontakt mit dem bzw. der Online-Tutor/in legen und Unzufriedenheit häufig aus zu langsamer sowie nicht ausreichend individueller und ausführlicher Reaktion auf Fragen und Lernaufgabenlösungen resultieren kann (vgl. Kapitel 3.5.2). Es wird im Folgenden noch auf die Ergebnisse der Fragen eingegangen, die sich konkret auf das Feedback zu Lernaufgabenlösungen beziehen.

Die Befragten geben überwiegend an, das Feedback zu den Lernaufgabenlösungen sehr intensiv gelesen (61,5%) bzw. überwiegend intensiv gelesen zu haben (23,1%). Nur jeweils eine Person gibt an, es mittelmäßig intensiv bzw. weniger intensiv gelesen zu haben (MW = 4,38/s = ,961). Dieses Ergebnis zeigt, dass sich die Lernenden intensiv mit dem Feedback auseinandersetzen und erklärt, warum die Lernenden hohe Erwartungen an die Rückmeldung stellen (vgl. Anhang Kapitel 13.6; Tabelle 66).

---

111 Bitte geben Sie ein Beispiel: Inwiefern waren Sie mit der tutoriellen Betreuung nicht zufrieden? [Organisatorische, soziale, pädagogische, fachliche und technische Kompetenzen] In die Auswertung sind alle ausgefüllten Fragebögen eingeflossen (n = 168).

38,5% der Befragten geben an, dass sie das Feedback zu den Lernaufgaben-lösungen etwas in ihrem Lernprozess unterstützt hat. 30,8% fühlen sich durch das Feedback unterstützt. 23,1% empfinden es als mittelmäßige Unterstützung und eine Person findet sich durch das Feedback nicht unterstützt (MW = 3,85/s = 1,144) (vgl. Anhang Kapitel 13.6; Tabelle 66).

Beim Studienprogramm *Educational Media* wird zu jeder eingereichten Lern-aufgabenlösung ein individuelles und schriftliches Feedback von ungefähr 800 Zei-chen verfasst. Diese Feedbacks werden von 38,5% der Befragten als überwiegend bzw. von 30,8% als mittelmäßig ausführlich bewertet. 23,1% empfinden sie als sehr ausführlich und eine Person als zu kurz (MW = 3,69/s = 1,109) (vgl. Anhang Kapitel 13.6; Tabelle 66).
Neben dem Wunsch nach einem ausführlichen und schnellen Feedback, haben die Befragten folgende Optimierungsvorschläge für die Feedbacks (vgl. Anhang Kapitel 13.6; Tabelle 66):

- **Feedback als Kommentare direkt im Dokument**: Beim Studienprogramm *Educational Media* werden die Lernaufgabenlösungen überwiegend als Word- oder pdf-Dokumente per E-Mail an die Online-Tutor/inn/en ge-schickt. Bei einigen Lösungen bietet es sich an, die Kommentarfunktion einzusetzen, die in dem Textverarbeitungsprogramm MS-Word integriert ist. Diese Form der Rückmeldung wird von den Lernenden bevorzugt, da sie dadurch einerseits das Feedback als besonders individuell empfinden (vgl. Kapitel 3.5.2) und andererseits die Anmerkungen verständlicher und nach-vollziehbarer sind, wenn sie als Kommentare direkt in der entsprechenden Textstelle eingebunden sind.

- **Konkrete Verbesserungsvorschläge und Praxisbeispiele:** In einem Feed-back sollten nicht nur die positiven und negativen Aspekte benannt werden, sondern auch aufgezeigt werden, wie die Lösung verbessert werden kann. Darüber hinaus sollten Beispiele aus der Praxis aufgezeigt werden. In diesem Zusammenhang wird auch häufig der Wunsch nach Muster- bzw. Ver-gleichslösungen geäußert.

- **Muster- bzw. Vergleichslösungen:** Häufig interessieren sich die Lernenden nicht nur dafür, wie ihre Lösung bewertet wurde, sondern sie sind auch an den Ergebnissen der anderen Lernenden interessiert. Es besteht die Möglich-keit einen Austausch der Lösungen zu initiieren (z.B. BSCW). Darüber hin-aus kann der bzw. die Online-Tutor/in die verschiedenen Lernaufgaben-lösungen in anonymisierter Form oder als kommentierte Ergebniszusammen-fassung zur Verfügung stellen. Die Entscheidung für oder gegen eine dieser

Möglichkeiten ist in erster Linie eine Frage der zeitlichen Ressourcen der Online-Tutor/inn/en.

9.6 Überprüfung der Forschungsfrage 5

Im Rahmen dieser Forschungsfrage wird untersucht, wie nachvollziehbar die Rollenaufteilung der Betreuenden von den Lernenden wahrgenommen wird. Gerade bei arbeitsteiligen Betreuungskonzepten kann es für die Lernenden undurchsichtig sein, wer für welches Anliegen der oder die richtige Ansprechpartner/in ist (vgl. Kapitel 4).

Die vorliegende Untersuchung zeigt, dass für 38,5% der Befragten die Rollenaufteilung vollkommen und für 23,1% überwiegend nachvollziehbar ist. 23,1% empfinden die Rollenaufteilung als etwas und 15,4% als kaum nachvollziehbar. Insgesamt fällt die Bewertung jedoch positiv aus (MW = 3,85/s = 1,144) (vgl. Anhang Kapitel 13.6; Tabelle 65).

Die Gegenfrage, ob die Lernenden lieber eine/n Online-Tutor/in hätten, der/die sowohl für die fachliche Betreuung sowie auch für die Betreuung der Lerngruppe verantwortlich ist (vgl. Kapitel 4) zeigt, dass dies für 61,5% der Befragten überhaupt nicht, kaum (7,7%) bzw. nur etwas (15,4%) zutrifft. Nur für einen Befragten (7,7%) trifft dies überwiegend und für einen Befragten (7,7%) vollkommen zu (MW = 1,92/s = 1,382) (vgl. Anhang Kapitel 13.6; Tabelle 65).

Entsprechend dieser Ergebnisse wird die Organisation der Betreuung im Studienprogramm *Educational Media* von den Lernenden als gut nachvollziehbar empfunden.

10 Zusammenfassung der Ergebnisse der empirischen Untersuchung

Im Mittelpunkt der vorliegenden Untersuchung stand die Frage nach den Erwartungen von Lernenden an die Betreuung beim Blended Learning. Es wurde insbesondere der Fragen nachgegangen, ob sich diese Erwartungen hinsichtlich verschiedener Befragungszeitpunkte unterscheiden.

Zur Reduzierung der 24 Variablen in den Fragebögen zur Erfassung der Erwartungen an die Betreuung wurden faktorenanalytisch fünf voneinander unabhängige Dimensionen identifiziert. Die Regressionsanalyse ergab, dass die Erwartungen an die fachliche Unterstützung und den Umgang mit Fristen seitens der Betreuenden sowie an die technische Unterstützung beim ersten Befragungszeitpunkt sehr hoch sind und mit zunehmender Studiendauer signifikant absinken. Um die Lernenden in diesen beiden Bereichen entsprechend den gewandelten Erwartungen im gesamten Studium bestmöglich in ihrem Lernprozess unterstützen zu können, sollten Online-Tutor/inn/en in den Hintergrund treten und den Lernenden schrittweise die Verantwortung für den Lernprozess übertragen. Kaum verändern sich hingegen die Erwartungen an die Betreuung im persönlichen Bereich und im Hinblick auf die Intensität. Die Erwartungen hinsichtlich der persönlichen Beziehung zu den Online-Tutor/inn/en und deren Erreichbarkeit nehmen zwar bezogen auf die verschiedenen Befragungszeitpunkte zu, jedoch nicht signifikant. Die Intensität der Betreuung ist zu Beginn des Lernangebotes besonders wichtig, nimmt jedoch im mittleren Bereich des Lernangebotes an Bedeutung ab, um dann am Ende wieder leicht – jedoch nicht signifikant – anzusteigen.

Durch clusteranalytisch ermittelte Typen von Erwartungen wird deutlich, dass die größte Subgruppe (Cluster 1; n = 37) überwiegend eine didaktisch-methodische Betreuung, in Kombination mit einer persönlichen Beziehung zur Betreuungsperson erwartet, zu der sie auch im Rahmen von face-to-face-Treffen intensiven Kontakt wünscht. Die Befragten, die der zweiten Subgruppe (Cluster 2; n = 26) zugeordnet sind, haben eher geringe Erwartungen an die persönliche Beziehung und Erreichbarkeit der Online-Tutor/inn/en. Bei ihnen steht vor allem die technische und fachliche Betreuung im Vordergrund. Die Befragten, die dem Cluster 3 (n = 8) zugeordnet sind, haben insgesamt geringe Erwartungen an die Betreuung. Besonders gering sind diese hinsichtlich des didaktisch-methodischen Bereiches & face-to-face-Kontaktes. Dem Cluster 4 (n = 18) sind die Befragten zugehörig, die besonders großen Wert auf eine intensive Betreuung legen, ausgenommen hiervon ist der technische Bereich. Diese Ergebnisse verdeutlichen die besondere Rolle von Online-Tutor/inn/en als Lernbegleiter/innen. Ihre Herausforderung besteht darin, den Lernenden einen optimal ausbalancierten Gestaltungsspielraum einzuräumen und die unterschiedlichen Bedürfnisse der Lernenden bezüglich der Betreuungsintensität zu berücksichtigen. Blended Learning-Angebote bieten durch ein breites Spektrum an Kombinationsmöglichkeiten von Lehr-/Lernformen und -methoden sowie entsprechender Medien die Möglichkeit, den unterschiedlichen Erwartungen der Lernenden zu entsprechen.

Die abschließende Bewertung des Lernangebotes hat ergeben, dass die Betreuung insgesamt positiv beurteilt wurde. Doch obwohl die Betreuungsleistungen sehr positiv eingeschätzt wurden, gibt nur eine Person an, dass sie ohne den/die Lerngruppentutor/in das Lernangebot voraussichtlich vorzeitig beendet hätte. Den meisten Befragten ist die soziale Kompetenz bei einem/r Lerngruppentutor/in am wichtigsten und sie legen großen Wert auf den sozialen Kontakt. Die Lernenden lehnen im Verlauf des Lernangebotes einen Wechsel des Lerngruppentutors bzw. der Lerngruppentutorin ab und wünschen sich eine konstante Bezugsperson. Das Geschlecht des Lerngruppentutors bzw. der Lerngruppentutorin spielt hierbei jedoch kaum eine Rolle.

Gerade bei stark arbeitsteiligen Betreuungskonzepten kann es für die Lernenden unübersichtlich werden, wer für welches Anliegen der oder die richtige Ansprechpartner/in ist (vgl. Kapitel 4). Die Rollenaufteilung beim Studienprogramm *Educational Media* (Lerngruppentutor/in – Fachtutor/in – technische Betreuung) ist für die befragten Lernenden nachvollziehbar.

Unzufriedenheit resultiert häufig aus zu langsamer sowie nicht ausreichend individueller und ausführlicher Reaktion auf Fragen und Lernaufgabenlösungen. Die Erwartungen sind zu verschiedenen Zeitpunkten im Studium hinsichtlich der Feedbackgeschwindigkeit und der Häufigkeit der Lerngruppentreffen mit dem/der Online-Tutor/in nahezu unverändert. Diese Ergebnisse legen nahe, dass Online-Tutor/inn/en ihr Betreuungsverhalten hinsichtlich dieser Aspekte im Studienverlauf nicht verändern müssen und die Häufigkeit virtueller Treffen nicht abnehmen sollte. Hier dienen folgende Angaben zur Orientierung:

- Eine Rückmeldung auf *inhaltliche* und *organisatorische* Anfragen sollte nach spätestens 2–3 Werktagen erfolgen.
- Ein ausführliches, schriftliches *Feedback* zu einer eingereichten Lernaufgabenlösung sollte nach spätestens 7 Werktagen erfolgen.
- Ein *Lerngruppenchat* mit Online-Tutor/in sollte mindestens 1 mal pro Monat stattfinden.

11 Diskussion und Ausblick

Abschließend werden die Ergebnisse der empirischen Untersuchung mit Rückgriff auf die theoretischen Erkenntnisse diskutiert und weitere Forschungsnotwendigkeiten aufgezeigt.

11.1 Konsequenzen für die Betreuung beim Blended Learning

Im Rahmen der vorliegenden Arbeit wurde die zentrale Bedeutung tutorieller Betreuung aufgezeigt, insbesondere bei komplexen und zeitlich lang angelegten Blended Learning-Angeboten (vgl. Kapitel 2). In der vorliegenden empirischen Untersuchung (vgl. Teil B) wurde aus diesem Grund der Frage nachgegangen, welche Bedeutung die Lernenden des weiterbildenden Blended Learning-Studienprogramms *Educational Media* (vgl. Kapitel 5.4) der Unterstützung durch Online-Tutor/inn/en für die erfolgreiche Absolvierung ihres Studiums beimessen (vgl. Forschungsfrage 4). Obwohl die Ergebnisse zeigen, dass die Befragten mit der Betreuung zufrieden sind und sie als wichtig empfinden, geben nur wenige Studierende an, dass sie ohne ihre/n Lerngruppentutor/in das Studium voraussichtlich vorzeitig beendet hätten. Dieses Ergebnis macht deutlich, dass die Bedeutung von Betreuung (vgl. u.a. Behrendt, Ulmer & Müller-Tamke 2004; Geyken, Mandl & Reiter 1998; Mummert & Partner 2002) zwar anerkannt wird, die Unterstützung durch Online-Tutor/inn/en jedoch nicht als ausschlaggebender Faktor für die erfolgreiche Durchführung des Lernangebotes angesehen wird (vgl. Kapitel 9.5).

Um eine umfassende Betreuung zu gewährleisten, sind die Aufgaben- und Kompetenzbereiche von Online-Tutor/inn/en zu identifizieren und zu definieren (vgl. Arnold, Kilian, Thillosen & Zimmer 2004; Busch & Mayer 2002). Diese Betreuungsbereiche erweitern sich durch die Kombination von Präsenz- und Onlinephasen in *sozialer, organisatorischer, technischer* und *didaktisch-methodischer* Hinsicht. Online-Tutor/inn/en stehen insbesondere vor der Herausforderung, didaktisch sinnvolle Verknüpfungen von traditionellen Lernangeboten (Präsenzphasen) und virtuellen Lernphasen herzustellen (vgl. Dittler & Bachmann 2005; Euler 2005; Kerres 2001; Schulmeister 2001; Zawacki-Richter 2004), indem neue technische Möglichkeiten (z.B. netzbasierte Kommunikations- und Kooperationswerkzeuge) und verschiedene Lehr-/Lernmethoden miteinander kombiniert werden. Um die spezifischen Aufgaben- und Kompetenzbereiche von Online-Tutor/inn/en im Rahmen des Studienprogramms *Educational Media* zu identifizieren, wurden die subjektiven Erwartungen der Lernenden an die Betreuung erfasst und faktorenanalytisch zu den Dimensionen *Didaktik/Methodik und face-to-face-Kontakt, persönliche Beziehung und Erreichbarkeit, fachliche Unterstützung* sowie *Intensität der Betreuung* gebündelt (vgl. Kapitel 3.5; Forschungsfrage 1).

Der Vergleich der gewichteten Mittelwerte (vgl. Abbildung 62) zeigt, dass die Erwartungen der Lernenden hinsichtlich *aller Dimensionen* hoch sind. Neben der didaktisch-methodischen Unterstützung ist den Lernenden besonders der face-to-face-Kontakt wichtig. Im Rahmen der Präsenzveranstaltungen des Studienprogramms *Educational Media* werden daher beispielsweise Kontaktmöglichkeiten durch Lerngruppengespräche und gemeinsame abendliche Aktivitäten geschaffen (vgl. Kapitel 4.2.1). Die Ergebnisse bestätigen die Bedeutung von Präsenzveranstaltungen zur Herstellung von persönlichen Kontakten zwischen den Lernenden und den Online-Tutor/inn/en (vgl. Kapitel 3.2; 3.5.2; 4).

Eine Intensivierung des Kontaktes wird durch zusätzliche Treffen in den virtuellen Lernphasen erreicht. In Anlehnung an den Wunsch nach persönlichem Kontakt wurde der Frage nachgegangen, welche Erwartungen die Studierenden beim Studienprogramm *Educational Media* hinsichtlich der Häufigkeit der virtuellen Lerngruppentreffen mit dem bzw. der Online-Tutor/in und hinsichtlich der Reaktionsgeschwindigkeit auf Anfragen und Lernaufgabenlösungen haben und ob bzw. inwiefern sich diese im Verlauf des Studiums verändern (Forschungsfrage 3). Wie die vorliegende Untersuchung zeigt, wünschen sich die Lernenden das gesamte Studium über mindestens einmal pro Monat ein virtuelles Lerngruppentreffen mit ihrem/r Lerngruppentutor/in. Eine Rückmeldung auf inhaltliche und organisatorische Anfragen sollte nach spätestens zwei bis drei Werktagen und ein ausführliches, schriftliches Feedback zu den eingereichten Lernaufgabenlösungen nach spätestens sieben Werktagen erfolgen. Wie die vorliegende Untersuchung zeigt, bleiben diese Erwartungen während des gesamten Studiums konstant (vgl. Kapitel 9.4). Diese Ergebnisse decken sich mit dem Betreuungskonzept vom Studienprogramm *Educational Media* sowie mit den in der aktuellen Forschungsliteratur postulierten Empfehlungen nach regelmäßigen virtuellen Begegnungen (vgl. Nübel, Nattland & Kerres 2004; Sauter & Sauter 2004; Schlottau 2004) und nach schnellen, individuellen Rückmeldungen (vgl. Arnold & Thillosen 2002; Boos & Jonas 2002) (vgl. Kapitel 3.5.2).

Die Ergebnisse der Befragungen zeigen, dass sich die Lernenden insgesamt intensiv mit dem Feedback auseinandersetzen und die Unzufriedenheit der Lernenden häufig aus einer zu langsamen sowie nicht ausreichend individuellen und ausführlichen Reaktion auf Fragen und Lernaufgabenlösungen resultiert (vgl. Kapitel 9.5).

Im Folgenden soll zusammenfassend die Abhängigkeit der Aufgaben- und Kompetenzbereiche tutorieller Betreuung von der zeitlichen Dynamik eines Blended Learning-Arrangements aufgezeigt werden (vgl. Kapitel 3.5). Während bei der ersten Betreuungsphase ‚*Konzeption und Vorbereitung*' vor allem *organisatorische Aufgaben* (z.B. Klärung der Verantwortlichkeiten) im Vordergrund stehen (vgl. Arnold, Kilian, Thillosen & Zimmer 2004; Rekkedal & Qvist-Eriksen 2003; Webler 2003), benötigen die Lernenden in der *Durchführungsphase*, insbesondere zu Beginn eines Lernangebotes, eine intensive Unterstützung im *technischen* (z.B.

schneller und problemloser Zugang zum Online-System) und im *sozialen* (z.B. intensiver Kontakt zu den Lernenden, gegenseitiges Kennenlernen) sowie im *didaktisch-methodischen* Bereich (z.B. sanfter und interessanter Einstieg) (vgl. Salmon 2000; 2004). Der Wunsch nach einer intensiven Unterstützung und einer gewissen Fremdorganisation (vgl. Siebert 2003), gerade zu Beginn eines Lernangebotes, scheint den Grundsätzen des erwachsenengerechten, selbst gesteuerten Lernens zu widersprechen. Da zu Beginn eines Lernangebotes jedoch nicht alle Lernende über die notwendigen Kompetenzen verfügen selbst gesteuert zu lernen, benötigen diese – zumindest am Anfang – eine intensive Unterstützung, welche sukzessive mit der wachsenden Kompetenz der Lernenden reduziert werden kann, beispielsweise indem Lernende die Moderation von Lerngruppentreffen übernehmen (vgl. Arnold, Kilian & Thillosen 2002b; Arnold, Kilian, Thillosen & Zimmer 2004; Haussmann 2001; Rautenstrauch 2001; Uhl 2001).

Zu den Aufgaben von Online-Tutor/inn/en zählt darüber hinaus, die Identifizierung verschiedener Typen von Lernenden und die typgerechte Ausrichtung der Unterstützung (vgl. Kapitel 3.3.3.2). Durch clusteranalytisch gewonnene Typen von Erwartungen (Forschungsfrage 2; Kapitel 9.3) wird deutlich, dass die Lernenden heterogene Erwartungen an die Betreuung haben und sich divergente Personengruppen hinsichtlich ihrer Erwartungsschwerpunkte unterscheiden lassen. Ebenso wie in der Untersuchung von Ehlers (2004a) und vom MMB (2004) (vgl. Kapitel 3.3.3.2) wurden in der vorliegenden Untersuchung verschiedene Typen von Lernenden, hinsichtlich ihrer Erwartungen an die Betreuung identifiziert. Ehlers (2004a) hat eine Gruppe von *Lernenden* ermittelt, die besonders *inhaltsorientiert* sind. Diese Gruppe zeichnet sich besonders dadurch aus, dass sehr geringe Erwartungen an die persönliche Beziehung und Erreichbarkeit der Online-Tutor/inn/en gestellt werden. Diese Gruppe benötigt daher vor allem kompetente Ansprechpersonen und weniger eine/n Online-Tutor/in, der bzw. die eine persönliche Beziehung zu dem Lernenden bzw. der Lernenden aufbaut (vgl. Kapitel 5.4). Auch die – überwiegend weiblichen – Befragten in einem weiteren Cluster haben insgesamt geringe Erwartungen an die Betreuung. Besonders gering sind diese im Hinblick auf den didaktisch-methodischen Bereich und den face-to-face-Kontakt. Ein weiteres Cluster umfasst Personen, die hohe Erwartungen an die Betreuung haben, insbesondere in fachlicher Hinsicht, jedoch nicht im Bereich Technik. Dies entspricht in etwa der Gruppe von Lernenden, die im Rahmen der Untersuchung vom MMB (2004) identifiziert wurde *(informelle Lerner/innen)*, die bevorzugt in Eigeninitiative lernen und wenig Unterstützung durch Betreuende erwarten. Nach der Untersuchung vom MMB (2004) handelt es sich bei der Gruppe der *informellen Lerner/innen* überwiegend um Lernende mit hohem Bildungsstand und Computerkenntnissen, wodurch eine geringe technische Betreuung erforderlich ist.

Die Gruppe von Lernenden, die insbesondere Erwartungen im technischen und fachlichen Bereich hat, ähnelt der Gruppe der *eigenständigen ergebnis- bzw. zielorientierten* Lernenden nach Ehlers (2004a).

Zur Gruppe der *Viellerner* gehören nach dem MMB (2004) Personen mittleren Alters, mit höherem Bildungsstand, die über eine mittlere bis hohe Computerkompetenz verfügen und bereits überwiegend Erfahrung mit E-Learning gesammelt haben. Diese umfangreichen Erfahrungen und Kenntnisse in den verschiedenen Bereichen begründen die lediglich durchschnittlichen Erwartungen an die Intensität der Betreuung. Jedoch weisen die Ergebnisse der empirischen Untersuchung im Rahmen dieser Arbeit nicht darauf hin, dass insbesondere Lernenden im mittleren Alter eine intensive Betreuung erwarten.

Im Rahmen der Untersuchung des MMB (2004) bilden die *betreuungsorientierten* Lernenden ebenso wie die *interaktionsorientierten Avantgardisten* (vgl. Ehlers 2004a) die größte Gruppe. Auch in der empirischen Untersuchung der vorliegenden Arbeit lässt sich eine große Gruppe mit einem hohen Betreuungsbedarf identifizieren, die insbesondere eine Betreuung im didaktischen Bereich und hinsichtlich des face-to-face-Kontaktes erwartet. Zu den *betreuungsorientierten* Lernenden zählen überwiegend junge Personen mit geringem Bildungsstand und Computerkenntnissen, denen besonders der soziale Aspekt beim Lernen wichtig ist (vgl. MMB 2004). Auf Grund des Alters, des Bildungsstandes und der fehlenden Computerkenntnisse ist eine intensive Betreuung der Lernenden erforderlich. Im Gegensatz zu diesen Ergebnissen (vgl. Ehlers 2004a; MMB 2004) zeigt die empirische Untersuchung dieser Arbeit (vgl. Teil B) auf, dass auch Lernende, die über einen hohen Bildungsabschluss (Aufnahmevoraussetzung mind. Abitur) verfügen, eine intensive Betreuung erwarten.

Blended Learning-Angebote können durch ein breites Spektrum an Kombinationsmöglichkeiten von Lehr-/Lernformen und -methoden sowie entsprechender Medien die unterschiedlichen Erwartungen von Lernenden berücksichtigen. Entsprechend der didaktischen Entscheidung für eine bestimmte oder eine Kombination verschiedener Lehr-/Lernformen, -methoden und -medien, unterscheiden sich die Ausrichtung, die Intensität und die Aufgaben der tutoriellen Betreuung.

Darüber, dass bei der Betreuung von Online-Lernenden Fachkompetenz notwendig ist, herrscht in der Fachliteratur Einigkeit (vgl. u.a. Arnold, Kilian, Thillosen & Zimmer 2004; Kohl 2003; Ulmer & Bahl 2004). Doch für die Online-Tutor/inn/en steht beim Blended Learning vor allem die Kompetenz im Vordergrund, ihr Wissen mit Enthusiasmus, Leidenschaft und Verantwortungsbewusstsein zu vermitteln (vgl. Haussmann 2001). Insbesondere für fortgeschrittene Lernende, die ihren Lernprozess überwiegend selbst gesteuert gestalten, sind Moderationskompetenzen der Online-Tutor/inn/en ebenso wichtig oder sogar wichtiger als fachliche Kompetenzen (vgl. Busch & Mayer 2002; Webler 2003) (vgl. Kapitel 3.5.2). Besonders am Anfang des Lernangebotes ist die Unterstützung des Gruppenprozesses durch Online-Tutor/innen/en besonders wichtig (vgl. Arnold, Kilian, Thillosen & Zimmer 2004; Petschenka 2005). Auf Grund der zunehmenden Selbstlern- und Medien- bzw. E-Learning-Kompetenzen wurde im Rahmen der Forschungsfrage 1 (vgl. Kapitel 7.1) untersucht, ob die Erwartungen an die *technische* und *fachliche* Betreuung im Verlauf des Studiums abnehmen. Es konnte in diesen beiden Bereichen eine signifikante Abnahme der Erwartungen an die Betreuung zu unterschiedlichen Befragungszeitpunkten festgestellt werden (vgl. Kapitel 9.2).

Im Zusammenhang mit einer zunehmenden Selbststeuerung des Lernprozesses wurde überprüft, ob der Wunsch nach einer konsequenten Einhaltung von Abgabe-fristen (z.B. Lernaufgabenlösungen) geringer wird. Wie bereits in Kapitel 3.3.3.1 erläutert, stellt eine Taktung der Lernmaterialen insbesondere für Studien-anfänger/innen eine hilfreiche Orientierung dar (vgl. Clarke 2004; Jechle & Kerres 2000). In höheren Semestern haben sich die Lernenden bereits aufeinander ‚einge-spielt‘ und die Lerngruppen ihren eigenen Bearbeitungsrhythmus entwickelt, wodurch die Notwendigkeit der Unterstützung beispielsweise bei der Organisation von Gruppenaufgaben durch Online-Tutor/inn/en abnimmt. Die aktive Rolle der Online-Tutor/inn/en wandelt sich im Verlauf des Lernangebotes zu einer passiveren Rolle. Sie greifen nicht mehr unmittelbar in Lern- und Gruppenprozesse ein, sondern beobachten diese, um die Lernenden bei auftretenden Schwierigkeiten zu unterstützen (vgl. Busch & Mayer 2002; Geyken, Mandl & Reiter 1998; Rautenstrauch 2001). Da die Studierenden des Studienprogramms *Educational Media* zumeist beruflich und familiär stark eingebunden sind, können sie zeitweise ‚aus dem Takt‘ geraten. Daher wird es den Studierenden im Studienverlauf immer wichtiger, dass die Online-Tutor/innen flexibel mit der Abgabe der Lernaufgaben-lösungen umgehen (vgl. Hughes 2004; Kapitel 3.3.2 und 3.3.3). Dies ist ein besonders sensibler und schwieriger Grad, auf dem sich die Online-Tutor/inn/en bewegen. Einerseits müssen sie den Bedürfnissen der Lernenden nach Flexibilität entgegen kommen und andererseits gewährleisten, dass die Lernenden ihre Ziele bzw. das Studienziel erreichen. Hier besteht die Aufgabe der Online-Tutor/inn/en darin, den Lernstatus aller Lernenden zu beobachten und falls notwendig, die Lernenden mit ‚sanftem Druck‘ bei der Erreichung der erforderlichen Studien-leistungen und somit ihrer eigenen Zielerreichung zu unterstützen. Zusammen-fassend lässt sich festhalten, dass eine *angemessene* Form der Kontrolle notwendig zu sein scheint, d.h. eine *Balance zwischen Intervention und Autonomie*, bei der Flexibilität, Selbstbestimmung, aber auch Struktur, Anleitung und Unterstützung gleichermaßen Berücksichtigung finden (vgl. Hinze & Blakowski 2002; Kapitel 3.3.2 und 3.3.3).

In der Betreuungsphase *Nachbereitung und Evaluation* werden Online-Tutor/inn/en vor allem mit *organisatorischen* Aufgaben konfrontiert. Nach Beendigung eines, insbesondere zeitlich länger angelegten Blended Learning-Angebotes, findet i.d.R. eine Präsenzveranstaltung mit einer Abschlussfeier statt. Da viele Absolvent/inn/en den Kontakt untereinander und zu den Online-Tutor/inn/en aufrechterhalten möchten, sollte eine Netzwerkbildung in Form eines Alumni-Service unterstützt werden (vgl. Müskens 2001). Eine Weiterführung dieses Gedankens besteht darin, im Anschluss an das Lernangebot die Absolvent/inn/en in das Betreuungsteam bzw. Betreuungskonzept einzubinden (vgl. Haussner, Metz & Wippermann 2002; Nübel 2005; Kapitel 4.2.3.4).

Neben der Organisation der Abschlussveranstaltung und des Alumni-Netzwerkes (vgl. Rekkedal & Qvist-Eriksen 2003) sind die Online-Tutor/inn/en für die *Reflektion und Evaluation* des Blended Learning-Angebotes verantwortlich (vgl. Zawacki-Richter 2005; Kapitel 3.5.3).

Nachdem die Aufgaben- und Kompetenzbereiche von Online-Tutor/inn/en anhand der verschiedenen Betreuungsphasen aufgezeigt wurden, wird im Folgenden zusammenfassend dargestellt, welche Erwartungen sich für Online-Tutor/inn/en in Abhängigkeit von dem gewählten *Blended Learning-Szenario*, den *lerntheoretischen Paradigmen* und den darauf basierenden *Lehr-/Lernformen und -methoden* ergeben.

Verbunden mit der Konzeption eines *Blended Learning-Szenarios* (vgl. Kapitel 3.2) ist eine Bandbreite an Auswahl- und Kombinationsmöglichkeiten von Präsenz- und medialen bzw. virtuellen Elementen, mit der eine Vielzahl didaktisch-methodischer Varianten einhergeht. Im Rahmen von Blended Learning-Arrangements mit zahlreichen Präsenzphasen sind beispielsweise andere Lehr-/Lernformen und -methoden realisierbar, als bei Arrangements mit nur einer (Kick Off-) Präsenzveranstaltung. Für die Entscheidung, welche lerntheoretischen Ansätze (vgl. Kapitel 3.3.1) einem Lernangebot zugrunde gelegt werden können und welche Anforderungen sich daraus für die Online-Tutor/inn/en ableiten lassen (vgl. Schlottau 2004), sind neben dem gewählten Blended Learning-Szenario zudem die das didaktische Feld konstituierenden Faktoren zu berücksichtigen (vgl. Kerres 2001; 2005; Kapitel 3).
Ausgehend von einer eher abstrakten lerntheoretischen Betrachtungsweise können Entscheidungen hinsichtlich der im Blended Learning-Arrangement eingesetzten Lehr-/Lernformen und -methoden abgeleitet werden (vgl. Schlottau 2004).
Tutor-, lerner-, teamzentrierte und selbst gesteuerte Lehr-/Lernformen sowie -methoden können miteinander im Rahmen von Präsenz- und Onlinephasen kombiniert werden, woraus unterschiedliche Anforderungen an die Betreuung resultieren.
Tutorzentrierte Lehr-/Lernformen und -methoden können sowohl im Rahmen von Präsenzveranstaltungen als auch in die Onlinephasen eines Blended Learning-Angebotes integriert werden. Da beispielsweise beim *Tele-Teaching* (vgl. Kapitel 3.4.1) die traditionelle Vermittlung der Lerninhalte im Vordergrund steht (vgl. Gierke, Schlieszeit & Windschiegl 2003; Seufert, Back & Häusler 2001), werden –

je nach technischer Realisierung (z.B. Videokonferenz, virtuelles Klassenzimmer) – neben *inhaltlichen*, vor allem *technische* und *didaktisch-methodische* Anforderungen an die Online-Tutor/inn/en gestellt. Beispielsweise besteht eine wichtige Herausforderung darin, den räumlich entfernten Lernenden die Kommunikationshemmungen zu nehmen und diese aktiv einzubinden, Feedbacks über verschiedene integrierte Tools einzuholen und virtuelle Einzel- oder Gruppenaufgaben in den Vortrag zu integrierten (vgl. Kapitel 3.4 und 3.5.2).

Der *Vorbereitungs-, Durchführungs- und Nachbereitungssaufwand* dieser mediengestützten Lehr-/Lernmethoden steigt im Vergleich zu konventionellen Lernangeboten für die Online-Tutor/inn/en i.d.R. beträchtlich (vgl. Gierke, Schlieszeit & Windschiegl 2003; Reinmann-Rothmeier 2003b). Mit zunehmender Anzahl von Lernenden sind ggf. mehrere Online-Tutor/inn/en erforderlich. So kann sich beispielsweise die vortragende Person auf ihren Vortrag konzentrieren und ein/e oder mehrere Assistent/inn/en unterstützen den/die Vortrage/n bei Zwischenfragen oder bei technischen Problemen (vgl. Kapitel 3.2). Darüber hinaus besteht die Möglichkeit, mit einem geringeren finanziellen und organisatorischen Aufwand, räumlich entfernte Expert/inn/en unkompliziert in die teilvirtuelle Veranstaltung zu integrieren und auf diese Weise eine fachkompetente Betreuung zu gewährleisten.

Bei *lerner- und teamzentrierten Lehr-/Lernformen und -methoden* (vgl. Kapitel 3.4.2; 3.4.3) stehen neben den erforderlichen *technischen* und *organisatorischen* Kompetenzen vor allem *didaktisch-methodische* und *soziale* Aspekte im Vordergrund. Auch die Ergebnisse der vorliegenden empirischen Untersuchung (vgl. Teil B) bestätigen, dass für die Lernenden der *soziale* und *didaktisch-methodische* Betreuungsbereich besonders wichtig ist und die Bedeutung dieser Bereiche im Verlauf des Lernangebotes leicht, jedoch nicht statistisch signifikant, ansteigt.

Bei dieser Lehr-/Lernform bzw. -methode unterscheidet sich die traditionelle Lehrerrolle stark von der Rolle der Online-Tutor/inn/en. Online-Tutor/inn/en sind Lernbegleiter/innen und Moderator/inn/en des Lernprozesses, die Lernende – falls nötig – unterstützen. Die *inhaltliche* Betreuung rückt in den Hintergrund, da die Auseinandersetzung mit den Lerninhalten selbst gesteuert stattfindet. Die Lernenden benötigen vor allem ein hohes Maß an Selbstlernkompetenz. Online-Tutor/inn/en benötigen die Kompetenz, die Lernenden bei dem Aufbau und der Weiterentwicklung ihrer Selbstlernkompetenz zu unterstützen (vgl. Otte 2002; Kapitel 3.3.2; 3.3.3 und 3.5.2).

Besonders hohe Anforderungen im Hinblick auf die Selbststeuerungs- und Medienkompetenz werden beim *selbst gesteuerten, offenen Tele-Lernen* (vgl. Kapitel 3.4.4) an die Lernenden gestellt, bzw. werden diese Kompetenzen als bereits vorhanden vorausgesetzt, so dass die Lernenden lediglich indirekt, in Form einer lernerfreundlichen Informationsgestaltung, unterstützt werden (vgl. Kerres 2001).

Die Anforderungen an die Online-Tutor/inn/en bestehen daher vor allem in der lerner- und mediengerechten Aufbereitung und Bereitstellung der Lernmaterialien und somit in erster Linie im *organisatorischen* (z.B. Verwaltung der modularen Lern-Datenbank), *technischen* (z.B. Bereitstellung der Lernmaterialien auf einer Lernplattform), *fachlichen* und *didaktisch-methodischen* Bereich (z.B. inhaltliche Aufbereitung der Lernmaterialien).

Wird berücksichtigt, dass die Bedürfnisse und Erwartungen von Lernenden an die Betreuung sehr unterschiedlich sein können und weitere Einflussfaktoren, beispielsweise die Rahmenbedingungen der Bildungsinstitution (zeitliche und personelle Ressourcen) bei der Entwicklung eines Betreuungskonzeptes miteinbezogen werden müssen, kann ein Betreuungskonzept nicht alleine an den Erwartungen der Lernenden ausgerichtet werden. Die Kenntnisse über die Bedürfnisse und Erwartungen von Lernenden können jedoch einen wertvollen Beitrag zur Entwicklung eines realistisch umsetzbaren, maßgeschneiderten Betreuungskonzeptes leisten, in dem die jeweils einzigartige Ausgangslage für jedes Blended Learning-Angebot Berücksichtigung findet (vgl. Ehlers 2004a; Kerres 2001; 2005; Reinmann-Rothmeier 2003b).

Um die Lernenden optimal zu unterstützen und zugleich einen angemessenen Arbeitsaufwand der Betreuenden gewährleisten zu können, ist eine sorgfältige Konzeption der Betreuungskomponente im Rahmen des gesamten didaktischen Konzeptes sowie eine klar strukturierte und intensive Zusammenarbeit im Betreuungsteam unerlässlich (vgl. Arnold, Kilian, Thillosen & Zimmer 2004; Hinze & Blakowski 2002). Es sind vor allem realistisch umsetzbare Betreuungskonzepte zu entwickeln, die sowohl die verschiedenen Einflussfaktoren (Szenarien, Lehr-/Lernformen, -methoden und -medien etc.), Rahmenbedingungen einer Bildungsinstitution (z.B. vorhandene finanzielle und personelle Ressourcen [Betreuungsrelation], Verantwortlichkeiten im Betreuungsteam, Dauer des Lernangebotes), Aspekte der Effizienz sowie auch die Bedürfnisse und Erwartungen der Lernenden berücksichtigen.

Es ist abhängig von diesen Einflussfaktoren und Rahmenbedingungen welche Aufgaben von Online-Tutor/inn/en und welche Betreuungsbereiche durch weitere Teammitglieder übernommen werden (vgl. Kapitel 4). Insbesondere bei komplexen Betreuungskonzepten sind klare Strukturen und die Klärung der Verantwortlichkeiten erforderlich (vgl. Arnold, Kilian, Thillosen & Zimmer 2004; Hinze & Blakowski 2002; Kapitel 4.2.3.3). Im Rahmen der empirischen Untersuchung (vgl. Forschungsfrage 5; Kapitel 7.5; 9.6) wurde festgestellt, dass für die Studierenden des Studienprogramms *Educational Media* die Rollenaufteilung und dementsprechend die Organisation der Betreuung (Trennung Lerngruppen-, Fachtutor/inn/en und technischer Support) gut nachvollziehbar ist.

Zusammenfassend lässt sich festhalten, dass die Anforderungen an Online-Tutor/inn/en differenziert zu betrachten sind sowie die Lernsituation bestimmende Faktoren (Betreuungsphasen, Blended Learning-Szenario, lerntheoretische Paradigmen, Lehr-/Lernformen und -methoden) bei der Organisation und Gestaltung von tutorieller Betreuung Berücksichtigung finden sollten.

Eine Differenzierung von Rollen und Aufgaben bei der Betreuung ist vor allem in größeren kommerziell orientierten Projekten bzw. Bildungsinstitutionen vorzufinden, aber auch in der Hochschullandschaft zu beobachten. Einerseits verschmelzen durch die Verknüpfung von Präsenz- und Onlinephasen die Aufgaben und Kompetenzbereiche der ‚Präsenz-Lehrenden' und ‚Online-Tutor/inn/en' immer stärker miteinander, indem sich die klassische Rolle der ‚Lehrenden' zunehmend mit den Aufgaben der unterstützenden Tutor/inn/en vermischen. Da jedoch zu den ‚klassischen' Aufgaben weitere anspruchsvolle Aufgabenbereiche hinzukommen, kann die Betreuung nicht länger ausschließlich durch eine einzelne Person erfolgen, sondern erfordert (zusätzlich) entsprechend qualifiziertes Personal (vgl. Kerres 2001b; Zawacki-Richter 2005; Kapitel 4.1). Durch die Teamarbeit bzw. Arbeitsteilung geht einerseits ein ‚Verlust' an Autonomie und Macht der Lehrenden einher und andererseits eine Erhöhung der Transparenz der Lehre (vgl. Kerres 2001b; Kapitel 4.1). Vor allem im Hochschulbereich ist es notwendig, den Lehrenden die Hemmschwelle zu nehmen und ihnen den Mehrwert von Blended Learning aufzuzeigen: die Nutzung und Kombination aller derzeit verfügbaren ‚klassischen' *und* ‚neuen' Lehr-/Lernformen-, -methoden und -medien sowie eine lernerorientierte Betreuung, um optimale Lernbedingungen zu schaffen (vgl. Kerres 2001b).

11.2 Ausblick

Durch die im Rahmen dieser Arbeit durchgeführte empirische Untersuchung (vgl. Teil B) wurden die Erwartungen von Lernenden des Studienprogramms *Educational Media* an die Betreuung beim Blended Learning ermittelt. Da die untersuchte Stichprobe auf Grund ihrer geringen Größe nicht repräsentativ ist, lassen sich die Ergebnisse nicht ohne weiteres auf andere Blended Learning-Angebote übertragen. Dieser Anspruch wäre auch – unter Berücksichtigung der Forderung nach maßgeschneiderten Betreuungskonzepten (welche die für jedes Blended Learning-Arrangement unterschiedlichen Faktoren, Rahmenbedingungen und die Bedürfnisse und Erwartungen der jeweiligen Zielgruppe berücksichtigt) – nicht gerechtfertigt. Die Darstellung verschiedener Betreuungskonzepte und die Ergebnisse der empirischen Untersuchung können jedoch Anhaltspunkte für weitere Forschungsvorhaben bieten und aufzeigen, welche Faktoren und Rahmenbedingungen bei der Organisation von Betreuung zu berücksichtigen sind. Es wird darüber hinaus ein mögliches Forschungsdesign für weitere Forschungs-vorhaben aufgezeigt, um die Erwartungen von Lernenden an die Betreuung zu identifizieren.

Obgleich die vorliegende Untersuchung Hinweise dafür liefert, welche Erwartungs-faktoren und -typen existieren, können die tatsächlichen Erwartungen erst im Rahmen weiterer umfangreicher Fragebogenuntersuchungen und detaillierter Beo-bachtungsstudien identifiziert werden. Die faktorenanalytisch ermittelten Dimen-sionen und clusteranalytisch identifizierten Erwartungstypen können in zukünftige Forschungsarbeiten mit größeren Stichproben einfließen.

Auch wenn sich Betreuungskonzepte und Forschungsergebnisse nicht unmodi-fiziert auf andere Blended Learning-Angebote übertragen lassen, können Praxis-beispiele und weitere Untersuchungen zur Gestaltung und Organisation von Betreuung eine Orientierung für zukünftige Betreuungskonzepte bieten.

12 Literatur

Ackermann-Stommel, K. (2005). *Eigene Erfahrungen sind wichtig.* Erfahrungsbericht der eTrainer-Ausbilderin Kerstin Ackermann-Stommel von elearnconcept. Verfügbar unter: http://www.checkpoint-elearning.de/index.php?aID=1306 [02.02.2006]

Adria, M. & Woudstra, A. (2001). Who's on the line? Managing student interactions in distance education using a one-window approach. *Open Learning, 16*(3), 249–261.

Albert, S. & Thomas, C. (2000). A New Approach to Computer-aided Distance Learning: the „Automated Tutor". *Open Learning, 15*(2), 141–150.

Albrecht, R. (2002). Kompetenzentwicklungsstrategien für Hochschulen – Was Lehrende wirklich wissen müssen. In G. Bachmann; O. Haefeli & M. Kindt (Hrsg.), *Campus 2002: Die Virtuelle Hochschule in der Konsolidierungsphase* (Medien in der Wissenschaft, Band 18, S. 143–156). Münster: Waxmann.

Albrecht, R. (2003). *E-Learning in Hochschulen. Die Implementierung von E-Learning an Präsenzhochschulen aus hochschuldidaktischer Perspektive.* Berlin: dissertation.de.

Albrecht, R. (2004). E-Learning-Kompetenz: Individuelle Professionalisierung und Organisationsentwicklung. In C. Bremer & K. E. Kohl (Hrsg.), *E-Learning-Strategien und E-Learning-Kompetenzen an Hochschulen* (S. 245–256). Bielefeld: Bertelsmann.

Allen, N. H. (2001). Lessons Learned on the Road to the Virtual University. *Continuing Higher Education Review, 65,* 60–73.

Anderson, T. (2004). Teaching in an Online Learning Context (Chapter 11). *Theory and Practice of Online Learning.* Althabasca University. Verfügbar unter: von http://cde.athabascau.ca/online_book/ch11.html [18.03.2006]

Annand, D.; Huber, C. & & Michalczuk, K. (2002). *The use of Lotus Notes as a comprehensive learning, evaluation and production system.* Cancun, Mexico: Paper presented at the Computers and Advanced Technology (CATE) conference.

Apel, H. J. (2002). *Herausforderung Schulklasse. Klassen führen – Schüler aktivieren.* Bad Heilbronn: Klinkhardt.

Arnold, P. (2000). „Von alten Hasen lernen" und „den Nebel verschwinden lassen" – selbst organisierte Unterstützung im Fernstudium durch Online-Kommunikation. In U. Bernath (Hrsg.), *Online-Tutorien. Beiträge zum Spezialkongress „Distance Learning" der AG-F im Rahmen der LEARNTEC* (S. 107–180). Oldenburg: BIS.

Arnold, R. & Milbach, B. (2001). *Innovatives selbstgesteuertes Lernen. Evaluierung von Präsenzphasen des Fernstudiums Erwachsenenbildung.* Universität Kaiserslautern: Zentrum für Fernstudien & universitäre Weiterbildung.

Arnold, P. & Thillosen, A. (2002). Aufgabenorientiertes Lernen in telematischen Studienmodulen. In G. Zimmer (Hrsg.), *E-Learning: High-Tech or High-Teach? Lernen in Netzen zwischen Aktualität und Potenzialität* (S. 35–46). Bielefeld: Bertelsmann.

Arnold, P.; Kilian, L. & Thillosen, A. (2002a). So lonely!?! – Online-Betreuung als kritische Erfolgsbedingung beim telematischen Studieren. Ergebnisse einer Befragung von Studierenden und Mentoren in der Virtuellen Fachhochschule für Technik, Informatik und Wirtschaft (VFH). In G. Bachmann; O. Haefeli & M. Kindt (Hrsg.), Campus 2002: *Die Virtuelle Hochschule in der Konsolidierungsphase* (Medien in der Wissenschaft, Band 18, S. 334–344). Münster: Waxmann.

Arnold, P.; Kilian, L. & Thillosen, A. (2002b). Tele-Tutoren in der ‚Virtuellen Fachhochschule für Technik, Informatik und Wirtschaft'. Didaktik und Schulung für die Online-Betreuung der Studierenden. In U. Bernath (Hrsg.), *Online-Tutorien. Beiträge zum Spezialkongress „Distance Learning" der AG-F im Rahmen der LEARNTEC 2002* (S. 63–75). Oldenburg: BIS.

Arnold, P.; Kilian, L. & Thillosen, A. (2002c). *Training of Online-Facilitators as a Key Issue in Implementing Virtual Learning: Organization Approach and Course Design within the Virtual University of Applied Science, Germany.* Proceedings, Word Congress Networked Learning in a Global Environment, Challenges and Solutions for Virtual Education. May 1-4, 2002, Berlin: Academic Press.

Arnold, P. & Thillosen, A. (2003). Gestaltung von Teletutoren-Schulungen am Beispiel der Virtuellen Fachhochschule. In A. Hohenstein & A. Willbers (Hrsg.), *Handbuch E-Learning* (S. 1–4). Köln: Fachverlag Deutscher Wirtschaftsdienst.

Arnold, P.; Kilian, L.; Thillosen, A. & Zimmer, G. (2004). *E-Learning. Handbuch für Hochschulen und Bildungszentren. Didaktik, Organisation, Qualität.* Nürnberg: BW Bildung und Wissen.

Astleitner, H. (2002). *Qualität des Lernens im Internet. Virtuelle Schulen und Universitäten auf dem Prüfstand.* Frankfurt am Main: Peter Lang GmbH.

Baacke, D. (1999). Medienkompetenz als zentrales Operationsfeld von Projekten. In D. Baacke; S. Kornblum; J. Lauffer; L. Mikos & G. Thiele (Hrsg.), *Handbuch Medien: Medienkompetenz – Modelle und Projekte.* Bonn: Bundeszentrale für politische Bildung.

Back, A., Seufert, S. & Kramhöller, S. (1998). Technology enabled Management Education: Die Lernumgebung MBE Genius im Bereich Executive Study an der Universität St. Gallen. *Iomanagement,* 21(3), 36–42.

Backhaus, K.; Erichson, B.; Plinke, W. & Weiber, R. (2003). *Multivariate Analysemethoden. Eine anwendungsorientierte Einführung.* Berlin: Springer.

Bangert-Drows, R.L.; Kulik, C.-L.; Kulik, J.A. & Morgan, M.T. (1991). The instructional effect of feedback in test-like events. *Review of Educational Research,* 61(2), 213–238.

Baumgartner, P.; Häfele, H. & Maier-Häfele, K. (2002). *E-Learning Praxishandbuch. Auswahl von Lernplattformen. Marktübersicht – Funktionen – Fachbegriffe.* Innsbruck: Studien Verlag.

Behrendt, E.; Ulmer, P. & Müller-Tamke, W. (2004). *Netzbasiertes Lernen in der beruflichen Praxis: Zur Bedeutung des Bildungspersonals* (Wissenschaftliche Diskussionspapiere, Heft 68). Bonn: Bundesinstitut für Berufsbildung.

Berge, Z. & Collins, M. (1996). Facilitating Interaction in Computer Mediated online Courses. Verfügbar unter: http://www.emoderators.com/moderators/flcc.html [01.10.2001]

Bernath, U. & Rubin, E. (Hrsg.) (1999). *Final report and documentation of the virtual seminar for professional development in distance education. A project within the AT&T Global Distance Learning Initiative sponsored by the AT&T Foundation and the International Council for Open and Distance Education (ICDE).* Oldenburg: Bibliotheks- und Informationssystem der Universität Oldenburg.

Bernath, U. & Kleinschmidt, A. (2002). Virtuelle Tutorien in einem Verbund von Fernstudienzentren. In U. Bernath (Hrsg.), *Online-Tutorien. Beiträge zum Spezialkongress „Distance Learning" der AG-F im Rahmen der LEARNTEC 2002* (S. 119–128). Oldenburg: BIS.

Bernath, U. (2003). eLearning im Fernstudienzentrum (überarbeitete und um Referenzen erweiterte Fassung des Beitrages. *EINBLICKE, Forschungsmagazin der Carl von Ossietzky Universität* Oldenburg, 17(37). Verfügbar unter: http://www.uni-oldenburg.de/presse/einblicke/37/bernath.pdf [18.03.2006]

Bernhard, M. G. (2004). Der Werkzeugkasten für Service-Level-Kennzahlen. In M. G. Bernhard; W. Lewandowski & H. Mann (Hrsg.), *Service-Level-Management in der IT. Wie man erfolgskritische Leistungen definiert und steuert* (S. 307–323). Düsseldorf: Symposion Publishing.

Boos, M. & Jonas, K.J. (2002). Virtuelle Seminare. Potenziale und Erfolgsbedingungen. In G. Bente & N.C. Krämer (Hrsg.), *Virtuelle Realitäten* (S. 133–157). Göttingen: Hoegrefe.

Boos, M. & Rack, O. (2005). Gestaltung netzbasierter Kollaboration: Arbeiten und Lernen in Gruppen. In D. Euler & S. Seufert (Hrsg.), *E-Learning in Hochschulen und Bildungszentren* (E-Learning in Wissenschaft und Praxis, S. 281–298). München: Oldenbourg.

Bortz, J. (2005). *Statistik für Human- und Sozialwissenschaftler.* Heidelberg: Springer.

Böse, B. & Flieger, E. (1999). *Call Center. Mittelpunkt der Kundenkommunikation.* Braunschweig, Wiesbaden: Vieweg & Sohn.

Braden, R. A. (1996). The Case for Linear Instructional Design and Development: A Commentary on Models, Challenges, and Myths. *Educational Technology, 3/4,* 5–23.

Bremer, C. (2002). Qualifizierung zum eProf? Medienkompetenz für Hochschullehrende und Qualifizierungsstrategien an Hochschulen. In G. Bachmann; O. Haefeli & M. Kindt (Hrsg.), *Campus 2002: Die Virtuelle Hochschule in der Konsolidierungsphase* (Medien in der Wissenschaft, Band 18, S. 123–136). Münster: Waxmann.

Bremer, C. (2003). Hochschullehre und Neue Medien. Medienkompetenz und Qualifizierungsstrategien für Hochschullehrende. In U. Welbers (Hrsg.), *Hochschuldidaktische Aus- und Weiterbildung*. Gütersloh: Bertelsmann.

Bremer, C. (2004a). Medienkompetenz von Hochschullehrenden im Kontext von Mediengestaltung und dem Erstellungsprozess netzgestützter Lehre. In K. Bett & J. Wedekind (Hrsg.), *Medienkompetenz für die Hochschullehre* (Medien in der Wissenschaft, Band 18, S. 197–214). Münster: Waxmann.

Bremer, C. (2004b). Szenarien mediengestützten Lehrens und Lernens in der Hochschule. In I. Löhrmann (Hrsg.), *Alice im WWW.underland. E-Learning an deutschen Hochschulen. Vision und Wirklichkeit* (S. 40–53). Bielefeld: Bertelsmann.

Breuer, J. (2006). *E-Tutoring – Lernende beim E-Learning betreuen. Wirtschaftspädagogische Präzisierung, berufsspezifische Aufgabenfelder, notwendige Kompetenzen und wirtschaftsdidaktische curriculare Gestaltung.* Hamburg: Verlag Dr. Kovač.

Büchler, S. (2004). „sozial + virtuell = unlösbar?" – Vermittlung sozialer Kompetenz durch E-Learning. In I. Löhrmann (Hrsg.), *Alice im WWW.underland. E-Learning an deutschen Hochschulen. Vision und Wirklichkeit* (S. 121–129). Bielefeld: Bertelsmann.

Bühl, A. & Zöfel, P. (2005). *SPSS 12. Einführung in die moderne Datenanalyse unter Windows.* München: Pearson Studium.

Busch, F. & Mayer, T. (2002). *Der Online-Coach. Wie Trainer virtuelles Lernen optimal fördern können.* Weinheim: Beltz.

Buskist, W. & Saville, B.K. (2001). Creating positive emotional contexts for enhancing teaching and learning. *American Psychological Society*, 14 (3), 12–19.

Caplan, D. (2004). The Development of Online Courses (Chapter 7). *Theory and Practice of Online Learning.* Athabasca University. Verfügbar unter: http://cde.athabascau.ca/online_book/ch7.html [25.02.2006]

Clark, D. (2003): *Blended learning.* An Epic White Paper. Verfügbar unter: http://www.epic.co.uk/content/resources/white_papers/Epic_Whtp_blended.pdf [02.03.2006]

Clarke, A. (2004). *e-Learning Skills.* New York: Palgrave Macmillan.

Daniel, J. S. (2000). At the end of now-global trends and their regional impacts. In V. R. & S. Manjulika (Eds.), *The world of open and distance learning* (S. 451–461). New Delhi: Viva Books.

Diepold, B. (1994). *Borderline Entwicklungsstörungen bei Kindern* (Kapitel 3, empirische Untersuchung, Dissertation). Universität Bremen. Verfügbar unter: http://www.diepold.de/barbara/diss/3.pdf [20.03.2006]

Dittler, M. & Bachmann, G. (2005). Gestaltung von E-Learning-Portalen als integrativer Bestandteil der Hochschulentwicklung. In D. Euler & S. Seufert (Hrsg.), *E-Learning in Hochschulen und Bildungszentren* (E-Learning in Wissenschaft und Praxis, Band 1, S. 187–206). München und Wien: Oldenbourg.

Ehlers, U. D. (2004a). Erfolgsfaktoren für E-Learning: Die Sicht der Lernenden und mediendidaktische Konsequenzen. In S. O. Tergan & P. Schenkel (Hrsg.), *Was macht E-Learning erfolgreich? Grundlagen und Instrumente der Qualitätsbeurteilung.* Berlin: Springer.

Ehlers, U. D. (2004b). *Qualität im E-Learning aus Lernersicht. Grundlagen, Empirie und Modellkonzeption subjektiver Qualität.* Wiesbaden: VS Verlag für Sozialwissenschaften.

Ellis, A. & Kauferstein, M. (2004). *Dienstleistungsmanagement. Erfolgreicher Einsatz von prozessorientiertem Service Level Management.* Berlin, Heidelberg, New York: Springer.

Elsener, E. (2002). Einführung in den Workshop. Lernbegleitung in virtuellen Räumen. In G. Bachmann; O. Haefeli & M. Kindt (Hrsg.), *Campus 2002. Die Virtuelle Hochschule in der Konsolidierungsphase* (Medien in der Wissenschaft, Band 18, S. 299–309). Münster: Waxmann.

Euler, D. (2001). High Teach durch High Tech? *Zeitschrift für Berufs- und Wirtschaftspädagogik,* 97(1), 25–43.

Euler, D. (2005). Didaktische Gestaltung von E-Learning-unterstützen Lernumgebungen. In D. Euler & S. Seufert (Hrsg.), *E-Learning in Hochschulen und Bildungszentren* (Buchreihe: E-Learning in Wissenschaft und Praxis, Band 1, S. 225–242). München, Wien: Oldenbourg.

Evaluationsnetz (2006): http://www.evaluationsnetz.de [02.02.2006]

Evanson, A.; Harker, P. T. & F. X. Frei (1998). *Effective call center management: Evidence from financial services.* Verfügbar unter: http://www.hbs.edu/research/facpubs/workingpapers/papers2/9899/99-110.pdf [02.02.2006]

Flechsig, K.-H. (1996). *Einführung in didaktisches Handeln.* Verfügbar unter: http://www.ikud.de/edhplan.htm [03.09.2004].

Frach, R. (2001). *ibis acam partner AG.* Verfügbar unter: http://www.ibisacam.de [03.09.2004]

Friedman, T. (2001). Call center management: Balancing the numbers. *Industrial Management,* 43(1), 6.

Friedrich, H. F. & Hron, A. (2002). Gestaltung und Evaluation virtueller Seminare. In U. Rinn & J. Wedekind (Hrsg.), *Referenzmodelle netzbasierten Lehrens und Lernens* (Medien in der Wissenschaft, Band 19, S. 35–50). Münster: Waxmann.

Garrison, D. R. (1988). Andragogy, learner-centredness and the educational transaction at a distance. *Journal of Distance Education,* 3(2), 123–127.

Garrison, D. R. (1989). *Understanding distance education: A framework for the future.* New York: Routledge.

Garrison, D. R. & Anderson, T. (1999). Avoiding the Industrialization of Research Universities: Big and Little Distance Education. *American Journal of Distance Education*, 13(2) 48–63.

Geyken, A.; Mandl, H. & Reiter, W. (1998). Selbstgesteuertes Lernen mit Tele-Tutoring. In R. Schwarzer (Hrsg.), *Multimedia und TeleLearning. Lernen im Cyberspace* (S. 181–196). Frankfurt: Campus.

Gierke, C.; Schlieszeit, J. & Windschiegl, H. (2003). *Vom Trainer zum E-Trainer. Neue Chancen für den Trainer von morgen*. Offenbach: Gabai.

Glasersfeld, E. v. (1987). *Wissen, Sprache und Wirklichkeit. Arbeiten zum Konstruktivismus*. Braunschweig, Wiesbaden: Vieweg.

Gloger, A. (2005). Führung. Die Renaissance der Kontrolle. *managerSeminare, 84*, 37–42.

Graf, J. (2003). Trainer entdecken e-Learning. *managerSeminare*, 68, 8–15.

Grütter, R. (2005). *IT Service Management nach ITIL – Unterschiede zwischen Anbietern und Kunden*. Diplomarbeit im Fach Informatik. Universität Zürich. Verfügbar unter: http://www.ifi.unizh.ch/ifiadmin/staff/rofrei/DA/DA_Arbeiten_2005/Gruetter_Roger.pdf [02.02.2006]

Hasanbegovic, J. (2005). Kategorisierung als Ausgangspunkt der Gestaltung innovativer E-Learning-Szenarien. In D. Euler & S. Seufert (Hrsg.), *E-Learning in Hochschulen und Bildungszentren* (E-Learning in Wissenschaft und Praxis, Band *1*, S. 243–262). München, Wien: Oldenbourg.

Haussmann, B. (2001). Nicht ohne meinen Tutor. *Wirtschaft und Weiterbildung, 6*, 50–53.

Haussner, S.; Metz, B. & Wippermann, S. (2002). Wissenstransfer im Bereich der akademischen Medienkompetenz am Beispiel des Projekts Virtualisierung im Bildungsbereich (VIB). In H. Melenk; K. Fingerhut, M. Rath, u.a. (Hrsg.), *Perspektiven in der Lehrerbildung – das Modell Baden-Württemberg*. 40 Jahre Pädagogische Hochschulen (Ludwigsburger Hochschulschriften 24, S. 117–131) Freiburg, Fillibach. Verfügbar unter: http://www.vib-bw.de/material/bericht_ende.pdf [12.02.2005]

Hensge, K. (2004). Personalqualifizierung für die Wissensgesellschaft in der Ausbilder-Community foraus.de. In K. Hensge & P. Ulmer (Hrsg.), *Kommunizieren und Lernen in virtuellen Gemeinschaften. Neue Wege der Qualifizierung des Bildungspersonals* (S. 39–53). Bielefeld: Bertelsmann.

Herrmann, M. & Barz, H. (2002). Online-Lehrbuch Jugendforschung. In G. Bachmann; O. Haefeli & M. Kindt (Hrsg.), *Campus 2002. Die Virtuelle Hochschule in der Konsolidierungsphase* (Medien in der Wissenschaft, Band 18, S. 402–407). Münster: Waxmann.

Hesse, F. & Giovis, C. (1997). Struktur und Verlauf aktiver und passiver Partizipation beim netzbasierten Lernen in virtuellen Seminaren. *Unterrichtwissenschaft, 3*, 34–54.

Hinze, U. & Blakowski, G. (2002). Anforderungen an die Betreuung im Online Lernen: Ergebnisse einer qualitativen Inhaltsanalyse im Rahmen der VFH. In G. Bachmann; O. Haefeli & M. Kindt (Hrsg.), *Campus 2002. Die Virtuelle Hochschule in der Konsolidierungsphase* (Medien in der Wissenschaft, Band 18, S. 323–333). Münster: Waxmann.

Hitch, L. P. & MacBrayne, P. (2003). *A Model for Effectively Supporting e-Learning. The Technology Source.* Archives at the University of North Carolina. Verfügbar unter: http://technologysource.org/article/model_for_effectively_supporting_elearn ing [02.02.2006]

Holt, B. (2000). Calling out for the human touch. *Customer Loyalty Today*, 8(1), 11.

Huber, H.-G. & Metzger, H. (2005). Zwischen Herrschen und Dienen. Führung heute. *MangerSeminare*, 86, 66–70.

Hughes, J. A. (2004). Supporting the Online Learner (Chapter 15). *Theory and Practice of Online Learning.* Althabasca University. Verfügbar unter: http://cde.athabascau.ca/online_book/ch15.html [02.02.2006]

Issing, L. (1997). Instruktionsdesign für Multimedia. In L. Issing & P. Klimsa (Hrsg.), *Information und Lernen mit Multimedia*, 2. überarbeitete Auflage, S. 195–220. Weinheim, Basel: Beltz Psychologie-Verlags-Union.

Jank, W. & Meyer, H. (2002): *Didaktische Modelle.* Berlin: Cornelsen.

Jechle, T. & Dittler, U. (2004). tele-Tutor-Training: Erfahrungen aus der Qualifizierung von Tele-Tutoren. In K. Bett, J. Wedekind & P. Zentel (Hrsg.), *Medienkompetenz für die Hochschullehre* (Medien in der Wissenschaft, Band 28, S. 153–170). Münster: Waxmann.

Jechle, T. & Kerres, M. (2000). Neue Bildungsmedien: Erfahrungen mit internetbasierter Weiterbildung. In H. Krahn & J. Wedekind (Hrsg.), *Virtueller Campus '99. Heute Experiment – morgen Alltag?* (Medien in der Wissenschaft, Band 9, S. 161–184). Münster: Waxmann.

Jonassen, D. H. & Grabinger, R. S. (1990). Problems and Issues in Designing Hypertext/Hypermedia for Learning. In D. H. Jonassen & H. Mandl (Eds.), *Designing Hypermedia for Learning* (NATO ASI Series, Series F: Computer and System Sciences, vol. 67, 3–26). Berlin, Heidelberg, New York, London: Springer-Verlag.

Kaiser, H. F. (1959). Computer program for varimax rotation in factor analysis. *Educ. Psychol. Meas.*, 19, 413–420.

Kerres, M. (2001a). *Multimediale und telemediale Lernumgebungen. Konzeption und Entwicklung.* München: Oldenbourg.

Kerres, M. (2001b). Zur (In-)Kompatibilität mediengestützter Lehre und Hochschulstrukturen. In E. Wagner & M. Kindt (Hrsg.), *Virtueller Campus, Szenarien – Strategien – Studium,* (Medien in der Wissenschaft, Band 14, S. 293–302). Münster: Waxmann.

Kerres, M. & Petschenka, A. (2002). Didaktische Konzeption des Online-Lernens für die Weiterbildung. In B. Lehmann & E. Bloh (Hrsg.), *Online Pädagogik.* Baltmannsweiler: Schneider.

Kerres, M. & de Witt, C. (2004). Pragmatismus als theoretische Grundlage für die Konzeption von eLearning. In D. Treichel & H. O. Meyer (Hrsg.), *Handlungsorientiertes Lernen und eLearning* (S. 77–99). München: Oldenbourg.

Kerres, M.; Nübel, I. & Grabe, W. (2004). Gestaltung der Online-Betreuung für E-Learning. In D. Euler & S. Seufert (Hrsg.), *E-Learning in Hochschulen und Bildungszentren* (S. 335–349). München: Oldenbourg.

Kerres, M. (2005). Didaktisches Design und eLearning. Zur didaktischen Transformation von Wissen in mediengestützte Lernangebote. In D. Miller (Hrsg.), *eLearning. Eine multiperspektivische Standortbestimmung.* Bern: Haupt.

Kerres, M., Euler, D., Seufert, S., Hasanbegovic, J. & Voss, B. (2005). Lehrkompetenz für eLearning-Innovationen in der Hochschule. Ergebnisse einer explorativen Studie zu Maßnahmen der Entwicklung von eLehrkompetenz. In D. Euler & S. Seufert (Hrsg.), *SCIL-Arbeitsbericht 6, University of St. Gallen.* Verfügbar unter: http://www.scil.ch/publications/docs/2005-10-kerres-et-al-elehrko mpetenz.pdf [02.02.2006]

Kiper, H. & Mischke, W. (2004). *Einführung in die Allgemeine Didaktik.* Weinheim: Beltz.

Klemm, W. R. (2004). Eight ways to get students more engages in one-line conferences. Published in *The Higher Education Journal,* 26(1), 62–64. Verfügbar unter:http://www.newtrier.k12.il.us/academics/faculty/entman/il_tce2004/pdf/Klem m.pdf [12.02.2006]

Koch, H. (2004). *Interaktives Drehbuch* (interne Veröffentlichung der Universität Duisburg-Essen).

Kohl, K. (2003). *Didaktische Modelle für die computerunterstützte und virtuelle Lehre* (Tagungsband des Workshop der ingenieurwissenschaftlichen Projekte im bmb+f – Förderprogramm „Neue Medien in der Bildung" am 25. und 26. Juni 2003 an der Hochschule Anhalt in Dessau). Verfügbar unter: http://ab-ntcl245.ab.hs-anhalt.de/n mb-workshop/doku/b_kohl.pdf [02.02.2006]

Kort, B.; Reilly, R. & Picard, R.W. (2001). External representation of learning process and domain knowledge: Affective state as a determinate of its structure and function, Media Laboratory, M.I.T. http://affect.media.mit.edu/AC_research/lc/AI-ED.html [17.07.2003]

Krystek, U. (1995). Vertrauen oder Misstrauen als Determinanten von Führungserfolg. In U. Krystek & J. Link (Hrsg.), *Führung und Führungserfolg* (S. 469–499). Wiesbaden: Gabler.

Kulhavy, R. & Wagner, W. (1993). Feedback in programmes instruction: Historical context and implications for practice. In J. V. Dempsey & G. C. Sales. (Eds.), *Interactive instruction and feedback* (S. 3–20). Englewood Cliffs, NJ: Educational Technology Publications.

Lang, M. & Pätzold, G. (2002). Multimedia in der Aus- und Weiterbildung. Grundlagen und Fallstudien zum netzbasierten Lernen. Köln: Deutscher Wirtschaftsdienst 2002. *EWR 1* 2002(5).

Lautenschlager, P.; Albione, R. & Grund, S. (2002). „eCF – Get involved in Corporate Finance": Entwicklung eines E-Learning-Lehrganges im Rahmen des Swiss Virtual Campus. In G. Bachmann; O. Haefeli & M. Kindt (Hrsg.), *Campus 2002. Die Virtuelle Hochschule in der Konsolidierungsphase* (Medien in der Wissenschaft, Band 18, S. 452–466). Münster: Waxmann.

Lewin, K. & Lippit, R. (1939). Patterns of aggressive behaviour in experimentally created „sozial climates". *Journal of social psychology*, 10, 271–301.

Markowski, K. & Nunnenmacher, U. (2003). Das Kompetenzprofil von Online-Tutoren. In H. Apel & S. Kraft (Hrsg.), *Online lehren. Planung und Gestaltung netzbasierter Weiterbildung* (S. 158–169). Bielfeld: Bertelsmann.

MMB Institut für Medien- und Kompetenzforschung (2004). *Ergebnisbericht zur Studie: eLearning-Anwendungspotentiale bei Beschäftigten.* Verfügbar unter: http://www.mmb-michel.de/nordmedia_bericht.pdf [05.12.2005]

Moore, M. G. & Kearsley, G. (1996). *Distance education: A systems view.* Wadsworth: Belmont.

Mummert & Partner (2002). *E-Learning braucht Nachhilfe.* Verfügbar unter: http://www.mummert.de/deutsch/press/a_press_info/022506.html [19.01.2004]

Musch, J. (1999). Die Gestaltung von Feedback in computergestützten Lernumgebungen: Modelle und Befunde. *Zeitschrift für Pädagogische Psychologie,* 13, 148–160.

Müskens, I. (2001). Selbstverständnis, Aufgaben und Funktionen von Tutoren in Online-Lernumgebungen. In Arbeitskreis Universitäre Erwachsenenbildung (Hrsg.), *Hochschule und Weiterbildung* (S. 29-34). Hamburg: AUE Informationsdienst.

Neuborn, K. (2004). Die IT-Partnerschaft zwischen IDEAL und AlogO. In M. G. Bernhard; W. Lewandowski & H. Mann (Hrsg.), *Service-Level-Management in der IT. Wie man erfolgskritische Leistungen definiert und steuert* (S. 121–133). Düsseldorf: Symposion Publishing.

Ngwenya, J.; Annand, D. & Wang, E. (2004). Supporting Asynchronous Discussions Among Online Learners (Chapter 13). *Theory and Practice of Online Learning.* Althabasca University. Verfügbar unter: http://cde.athabascau.ca/online_book/ch13.html [18.03.2006]

Niegemann, H.; Hessel, S.; Hochscheid-Mauel, D. & Aslanski, K. (2004). *Kompendium E-Learning.* Berlin: Springer.

Nübel, I. (2005). *Integration von E-Learning und Wissensmanagement. Wege zur lernenden Organisation.* Aachen: Shaker.

Nübel, I.; Nattland, A. & Kerres, M. (2004). Das Studienprogramm Educational Media: Qualifizierung für E-Learning-Experten an Hochschulen. In C. Bremer & K. E. Kohl (Hrsg.), *E-Learning-Strategien und E-Learning-Kompetenzen an Hochschulen* („Blickpunkt Hochschuldidaktik", S. 411–21). Bielefeld: Bertelsmann.

Otte, M. (2002). Der Trainer als Moderator: das Trainerbild im Wandel. In U. Bernath (Hrsg.), *Online-Tutorien.* (Beiträge zum Spezialkongress „Distance Learning" der AG-F im Rahmen der LEARNTEC 2002, S. 21–32). Oldenburg: BIS.

O'Quinn, L. & Corry, M. (2004). Faculty Preferences for Course Delivery: Distance and Traditional Settings. *International Journal of Instructional Technology & Distance Learning,* 1(8). Duquesne University: TEIR Center. Verfügbar unter: http://itdl.org/Journal/Aug_04/article02.htm [18.03.2006]

Pawlik, K. (1991). *Dimensionen des Verhaltens.* Bern: Huber.

Peters, O. (1973). *Die didaktische Struktur des Fernunterrichts.* Weinheim: Beltz

Peters, O. (1997). *Didaktik des Fernstudiums. Erfahrungen und Diskussionsstand in nationaler und internationaler Sicht.* Neuwied: Leuchterhand.

Petschenka, A.; Ojstersek, N. & Kerres, M. (2004). Lernaufgaben beim E-Learning. In A. Hohenstein & K. Wilbers (Hrsg.), *Handbuch E-Learning* (Kapitel 4.19.). Köln: Fachverlag Deutscher Wirtschaftsdienst.

Petschenka, A. (2005). *Kommunikationsprozesse in netzbasierten Lernszenarien. Eine inhaltsanalytische Untersuchung zum tutoriell betreuten Lernen im asynchronen Kommunikationsmedium Newsgroup.* Hamburg: Dr. Kovač.

Picciano, A. (2002). Beyond student perceptions: Issues of interaction, presence, and performance in an online course. *Journal of Asynchronous Learning Networks,* 6(1), 21–40. Retrieved March 5, 2003. Verfügbar unter: http://www.aln.org/publications/jaln/v6n1/v6n1_picciano.asp [10.03.2006]

Pullwitt, T. (2004). Eine Expedition im virtuellen Raum – Erfahrungen einer Teletutorin. In I. Löhrmann (Hrsg.), *Alice im WWW.underland. E-Learning an deutschen Hochschulen. Vision und Wirklichkeit* (S. 95–106). Bielefeld: Bertelsmann.

Rautenstrauch, C. (2001). *Tele-Tutoren. Qualifizierungsmerkmale einer neu entstehenden Profession.* Bielefeld: Bertelsmann.

Rautenstrauch, C. (2003). *Online Tutoring. Unterstützung und Begleitung von Online-Lernenden* (interne Veröffentlichung der Universität Duisburg-Essen).

Reinmann-Rothmeier, G. & Mandl, H. (1997). Lernen im Erwachsenenalter. Auffassungen vom Lehren und Lernen, Prinzipien und Methoden. In F. E. Weinert & H. Mandl (Hrsg.), *Enzyklopädie der Psychologie, D/I/4. Psychologie der Erwachsenenbildung* (S. 355–403). Göttingen: Hogrefe.

Reinmann-Rothmeier, G. & Mandl, H. (1998): Wissensvermittlung. Ansätze zur Förderung des Wissenserwerbs. In F. Klix & H. Spada (Hrsg.), *Enzyklopädie der Psychologie, Wissenspsychologie, Band 6* (S. 457–500).Göttingen: Hogrefe.

Reinmann–Rothmeier, G. & Mandl, H. (2001). *Virtuelle Seminare in Hochschule und Weiterbildung. Drei Beispiele aus der Praxis*. Bern: Huber.

Reinmann-Rothmeier, G. (2003a). *Didaktische Innovationen durch Blended Learning. Leitlinien anhand eines Beispiels aus der Hochschule*. Bern: Huber.

Reinmann-Rothmeier, G. (2003b). *Implementierung von E-Learning: Engineering und Empowerment im Widerstreit*. Paper presented at the SCIL Congress. Shaping Innovations – eLearning as a Catalyst for a New Teaching and Learning Culture? St. Gallen, Switzerland.

Reinmann, G. (2005). Gestaltung von E-Learning-Umgebungen unter emotionalen Gesichtspunkten. In D. Euler & S. Seufert (Hrsg.), *E-Learning in Hochschulen und Bildungszentren* (E-Learning in Wissenschaft und Praxis, Band 1, S. 351–372). München, Wien: Oldenbourg.

Rekkedal, T. & Qvist-Eriksen, S. (2003). Internet Based E-learning, Pedagogy and Support Systems. Verfügbar unter:
http://learning.ericsson.net/socrates/doc/norway.doc [02.02.2006]

Rentschler, P. (1998). *Helpdesks im Brennpunkt*. Verfügbar unter:
http://www.it-verlag.de/itm/1998/9803art.htm [10.02.2006]

Richter, K. (2002). Der beste Tutor ist ein motivierter Tutor. *Wirtschaft und Weiterbildung 10/2002*, 46–47.

Salmon, G. (2000). *E-moderating: The key to teaching and learning online*. London: Kogan Page.

Salmon, G. (2004). *E-tivities: Der Schlüssel zu aktivem Online-Lernen*. Zürich: Orell füssli.

Sauter, A.M. & Sauter, W. (2004). *Blended Learning: Effiziente Integration von E-Learning und Präsenztraining*. München: Leuchterhand.

Schenkel, P. & Tergan, S.-O. (2004). Qualität von E-Learning: eine Einführung. In S.-O. Tergan & P. Schenkel (Hrsg.), *Was macht E-Learning erfolgreich? Grundlagen und Instrumente der Qualitätsbeurteilung* (S. 3–14). Berlin: Springer.

Schlottau, W. (2004). Fragen der Didaktik virtueller Lernprozesse. In K. Hensge & P. Ulmer (Hrsg.), *Kommunizieren und Lernen in virtuellen Gemeinschaften. Neue Wege der Qualifizierung des Bildungspersonals* (S. 92–117). Bielefeld: Bertelsmann.

Schulmeister, R. (2001). Szenarien netzbasierten Lernens. In E. Wagner & M. Kindt (Hrsg.), *Virtueller Campus. Szenarien – Strategien – Studium* (S. 16–38). Münster: Waxmann.

Schulmeister, R. (2003). *Lernplattformen für das virtuelle Lernen. Evaluation und Didaktik*. München, Wien: Oldenbourg.

Schüpbach, E.; Guggenbrühl, U.; Krehl, C.; Siegenthaler, H. & Kaufmann -Hayoz, R. (2003). *Didaktischer Leitfaden für E-Learning*. Bern: h.e.p.

Schwabe, G. (2004): Medienwahl. In J. M. Haake; G. Schwabe & M. Wesser (Hrsg.), *CSCL-Kompendium* (S. 265–274). München: Oldenbourg Verlag.

Seufert, S.; Back, A.; Haeusler, M. & Berger, S. (2001). *E-Learning. Weiterbildung im Internet. Das „Plato-Cookbook" für internetbasiertes Lernen.* Kilchberg: Smart-Books Publishing AG.

Siebert, H. (2003). *Didaktisches Handeln in der Erwachsenenbildung. Didaktik aus konstruktivistischer Sicht.* München: Luchterhand.

Skinner, B. F. (1974). *Die Funktion der Verstärkung in der Verhaltenswissenschaft.* München: Kindler.

Tausch, R. (1998a). Personzentrierte Unterrichtung und Erziehung. In D.H. Rost (Hrsg.), *Handwörterbuch Pädagogische Psychologie* (S. 397–403). Weinheim: Beltz/PVU.

Tausch, R. & Tausch, A.-M. (1998b). *Erziehungspsychologie.* Göttingen: Hogrefe.

Tergan, S.-O. (2004). Was macht Lernen erfolgreich? Die Sicht der Wissenschaft. In S. O. Tergan & P. Schenkel (Hrsg.), *Was macht E-Learning erfolgreich? Grundlagen und Instrumente der Qualitätsbeurteilung* (S. 15–28). Heidelberg: Springer.

Thach, E. C. & Murphy, K. L. (1995). Competencies for distance education professionals. *Educational Technology Research and Development,* 43(1), 57–59.

Thillosen, A. & Arnold, P. (2001). Entwicklung virtueller Studienmodelle im Rahmen des Bundesleitprojekts „Virtuelle Fachhochschule für Technik, Informatik und Wirtschaft" – Evaluationsergebnisse. In E. Wagner & M. Kindt (Hrsg.), *Virtueller Campus. Szenarien – Strategien – Studium* (Medien in der Wissenschaft, Band 14, S. 402–410). Münster: Waxmann.

Thompson, M. M. (1998). Distance learners in higher education. In C. C. Gibson (Ed.), *Distance learners in higher education* (S. 9–24). Madison, WI: Atwood Publishing.

Thorndike, E. L. (1922). Psychologie der Erziehung. In G. Fischer (übersetzt und herausgegeben von O. Bobertag; Original: Educational Psychology, 3 Bde, 1914) New York: Teachers College.

Thorpe, M. (2001). Learner support: a new model for online teaching and learning. In UKOU (Ed.), *Student Services at the UK Open University, Papers presented to the 20th World Conferences of the ICDE* (S. 13–22). Düsseldorf, Germany.

Uhl, A. (2001). E-Learning. Selbststeuerung des Lernens. *Personalwirtschaft,* 11, 6–10.

Ulmer, P. & Bahl, A. (2004). Die Bedeutung von Teletutorinnen und Teletutoren für das netzgestützte Lernen – Ein Tätigkeits- und Anforderungsprofil. In K. Hensge & P. Ulmer (Hrsg.), *Kommunizieren und Lernen in virtuellen Gemeinschaften. Neue Wege der Qualifizierung des Bildungspersonals* (S. 77–91). Bielefeld: Bertelsmann.

Uribe, D.; Klein, J. & Sullivan, H. (2003). The effect of computer-mediated collaborative learning on solving ill-defined problems. *Educational Technology Research and Development, 51*(1), 5–19.

Webler, W.-D. (2003). Lehrkompetenz – über eine komplexe Kombination aus Wissen, Ethik, Handlungsfähigkeit und Praxisentwicklung. In U. Welbers (Hrsg.), *Hochschuldidaktische Aus- und Weiterbildung. Grundlagen – Handlungsformen – Kooperationen* (S. 53–82). Bielefeld: Bertelsmann.

Weisser, J. (2002). *Einführung in die Weiterbildung.* Weinheim: Beltz.

Wilbers, K. (2001). E-Learning didaktisch gestalten. In A. Hohenstein & K. Wilbers (Hrsg.), *Handbuch E-Learning.* Köln: Fachverlag Deutscher Wirtschaftsdienst. Verfügbar unter: http://www.karl-wilbers.de/download/wilbers2001.PDF [02.02.2006]

Woudstra, A.; Huber, C. & Michalczuk, K. (2004). Call Centers in Distance Education (Chapter 12). *Theory and Practice of Online Learning.* Althabasca University. Verfügbar unter: http://cde.athabascau.ca/online_book/ch12.html [18.03.2006]

Zawacki, O. (2002). Wandel der Tutorenfunktion in einer neuen Form des Fernstudiums. In U. Bernath. (Ed.), *Online Tutorien – Beiträge zum Spezialkongress „Distance Learning" der AG-F im Rahmen der LearnTec 2002* (S. 33–46). Oldenburg: BIS. Verfügbar unter: http://www.uni-oldenburg.de/zef/zawacki/tutor .pdf [03.03.2006]

Zawacki-Richter, O. (2004). *Online-Tutorien Broschüre II* (Auftraggeber Nordmedia – Die Mediengesellschaft Niedersachsen/Bremen mbH Kompetenzzentrum eLearning Niedersachsen). Verfügbar unter: http://www.ihk-e-learning.de/relaunch /downloads/fachwissen/3_nordmedia_brosch2_Online-Tutorien.pdf [02.02.2006]

Zawacki-Richter, O. (2005). Organisationsstrukturen für E-Learning-Support: Eine Analyse aus internationaler Sicht. In D. Euler & S. Seufert (Hrsg.), *E-Learning in Hochschulen und Bildungszentren* (E-Learning in Wissenschaft und Praxis, Band 1, S. 105–120). München, Wien: Oldenbourg.

Ziegler, K.; Hofmann, F. & Astleitner, H. (2003). *Selbstreguliertes Lernen und Internet. Theoretische und empirische Grundlagen von Qualitätssicherungsmaßnahmen beim E-Learning.* Frankfurt am Main: Lang.

Zimmer, G. (2002). E-Learning führt zu einer anderen Kultur des Lehrens und Lernens. Folgen für didaktische Gestaltung. In G. Zimmer (Hrsg.), *E-Learning: High-Tech or High-Teach? Lernen in Netzen zwischen Aktualität und Potenzialität* (S. 5–18). Bielefeld: Bertelsmann.

Zumbach, J. (2003). *eTutoring – Aufgaben und Anforderungen an ein neues Betätigungsfeld.* Verfügbar unter: http://www.competencesite.de/elearning.nsf/f1b7ca69b 19cbb26c12569180032a5cc/c3926c416ed80a17c1256d3c005ecb41!OpenDocument [03.09.2004]

13 Anhang

13.1 Untersuchungsinstrumente

Tabelle 43: Variablen 1 und 2 der Fragebögen

Var. Nr.	Var.Bez.	Anfangs- fragebogen	Zwischen- fragebogen	Abschluss- fragebogen
1	Codierung (Anfangsbuchstaben der Mutter/des Vaters)	x	x	x
	Mir ist wichtig, dass meine Online-Tutor/innen ... (trifft überhaupt nicht zu bis trifft vollkommen zu)			
2.1	meinen Lernprozess aufmerksam verfolgen.	x	x	
2.2	gemeinsam mit mir meine Computerprobleme lösen.	x	x	
2.3	auch Fragen, die über die Studienbriefinhalte hinausgehen, kompetent beantworten.	x	x	
2.4	einen Überblick über die gesamten Studieninhalte haben.	x	x	
2.5	mich durch das Studium leiten, indem sie mich z.B. auf die Bearbeitung des aktuellen Lernmaterials aufmerksam machen.	x	x	
2.6	mir die Freiheit geben, meinen Lernprozess selbständig zu gestalten.	x	x	
2.7	mich sofort kontaktieren, wenn ich mit meinen Lernaufgaben in Verzug bin.	x	x	
2.8	bei der Einhaltung von Abgabefristen konsequent sind.	x	x	
2.9	zu mir auch eine persönliche und freundschaftliche Beziehung aufbauen.	x	x	
2.10	Durchsetzungsvermögen in der Lerngruppe besitzen.	x	x	
2.11	sich bei der Studienleitung und im Team für die von mir geäußerte Kritik einsetzen.	x	x	
2.12	mich bei der Durchführung des Studiums (z.B. bei Prüfungsangst, Krankheit, zeitlichen/organisatorischen Problemen) unterstützen.	x	x	
2.13	besonders freundliche und einfühlsame Menschen sind.	x	x	
2.14	„eingeschlafene" Gruppendiskussionen wieder beleben.	x	x	
2.15	die Planung von virtuellen Treffen (z.B. im Chat) der Gruppe überlassen.	x	x	
2.16	bei den Präsenzveranstaltungen anwesend sind.	x	x	
2.17	bei den gemeinsamen Abendessen im Rahmen der Präsenzveranstaltungen anwesend sind.	x	x	
2.18	mir auch die Möglichkeit der Moderation virtueller Treffen (z.B. im Chat) überlassen.	x	x	
2.19	mir auch bei technisch schwierigen Problemen weiterhelfen können.	x	x	
2.20	regelmäßig bei den gemeinsamen, virtuellen Treffen (z.B. im Chat) mit dabei sind.	x	x	
2.21	täglich zu erreichen sind.	x	x	
2.22	auch telefonisch zu erreichen sind.	x	x	
2.23	mir ein ausführliches Feedback zu den eingereichten Lernaufgaben geben.	x	x	
2.24	absolute Expert-/innen in den von ihnen betreuten Kursen sind.	x	x	
2.25	hinsichtlich technischer Entwicklungen immer auf dem aktuellsten Stand sind (z.B. neue Tools, Programme).	x	x	
2.26	Sonstiges:	x	x	

Tabelle 44: Variablen 3 bis 8 der Fragebögen

Var. Nr.	Var.Bez.	Anfangs-fragebogen	Zwischen-fragebogen	Abschluss-fragebogen
	Kreuzen Sie bitte die eine Kompetenz eines Online-Tutors bzw. einer Online-Tutorin an, die Ihnen im Moment am wichtigsten erscheint.			
3.1	Organisatorische Kompetenz (z.B. Termine ausmachen, Chatthemen festlegen, Evaluation von Lernprozessen etc.)	x	x	x
3.2	Soziale Kompetenz (z.B. Einfühlungsvermögen, Schaffen einer guten Lernatmosphäre bzw. eines guten Gruppengefühls)	x	x	x
3.3	Technische Kompetenz (z.B. Unterstützung bei neuen Tools und Problemen, Beantwortung technischer Fragen)	x	x	x
3.4	Pädagogische Kompetenz (z.B. Anregung von Gruppendiskussionen/-arbeit, Leitung, Umgang mit Kritik)	x	x	x
3.5	Fachliche Kompetenz (z.B. gute inhaltliche Kenntnisse, gutes Feedback, kompetente Beantwortung inhaltlicher Fragen)	x	x	x
	Bitte beantworten Sie folgende Fragen:			
4.1	Eine inhaltliche Anfrage sollte von einem/r Online-Tutor/in nach spätestens wie vielen Werktagen beantwortet werden? (Angabe der Anzahl der Werktage)	x	x	x
4.2	Eine organisatorische Anfrage sollte von einem/r Online-Tutor/in spätestens nach wie vielen Werktagen beantwortet werden? (Angabe der Anzahl der Werktage)	x	x	x
4.3	Ein ausführliches, schriftliches Feedback zu den eingereichten Lernaufgaben sollte vom einem/r Online-Tutor/in spätestens nach wie vielen Werktagen gegeben werden? (Angabe der Anzahl der Werktage)	x	x	x
4.4	Wie oft pro Monat halten Sie einen Lerngruppenchat mit Tutor/in für erforderlich?	x	x	x
4.5	Hätten Sie lieber eine/n männlichen oder weibliche Online-Tutor/in für die Betreuung Ihrer Lerngruppe? (Ankreuzmöglichkeit männlich/weiblich/egal)	x	x	x
4.6	Wie nachvollziehbar ist für Sie im Moment die Rollenaufteilung der Tutor/innen (Fachtutor/in – Lerngruppentutor/in – technische Betreuung)? (Antwortschema: vollkommen nachvollziehbar bis überhaupt nicht nachvollziehbar)	x	x	x
4.7	Statt der Rollenaufteilung der Tutor/innen (Fachtutor/in – Lerngruppentutor/in – technische Betreuung) hätte ich lieber nur eine/n Tutor/in gehabt, der/die für alles verantwortlich ist.		x	x
4.8	Haben Sie sich im Laufe des Studiums einen Wechsel des/-r Lerngruppentutors/-in gewünscht? (ja/nein/egal)		x	x
4.9	Falls ja, warum?		x	x
4.10	Wie wichtig war für Sie die tutorielle Unterstützung? (sehr wichtig bis überhaupt nicht wichtig) Bitte begründen Sie, warum Ihnen die Betreuung (nicht) wichtig war.			x
5	Persönliche Kommentare, Anmerkungen	x		
6	Geschlecht	x	x	x
7	Alter	x	x	x
8	Beschäftigungsverhältnis	x	x	x
9	Bitte geben Sie ein Beispiel: Inwiefern waren Sie mit der Betreuung zufrieden? (Gute organisatorische/ soziale/ technisch/ fachliche Kompetenzen)		x	x

Tabelle 45: Variablen 10 bis 14.17 der Fragebögen

Var. Nr.	Var.Bez.	Anfangs-fragebogen	Zwischen-fragebogen	Abschluss-fragebogen
10	Bitte geben Sie ein Beispiel: Inwiefern waren Sie mit der Betreuung zufrieden? (Mangelnde organisatorische/ soziale/ technisch/ fachliche Kompetenzen)		x	x
	Haben Sie noch konkrete Verbesserungsvorschläge für das Studienprogramm?			
11.1	Was sollte unbedingt beibehalten werden? Wo sehen Sie besondere Stärken des Studienprogramms Educational Media?		x	x
11.2	Was sollte unbedingt geändert werden? Wo liegen aus Ihrer Sicht Schwachpunkte des Studienprogramms Educational Media?		x	x
12.1	Ich habe die Feedbacks zu den Lernaufgabenlösungen... (sehr intensiv gelesen bis nur überflogen)		x	
12.2	Die Feedbacks zu den Lernaufgabenlösungen waren... (ausführlich bis zu kurz)		x	
12.3	Die Feedbacks zu meinen Lernaufgabenlösungen haben mich bei meinem Lernprozess...(unterstützt bis nicht unterstützt)		x	
12.4	Was könnte an den Feedbacks Ihrer Meinung nach noch verbessert werden?		x	
13.1	Wie zufrieden waren Sie insgesamt mit der Betreuung durch Ihren/r Lerngruppentutor/in? (sehr zufrieden bis unzufrieden)		x	
13.2	Wie zufrieden waren Sie insgesamt mit der Betreuung durch die FachtutorInnen? (sehr zufrieden bis unzufrieden)		x	
	Wie schätzen Sie die Betreuung nun abschließend ein? Mein/e Lerngruppen-Tutor/in ...			
14.1	hat meinen Lernprozess aufmerksam verfolgt.			x
14.2	hat einen Überblick über die gesamten Studieninhalte.			x
14.3	konnte mir auch inhaltliche Fragen beantworten.			x
14.4	hat mich durch das Studium geleitet (z.B. indem er/sie mich auf die Bearbeitung des aktuellen Lernmaterials aufmerksam machte).			x
14.5	hat mir die Freiheit gegeben, meinen Lernprozess selbständig zu gestalten.			x
14.6	hat mich kontaktiert, wenn ich mit meinen Lernaufgaben in Verzug war.			x
14.7	hat zu mir auch eine persönliche & freundschaftliche Beziehung aufgebaut.			x
14.8	hat Durchsetzungsvermögen in der Lerngruppe besessen.			x
14.9	hat sich (z.B. im Team/bei der Studienleitung) für die von mir geäußerte Kritik eingesetzt.			x
14.10	hat mich bei der Durchführung des Studiums (z.B. bei zeitlichen/organisatorischen Problemen) unterstützt.			x
14.11	konnte mir Fragen beantworten, die über die Studienbriefinhalte hinausgingen.			x
14.12	ist ein besonders freundlicher und einfühlsamer Mensch.			x
14.13	hat der Gruppe die Planung von virtuellen Treffen (z.B. Chat) überlassen.			x
14.14	hat immer die Moderation virtueller Treffen (z.B. im Chat) übernommen.			x
14.15	hat regelmäßig an den gemeinsamen, virtuellen Treffen (z.B. im Chat) teilgenommen.			x
14.16	habe ich bei Bedarf direkt erreichen können (telefonisch oder per eMail).			x
14.17	Ohne die Betreuung durch meine/n Lerngruppentutor/in hätte ich das Studium voraussichtlich abgebrochen.			x

Tabelle 46: Variable 15 der Fragebögen

Var. Nr.	Var.Bez.	Anfangs-fragebogen	Zwischen-fragebogen	Abschluss-fragebogen
	Mein/e Fach-Tutoren und Fach-Tutorinnen ...			
15.1	sind absolute Experten bzw. Expertinnen in den von ihnen betreuten Kursen gewesen.			x
15.2	haben einen Überblick über die gesamten Studieninhalte gehabt.			x
15.3	konnten mir meine inhaltlichen Fragen kompetent beantworten.			x
15.4	haben mich sofort kontaktiert, wenn ich mit meinen Lernaufgaben in Verzug war.			x
15.5	waren bei der Einhaltung von Abgabefristen konsequent.			x
15.6	haben „eingeschlafene" Gruppendiskussionen wieder belebt.			x
15.7	waren immer erreichbar, wenn ich Fragen hatte.			x
15.8	konnten mir Fragen beantworten, die über die Studienbriefinhalte hinausgingen.			x
15.9	haben mir ein ausführliches Feedback zu meinen Lernaufgaben gegeben.			x

13.2 Abbildungen und Tabellen der Faktorenanalyse

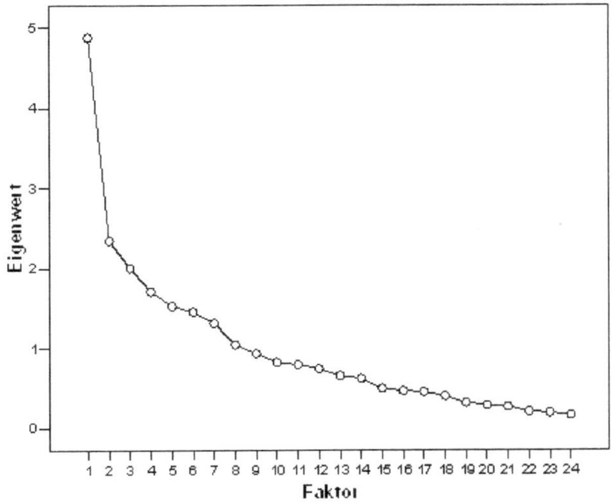

Abbildung 71: Faktorenanalyse – Screeplot

Tabelle 47: Faktorenanalyse – Berechnung des gewichteten Mittelwertes

	Variablen: Mir ist wichtig, dass meine Online-Tutoren und Tutorinnen ….	aij^{1}	$\overline{x}$	$a^{2}ij^{2}$	$a^{2}ij^{3}$
Faktor 1	bei den Präsenzveranstaltungen anwesend sind.	,774	4,75	0,599	2,845
	"eingeschlafene" Gruppendiskussionen wieder beleben.	,737	4,07	0,543	2,210
	bei den gemeinsamen Abendessen im Rahmen der Präsenzveranstaltung anwesend sind.	,692	4,49	0,478	2,150
	mir ein ausführliches Feedback zu den eingereichten Lernaufgaben geben.	,623	4,37	0,388	1,696
	sich bei der Studienleitung für die von mir geäußerte Kritik einsetzen.	,557	4,12	0,310	1,278
	GAM = 4,389			$h^{2}=$ 2,319	10,180
Faktor 2	zu mir auch eine persönliche und freundschaftliche Beziehung aufbauen.	,750	3,46	0,562	1,737
	auch telefonisch zu erreichen sind.	,699	3,25	0,488	1,587
	besonders freundliche und einfühlsame Menschen sind.	,672	3,70	0,451	1,670
	mich bei der Durchführung des Studiums (z.B. bei Prüfungsangst, Krankheit, zeitlichen/organisatorischen Problemen) unterstützen.	,582	4,33	0,338	1,466
	täglich zu erreichen sind.	,509	2,39	0,259	0,619
	Durchsetzungsvermögen in der Lerngruppe besitzen.	,437	3,89	0,190	0,742
	GAM = 3,415			$h^{2}=$ 2,291	7,825
Faktor 3	bei der Einhaltung von Abgabefristen konsequent sind.	,670	2,81	0,448	1,261
	absolute Experten/Expertinnen in den von ihnen betreuten Kursen sind.	,600	3,91	0,360	1,407
	auch einen Überblick über die gesamten Studieninhalte haben.	,552	4,16	0,304	1,267
	auch Fragen, die über die Studienbriefinhalte hinausgehen, kompetent beantworten.	,446	4,02	0,198	0,799
	die Planung von virtuellen Treffen (z.B. im Chat) der Gruppe überlassen.	,360	3,18	0,440	1,261
	GAM = 3,608			$h^{2}=$ 1,312	4,736
Faktor 4	mich durch das Studium leiten, indem sie mich z.B. auf die Bearbeitung des aktuellen Lernmaterials aufmerksam machen.	,761	3,49	0,579	2,021
	mich sofort kontaktieren, wenn ich mit meinen Lernaufgaben in Verzug bin.	,772	3,29	0,595	1,960
	meinen Lernprozess aufmerksam verfolgen.	,493	3,94	0,243	0,957
	mir auch die Möglichkeit der Moderation virtueller Treffen (z.B. im Chat) überlassen.	-,426	3,82	0,181	0,693
	GAM = 3,521			$h^{2}=$ 1,599	5,632
Faktor 5	mir auch bei technisch schwierigen Problemen weiterhelfen können.	,703	3,33	0,494	1,645
	gemeinsam mit mir meine Computerprobleme lösen.	,685	2,94	0,469	1,379
	regelmäßig bei den gemeinsamen, virtuellen Treffen (z.B. im Chat) mit dabei sind.	-,513	3,99	0,263	1,050
	mir die Freiheit geben, meinen Lernprozess selbständig zu gestalten.	,408	4,27	0,166	0,710
	GAM = 3,435			$h^{2}=$ 1,393	4,786

1   Faktor-Ladung

2   Gewichteter Beitrag der Variablen auf dem Faktor/quadrierte Ladung

3   Mittelwert multipliziert mit quadrierte Ladung

Tabelle 48: Faktorenanalyse – Rotierte Komponentenmatrix; Extraktionsmethode: Hauptkomponentenanalyse. Rotationsmethode: Varimax mit Kaiser-Normalisierung; a Die Rotation ist in 7 Iterationen konvergiert.

Mir ist wichtig, dass meine Online-Tutoren und Tutorinnen ….	Komponente				
	1	2	3	4	5
meinen Lernprozess aufmerksam verfolgen.	,311	-,038	-,269	,493	,434
gemeinsam mit mir meine Computerprobleme lösen.	-,070	,220	,041	,259	,685
auch Fragen, die über die Studienbriefinhalte hinausgehen, kompetent beantworten.	,134	,221	,446	-,017	-,047
auch einen Überblick über die gesamten Studieninhalte haben.	,059	-,005	,552	-,018	,053
mich durch das Studium leiten, indem sie mich z.B. auf die Bearbeitung des aktuellen Lernmaterials aufmerksam machen.	,011	,199	,032	,761	-,050
mir die Freiheit geben, meinen Lernprozess selbständig zu gestalten.	,201	,165	-,012	-,092	,408
mich sofort kontaktieren, wenn ich mit meinen Lernaufgaben in Verzug bin.	,018	,087	,261	,772	,187
bei der Einhaltung von Abgabefristen konsequent sind.	-,123	,012	,670	,241	-,047
zu mir auch eine persönliche und freundschaftliche Beziehung aufbauen.	,074	,750	,039	,141	,063
Durchsetzungsvermögen in der Lerngruppe besitzen.	,271	,437	,141	,414	-,122
sich bei der Studienleitung für die von mir geäußerte Kritik einsetzen.	,557	,193	,236	,175	-,307
mich bei der Durchführung des Studiums (z.B. bei Prüfungsangst, Krankheit, zeitlichen/organisatorischen Problemen) unterstützen.	,387	,582	-,109	,240	-,027
besonders freundliche und einfühlsame Menschen sind.	,231	,672	-,193	,044	,191
"eingeschlafene" Gruppendiskussionen wieder beleben.	,737	-,030	,325	,143	,114
die Planung von virtuellen Treffen (z.B. im Chat) der Gruppe überlassen.	,249	-,201	,360	,099	,329
bei den Präsenzveranstaltungen anwesend sind.	,774	,184	-,077	,015	,036
bei den gemeinsamen Abendessen im Rahmen der Präsenzveranstaltung anwesend sind.	,692	,086	-,019	-,020	,225
mir auch die Möglichkeit der Moderation virtueller Treffen (z.B. im Chat) überlassen.	,421	,103	,270	-,426	,084
mir auch bei technisch schwierigen Problemen weiterhelfen können.	,226	,230	,183	,008	,703
regelmäßig bei den gemeinsamen, virtuellen Treffen (z.B. im Chat) mit dabei sind.	,395	,325	-,046	,113	-,513
täglich zu erreichen sind.	,164	,509	,381	-,129	,081
auch telefonisch zu erreichen sind.	-,128	,699	,126	,049	,187
mir ein ausführliches Feedback zu den eingereichten Lernaufgaben geben.	,623	,112	,245	-,070	,096
absolute Experten/Expertinnen in den von ihnen betreuten Kursen sind.	,346	-,105	,600	-,012	,172

Tabelle 49: Faktorenanalyse – Erklärte Gesamtvarianz

Komponente	Anfängliche Eigenwerte			Summen von quadrierten Faktorladungen für Extraktion			Rotierte Summe der quadrierten Ladungen		
	Gesamt	% der Varianz	Kumulierte %	Gesamt	% der Varianz	Kumulierte %	Gesamt	% der Varianz	Kumulierte %
1	4,874	20,308	20,308	4,874	20,308	20,308	3,390	14,124	14,124
2	2,342	9,759	30,067	2,342	9,759	30,067	2,778	11,575	25,698
3	1,999	8,331	38,398	1,999	8,331	38,398	2,154	8,973	34,672
4	1,705	7,102	45,500	1,705	7,102	45,500	2,084	8,685	43,357
5	1,522	6,344	51,844	1,522	6,344	51,844	2,037	8,487	51,844
6	1,452	6,051	57,895						
7	1,314	5,475	63,370						
8	1,045	4,354	67,724						
9	,933	3,886	71,609						
10	,823	3,428	75,038						
11	,794	3,307	78,344						
12	,738	3,076	81,420						
13	,652	2,716	84,136						
14	,615	2,562	86,698						
15	,490	2,043	88,741						
16	,461	1,919	90,661						
17	,446	1,859	92,520						
18	,395	1,648	94,168						
19	,311	1,296	95,463						
20	,281	1,171	96,635						
21	,262	1,091	97,726						
22	,202	,841	98,567						
23	,187	,779	99,346						
24	,157	,654	100,000						

Tabelle 50: KMO- und Bartlett-Test

Maß der Stichprobeneignung nach Kaiser-Meyer-Olkin.		,640
Bartlett-Test auf Sphärizität	Ungefähres Chi-Quadrat	718,064
	df	276
	Signifikanz nach Bartlett	,000

Tabelle 51: Koeffizientenmatrix der Komponentenwerte

Mir ist wichtig, dass meine Online-Tutoren und Tutorinnen ...	Komponente				
	1	**2**	**3**	**4**	**5**
meinen Lernprozess aufmerksam verfolgen.	,130	-,128	-,210	,248	,203
gemeinsam mit mir meine Computerprobleme lösen.	-,088	,052	-,012	,075	,337
auch Fragen, die über die Studienbriefinhalte hinausgehen, kompetent beantworten.	-,028	,086	,219	-,045	-,059
auch einen Überblick über die gesamten Studieninhalte haben.	-,043	-,008	,277	-,027	-,002
mich durch das Studium leiten, indem sie mich z.B. auf die Bearbeitung des aktuellen Lernmaterials aufmerksam machen.	-,026	,001	-,003	,380	-,075
mir die Freiheit geben, meinen Lernprozess selbständig zu gestalten.	,038	,044	-,047	-,089	,204
mich sofort kontaktieren, wenn ich mit meinen Lernaufgaben in Verzug bin.	-,045	-,058	,103	,380	,040
bei der Einhaltung von Abgabefristen konsequent sind.	-,123	-,004	,357	,110	-,066
zu mir auch eine persönliche und freundschaftliche Beziehung aufbauen.	-,074	,303	,006	-,016	-,006
Durchsetzungsvermögen in der Lerngruppe besitzen.	,033	,116	,038	,170	-,119
sich bei der Studienleitung für die von mir geäußerte Kritik einsetzen.	,166	,007	,069	,078	-,212
mich bei der Durchführung des Studiums (z.B. bei Prüfungsangst, Krankheit, zeitlichen/organisatorischen Problemen) unterstützen.	,083	,181	-,105	,062	-,058
besonders freundliche und einfühlsame Menschen sind.	,016	,255	-,135	-,060	,074
"eingeschlafene" Gruppendiskussionen wieder beleben.	,232	-,124	,074	,061	,006
die Planung von virtuellen Treffen (z.B. im Chat) der Gruppe überlassen.	,061	-,141	,138	,047	,145
bei den Präsenzveranstaltungen anwesend sind.	,270	-,018	-,131	-,016	-,017
bei den gemeinsamen Abendessen im Rahmen der Präsenzveranstaltung anwesend sind.	,237	-,054	-,100	-,034	,088
mir auch die Möglichkeit der Moderation virtueller Treffen (z.B. im Chat) überlassen.	,109	,040	,099	-,250	,031
mir auch bei technisch schwierigen Problemen weiterhelfen können.	,004	,048	,034	-,065	,340
regelmäßig bei den gemeinsamen, virtuellen Treffen (z.B. im Chat) mit dabei sind.	,131	,099	-,046	,049	-,300
täglich zu erreichen sind.	-,050	,217	,179	-,142	,005
auch telefonisch zu erreichen sind.	-,157	,312	,071	-,067	,069
mir ein ausführliches Feedback zu den eingereichten Lernaufgaben geben.	,183	-,023	,053	-,064	,012
absolute Experten/Expertinnen in den von ihnen betreuten Kursen sind.	,064	-,092	,262	-,021	,049

13.3 Abbildungen und Tabellen der Regressionsanalyse

Tabelle 52: REGR factor score 1 for analysis 1 (Abhängige Variable); R [0,41]; R-Quadrat [,002]; Korrigiertes R-Quadrat [-,010]; Standardfehler des Schätzers [1,004]; Einflussvariablen: (Konstante), Semesteranzahl beim Befragungszeitpunkt

	Nicht standardisierte Koeffizienten		Standardisierte Koeffizienten	T	Signifikanz
	B	Standard-fehler	Beta		
(Konstante)	-,088	,252		-,349	,728
Semesteranzahl beim Befragungszeitpunkt	,036	,092	,041	,385	,701

	Quadrat-summe	df	Mittel der Quadrate	F	Signifikanz
Regression	,150	1	,150	,148	,701
Residuen	87,850	87	1,010		
Gesamt	88,000	88			

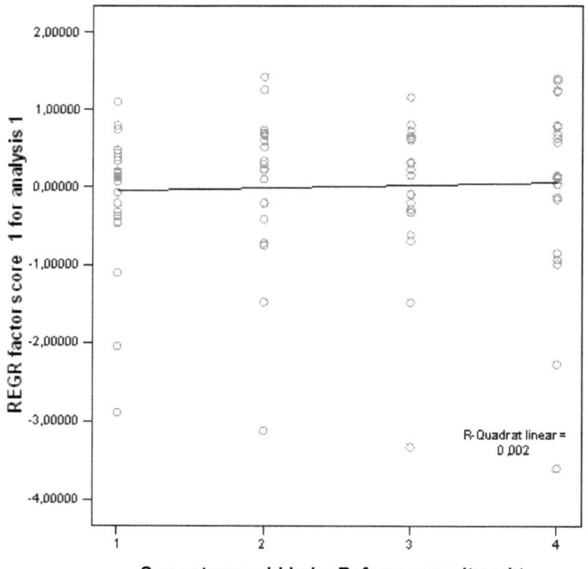

Abbildung 72: Regressionsanalyse Semesterzahl zu Faktor 1

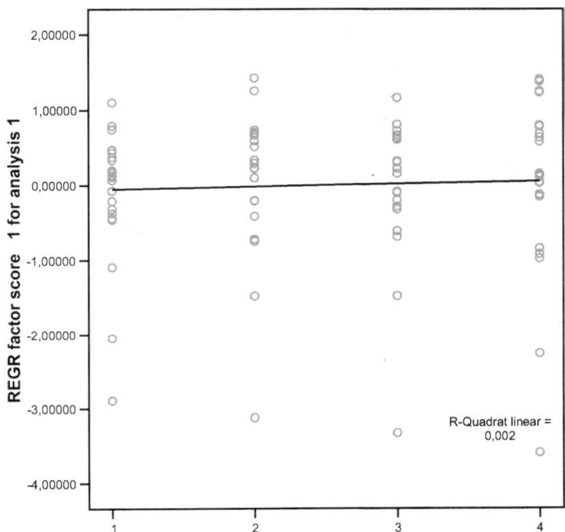

Abbildung 73: Streudiagramm (abh. Variable: REGR factor score 1 for analysis 1)

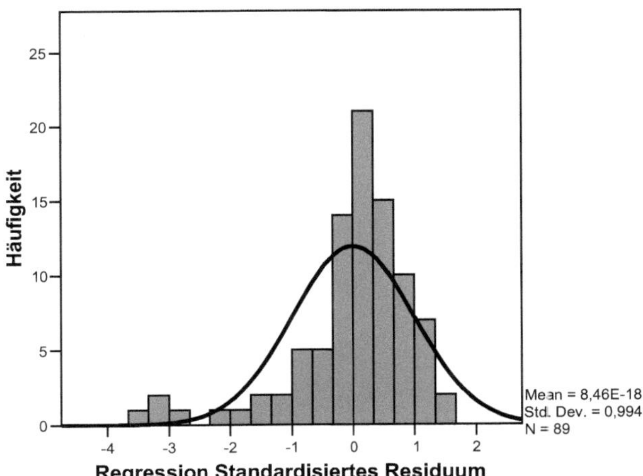

Abbildung 74: Histogramm (abhängige Variable: REGR factor score 1 for analysis 1)

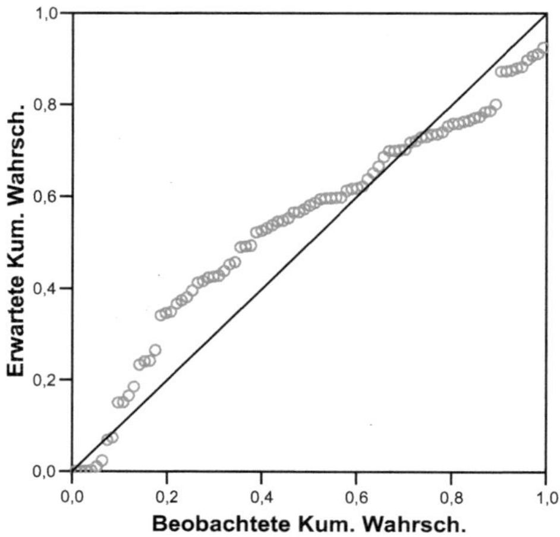

Abbildung 75: P-P-Diagramm von Standardisiertes Residuum (abhängige Variable: REGR factor score 1 for analysis 1)

Tabelle 53: Regressionsanalyse Semesterzahl zu Faktor 2

	Nicht standardisierte Koeffizienten		Standardisierte Koeffizienten	T	Signifikanz
	B	Standard-fehler	Beta		
(Konstante)	-,181	,251		-,718	,474
Semesteranzahl beim Befragungszeitpunkt	,073	,092	,085	,793	,430

	Quadratsumme	df	Mittel der Quadrate	F	Signifikanz
Regression	,631	1	,631	,628	,430(a)
Residuen	87,369	87	1,004		
Gesamt	88,000	88			

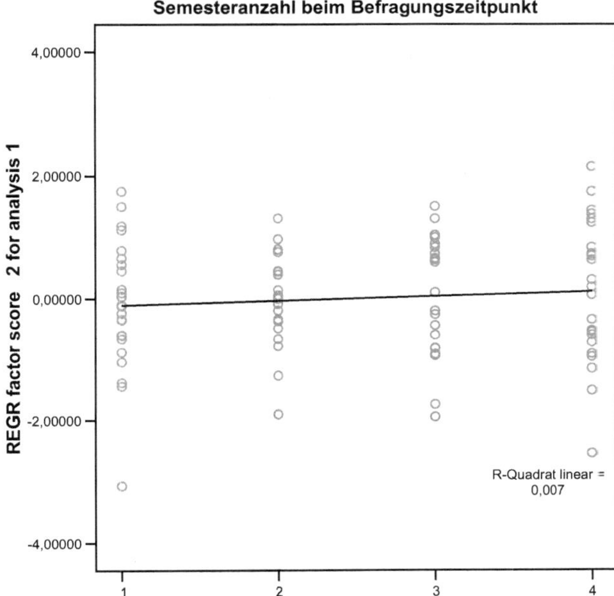

Abbildung 76: Streudiagramm (abh. Variable: REGR factor score 2 for analysis 1)

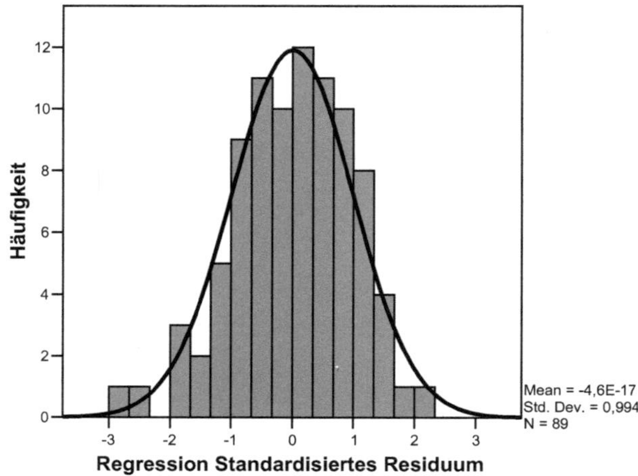

Abbildung 77: Histogramm (abhängige Variable: REGR factor score 2 for analysis 1)

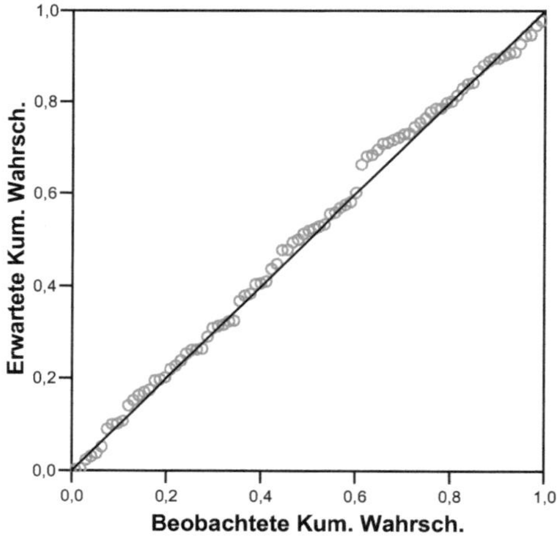

Abbildung 78: P-P-Diagramm von Standardisiertes Residuum (abhängige Variable: REGR factor score 2 for analysis 1)

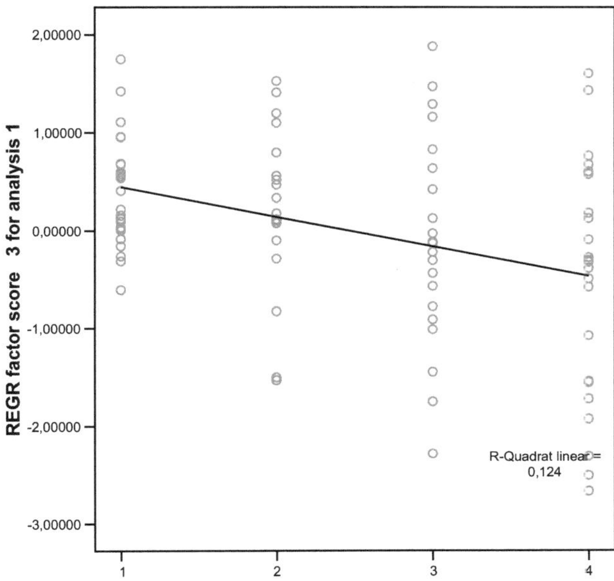

Abbildung 79: Regressionsanalyse Semesterzahl zu Faktor 3

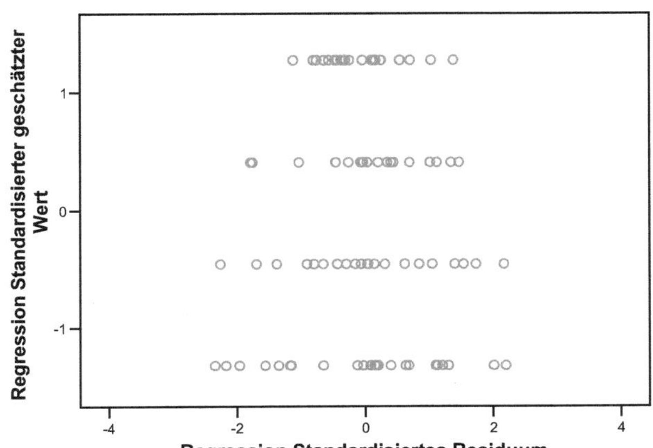

Abbildung 80: Streudiagramm (abh. Variable: REGR factor score 3 for analysis 1)

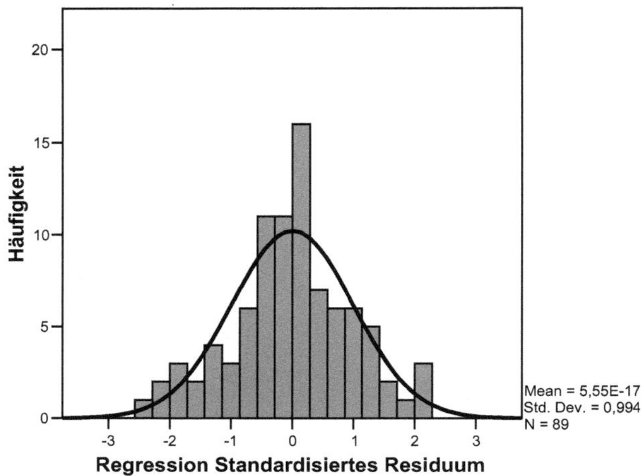

Abbildung 81: Histogramm (abhängige Variable: REGR factor score 3 for analysis 1)

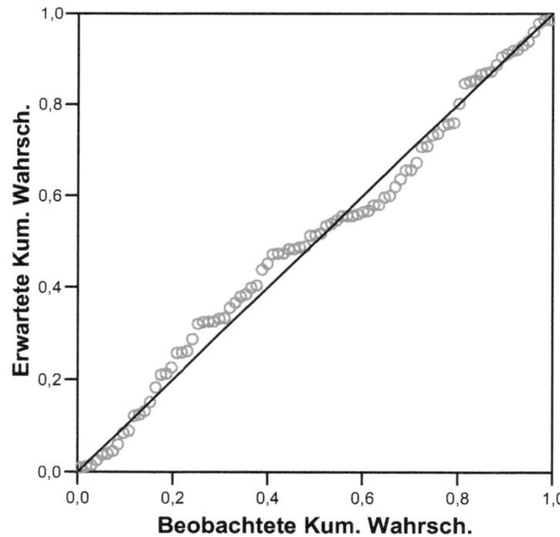

Abbildung 82: P-P-Diagramm von Standardisiertes Residuum (abhängige Variable: REGR factor score 3 for analysis 1)

Tabelle 54: REGR factor score 4 for analysis 1 (Abhängige Variable); R [,125]; R-Quadrat [,026]; Korrigiertes R-Quadrat [,004]; Standardfehler des Schätzers [,997]; Einflussvariablen: (Konstante), Semesteranzahl beim Befragungszeitpunkt

	Nicht standardisierte Koeffizienten		Standardisierte Koeffizienten	T	Signifikanz
	B	Standard-fehler	Beta		
(Konstante)	,266	,250		1,061	,291
Semesteranzahl beim Befragungszeitpunkt	-,107	,092	-,125	-1,171	,245

	Quadrat-summe	df	Mittel der Quadrate	F	Signifikanz
Regression	1,365	1	1,365	1,371	,245(a)
Residuen	86,635	87	,996		
Gesamt	88,000	88			

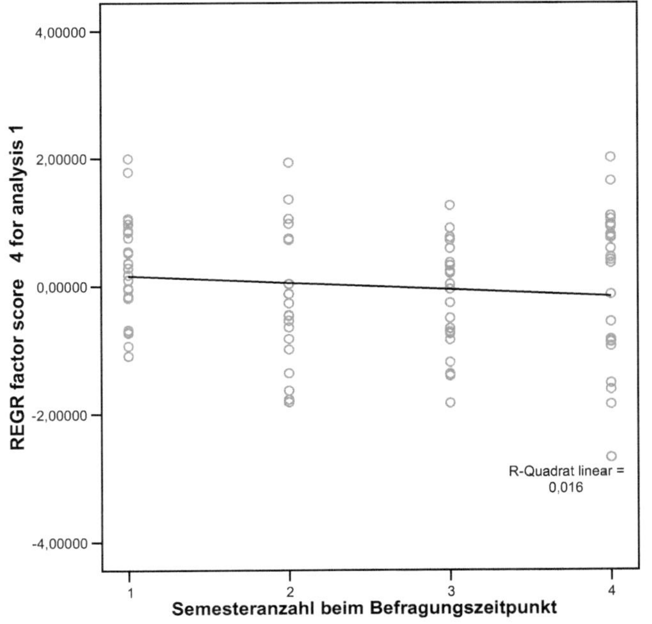

Abbildung 83: Regressionsanalyse Semesterzahl zu Faktor 4

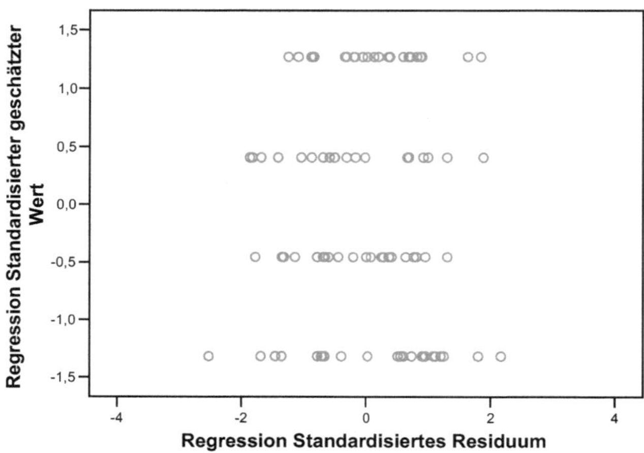

Abbildung 84: Streudiagramm (abh. Variable: REGR factor score 4 for analysis 1)

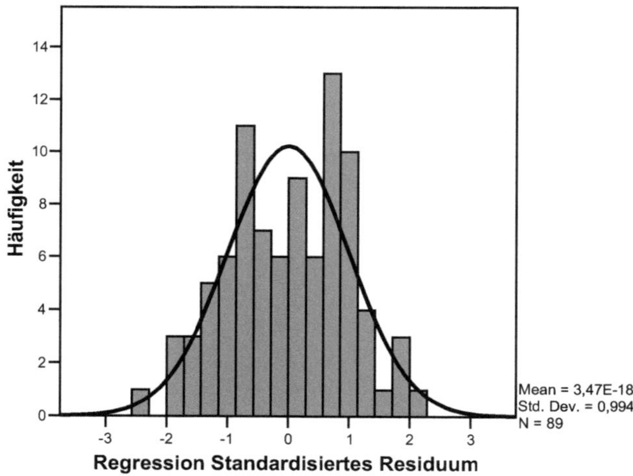

Abbildung 85: Histogramm (abhängige Variable: REGR factor score 4 for analysis 1)

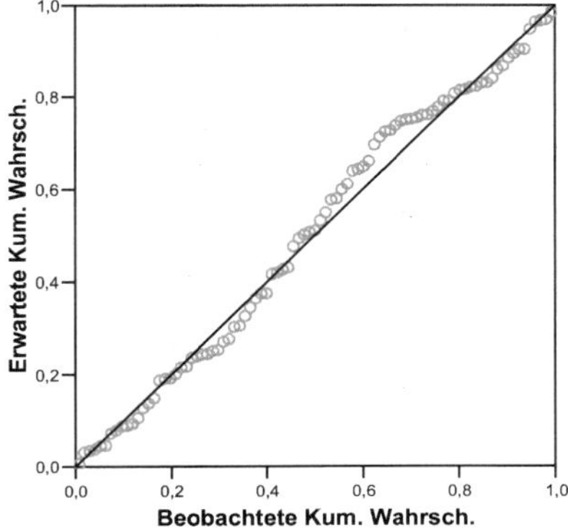

Abbildung 86: P-P-Diagramm von Standardisiertes Residuum (abhängige Variable: REGR factor score 4 for analysis 1)

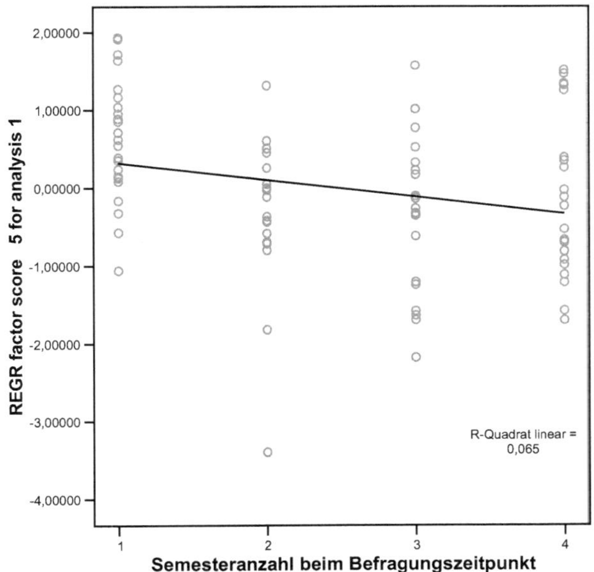

Abbildung 87: Regressionsanalyse Semesterzahl zu Faktor 5

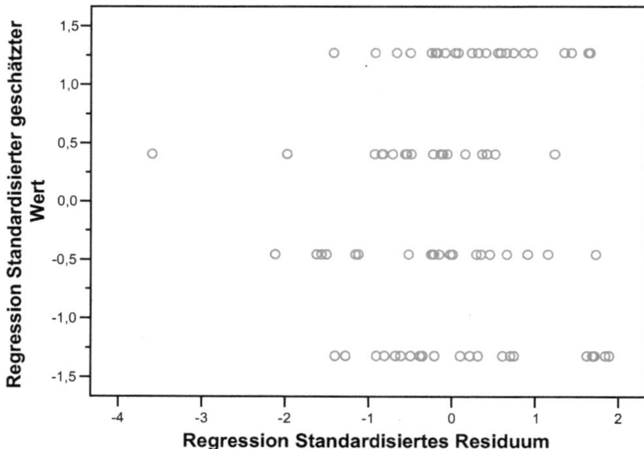

Abbildung 88: Streudiagramm (abh. Variable: REGR factor score 5 for analysis 1)

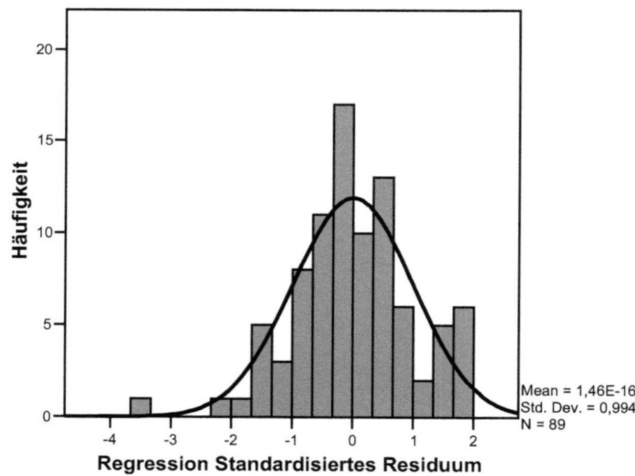

Abbildung 89: Histogramm (abhängige Variable: REGR factor score 5 for analysis 1)

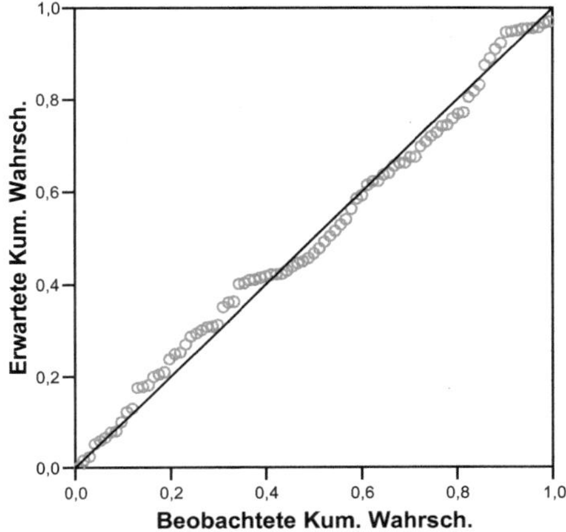

Abbildung 90: P-P-Diagramm von Standardisiertes Residuum (abhängige Variable: REGR factor score 5 for analysis 1)

13.4 Abbildungen und Tabellen der Clusteranalyse

Tabelle 55: Zuordnungsübersicht Ward-Linkage Schritt 1 bis 23 und 44 bis 66

Schritt	Zusammengeführte Cluster		Koeffizienten	Erstes Vorkommen des Clusters		Nächster Schritt	Schritt	Zusammengeführte Cluster		Koeffizienten	Erstes Vorkommen des Clusters		Nächster Schritt
	Cluster 1	Cluster 2		Cluster 1	Cluster 2	Cluster 1	Cluster 1	Cluster 2			Cluster 1	Cluster 2	Cluster 1
1	20	72	,132	0	0	32	44	18	46	23,739	0	0	67
2	19	58	,265	0	0	16	45	24	49	25,023	10	27	70
3	55	59	,423	0	0	68	46	6	70	26,311	0	0	66
4	5	86	,592	0	0	26	47	44	63	27,626	5	21	51
5	44	76	,795	0	0	47	48	1	3	29,036	8	18	53
6	27	69	1,003	0	0	38	49	11	13	30,539	35	24	62
7	3	50	1,219	0	0	18	50	40	56	32,059	14	0	58
8	1	25	1,455	0	0	48	51	16	44	33,833	11	47	63
9	8	68	1,702	0	0	52	52	8	27	35,681	9	38	73
10	24	35	1,973	0	0	45	53	1	17	37,605	48	32	73
11	16	74	2,270	0	0	51	54	19	37	39,642	16	28	68
12	17	47	2,589	0	0	32	55	43	65	41,692	0	0	72
13	26	41	2,908	0	0	36	56	36	87	43,800	25	0	70
14	40	61	3,242	0	0	50	57	29	52	45,926	0	40	80
15	42	66	3,592	0	0	41	58	40	48	48,211	50	33	82
16	19	28	3,958	2	0	54	59	9	38	50,686	20	34	69
17	14	39	4,347	0	0	39	60	33	64	53,336	0	0	78
18	3	21	4,738	7	0	48	61	12	45	56,051	42	23	65
19	78	79	5,156	0	0	64	62	11	26	58,906	49	36	80
20	9	67	5,588	0	0	59	63	16	22	61,836	51	31	66
21	63	82	6,021	0	0	47	64	4	78	64,928	43	19	74
22	15	32	6,460	0	0	37	65	10	12	68,357	0	61	77
23	45	85	6,917	0	0	61	66	6	16	72,171	46	63	75

Tabelle 56: Zuordnungsübersicht Ward-Linkage Schritt 24 bis 43 und 67 bis 88

Schritt	Zusammengeführte Cluster		Koeffizienten	Erstes Vorkommen des Clusters		Nächster Schritt	Schritt	Zusammengeführte Cluster	Koeffizienten	Erstes Vorkommen des Clusters		Nächster Schritt
24	13	31	7,381	0	0	49	67	15	18	76,304	37	44	74
25	36	54	7,904	0	0	56	68	19	55	80,464	54	3	76
26	5	7	8,458	4	0	43	69	9	30	84,854	59	41	81
27	49	51	9,017	0	0	45	70	24	36	89,593	45	56	79
28	37	73	9,610	0	0	54	71	23	71	94,609	30	0	77
29	4	89	10,252	0	0	43	72	43	62	100,422	55	0	84
30	23	34	10,901	0	0	71	73	1	8	106,844	53	52	79
31	22	88	11,612	0	0	63	74	4	15	113,977	64	67	78
32	17	20	12,353	12	1	53	75	2	6	123,199	39	66	85
33	48	81	13,098	0	0	58	76	19	83	133,050	68	0	83
34	38	60	13,910	0	0	59	77	10	23	143,470	65	71	84
35	11	77	14,741	0	0	49	78	4	33	154,212	74	60	81
36	26	80	15,594	13	0	62	79	1	24	165,961	73	70	82
37	15	75	16,461	22	0	67	80	11	29	178,130	62	57	83
38	27	84	17,377	6	0	52	81	4	9	193,387	78	69	86
39	2	14	18,294	0	17	75	82	1	40	212,308	79	58	85
40	52	53	19,244	0	0	57	83	11	19	234,635	80	76	87
41	30	42	20,281	0	15	69	84	10	43	259,394	77	72	88
42	12	57	21,373	0	0	61	85	1	2	298,822	82	75	86
43	4	5	22,553	29	26	64	86	1	4	340,281	85	81	87
							87	1	11	386,829	86	83	88
							88	1	10	440,000	87	84	0

Tabelle 57: Cluster-Zugehörigkeit (Hierarchische Clusteranalyse mit der Ward-Methode)

	Cluster								
Fall	**5**	**4**	**3**	**2**	**Fall**	**5**	**4**	**3**	**2**
1	1	1	1	1	45	4	3	2	2
2	2	1	1	1	46	3	2	1	1
3	1	1	1	1	47	1	1	1	1
4	3	2	1	1	48	1	1	1	1
5	3	2	1	1	49	1	1	1	1
6	2	1	1	1	50	1	1	1	1
7	3	2	1	1	51	1	1	1	1
8	1	1	1	1	52	5	4	3	1
9	3	2	1	1	53	5	4	3	1
10	4	3	2	2	54	1	1	1	1
11	5	4	3	1	55	5	4	3	1
12	4	3	2	2	56	1	1	1	1
13	5	4	3	1	57	4	3	2	2
14	2	1	1	1	58	5	4	3	1
15	3	2	1	1	59	5	4	3	1
16	2	1	1	1	60	3	2	1	1
17	1	1	1	1	61	1	1	1	1
18	3	2	1	1	62	4	3	2	2
19	5	4	3	1	63	2	1	1	1
20	1	1	1	1	64	3	2	1	1
21	1	1	1	1	65	4	3	2	2
22	2	1	1	1	66	3	2	1	1
23	4	3	2	2	67	3	2	1	1
24	1	1	1	1	68	1	1	1	1
25	1	1	1	1	69	1	1	1	1
26	5	4	3	1	70	2	1	1	1
27	1	1	1	1	71	4	3	2	2
28	5	4	3	1	72	1	1	1	1
29	5	4	3	1	73	5	4	3	1
30	3	2	1	1	74	2	1	1	1
31	5	4	3	1	75	3	2	1	1
32	3	2	1	1	76	2	1	1	1
33	3	2	1	1	77	5	4	3	1
34	4	3	2	2	78	3	2	1	1
35	1	1	1	1	79	3	2	1	1
36	1	1	1	1	80	5	4	3	1
37	5	4	3	1	81	1	1	1	1
38	3	2	1	1	82	2	1	1	1
39	2	1	1	1	83	5	4	3	1
40	1	1	1	1	84	1	1	1	1
41	5	4	3	1	85	4	3	2	2
42	3	2	1	1	86	3	2	1	1
43	4	3	2	2	87	1	1	1	1
44:	2	1	1	1	88	2	1	1	1
					89	3	2	1	1

Tabelle 58: Anfängliche Clusterzentren

	Cluster			
	1	2	3	4
Didaktik/Methodik und face-to-face Kontakt	,31806	,20520	-1,97157	,30816
Persönliche Beziehung und Erreichbarkeit	,50886	-1,01721	,12808	,00595
Fachliche Unterstützung und Umgang mit Fristen	-,06980	-,04276	-,44458	,47281
Intensität der Betreuung	,38253	,77120	-,01509	,98346
Technische Unterstützung	,28552	,64412	-,16905	-1,26680

Tabelle 59: Iterationsprotokoll(a) Clusterzentrenanalyse[112]

Iteration	Änderung in Clusterzentren			
	1	2	3	4
1	,652	,543	,309	,606
2	,084	,170	,231	,207
3	,070	,081	,000	,108
4	,076	,105	,000	,000
5	,000	,000	,000	,000

Tabelle 60: Anova der Clusterzentrenanalyse

	Cluster		Fehler		F	Sig.
	Mittel der Quadrate	df	Mittel der Quadrate	df		
Didaktik/Methodik und face-to-face Kontakt	18,061	3	,398	85	45,400	,000
Persönliche Beziehung und Erreichbarkeit	13,411	3	,562	85	23,864	,000
Fachliche Unterstützung und Umgang mit Fristen	1,479	3	,983	85	1,504	,219
Intensität der Betreuung	1,872	3	,969	85	1,931	,131
Technische Unterstützung	14,514	3	,523	85	27,748	,000

---

[112] Konvergenz wurde aufgrund geringer oder keiner Änderungen der Clusterzentren erreicht. Die maximale Änderung der absoluten Koordinaten für jedes Zentrum ist ,000. Die aktuelle Iteration lautet 5. Der Mindestabstand zwischen den anfänglichen Zentren beträgt 1,619.

Tabelle 61: Mittelwerte (in Klammern: Standardabweichungen) der vier Cluster.

	Cluster			
	1	**2**	**3**	**4**
	(n=37)	(n=26)	(n=08)	(n=18)
Didaktik/Methodik und face-to-face Kontakt	0,32 (0,58)	0,21 (0,57)	-1,97 (1,16)	0,31 (0,60)
Persönliche Beziehung und Erreichbarkeit	0,51 (0,70)	-1,02 (0,82)	0,13 (1,00)	0,01 (0,90)
Fachliche Unterstützung und Umgang mit Fristen	-0,07 (1,12)	-0,04 (0,79)	-0,44 (1,14)	0,47 (0,67)
Intensität der Betreuung	0,38 (0,80)	0,77 (0,90)	-0,02 (1,00)	0,98 (1,22)
Technische Unterstützung	0,29 (0,69)	0,64 (0,67)	-0,17 (1,04)	-1,27 (0,70)

Tabelle 62: Anzahl der Fälle in jedem Cluster

Cluster	1	37,000
	2	26,000
	3	8,000
	4	18,000
Gültig		89,000
Fehlend		,000

Tabelle 63: Oneway Anova – Semesteranzahl beim Befragungszeitpunkt

	Quadrat-summe	**df**	**Mittel der Quadrate**	**F**	**Signi-fikanz**
Zwischen den Gruppen	6,141	3	2,047	1,553	,207
Innerhalb der Gruppen	112,038	85	1,318		
Gesamt	118,180	88			

248

13.5 Abbildungen und Tabellen der ANOVA

Tabelle 64: Test der Homogenität der Varianzen

	Levene	df1	df2	Signifikanz
Eine inhaltliche Anfrage sollte von dem/r Online-Tutor/in nach spätestens wie vielen Werktagen beantwortet werden?	,058	3	85	,982
Eine organisatorische Anfrage sollte von dem/r Online-Tutor/in spätestens nach wie vielen Werktagen beantwortet werden?	,839	3	85	,476
Ein ausführliches, schriftliches Feedback zu den eingereichten Lernaufgaben sollte vom dem/r Online-Tutor/in spätestens nach wie vielen Werktagen gegeben werden?	1,534	3	85	,212
Wie oft pro Monat wünschen Sie sich einen Lerngruppenchat (mit Tutor/in)?	1,304	3	85	,278

Tabelle 65: Tests auf Normalverteilung a Signifikanzkorrektur nach Lilliefors

	Erhebungs-zeitpunkt	Kolmogorov-Smirnov(a)			Shapiro-Wilk		
		Statistik	df	Signifikanz	Statistik	df	Signifikanz
Eine inhaltliche Anfrage sollte von dem/r Online-Tutor/in nach spätestens wie vielen Werktagen beantwortet werden?	T 1	,412	25	,000	,583	25	,000
	T 2	,262	20	,001	,802	20	,001
	T 3	,275	21	,000	,811	21	,001
	T 4	,241	23	,001	,821	23	,001
Eine organisatorische Anfrage sollte von dem/r Online-Tutor/in spätestens nach wie vielen Werktagen beantwortet werden?	T 1	,374	25	,000	,419	25	,000
	T 2	,255	20	,001	,812	20	,001
	T 3	,394	21	,000	,657	21	,000
	T 4	,312	23	,000	,809	23	,001
Ein ausführliches, schriftliches Feedback zu den eingereichten Lernaufgaben sollte vom dem/r Online-Tutor/in spätestens nach wie vielen Werktagen gegeben werden?	T 1	,243	25	,001	,853	25	,002
	T 2	,291	20	,000	,792	20	,001
	T 3	,303	21	,000	,757	21	,000
	T 4	,250	23	,001	,885	23	,013
Wie oft pro Monat wünschen Sie sich einen Lerngruppenchat (mit Tutor/in)?	T 1	,234	25	,001	,723	25	,000
	T 2	,238	20	,004	,836	20	,003
	T 3	,459	21	,000	,555	21	,000
	T 4	,434	23	,000	,455	23	,000

13.6 Tabellen zu deskriptiven Ergebnissen

Tabelle 66: Deskriptive Ergebnisse Var3 und Var4

Var.Nr.		Häufigkeit	Prozent	Gültige Prozente	Kumulierte Prozente
Var3	Soziale Kompetenz	9	69,2	75,0	75,0
	Pädagogische Kompetenz	3	23,1	25,0	100,0
	Gesamt	12	92,3	100,0	
Var4.5	weiblich	1	7,7	7,7	7,7
	egal	12	92,3	92,3	100,0
	Gesamt	13	100,0	100,0	
Var4.6	kaum nachvollziehbar	2	15,4	15,4	15,4
	etwas nachvollziehbar	3	23,1	23,1	38,5
	überwiegend nachvollziehbar	3	23,1	23,1	61,5
	vollkommen nachvollziehbar	5	38,5	38,5	100,0
	Gesamt	13	100,0	100,0	
Var4.7	trifft überhaupt nicht zu	8	61,5	61,5	61,5
	trifft kaum zu	1	7,7	7,7	69,2
	trifft etwas zu	2	15,4	15,4	84,6
	trifft überwiegend zu	1	7,7	7,7	92,3
	trifft vollkommen zu	1	7,7	7,7	100,0
	Gesamt	13	100,0	100,0	
Var4.8	nein	13	100,0	100,0	100,0
Var4.10	überwiegend wichtig	5	38,5	38,5	38,5
	sehr wichtig	8	61,5	61,5	100,0
	Gesamt	13	100,0	100,0	
Das Gefühl persönlichen Kontakt aufnehmen zu können.					
Der Mensch ist ein soziales und soziales Wesen!					
Dranbleiben, Motivation					
lebendiges Studieren, man fühlte sich dadurch mehr am richtigen Studieren dran.					
macht den Lernprozess persönlicher und intensiver; motivierend					
Motivation, Antreiben, persönliche Bindung					
Motivation, fachliches Feedback, um Einsamkeit zu vermeiden					
Motivation, Unterstützung, Hilfe bei der Kooperation					
Organisation, Motivation, Fachliche Fragen					
persönlicher, individueller					
um Halt zu haben, Verständnis zu finden, bei der Stange gehalten zu werden					
Um zusätzlich zu den theoretischen Studienbriefen noch Denkanstöße und Praxisbeispiele erfragen zu können.					

Tabelle 67: Deskriptive Ergebnisse Var12 bis Var14

Var12.1	weniger intensiv gelesen	1	7,7	7,7	7,7
	mittelmäßig intensiv gelesen	1	7,7	7,7	15,4
	überwiegend intensiv gelesen	3	23,1	23,1	38,5
	sehr intensiv gelesen	8	61,5	61,5	100,0
	Gesamt	13	100,0	100,0	
Var12.2	zu kurz	1	7,7	7,7	7,7
	mittelmäßig ausführlich	4	30,8	30,8	38,5
	überwiegend ausführlich	5	38,5	38,5	76,9
	sehr ausführlich	3	23,1	23,1	100,0
	Gesamt	13	100,0	100,0	
Var12.3	nicht unterstützt	1	7,7	7,7	7,7
	mittelmäßig unterstützt	3	23,1	23,1	30,8
	etwas unterstützt	5	38,5	38,5	69,2
	unterstützt	4	30,8	30,8	100,0
	Gesamt	13	100,0	100,0	
Var12.4	Feedback als Kommentare direkt im Dokument	7	53,8	53,8	53,8
	konkrete Verbesserungsvorschläge machen und Praxisbeispiele aufzeigen	1	7,7	7,7	69,2
	Nichts! Sehr gute und kompetente Feedbacks.	1	7,7	7,7	76,9
	sollte ausführlicher sein; Musterlösungen	1	7,7	7,7	84,6
	teilweise musste man auf das Feedback lange warten	1	7,7	7,7	92,3
	zeitnäher	1	7,7	7,7	100,0
	Gesamt	13	100,0	100,0	
Var13.1	zufrieden	3	23,1	23,1	23,1
	sehr zufrieden	10	76,9	76,9	100,0
	Gesamt	13	100,0	100,0	
Var13.2	zufrieden	4	30,8	30,8	30,8
	sehr zufrieden	9	69,2	69,2	100,0
	Gesamt	13	100,0	100,0	
Var14.17	weiß nicht	1	7,7	7,7	7,7
	trifft überhaupt nicht zu	6	46,2	46,2	53,8
	trifft kaum zu	2	15,4	15,4	69,2
	trifft etwas zu	3	23,1	23,1	92,3
	trifft überwiegend zu	1	7,7	7,7	100,0
	Gesamt	13	100,0	100,0	

Tabelle 68: Deskriptive Ergebnisse Var3 (n=168)

Variable	Untersuchungs-zeitpunkt		
			Modalwert
Kreuzen Sie bitte die eine Kompetenz eines Online-Tutors bzw. einer Online-Tutorin an, die Ihnen im Moment am wichtigsten erscheint.	T1		5 (Fachliche Kompetenz)
Kreuzen Sie bitte die eine Kompetenz eines Lerngruppen-Tutors bzw. einer Lerngruppen-Tutorin an und Fach-Tutors bzw. Fach-Tutorin, die Ihnen im Moment am wichtigsten erscheint.	T2	a)	2 (LG: Soziale Kompetenz) 3 (LG: Pädagogische Kompetenz)
		b)	5 (FT: Fachliche Kompetenz)
	T3	a)	2 (LG: Soziale Kompetenz) 3 (LG: Pädagogische Kompetenz)
		b)	5 (FT: Fachliche Kompetenz)
	T4	a)	2 (LG: Soziale Kompetenz)
		b)	5 (FT: Fachliche Kompetenz)
	T5	a)	2 (LG: Soziale Kompetenz)
		b)	5 (FT: Fachliche Kompetenz)

Gesellschaft für Medien in der Wissenschaft (GMW)

Im Kontext des wissenschaftlichen Lehrens und Forschens gewinnen die so genannten Neuen Medien mehr und mehr an Bedeutung. Die GMW hat sich zur Aufgabe gemacht, diesen Prozess reflektierend, gestaltend und beratend zu begleiten. Die GMW begreift sich als Netzwerk zur interdisziplinären Kommunikation zwischen Theorie und Praxis im deutschsprachigen Raum. Anwender und Forschende aus den verschiedensten Disziplinen kommen durch die GMW miteinander in Kontakt.

Mitte der neunziger Jahre begründete die GMW zusammen mit dem Waxmann Verlag die Buchreihe „Medien in der Wissenschaft", aus der Ihnen hier der Band 41 vorliegt. Im Fokus der Buchreihe liegen hochschulspezifische Fragestellungen zum Einsatz Neuer Medien. Für die GMW stehen dabei die gestalterischen, didaktischen und evaluativen Aspekte der Neuen Medien sowie deren strategisches Potenzial für die Hochschulentwicklung im Vordergrund des Interesses, weniger die technische Seite. Autoren und Herausgeber mit diesen Schwerpunkten sind eingeladen, die Reihe für ihre Veröffentlichungen zu nutzen. Informationen zu Aufnahmekriterien und -modalitäten sind auf der GMW-Webseite zu finden.

Jährlicher Höhepunkt der GMW-Aktivitäten ist die europäische Fachtagung im September. Im Wechsel sind deutsche, österreichische und schweizer Veranstaltungsorte Gastgeber. Die Konferenz fördert die Entwicklung medienspezifischer Kompetenzen, unterstützt innovative Prozesse an Hochschulen und Bildungseinrichtungen, verdeutlicht das Innovationspotenzial Neuer Medien für Reformen an den Hochschulen, stellt strategische Fragen in den Blickpunkt des Interesses und bietet ein Forum, um neue Mitglieder zu gewinnen. Seit 1997 werden die Beiträge der Tagungen in der vorliegenden Buchreihe publiziert.

Eng verbunden mit der Tagung ist die jährliche Ausrichtung und Verleihung des MEDIDA-PRIX durch die GMW für herausragende mediendidaktische Konzepte und Entwicklungen. Seit dem Jahr 2000 ist es damit gelungen, unter Schirmherrschaft und mit Förderung der Bundesministerien aus Deutschland, Österreich und der Schweiz gemeinsame Kriterien für gute Praxis zu entwickeln und zu verbreiten. Der Preis hat mittlerweile in der E-Learning-Gemeinschaft große Anerkennung gefunden und setzt richtungsweisende Impulse für Projekt- und Produktentwicklungen. Die jährliche Preisverleihung lenkt die öffentliche Aufmerksamkeit auf mediendidaktische Innovationen und Entwicklungen, wie dies kaum einer anderen Auszeichnung gelingt.

Die GMW ist offen für Mitglieder aus allen Fachgruppierungen und Berufsfeldern, die Medien in der Wissenschaft erforschen, entwickeln, herstellen, nutzen und vertreiben. Für diese Zielgruppen bietet die GMW ein gemeinsames Dach, um die Interessen ihrer Mitglieder gegenüber Öffentlichkeit, Politik und Wirtschaft zu bündeln. GMW-Mitglieder profitieren von folgenden Leistungen:
 • Reduzierter Beitrag bei den GMW-Tagungen
 • Gratis Tagungsband unabhängig vom Besuch der Tagungen
Informieren Sie sich, fragen Sie nach und bringen Sie Ihre Anregungen und Wünsche ein. Werden Sie Mitglied in der GMW! [www.gmw-online.de]

März 2007, für den Vorstand
PD Dr. Christian Sengstag